# Quand les femmes tuent

Pierre Bellemare
Jacques Antoine
Marie-Thérèse Cuny

# Quand les femmes tuent

Cette édition de *Quand les femmes tuent*
est publiée par les Éditions de la Seine
avec l'aimable autorisation de Édition n°1

# CINQ BALLES A AILETTES

Le 6 novembre 1970, une femme de vingt-sept ans pénètre dans une armurerie. Elle n'a ni la passion des armes ni celle de la chasse, mais, née à Saïgon, toute son enfance, pendant la guerre d'Indochine elle a vu et entendu parler des armes à feu par son père et ses frères, et sait exactement ce qu'elle veut.

C'est une jolie femme aux longs cheveux noirs, au visage ovale, où transparaîtrait un rien de vulgarité si l'épaisseur des traits réguliers n'était corrigée par l'éclat et l'intelligence du regard. Le nez est assez fort, la bouche un peu trop épaisse, le menton un peu trop solide, mais les yeux noirs sont terriblement vifs sous un front particulièrement haut.

L'armurier regarde avec étonnement cette jeune femme vêtue modestement d'un ample manteau brun, de laine épaisse, pénétrer dans son magasin. Dans cette petite ville des environs de Paris, il est bien rare de voir une femme acheter une arme. Sans doute veut-elle un pistolet d'alarme ?

Non, elle veut un fusil de chasse, un fusil puissant à deux coups, une arme d'occasion, bien sûr. Quant aux munitions, cinq balles lui suffiront, de ces balles à ailettes utilisées pour la chasse au sanglier.

Quelques instants plus tard, la jeune Marie-Claude pénètre dans une quincaillerie où elle achète une scie à métaux et dix lames. Dix lames, car elle sait que les lames à métaux cassent facilement.

Donc, Marie-Claude rentre chez elle avec, à la main, son fusil à deux coups dans un papier d'emballage, ses cinq balles à ailettes et sa scie à métaux. La voisine, qui gardait les trois enfants de Marie-

Claude, ramasse très vite son journal et son tricot et s'en va. Il faut comprendre la voisine, elle a entendu dix fois Marie-Claude lui raconter son histoire, et une fois de plus serait de trop. Car l'histoire de Marie-Claude n'est pas drôle, elle est même tragique. Mais comme la voisine n'y peut rien, elle préfère rentrer très vite chez elle pour regarder « Le mot le plus long » à la télévision.

Marie-Claude fait manger ses enfants qui ont respectivement quatre ans pour la fille, et six et dix-neuf mois pour les deux garçons. Puis, elle les couche et leur raconte une petite histoire :

— Il était une fois un petit garçon, si petit qu'on l'appelait le Petit Poucet, parce qu'il n'était pas plus haut que mon pouce...

Mais le pouce qu'elle montre à ses enfants tremble un peu, la voix est rauque et les yeux embués de larmes.

Lorsque les enfants sont endormis, Marie-Claude déchire le papier d'emballage d'où émerge le lourd fusil luisant de graisse, puis elle fixe l'une des dix lames à la scie à métaux.

Certes, l'histoire de Marie-Claude n'est pas unique. Certes, Marie-Claude n'est pas innocente et elle a eu des torts. Toute sa vie est une série de passions : elle est passionnée de théâtre, passionnée de musique, avec une sensibilité et une émotivité sans doute exagérées. Lorsque sa famille est venue s'établir en France, elle a choisi d'y être éducatrice spécialisée auprès des enfants débiles mentaux.

Elle a épousé un premier garçon, un étudiant dont elle a eu deux enfants, avant de divorcer pour la raison « qu'il n'assumait pas ses responsabilités ». C'est peut-être vrai, mais Marie-Claude était peut-être une responsabilité trop lourde pour les frêles épaules d'un étudiant. Et puis, peut-être aurait-elle pu réfléchir avant de l'épouser.

Hélas, parce qu'on ne change pas, parce qu'on ne peut pas changer, parce que l'on reste toute la vie ce que l'on est, même si ce que l'on est vous déplaît, elle a recommencé la même sottise en épousant deux ans plus tard un Vietnamien qu'elle connaissait depuis toujours, un garçon intelligent et charmant, mais réputé pour sa violence et qui sortait de prison avec, pour toute spécialité dans la vie, l'habitude de frapper ses adversaires à coups de poing.

Dans la maison de Marie-Claude, on n'entend que trois bruits : la télévision de la voisine, les ronflements du voisin qui s'est endormi dans son fauteuil et la scie à métaux. Marie-Claude a serré la crosse du fusil entre ses cuisses, appuyé le canon sur le rebord d'une table et saisi l'outil d'une main ferme. Lentement, la lame mord dans l'acier bleu. Marie-Claude, en sueur, retire le pull dont le col roulé a été rendu lâche par trop de lavages, et reste en soutien-gorge pour continuer sa sinistre besogne.

Son second mariage n'a rien changé. A nouveau, la naissance d'un enfant et l'angoisse du temps qui passe trop vite. Des horaires « impossibles ». Le travail absorbant qui se prolonge à la maison. Des réunions tardives pour parler théâtre, danse, expression corporelle, politique. Trois jeunes enfants dont il faut s'occuper tant bien que mal, à tour de rôle. Plus d'échanges, plus d'intimité.

Elle, avec sa passion pour son métier d'éducatrice et sa recherche de l'absolu dans les arts, lui, avec ses rêves, ses phantasmes, ses rancœurs d'homme aigri...

Mais les responsabilités de chef de famille, c'était Marie-Claude qui les assumait. L'argent qui les faisait vivre, c'était Marie-Claude. Le ménage, c'était Marie-Claude. Les courses, c'était Marie-Claude. Le peu de raison, de discipline mentale et physique grâce auxquelles survivait ce ménage à la dérive, c'était encore Marie-Claude ; Jean-Paul, ce n'était plus rien.

Il ne reste plus qu'un dixième de millimètre d'acier, un tout petit dixième ; Marie-Claude donne un coup sec de la paume de la main sur l'extrémité du canon. L'acier casse d'un coup et le bout du canon scié tombe sur la table.

Elle relâche les cuisses et retourne le fusil d'où tombe la limaille en fine poussière. Une poussière qui ressemble à celle des jours passés, impalpable et meurtrière.

C'est au mois d'octobre de l'année précédente que Jean-Paul s'est révolté. Comme elle lui tenait tête, il a voulu l'étrangler et l'a battue au point de provoquer un éclatement du tympan.

Tandis qu'on la conduisait à l'hôpital où elle devait rester huit jours, Jean-Paul se résignait à aller consulter un psychiatre.

L'homme de l'art a vu en lui un homme intelligent, mais totalement en marge de la société, dont le psychisme paraissait assez faible. Un homme qui ne pouvait que détruire tout ce qu'il entreprenait. Un traitement fut décidé, sans grand espoir. Chaque fois que le médecin raccompagnait Jean-Paul vers la porte, il lui disait :

— Il ne faut pas recommencer.

Mais devant les clients qui attendaient, Jean-Paul répondait :

— Hélas, je sais que je recommencerai, je ne le veux pas aujourd'hui, mais je sais que je recommencerai.

— Dans ces conditions, dit le psychiatre, il vaudrait mieux vous séparer.

Dans la nuit du 3 novembre, onze mois plus tard, Marie-Claude vient de ranger le fusil à canon scié et de se coucher. A sept heures du matin, elle se lève, fait sa toilette, s'habille, nourrit et prépare les enfants, et lorsque la voisine frappe à la porte vers neuf heures, elle lui explique qu'elle ne devra garder que les deux aînés car elle emmène le plus jeune.

L'enfant emmitouflé dans ses bras, elle prend l'autocar qui va la conduire chez sa mère. Le psychiatre avait raison, le seul remède pour Jean-Paul, la meilleure chose à faire, pour Marie-Claude et pour les enfants, était qu'ils se séparent. Il fut donc décidé ainsi, et la jeune femme s'installa, seule avec les trois gosses, dans l'appartement qu'elle habite aujourd'hui. Seulement, une jeune femme de cet âge et de ce tempérament ne reste pas longtemps seule. Elle a rencontré un jeune et bel externe des hôpitaux qui est venu vivre avec elle. C'était un garçon calme et prudent.

Au mois de février suivant, Jean-Paul envoya à Marie-Claude un petit mot lui fixant un rendez-vous, ainsi qu'à son amant, pour, disait-il, régler définitivement les détails de leur séparation. Le lieu du rendez-vous était un bar proche de l'hôpital, et l'amant, toujours prudent, fit venir, en consommateurs discrets et attentifs, plusieurs de ses camarades.

La scène fut d'une banalité attristante à tous points de vue. D'un côté, l'amant prudent qui a l'impression de s'être fourvoyé ; de l'autre, le mari pâle, tremblant et surexcité ; au milieu, Marie-Claude, digne et partagée.

« Digne », ce sont les témoins qui le disent. A partir de cet instant, en effet, il devient difficile de la critiquer. Son mari proposait de reprendre la vie commune et d'aller habiter à la campagne, dans la Somme. Mais Marie-Claude avait compris que c'était impossible. Certes, elle était amoureuse de son externe, certes le mari était très malheureux... Il n'en est pas moins vrai qu'il eût été stupide de vouloir reformer un foyer que tout condamnait et d'enfermer, entre quatre murs, à la campagne, trois enfants et un couple fait pour s'entre-dévorer : une femme probablement névrosée et un homme en proie à des crises alternatives de violence et d'abattement, à la limite de la folie.

Marie-Claude et l'amant « prudent » demandèrent donc à « réfléchir ».

Ce fut la fin de l'entretien. Il ne restait plus au classique trio qu'à se séparer, dès la sortie du bar.

C'est alors que Jean-Paul, subitement, s'est jeté sur son rival, l'a terrassé et frappé dans une folie meurtrière subite.

Heureusement, les amis de la victime, alertés par les cris de Marie-Claude, sont intervenus à temps. Mais la surexcitation de Jean-Paul était telle que la police, après consultation du psychiatre qui le soignait depuis six mois et l'avis de Marie-Claude, le fit interner d'office dans un asile après ce dernier exploit.

« Avec raison », dira la défense plus tard.

« A tort, diront les autres. S'il s'est mis en colère après tout, c'est parce qu'elle le trompait. »

Nous sommes maintenant le 7 novembre en fin de matinée, et Marie-Claude amène chez sa mère son plus jeune fils, celui de Jean-Paul.

Sa mère est une grande femme brune, avenante et tendre. C'est avec plaisir qu'elle accepte de garder l'enfant quelque temps.

— On ne sait pas ce qui peut arriver, lui explique Marie-Claude.

— Mais oui, tu as raison, dit la mère en faisant des « guili-guilis » à l'enfant.

Tout peut arriver en effet. Lorsque Marie-Claude est allée voir son mari à l'asile pour la première fois, il lui a exprimé clairement sa décision :

— Plus question de divorcer, ni de reprendre la vie commune puisque je suis fou. Mais, tant qu'à faire, je serai fou jusqu'au bout, j'ai l'intention de vous tuer, toi et les enfants.

Bouleversée, Marie-Claude racontait cela à ses amis, mais tout le monde lui disait : « Mais non, voyons, ce sont des paroles en l'air. » « Allons, allons, c'est un excité, mais il n'est pas si dangereux que ça. »

Le psychiatre lui-même avouait son incertitude :

— C'est un impulsif, mais ce n'est peut-être qu'un impulsif.

— Mais est-il, oui ou non, capable de tout ? demandait Marie-Claude.

— Oui, bien sûr, cette sorte d'impulsif est capable de tout.

— Même de tuer les enfants ?

— Oui... mais ça ne veut pas dire qu'il le fera.

Et l'amant ? Le bel externe des hôpitaux ? Que pensait-il de cela ? Un après-midi, il est revenu tout seul à l'appartement, a fait sa valise et Marie-Claude ne l'a plus revu. Il laissait simplement une lettre, indiquant qu'il se trouvait dans la nécessité de « rester seul pour réfléchir à la situation ».

« Je suis à bout, j'ai peur, aidez-moi », suppliait Marie-Claude autour d'elle. Et on lui répondait, paraît-il : « Allons, calmez-vous, ça s'arrangera ».

Arranger quoi ? Pour l'instant, la grand-mère fait des sourires béats à son petit-fils, et Marie-Claude s'en va.

— Au revoir, maman, dit la fille.

— Au revoir, dit la mère.

C'est tout. Pourtant, la mère a toujours pensé que son gendre était fou. Elle a toujours pensé qu'il était capable de tout. Le père, de son côté, a reçu des coups de téléphone de Jean-Paul qui lui a dit à plusieurs reprises : « Je ne veux pas que Marie-Claude et son amant quittent un jour la ville avec les gosses. Je les tuerai. » Ce à quoi le père s'est borné à répondre que pour que l'on tue ses petits-enfants, il faudrait lui passer sur le corps.

Lors d'une seconde entrevue, à l'asile, Jean-Paul a renouvelé ses menaces et déclaré :

— Tu sais, il y a longtemps que je mijote mon coup, depuis le jour même où tu es partie ! D'ailleurs j'ai acheté un revolver. Ne le cherche pas chez moi, il est caché. »

Marie-Claude a prévenu la police. Celle-ci s'est renseignée et c'était vrai : Jean-Paul avait acheté une arme le lendemain de son départ. Mais rien ne prouvait qu'il avait l'intention de s'en servir ; d'ailleurs,

pour le moment il était à l'asile et s'il en sortait un jour, il serait temps d'aviser.

Marie-Claude a quitté sa mère et, de retour chez elle en début d'après-midi, elle délivre la voisine, prend par la main les deux autres enfants et les conduit chez son premier mari. Il est là, un peu sévère, l'éternel étudiant qui l'attend avec sa mère. Ils sont là parce qu'elle les a prévenus par téléphone, il y a plusieurs jours. « Lorsque les enfants seront chez vous en sécurité, avait-elle dit, ce qui pourra survenir a moins d'importance. »

Marie-Claude avait très peur et son ex-belle-mère était touchée par la sincérité de son émotion. Elle était... touchée, mais rien de plus. Elle aussi savait Jean-Paul capable de tout, mais l'important n'était-il pas que ses petits-enfants soient là, en sécurité ?

Aujourd'hui, à la silhouette triste qui s'éloigne dans le vieux manteau de lainage brun, elle dit simplement :

— Au revoir.

Elle ne lui propose pas de rester là, de prendre une tasse de thé, elle ne lui demande pas ce qu'elle va faire, ni si elle a des nouvelles, surtout pas. Elle sait d'avance que Marie-Claude ne peut rien faire sinon une quelconque bêtise, et que les nouvelles sont mauvaises. Car tout le monde sait que les nouvelles sont mauvaises. Lors de la dernière visite à l'asile, Jean-Paul a déclaré à Marie-Claude :

— Depuis que je suis ici, je joue la comédie. Je me tiens très sagement et j'ai obtenu que mon placement d'office soit transformé en placement volontaire.

— Qu'est-ce que ça veut dire ?

— Ça veut dire que puisque je suis là volontairement, j'en sortirai quand je voudrai.

— Et quand tu sortiras, qu'est-ce que tu feras ?

— Ne revenons pas là-dessus, tu le sais très bien.

— Alors... je vais mettre les enfants à l'abri.

— Peu importe, si je ne peux pas les atteindre, je peux t'atteindre, et de toute façon, tu ne pourras plus jamais les avoir auprès de toi.

A partir de cet instant, Marie-Claude a vécu dans une véritable terreur. Elle savait que Jean-Paul sortirait de l'asile. Tout le monde le savait. Mais tout le monde se dérobait. Non seulement tout le monde se dérobait, mais tout le monde la fuyait. On n'aime pas les gens tristes qui ont un problème. Le vide se fait autour d'eux, c'est bien connu. Ces histoires qu'ils vous rabâchent, on les connaît et les conseils qu'on leur donne, ils ne pourront pas les suivre. Ce qui lui arrivait était trop grave pour qu'on puisse y prendre une responsabilité. Tout ce qu'on pouvait faire était de la laisser en tête à tête avec son problème. A elle d'essayer de le résoudre. Même si c'était impossible.

La mère et le frère de Jean-Paul qui le connaissaient bien pour avoir souffert de sa folie, le savaient aussi, mais préféraient se taire.

Lorsque Marie-Claude apprit que son mari allait sortir de l'asile, trois jours plus tard, elle se retrouva seule.

Le psychiatre à qui elle a téléphoné ce jour-là lui a répondu :

— Je ne peux rien faire. Certes, votre mari est dangereux, mais ce n'est pas vraiment un malade mental. Or moi, je ne peux retenir ici qu'un malade. Je ne peux pas retenir un homme légalement sain, même s'il est en passe de devenir un assassin.

A la police, on lui a répondu quelque chose dans le genre : « Qu'il tue d'abord, on l'arrêtera après. »

Il faut savoir en effet que la prévention dans le crime des particuliers est rare.

C'est alors que, prise de panique, Marie-Claude a décidé de se séparer des enfants et d'aller acheter, chez l'armurier, un fusil de chasse à deux coups et cinq balles à ailettes.

Il y a un monstre dans cette histoire. Le seul, le vrai monstre

Il a commencé à montrer le bout d'une moustache avec la voisine. Une oreille avec la mère de Marie-Claude, l'autre oreille avec son père. Le museau avec le premier mari et sa mère. Un œil morne avec le bel externe des hôpitaux, un œil glacé avec les parents de Jean-Paul. Et puis, finalement, il est apparu tout entier avec la population de cette petite ville, sa police et ses psychiatres : à chacun ses petites affaires, à chacun ses petits règlements. Ce monstre, c'est l'égoïsme, l'indifférence, l'inattention volontaire.

Si ce qu'a prétendu la défense est vrai, Marie-Claude, dans la solitude de ses nuits interminables, convaincue qu'elle a réellement tout à craindre pour elle et ses trois enfants, prise de panique, sous le coup d'une immense frayeur, a donc décidé d'attaquer pour se défendre.

Le matin du 8 novembre, la veille du jour où son mari va sortir de

l'asile, ayant mis ses enfants provisoirement à l'abri et consciente, sûrement, de l'avenir affreux que son geste lui réserve, elle revêt son éternel manteau de laine brune, y cache le fusil à canon scié dans lequel elle a glissé deux des fameuses balles à ailettes, et prend l'autobus pour se rendre à l'asile.

Il fait un temps superbe. Le froid est vif mais le ciel est d'un bleu égal, clair, indifférent.

A l'asile, on est un peu étonné de la voir :

— Mais votre mari sort demain, madame, lui dit un employé.

Comme rien n'interdit qu'une femme vienne voir son mari, même s'il sort le lendemain, elle est conduite au parloir.

Elle reste debout et elle attend. Sous son manteau, le fusil à canon scié glisse plusieurs fois et, plusieurs fois, elle le relève. Les minutes passent. Elle regarde à travers les vitres le parc glacé où vont et viennent des gens emmitouflés. Des malades sans doute, et sans doute inoffensifs. Son mari leur a-t-il fait des confidences ? Probablement pas. Et quand bien même, qu'est-ce que cela changerait ?

Puis, la jeune femme entend des pas dans un couloir. Les pas approchent.

Au moment où la porte s'ouvre, Marie-Claude lui tourne le dos, et elle entend la voix de Jean-Paul.

— Bonjour, Marie-Claude, tu es tellement pressée de me revoir ?

Marie-Claude est tremblante. Dans un vertige brumeux, elle tourne seulement la tête.

— Es-tu toujours décidé à nous tuer, les enfants et moi ?

— Oui.

— Même si je revivais avec toi ?

— Inutile de revenir, je sais maintenant que c'est impossible.

Cette fois, Marie-Claude s'est retournée brutalement. Elle tire le fusil à canon scié de dessous la cape brune et, presque sans viser, elle appuie deux fois sur la gâchette.

Dans le parloir lugubre, les deux coups de feu font un bruit énorme.

Jean-Paul porte une main à son épaule et l'autre à la poitrine... Il fait un pas en arrière, s'appuie contre la porte et glisse lentement sur le sol.

Ses paupières s'abaissent lentement sur ses yeux étonnés, et il murmure :

— Tu as raison

Maîtrisée sans résistance par les infirmiers, Marie-Claude sanglote dans les locaux de la Sûreté, mais n'exprime aucun regret.

— Je savais ce qui m'attendait, mais je ne pouvais pas faire autre chose. Il nous aurait tous tués, il l'avait dit, il l'aurait fait.

Ce récit est bien sûr la thèse qu'exposera la défense, aux assises, un an plus tard. La thèse de l'accusation sera bien entendu différente. Selon elle, Marie-Claude est dominatrice, supérieurement intelligente, entière, et si elle a pu se séparer facilement de son premier mari, elle n'a su comment venir à bout du second, un homme violent qui opposait une hostilité farouche à toute séparation et refusait la discussion.

— Deux éléments, dira l'avocat général, déclencheront ce drame froidement prémédité : la disparition de l'amant après les coups qu'il a reçus du mari, et l'échec de l'internement d'office, devenu un placement volontaire. Pour Marie-Claude, cela veut dire qu'elle a perdu son amant, que son mari va sortir et qu'il va lui demander des comptes. Il ne lui reste qu'une chose à faire : tuer son mari et se suicider. Je crois que telle était son intention mais, au dernier moment, sa volonté inébranlable lui a fait, pour la première fois, défaut.

Les jurés ne suivront pas les défenseurs qui demandent l'acquittement de Marie-Claude. Selon eux, elle a agi en état de « pré-légitime défense ». Elle fera huit années de réclusion.

Pourtant, un journaliste tirera de cette affaire la vraie conclusion en disant : « Sans doute ce malheur aurait-il été évité, quelle que soit la vérité, si quelques regards attentifs s'étaient tournés vers le cas de cette jeune femme. »

Encore ce journaliste est-il particulièrement réservé dans les termes, et prudent dans sa conclusion.

A la place de « regards attentifs », on aurait préféré amour ou affection...

# UN GRENIER A MILWAUKEE

Il était une fois à Milwaukee, dans une petite ville tranquille du Wisconsin, une fabrique de tabliers.

Le fabricant s'appelait Fred Ostereich. C'était un gros homme d'origine allemande, buveur de bière et quelque peu simplet. Il était marié depuis dix-sept ans à une dame avenante, brune et bien en chair, prénommée Walburga et âgée de trente-cinq ans.

Tous deux habitaient une affreuse petite maison de bois, couleur vert olive, et depuis dix-sept ans, les murs de la petite maison résonnaient d'étranges clameurs :

— Tu n'es qu'un porc assoiffé de bière !...

— Walburga, ne pars pas, je t'aime !

— Sors d'ici, monstre ! Dehors !

— Ne me frappe pas, Walburga, mon adorée...

Ceci lorsque le gros homme, ayant noyé son chagrin dans l'alcool, se retrouvait en état d'infériorité. Mais il y avait aussi d'autres clameurs étranges :

— Si tu m'as trompé, je te battrai jusqu'au sang !

— Approche et je te casse le fauteuil sur la tête !

— A genoux ! Et demande pardon à ton mari !

— Plutôt me jeter par la fenêtre !

Il s'ensuivait des bruits divers d'objets que l'on casse, les voisins prévenaient la police, la police venait s'enquérir de la santé des deux lutteurs, constatait des plaies et des bosses également réparties, et conseillait de faire moins de bruit le soir, afin de ne pas gêner le repos des voisins.

Ainsi s'écoulait joyeusement et brutalement l'existence du gros homme buveur de bière et de sa charmante épouse aux formes épanouies...

Et puis, un jour, le silence se fit dans l'horrible petite maison couleur vert olive.

Car... le prince charmant venait d'arriver. Hirsute, un peu bizarre (un mètre soixante) et un peu jeune (dix-sept ans), pas très glorieux (réparateur de machines à coudre)... mais un prince charmant tout de même, doué d'un pouvoir magique entre tous : celui de faire taire M^me^ Walburga Ostereich. C'était en 1903.

En 1903 donc, l'atelier de fabrication des « Tabliers Ostereich » à Milwaukee, Wisconsin, abrite une douzaine d'employées, penchées sur une douzaine de machines vrombissantes, et une employée, debout, devant une machine muette. C'est la panne. Le directeur, M. Ostereich, est mécontent car il est avare, et si les journées de travail pouvaient compter plus de 14 heures, il en serait personnellement satisfait. Une machine en panne, ce sont des heures précieuses perdues pour la production.

La directrice, M^me^ Ostereich, a fait venir le réparateur. Il entre, salue le directeur, s'incline devant la directrice, se couche sous la machine, répare en silence, se relève, rougit et s'en va. S'il n'avait pas rougi sous le regard brûlant et noir de la belle M^me^ Ostereich... ce petit réparateur falot, hirsute, aussi pâle et aussi mou qu'un bâton de guimauve, était destiné à passer inaperçu de toute évidence. Or, voici qu'un fabuleux destin le guette. Dès le lendemain, une autre machine à coudre est en panne à l'atelier Ostereich.

Et le directeur hurle :

— Qu'on fasse venir le réparateur en vitesse !

Sur le passage du petit réparateur, M^me^ la directrice se penche :

— Bonjour... bonjour... quel âge avez-vous ?

— Dix-sept ans, madame.

— Dix-sept ans ! Mon Dieu ! Mais vous faites plus que votre âge ! Dites-moi, sauriez-vous réparer ma machine à coudre personnelle ?

— Je ne sais pas, madame...

— Vous saurez ! J'en suis sûre. Venez à la maison demain matin. Je serai là, nous n'avons pas de bonne, mon mari est si avare, je serai donc obligée de vous ouvrir moi-même la porte...

— Oui, madame...

— La machine est dans ma chambre, vous comprenez ?

— Oui, madame...

— Et je ne peux pas vous laisser seul dans ma chambre, n'est-ce pas ? Ce ne serait pas convenable, surtout à votre âge.

— Oui, madame...

— D'autant plus que vous faites plus que votre âge. Ce serait encore moins convenable, comment vous appelez-vous ?

— Otto, madame...

— Alors, à demain, Otto.

— Au revoir, madame.

A-t-il ou non compris, dès le premier jour, ce qui l'attendait dans la chambre de la belle Mme Ostereich ? Quoi qu'il en soit, les machines de l'atelier seront très souvent en panne dorénavant, la plus malade étant la machine personnelle de Mme Ostereich. Mais, oh ! miracle, les voisins dorment tranquilles. Le gros directeur noie toujours son chagrin inconnu dans la bière, mais il ne hurle plus, et sa charmante épouse non plus.

Deux ans passent. Et soudain, l'époux s'étonne :

— Walburga, tu devrais changer de machine à coudre, la tienne est toujours en panne.

— Non. J'aime bien celle-là.

— Mais les réparations finissent par me coûter plus cher qu'une neuve !

— Ça m'est égal.

— Et qu'est-ce que tu couds toute la journée ? On ne te voit plus à l'usine !

— Je couds ce que je veux, ça ne te regarde pas !

— Walburga, tu me trompes !

— Grossier personnage ! Je n'ai pas rencontré un seul homme depuis des mois ! Tu m'insultes ! Puisque c'est ainsi je pars !

— Reste !

— Non, je pars !

Claquement de portes, et le gros directeur se retrouve tout seul, bras ballants et stupéfait, car il n'a même pas eu la joie de livrer bataille. Comment se fait-il que la belle Walburga, un mètre soixante-dix, 65 kilos de chair et de muscles, ait, pour la première fois, refusé le combat avec son époux, un mètre quatre-vingts, 90 kilos de graisse ? C'est que, dans une petite chambrette à Chicago, Walburga et le petit réparateur de machines à coudre filent un parfait amour sous un faux nom. Histoire banale ?

Tout d'abord, Walburga se penche à la fenêtre de la petite chambre, et aperçoit sur le trottoir un drôle d'homme. Elle a déjà vu cette tête-là quelque part, elle en est sûre. Le lendemain, le même homme est derrière elle dans un tramway. Et le surlendemain, il la guette derrière un arbre du parc. Walburga s'empare de la petite main de son minuscule amant et déclare :

— Mon ignoble individu de mari nous fait suivre ! Viens ! On rentre.

De retour à la petite maison vert olive de Milwaukee, Walburga dit à son Otto :

— Attends-moi là.

Elle entre en coup de vent dans le salon, saisit un chandelier d'argent, et l'abat avec force sur le crâne de son mari en hurlant :

— Ça t'apprendra à me faire suivre...

Cela fait, elle retourne prendre son Otto par la main et, profitant du fait que l'époux est momentanément en dehors des événements, décide :

— Monte dans la chambre, tu trouveras une trappe au-dessus de l'armoire, elle mène au grenier. Il y a un vieux lit et une lampe à pétrole. Couche-toi, mais ne fais pas de lumière. Il y a une fenêtre, elle est couverte de poussière, mais ne t'en approche pas... ne bouge sous aucun prétexte. Je vais prendre une décision.

Nous sommes en 1905. Otto, le petit réparateur de machines à coudre, a dix-neuf ans et, en refermant sur lui la trappe du grenier de la belle Walburga, il ne sait pas à quel âge il en ressortira...

Nous sommes donc dans la situation classique et théâtrale du vaudeville début du siècle : un mari assommé dans le salon, l'amant dans le grenier et l'épouse, aussi indigne que de mauvaise foi, attendant tranquillement la suite des événements, prête à les affronter quoi qu'il arrive.

Curieusement, l'époux sort de son évanouissement, complètement désespéré.

— Pardonne-moi, Walburga ! Ne me quitte pas ! Ne t'en vas pas ! Ne me laisse pas !

Et il se traîne à genoux. Or, bien qu'en état de choc (c'est lourd un chandelier d'argent), cet homme n'agit pas ainsi d'habitude ; il a tendance à croire que les femmes le trouvent beau et riche et il ne se prend pas pour une chiffe molle. Il faut croire que devant sa femme, Fred Ostereich perd tous ses moyens habituels. Possessive, Walburga a le don d'enfermer les hommes qu'elle rencontre dans des situations morales ou physiques quasiment inextricables. Elle pardonne au mari, qui recommence à boire pour oublier, et elle, va tranquillement organiser sa vie pour longtemps.

Dans le grenier, Otto est installé avec un minimum de confort. Elle lui amène tous les jours d'énormes quantités de nourriture, car ce garçon maigre est doté d'un appétit étonnant. Elle le fournit en lectures diverses et lui rend visite à la moindre occasion, c'est-à-dire dès que le mari est parti pour l'atelier.

Otto a le droit de descendre à certaines heures dans l'appartement pour y faire une toilette rapide et vider le contenu du garde-manger, ce qu'il fait avec régularité, comme un rat de grenier qu'il est.

Détail important : la trappe de son grenier est située dans le plafond de la chambre conjugale. Et le soir, lorsque les époux dorment, l'amant fait de même, juste au-dessus de leurs têtes, séparé d'eux par un plafond assez mince.

Le mari ne se doute absolument de rien, même s'il lui arrive parfois de dire :

— J'ai entendu du bruit là-haut, est-ce qu'il y aurait des souris ?

— Je n'entends rien, tu bois trop, Fred, tu as des bourdonnements d'oreille !...

Toutefois, Otto prend l'habitude de marcher sur la pointe des pieds dans son grenier, et Walburga lui offre une paire de chaussons fourrés.

Un jour pourtant, le mari, en flânant dans le jardin, croit apercevoir une silhouette à la fenêtre du grenier :

— Je t'assure, Walburga, c'était comme un fantôme ! Il y a quelqu'un !

— Tu es ivre, tu as des visions !

— Mais je t'assure !

— Bon, je vais voir...

— Alors ?

— Je ne vois que de la poussière et des araignées. La fenêtre est si sale qu'on ne voit même pas au-dehors ! Tu as des visions, Fred ! C'est l'alcool, tu devrais te faire soigner, ça devient grave.

Et Walburga interdit dorénavant à Otto de s'approcher de la fenêtre à moins d'un mètre. Problème réglé.

Quatre années passent. Quatre ans dans le grenier de la belle, sans que personne ne s'en doute. Otto a disparu pour le reste du monde, au bénéfice de la seule passion de M^me^ Ostereich, cependant que la santé mentale de l'époux se détériore. Il voit disparaître des restes de rôti qu'il croyait avoir rangés lui-même, il entend des voix, et se réfugie si souvent dans l'alcool que, se croyant malade, il va consulter un médecin.

— J'ai des visions, ou alors la maison est hantée, je n'en peux plus...

— Déménagez mon vieux, ou cessez de boire... au choix !

Le choix est fait, on déménage. Tout le monde déménage. La nouvelle maison choisie par le couple possède, elle aussi, un grenier, beaucoup plus confortable que le précédent.

Otto a droit à une promotion. Il a l'électricité, un vrai lit, une table pour écrire et un vieux fauteuil à bascule. De plus, la chambre des époux ne coïncide pas directement avec son habitat et le plafond est plus épais. C'est la grande vie. Il en est à sa quatrième année de grenier, il a pris des habitudes, il aime cette vie de termite, protégé, nourri, pris en charge, à l'abri du monde. Au fond, une grande paresse naturelle incline le garçon à se laisser mener par sa maîtresse. Il était orphelin, il a peut-être trouvé une mère. Incestueuse certes, mais rien n'est jamais parfait dans l'existence.

Fred Ostereich, lui, va de plus en plus mal. Il se croyait à l'abri des visions et des fantômes dans sa nouvelle maison, erreur. Les choses continuent de disparaître. Aliments, cigares, crème à raser, et même sa robe de chambre qui disparaît et réapparaît mystérieusement. De quoi le rendre fou. Le médecin lui conseille de voyager pour se changer les idées, mais Fred est avare, l'atelier marche bien, il s'agrandit pour devenir usine, ce n'est guère le moment de partir en croisière. Alors, il déménage à nouveau.

En apprenant la nouvelle dans son grenier, Otto n'est pas content :

— C'est ennuyeux, j'avais commencé un roman...

Car il écrit, le petit réparateur de machines à coudre. Tout au long des heures de solitude, il a eu le temps de faire galoper son imagination. Et à force de lire les romans de quatre sous dont l'abreuve sa maîtresse, entre deux étreintes, il rêve des mers du Sud dans son grenier poussiéreux.

— C'est ennuyeux, j'ai commencé d'écrire l'histoire d'un aventurier des mers du Sud...

— Eh bien, tu le finiras dans ton nouveau grenier !

Otto en est à sa septième année de grenier. Il déménage en maugréant ses petites affaires, et gagne son nouveau domicile en rasant les murs comme d'habitude. La lumière du jour l'éblouit. Pour plus de commodité, il s'est laissé pousser la barbe et la moustache, il a vingt-six ans, il est toujours maigre, toujours dévoué à l'amour de sa fougueuse maîtresse, et, à dire vrai, il ne saurait pas où aller ni comment vivre si elle le chassait.

Ce nouveau grenier est encore plus confortable que les précédents. La fortune de Fred Ostereich devient sérieuse, et la maison choisie est plus grande. De ce fait, le grenier est plus haut, mieux éclairé, et Otto ne regrette pas ce nouveau déménagement. Il retrouve son lit, sa table et son fauteuil à bascule avec, en prime, un vieux tapis et des coussins. Il y gagne également une amitié. Celle d'un chat, amoureux des greniers lui aussi, et qui va désormais partager sa vie d'écrivain.

Car la belle Walburga a décidé que les écrits romanesques d'Otto méritaient la consécration. A peine achevés, elle les arrache des mains de son auteur, les honore d'un pseudonyme style français et en bombarde les maisons d'édition, spécialisées dans ce genre de feuilletons romanesques. Et voici que, au bout de onze ans de grenier, le petit réparateur de machines à coudre connaît son premier succès ! Les aventuriers sont à la mode en 1916. Le monde a besoin de rêver à autre chose qu'à la guerre.

*Capitaine Caraïbes,* feuilleton interminable où se mêlent le soleil, la mer, les tempêtes et l'amour, est édité en fascicules que s'arrachent les petites ouvrières de Milwaukee. C'est la gloire dans le grenier lorsque le premier chèque arrive, et il y en aura d'autres ! Walburga s'intitule impresario, encaisse les chèques et déclare à son amant :

— Tu es un vrai homme maintenant ! Enfin tu gagnes ta vie !...

C'est qu'il coûte cher à table, le romancier du grenier. Il dévore, et ne grossit pas pour autant.

Cette boulimie va d'ailleurs tout gâcher car, malheureusement, au bout de onze ans de bonheur et de grenier douillet, voici la fin du premier acte de ce vaudeville américain.

Le décor : la cuisine. Les personnages : pour l'instant, Otto, seul avec le chat. Tous deux viennent d'apparaître en scène, ayant quitté leur grenier, pour un petit goûter de cinq heures. Walburga est au jardin à cueillir des roses, Fred est à l'usine. Otto fouille dans un placard, à la recherche de pain d'épice et de lait, lorsque la porte s'ouvre brutalement sur le mari :

— Oh ! qu'est-ce que vous faites là, vous ?

— Moi ? Je... eh bien ! je ne faisais que passer...

— Vous êtes le réparateur de machines à coudre ! Je vous reconnais.

— C'est possible, mais...

— Dehors ! Vous relancez ma femme, hein ? Je suis cocu, hein ? Mais dites-le !

— Mais non, monsieur, je vous assure, je ne faisais que passer.

— Dans la cuisine ? Dans mon placard ? Et ce chat, hein ? Qu'est-ce que c'est que ce chat ? On me trompe ici ! Dehors !

Et tandis que Walburga pénètre à son tour dans la cuisine, un joli bouquet de roses rouges dans ses bras dodus, son malheureux amant en sort précipitamment. Propulsé, il faut le dire, par un magistral coup de pied au derrière.

Fred Ostereich, le mari, n'a toujours pas compris à ce moment-là la réalité des faits. Certes, il se croit cocu, c'est la moindre des choses. Mais il imagine simplement que le petit réparateur de machines à coudre a réapparu dans la vie de sa femme. Il croit que, depuis leur première aventure et leur fuite à Chicago en 1905, ils ne se sont pas revus. Il ignore que l'amant vit dans son grenier depuis onze ans ! Il ne fait pas le rapprochement entre les mystérieuses disparitions de victuailles et de cigares et l'amant qu'il vient d'expulser.

Serait-il bête, cet homme ? Aveugle ? Il est pourtant à la tête d'une usine prospère, il emploie maintenant plus de cent ouvriers, il fabrique mieux que des tabliers : du linge de maison, des robes ; il est devenu quelqu'un dans la finance de Milwaukee, Etat du Wisconsin. Mais c'est un buveur de bière, un peu obtus lorsqu'il a dépassé le niveau d'alcool autorisé par la loi. Alors, il croit simplement avoir coupé court à un regain d'aventure, et il explose raisonnablement dans sa cuisine.

— Walburga, ça ne peut plus durer. Tu l'aimes ?

— Moi ? Aimer ce freluquet ? Mais tu n'as rien compris ! C'est lui, le pauvre, qui est amoureux de moi en silence...

— En silence, hein ? Et dans ma cuisine ?

— C'est un pauvre garçon orphelin ! Il s'imagine que je suis l'amour de sa vie, je ne croyais pas faire de mal en le recevant aujourd'hui.

— Il y a plus de dix ans, vous vous êtes tout de même enfuis à Chicago tous les deux !

— Mais c'est de l'histoire ancienne ! Moi, j'ai oublié, mais pas lui, tu vois. Il ne faut pas lui en vouloir, Fred, après tout il a le droit de trouver ta femme jolie...

— Ouais, eh bien ! c'est fini le roman. Nous partons ! Nous quittons la ville ! Puisque c'est ainsi, nous irons nous installer à Los Angeles ! Justement j'ai décidé de m'agrandir. Comme ça, nous serons tranquilles !

Cette fois, le couple Ostereich déménage sans son rat de grenier. Car Walburga n'a pas le temps de prendre de dispositions nouvelles. Voilà le pauvre Otto Sanhuber, nu et grelottant dans la rue, comme un escargot privé de sa coquille. Que va-t-il devenir seul au monde, sans amour et sans grenier ?

A Los Angeles, Fred et Walburga Ostereich installent leurs pénates dans un quartier chic. Sur la North St. Andrew Place, fortune oblige, et leur nouvelle maison est luxueuse.

Durant quelques semaines, Walburga profite pleinement des joies d'une nouvelle installation et, malgré les revenus confortables de son mari, n'exige absolument pas la présence d'une domestique. Toutes les dames du quartier ont au moins une bonne, elle non. L'avarice de son époux s'en réjouit. Et lorsque Walburga découvre avec ravissement que leur demeure est dotée d'un grenier aussi vaste que l'échelle est raide pour y accéder, il ne se méfie pas, le pauvre. D'ailleurs, son moral est au plus bas.

Le gros homme erre dans ses ateliers comme une âme en peine, n'ayant même plus le courage de jeter dehors un ouvrier qui aurait l'audace de regarder une mouche voler. Aujourd'hui, on dirait de

Fred Ostereich qu'il est dans un état dépressif avancé. A l'époque, on lui conseille de se secouer, de travailler, et de prospérer. Ce qu'il a de plus en plus de mal à faire.

Otto, lui, a pris juste le temps de constater que les rues avaient bien changé en onze ans, qu'il y avait de plus en plus de becs de gaz et que, pour traverser, il fallait faire attention aux voitures. Puis il s'est réfugié à la soupe populaire, a mendié de quoi écrire, et s'est jeté dans la composition d'une lettre d'amour exaltée.

*Ma chère et tendre Walburga,*

*Le monde est un désert sans toi. Je suis comme un marin solitaire privé de sa vague, privé de son bateau, et qui attend désespérément sur le quai le retour de son amour prisonnier. Chaque soleil qui meurt pour renaître le lendemain sans nouvelle de toi, me plonge dans un océan de désespoir...*

Car il reste un moyen de communication pour les deux amants : la boîte postale où Walburga faisait adresser le courrier et les chèques destinés à l'écrivain du grenier. Et elle s'est empressée d'y envoyer une lettre.

Ils s'écrivent donc poste restante, et les lettres enflammées se croisent inlassablement pendant près de deux ans. Puis, Walburga annonce enfin à son amant : « Tu peux venir, j'ai tout arrangé. »

Si l'attente a été si longue, c'est que Walburga entendait améliorer au maximum l'existence de son amant, côté pratique. Ayant découvert dans le nouveau grenier une partie de plancher facile à démolir, elle a fait venir des ouvriers pendant que son mari était à l'usine. Les travaux s'effectuaient lentement, car ils devaient rester ignorés de l'époux.

Un placard dans la chambre à coucher dissimule à présent une entrée secrète, donnant sur un escalier, lequel monte au grenier. Une partie de ce grenier est réservée à Otto. Les ouvriers ont installé une cloison, derrière laquelle se trouve le grenier normal.

Le nouveau domaine de l'amant est de ce fait un peu exigu, mais meublé avec goût. Petit lit, édredon, électricité, bureau, radio avec écouteurs et une trappe dans le toit, minuscule et invisible pour laisser passer l'air. Les murs sont tapissés, le sol recouvert de moquette, il y a même une installation de toilette avec eau courante.

En arrivant dans son quatrième grenier, Otto bat des mains ! Et la vie reprend comme avant.

A un détail près. C'est au tour de l'amant dans son grenier d'entendre parfois des bruits bizarres dans la chambre à coucher, juste en dessous de lui. Or le mari est à l'usine, et il n'y a pas de domestique, à part une femme de ménage qui ne vient que le matin, et trois fois par semaine seulement.

— Walburga, il y a un homme dans ta vie !

— Mais non... voyons, tu divagues...

Il n'en saura jamais plus. Court intermède sans doute, dans la vie amoureuse de la terrible Walburga.

1918 : fin de la Première Guerre mondiale, et début d'une nouvelle existence pour les deux amants. Fred Ostereich, lui, va de plus en plus mal moralement. 1919 : Otto a repris son activité d'écrivain. Son feuilleton des mers du Sud est inépuisable. 1920, 1921, 1922 : amour et littérature de gare font bon ménage, l'époux voyage de temps en temps pour ses affaires, les amants sont de plus en plus libres et, l'habitude aidant, arrive enfin ce qui devait arriver.

Le 22 août 1922, après quatre années d'un grenier sans nuage, le mari, la femme et l'amant se rencontrent enfin bêtement au détour d'un couloir. Surprise !

Herman Clive est le nouveau venu de ce vaudeville rocambolesque. Il est le chef de la police de Los Angeles. Et il contemple, ce 22 août 1922, un spectacle désolant : Dans le salon rococo de la riche villa Ostereich, un corps inanimé : une balle dans la tête, une autre dans la poitrine, aussi mort qu'il est possible de l'être, c'est Fred Ostereich lui-même.

— Alors, madame Ostereich, que s'est-il passé ?

Walburga est échevelée, tremblante et sous le coup d'une terrible émotion :

— C'est affreux, monsieur, un homme est entré, un inconnu, il avait un regard terrible et un masque sur le nez ! Il m'a bousculée et enfermée dans ce placard. J'ai crié mais il a menacé de me tuer. Puis j'ai entendu deux coups de feu. Ce sont les voisins qui m'ont délivrée et qui ont prévenu la police !

— On vous a volé quelque chose ?

— Une montre ornée de diamants qui se trouvait sur la commode, c'est tout. Mon pauvre mari ne gardait jamais d'argent ici, et mes bijoux sont dans un coffre. Cette montre lui appartenait, il venait de l'ôter. Vous comprenez, il rentrait d'un voyage d'affaires. Le malheureux n'a même pas eu le temps de ranger sa valise !

Le chef de la police s'entend confirmer cette version par les voisins. Ils ont entendu des cris, une bagarre, deux coups de feu, et ont découvert M^me^ Ostereich enfermée à clé dans un placard de l'entrée. Quant à l'inconnu, l'assassin, personne ne l'a vu évidemment, à part M^me^ Ostereich et le mort.

« Bizarre..., se dit le chef de la police de Los Angeles, ce placard a un verrou intérieur et extérieur. Imaginons que la dame se soit enfermée elle-même, et qu'elle ait ensuite glissé la clé sous la porte ? Bizarre aussi qu'un cambrioleur-assassin utilise un calibre 25, arme bien légère et bien féminine, très peu employée, voire pas du tout, par les professionnels du crime. Seulement voilà, soupçonner sans preuve ne mène à rien. »

Herman Clive fait une enquête approfondie sur le passé de Walburga Ostereich, et apprend bien sûr à Milwaukee que le couple n'était pas idéal : bagarre et tromperies sont la litanie des voisins. Mais personne ne parle du grenier. Tout le monde ignore que la passion de cette femme s'est déroulée pendant près de quinze ans dans le grenier de ses maisons successives. Otto n'est connu de personne. Il faut donc bien adopter la version de la veuve. L'entrée secrète du placard de la chambre à coucher n'est même pas découverte. Fred Ostereich est enterré. Son épouse prend le deuil et s'adjoint les services d'un avocat, Herman Shapiro, pour gérer la fortune de son défunt mari, évaluée à un million de dollars.

La vie reprend ses droits et Otto son grenier, qu'il n'a d'ailleurs jamais quitté pendant toute l'enquête.

Herman Shapiro est un excellent homme d'affaires et un bel homme. Un jour de tendresse, et de bonté, M^me^ Ostereich lui déclare :

— Herman, mon chéri, pour te remercier de tout ce que tu as fait, j'aimerais t'offrir ceci !

C'est une montre en or, sertie de diamants.

— Mais... ce n'est pas la montre de ton mari ? Celle que l'assassin a...

— C'est elle. Je l'ai retrouvée après le départ de la police, elle avait glissé sous un petit meuble. Mais je n'ai pas voulu en parler, cette histoire a fait trop de bruit. Prends-la, je te l'offre, et j'aimerais que tu me rendes un service... Occupe-toi de vendre la maison, elle me rappelle de trop mauvais souvenirs, j'irai m'installer ailleurs, nous voyagerons ensemble...

Herman Shapiro ne se rend pas compte qu'il est lui aussi sous l'emprise de cette femme étonnante qui, bien que vieillissante, a toujours un charme certain. La maison est donc mise en vente, et la veuve et l'avocat s'offrent un petit voyage de deux semaines au soleil. Avant de partir, Walburga, cinquante ans, la taille encore affriolante, dit à son nouvel amant, quarante-deux ans et bien bâti :

— J'aimerais que tu achètes des boîtes de conserve, disons trois cartons. Je ne te l'ai pas dit, mais j'ai un demi-frère, plus jeune, qui mène une existence de vagabond. Il lui arrive parfois de venir crier famine à la maison. Je ne voudrais pas qu'il trouve la cuisine vide, tu comprends ?

Herman comprend. Et Otto reste seul dans son grenier, avec pour tout viatique trois caisses de conserves.

Lorsque les voyageurs reviennent, les conserves ont disparu.

La maison est vendue et en janvier 1923, Walburga s'installe dans une autre demeure, plus petite, plus tranquille, et toujours munie d'un grenier.

En juillet 1923, une information parvient au chef de la police de Los Angeles : quelqu'un a vu au poignet de l'avocat une montre en or sertie de diamants, celle-là même décrite dans le rapport de police...

Le policier convoque l'avocat dont les explications ne lui paraissent pas claires. L'affaire rebondit dans la presse, et un témoin se présente : c'est l'un des voisins de la nouvelle demeure de la veuve.

— M^me^ Ostereich m'a donné un jour un pistolet calibre 25. Elle m'a dit : « Je ne veux pas le garder, c'est avec une arme semblable que l'on a tué mon mari. Faites-en ce que vous voudrez, jetez-le si vous voulez. »

— Et vous l'avez jeté ?

— Non. Je l'ai enterré dans mon jardin.

Hélas, l'examen de l'arme ne donne rien. Il ne s'agit pas de l'arme du crime. Un autre témoin se présente au chef de la police :

— M$^{me}$ Ostereich m'a donné un jour un pistolet, calibre 25... elle m'a dit de...

— Et vous l'avez jeté ?

— Oui... dans les égouts.

Introuvable. Mais le chef de la police décide d'inculper la veuve, car c'en est trop pour lui.

Walburga est donc en prison, et le policier se démène pour rechercher des preuves, car il n'en a toujours pas.

Dans sa cellule, l'inculpée ne perd pas la boussole. A la première visite de son amant avocat, Herman Shapiro, elle lui dit :

— Va à la maison, ouvre le placard de la chambre, gratte sur la paroi de gauche, trois fois. Un homme va venir, c'est mon demi-frère, dis-lui que je vais bien, et que je m'occuperai de lui, n'en parle à personne, c'est très important.

C'est ainsi qu'une étrange rencontre a lieu dans un placard d'une petite maison de Los Angeles.

— Bonjour, je m'appelle Herman Shapiro.

— Ah ! bonjour, Herman, Walburga m'a beaucoup parlé de vous...

— Elle est en prison...

— C'est désolant, vous savez c'est une histoire stupide, je ne voulais pas le tuer.

— Qui ? Monsieur Ostereich ?

— Oui. J'étais dans le placard ce soir-là, et je les ai entendu se disputer violemment. J'ai eu peur pour Walburga, j'ai décidé d'intervenir une bonne fois, et j'ai eu raison. Il avait un pistolet dans la main ! Nous nous sommes battus, et l'arme est partie toute seule...

— Deux fois ?

— Oui, c'est stupide mais bien arrangé, cette histoire, vous ne trouvez pas ? C'est moi qui ai imaginé l'inconnu et enfermé Walburga. J'écris des romans vous savez, j'ai l'habitude !

— Mais qui êtes-vous ?

— Moi ? Otto Sanhuber. Je vis dans le grenier depuis des années, j'adore les greniers. Vous pensez que Walburga va rester longtemps en prison ? Elle me manque, nous nous aimons depuis vingt ans, vous savez, et nous ne nous sommes presque jamais quittés !...

Que faire ? Herman Shapiro bondit chez un confrère avocat criminel, et demande :

— Que faire avec ce type ? S'il parle, elle sera condamnée, le scandale, et ma carrière ? Je suis mouillé, moi !

— Qu'il disparaisse ! Qu'il déguerpisse de ce grenier, et qu'on n'entende plus parler de lui, c'est la seule chose à faire. La police va perquisitionner si elle le trouve, et elle le trouvera cette fois, vous êtes dans le bain avec eux !

Exit le petit réparateur de machines à coudre, devenu écrivain. Exit de son grenier, à quarante ans, terrorisé par la menace d'aller en prison. On ne voit guère le changement pourtant.

Ce qui a pour effet de bloquer Herman Clive, le chef de la police, dans son enquête si bien partie. Toujours pas de preuve, il faut bien libérer M^me^ Ostereich.

Sept ans plus tard, en 1930, dans le bureau du nouveau chef de la police de Los Angeles, un homme entre, pâle, nerveux :

— Je m'appelle Herman Shapiro, je voudrais parler à Herman Clive, votre prédécesseur.

— Pourquoi, des ennuis ?

— Je suis menacé de mort...

— Par qui ?

— Ma maîtresse. Mais c'est trop compliqué, je préférerais parler à Herman Clive, il connaît déjà le reste...

C'est ainsi qu'Herman Clive sortit de sa retraite, pour conclure enfin l'affaire Ostereich.

A soixante ans, avec une vie bien remplie, Walburga avait encore le culot de menacer de tuer son amant Herman Shapiro s'il avait l'audace de la quitter. Et il avait bien peur qu'elle le fasse.

On retrouva Otto, marié à une dactylo, vivant dans l'Oregon une existence paisible. Il avait raconté à sa femme qu'il était amnésique et avait oublié vingt ans de sa vie. Il fut jugé le premier, et séparément. Il eut pour avocat le plus célèbre et le plus habile ; on crut à son histoire d'homicide involontaire et il écopa de trois ans ; mais la prescription dans ce cas-là étant de cinq ans après les faits, Otto retrouva la liberté.

Quant à Walburga, elle déclara au jury que si elle s'était prêtée à cette mise en scène, c'était pour ne pas étaler sa vie privée en public. Une vie privée qui ne se trouvait à l'aise que dans un grenier.

Elle fut relâchée également, pour les mêmes raisons.

L'Amérique se régala un moment des aventures de la belle Walburga, et les journaux brodèrent avec enthousiasme sur l'érotisme caché des greniers de Milwaukee et de Los Angeles. Puis on oublia Walburga Ostereich qui, à soixante-trois ans, reprit sa petite vie dans sa dernière petite maison. Il y avait, là aussi, encore et toujours, un grenier...

# UN KILO DE ROGNURES

Mac Carty possède deux ou trois vieux os, un panier transformable en niche, un collier, une laisse multicolore et un manteau écossais pour l'hiver. Il n'en demande pas plus. Lorsqu'il croise quelque congénère maigre et sale faisant les poubelles, il réalise la chance qu'il a d'être un berger allemand bourgeois.

Dan Clayton, séduisant quadragénaire, bien qu'il ne roule pas sur l'or, réussit grâce à de subtils arrangements avec la banque, à offrir à sa femme, outre le réfrigérateur, la télévision et les deux machines à laver (le linge et la vaisselle), une belle Chevrolet chargée de chromes et un petit appartement très agréable — bien que sur cour et sous les combles —, d'où il peut, à pied, se rendre à Central Park.

A Central Park, il y va d'ailleurs tous les dimanches matin pour faire courir Mac Carty et téléguider sur le lac des maquettes de bateau qu'il construit lui-même.

Dan Clayton et Mac Carty sont connus dans ce quartier de Manhattan comme le symbole même du bonheur tranquille.

Hélas, ils ne sont pas seuls dans la vie et c'est bien dommage.

Leslie Clayton est une jolie femme qui n'a qu'un défaut, mais le défaut le plus insupportable : elle n'est jamais contente. Par exemple : deux fois par semaine, son brave homme de mari lui offre le cinéma ; eh bien, pour choisir le film, elle hésite jusqu'au dernier moment. Ils arrivent donc en retard ou bien il n'y a plus de place, ou bien le film est déjà commencé. Alors ils vont en voir un autre, très mauvais, qui ne plaît pas du tout à Leslie. Evidemment, c'est toujours la faute de son mari. Autre exemple : Dan fumait le cigare ;

Leslie trouvant que cela ne lui allait pas, l'a convaincu de fumer la pipe. Dan s'est donc mis à fumer la pipe. Leslie décréta alors que la pipe sentait mauvais. Résultat : Dan ne fume plus la pipe que le matin et le soir, lorsqu'il va promener Mac Carty, ce qui permet à Leslie de trouver ses promenades trop longues.

Le soir où commence cette histoire, Dan monte l'escalier au retour d'une de ses promenades, son chien sur les talons. Sur le palier du deuxième étage, une porte d'un des appartements de luxe est entrouverte : le museau ravissant de Marian paraît, battant des cils :

— Dan ? C'est vous, Dan ?

— Oui, grogne le brave homme.

— Excusez-moi, j'ai un problème avec l'électricité... Vous pourriez peut-être me dépanner ?

Dan secoue sa pipe et ordonne au chien :

— Toi, reste là, j'en ai pour une minute.

La voisine ouvre plus grand la porte, vêtue en tout et pour tout d'un déshabillé si léger qu'il n'est qu'une formalité.

— Excusez-moi de vous recevoir comme ça, mais dans le noir, je n'ai pas pu trouver d'autre vêtement.

Avant d'entrer, Dan soupire et jette sur le palier un regard inquiet.

— Vous finirez par me faire avoir des ennuis, dit-il.

— Des ennuis ? Mais pourquoi ? Leslie ne serait pas jalouse d'une vieille amie comme moi !

A quoi bon répliquer ? Dan commence à en avoir ras le bol des pièges enfantins de sa ravissante voisine.

— Tout s'est éteint d'un coup ? demande-t-il.

— Oui.

Dan, nerveux, la repousse presque brutalement et se rend à la cuisine où il rétablit le courant en relevant d'un seul geste la manette du disjoncteur.

Marian, comme si elle était surprise dans son déshabillé transparent, et follement troublée, le regarde droit dans les yeux.

Dan, après un instant d'égarement, songe à Leslie, à Mac Carty qui attend sur le palier. Il fait brutalement demi-tour et s'en va, claquant la porte.

Leslie, lorsqu'elle entend entrer son mari, s'exclame :

— Vous en avez mis un temps, qu'est-ce que vous avez fait ?

Tandis que Dan retire tranquillement le collier de Mac Carty,

Leslie commence à tourner autour d'eux, les observant d'un air suspicieux :

— Je suis sûre que tu t'es encore arrêté chez cette Marian !

— Oui en effet, elle m'a fait le coup de la panne d'électricité.

— Je ne veux plus que tu mettes les pieds chez cette femme. Elle est tout le temps suspendue à tes basques.

— Mais ce n'est pas mon amie, c'est la tienne.

— Allons donc ! Elle n'est mon amie que pour mieux te circonvenir. Pour te séduire, elle fait même la cour à Mac Carty. Elle n'a qu'une idée, te mettre le grappin dessus.

— Le grappin dessus ? Qu'est-ce que ça veut dire ? Tu n'imagines pas qu'elle veut m'épouser ?

— Elle le voudrait qu'elle ne s'y prendrait pas autrement.

— Tu es folle ! Tu connais son appartement, non ? Elle a des habitudes de luxe, ce qui est pour toi un plaisant confort lui paraîtrait comme le comble de la misère.

Une fois ouverte la porte de la cuisine pour que Mac Carty rejoigne son panier, Dan gagne la chambre pour se déshabiller. Leslie, pâle et les lèvres serrées, tourne le verrou de la porte. Depuis longtemps, elle souffre du manque d'ambition de son mari, qui la condamne à vivre dans la médiocrité les plus belles années de sa vie. Etat d'esprit oh ! combien banal chez ce genre de femme.

De quoi peuvent parler une femme jalouse et une autre blessée dans son amour-propre lorsque la cause de leur déception est le même homme ? De lui, bien entendu, et pas pour en dire du bien. Or, Leslie et Marian continuent à se voir. C'est un accident en apparence banal qui va déclencher le drame. Lisant dans le journal que la famille d'un ouvrier tué accidentellement par une voiture a touché une énorme indemnité, Leslie s'écrie :

— Il y a des gens qui ont de la veine !

Pense-t-elle vraiment ce qu'elle dit ? Il est permis d'en douter. Mais pour Marian, c'est une révélation.

Après s'être donné quelques jours pour bien préparer le terrain, l'amoureuse blessée vient trouver l'épouse jalouse. En larmes, elle se jette dans ses bras :

— Pardon, Leslie, pardon !

Feignant d'être dévorée par le remords, elle laisse entendre que Dan a succombé à ses charmes. Elle en est horrifiée. Elle le déteste pour lui avoir si facilement cédé. Les hommes sont bien tous pareils ! Elle développe si bien ce thème que Leslie finit par la plaindre, gardant toute son indignation pour son mari.

Quelques jours passent.

Dans le rétroviseur : trois visages de femmes assises sur la banquette arrière et toutes les trois fort jolies. Le chauffeur a beau avoir quarante ans, des moustaches et l'air déluré, il n'en croit pas ses yeux : toutes les trois lui offrent un sourire très, très engageant. La plus jeune, qu'il connaît car c'est la femme d'un ami de longue date, lui présente la brune à l'œil vif qui est à sa droite :

— Elle, c'est Leslie.

Puis, celle qui est à sa gauche :

— Elle, c'est Marian, ma sœur.

Marian est une petite blonde au museau ravissant.

— Arrêtons-nous ici, dit Leslie la brune.

Elle montre le minuscule square qui fait l'angle de Broadway et Sixth Avenue. Le chauffeur se gare, descend et ouvre la portière pour les aider galamment à mettre pied à terre. Les trois femmes minaudant et ondulant de la croupe le conduisent vers un banc :

— Asseyons-nous là.

Troublé par ce froufrou, le chauffeur se retrouve sur le banc : la brune à sa droite, la blonde à sa gauche et la plus jeune à ses pieds.

— Qu'est-ce que je peux faire pour vous, mesdames ?

— Nous rendre un service.

— D'accord, si je peux.

— Un grand service.

— O.K., mais de quoi s'agit-il ?

— Un service dont nous vous serions très reconnaissantes.

Et les trois femmes de lui sourire avec des yeux mouillés, de sorte que le chauffeur, tout en se disant que le service à rendre doit être de taille, devient rouge comme une tomate. Il regarde d'abord la brune Leslie qui incline la tête :

— Je vous en serais personnellement très reconnaissante.

De la brune, le regard du chauffeur se tourne à ses pieds, vers la plus jeune :

— Moi aussi, dit celle-ci.

Et la troisième, la blonde Marian au petit museau ravissant, pose carrément la main sur son genou en murmurant :

— Vous pourrez compter sur moi.

— Ah bon ?...

Le chauffeur, envoûté, demande d'une voix faible :

— D'accord, mais qu'est-ce qu'il faut faire ?

— Rien de très difficile, explique la brune Leslie.

— Quelque chose qui ne vous prendra pas beaucoup de temps, ajoute Marian.

— Ah bon, mais pourquoi moi ?

— Parce qu'il faut une voiture, répond la plus jeune.

— Et un chauffeur, précise Marian.

— Un chauffeur qui soit bien assuré, comme vous devez l'être, conclut Leslie.

— Quoi, vous voulez me demander quelque chose de dangereux ?

Les trois femmes se récrient :

— Absolument pas ! Quelle idée ! Qu'est-ce que vous allez penser là !

Toutefois, Marian jette un léger froid en précisant :

— Disons que le danger ne serait pas pour vous.

— Pour qui, alors ?

— Et, bien sûr... ça vous rapporterait beaucoup d'argent.

— Soit, mais expliquez-moi pour qui sera le danger.

Les trois femmes se regardent. Jugent-elles que l'homme n'est pas encore assez mûr ? Elles ne semblent pas encore décidées à dévoiler leurs batteries. Avec un bel ensemble, elles se rapprochent encore un peu de lui.

Une heure plus tard, trois jolies femmes sortent du petit square qui fait l'angle de Broadway et de Sixth Avenue, laissant sur un banc un pauvre chauffeur de taxi littéralement hagard. Il regarde sans bien comprendre encore ce qui vient de lui arriver : la belle Leslie secouant sa brune chevelure sur ses splendides épaules, le museau de Marian qui lui envoie de loin un très amical « au revoir » avec son plus coquin sourire, tandis que la plus jeune esquisse un déhanchement suggestif dans son jean qui lui colle à la peau.

Lentement, il se lève à son tour et se dirige vers son taxi. En somme, il vient tout simplement d'accepter de tuer un homme. Est-ce bien raisonnable ? Certes, il se sent très motivé : vingt-cinq mille dollars, et la chaleureuse reconnaissance de trois jolies femmes. Mais, encore une fois, est-ce bien raisonnable ?

En attendant, il en a pour soixante dollars au compteur. Comment se fera-t-il payer s'il ne donne pas suite ? Et puis, ce type, on le lui a dépeint comme un horrible bonhomme. Pour que trois femmes aussi jolies le détestent à ce point, il doit mériter mille morts. D'ailleurs, si lui n'accepte pas, un autre acceptera sans doute.

C'est surtout la brune qui l'a convaincu. Bien que, à la réflexion, la blonde lui faisait beaucoup d'effet... Oui, mais en y réfléchissant, la plus jeune...

Obsédé par les images qui se pressent dans son pauvre cerveau surchauffé, il estime ne pas être en mesure de raisonner sainement et décide de rentrer chez lui.

Un matin de juin 1974, un homme d'une quarantaine d'années, moustachu et l'air déluré, se présente à l'un des commissariats de police de Manhattan. Ayant demandé le plus haut gradé en service, il est mis en présence d'un flic harassé, à l'air bourru, qui s'apprêtait à partir. Il lui déclare sans préambule :

— Voilà. Je suis chauffeur de taxi. J'ai promis d'assassiner un type. Je dois l'écraser contre un mur, un soir pendant qu'il promènera son chien.

Le flic, un peu surpris, se rassoit :

— C'est sérieux ?

— Ben oui, très sérieux.

— De qui s'agit-il ?

— D'un type que je ne connais pas. Un cheminot qui travaille à la Gare centrale. Sa femme demandera cent mille dollars de dommages et intérêts, et elle me versera un quart. Le reste sera partagé avec deux autres copines qui sont dans le coup.

— Ah bon ! Parce qu'elles sont trois ?

— Oui : la femme du type, sa maîtresse, et la sœur de sa maîtresse.

— Et vous avez accepté ?

— Oui... Ben, faut me comprendre. Ce sont trois belles filles, mais alors là, je vous assure, vraiment belles filles. Elles m'ont fait un tel cinéma ! Elles m'ont promis, euh... non seulement l'argent, mais le reste, enfin, vous voyez ce que je veux dire. Elles étaient là, toutes les trois après moi, je ne savais plus où j'en étais.

— Et c'est pour quand ? demande le policier.

— Dans quelques jours. Heureusement qu'elles m'ont pas demandé ça tout de suite ! Au point où j'en étais, je crois que je n'aurais fait ni une ni deux, je montais dans mon taxi et je fonçais sur le gars comme une torpille.

Les policiers de ce quartier de Manhattan, à la frontière de Harlem, sont habitués aux surprises. Celle-ci pourtant paraît un peu forte. Si le meurtre avait été échafaudé par des gangsters, ça pourrait paraître vraisemblable, mais par trois jolies femmes !

— Vous êtes sûr que ce n'est pas un canular ?

— Absolument pas ! Je ne vois pas ce qu'il pourrait y avoir de drôle là-dedans !

— Vous avez le nom de ces trois femmes ?

— Il n'y en a qu'une que je connaisse vraiment, mais je peux facilement retrouver le nom des deux autres. Seulement, je vous préviens, elles ont l'air de petites-bourgeoises tout ce qu'il y a de comme il faut.

Le policier réfléchit quelques instants et conclut en se levant :

— Ecoutez, mon vieux, si vous n'avez pas de preuves matérielles à me fournir, je ne peux rien faire. Vous pensez bien que si nous intervenons, ces trois femmes vont nous rire au nez. Ou bien, elles diront que vous êtes un menteur, ou bien elles raconteront qu'elles se sont moquées de vous. Et il est probable que même le mari soutiendra sa femme. Vous et moi, nous allons être grotesques. Alors, oubliez tout ça, évitez de passer dans le quartier, c'est tout ce que je vous conseille.

Le chauffeur de taxi sort du bureau, fait quelques pas dans le couloir, mais reste préoccupé. C'est vrai que pour agir, il faudrait une preuve, mais ce policier a quand même été bien léger. S'il ne donne pas suite à la proposition de ces trois femmes, elles trouveront un autre chauffeur qui n'aura pas les mêmes scrupules.

Une idée lui passe alors par la tête. Bien sûr, ce n'est pas une preuve, mais il faut qu'il en parle. Il retourne au bureau du policier qui l'accueille en fronçant les sourcils :

— Quoi, encore vous ?

— Oui, je n'ai pas de preuve, mais j'ai une idée.

Quelques instants plus tard, le policier convient que l'idée du chauffeur de taxi n'est pas si mauvaise :

— O.K., dit-il, ça ne sera pas une preuve matérielle, mais ça sera peut-être suffisant pour les confondre. Il vous suffira seulement de me donner un coup de fil une demi-heure avant l'heure H.

Deux jours plus tard, vers vingt-deux heures, Leslie est seule dans l'appartement. Dan vient comme à son habitude de sortir Mac Carty. Par la fenêtre, elle l'a vu traverser la rue en direction du fameux mur. Au comble de l'énervement, elle attend qu'on vienne la prévenir d'un instant à l'autre qu'il a été victime d'un accident mortel. Elle sera avertie aussitôt, c'est certain. Dan a toujours ses papiers sur lui.

En effet, lorsqu'on sonne à la porte : c'est un policier. Mais au lieu de lui annoncer la funeste nouvelle, il entre et pose sur la table un paquet enveloppé de papier journal :

— Pouvez-vous m'expliquer, madame Clayton, pourquoi vous et vos deux amies avez abandonné ce paquet dans la rue au mépris des règlements municipaux ?

La brune Leslie Clayton pâlit en voyant le policier ouvrir le paquet. Y apparaissent en effet des déchets de viande.

— Vous ne pouvez ignorer, madame, reprend le policier, que l'arrêté municipal interdisant le dépôt d'ordures sur la voie publique est puni d'amendes extrêmement lourdes. Comment expliquez-vous une telle infraction ?

C'était ça, l'idée du chauffeur de taxi. Lorsqu'il avait dit aux trois femmes : « Mais pour que j'écrase cet homme, il faut qu'il soit près du mur à un endroit accessible à ma voiture... », Leslie lui avait répondu : « Nous avons pensé à ça : mon mari suit son chien pas à pas lorsqu'il le promène. Une demi-heure avant l'heure H, nous déposerons à l'endroit qu'il faut, un kilo de déchets de viande. »

Pour Leslie Clayton, dont les nerfs sont déjà dans l'état de tension que l'on devine, la tournure grotesque que prennent les événements devient une épreuve insupportable. Elle éclate d'un rire hystérique qui tourne vite en sanglots convulsifs. Lui arracher des aveux complets n'est plus qu'un jeu pour les policiers.

Le kilo de déchets de viande sera la principale pièce à conviction présentée par la police à l'attorney qui décide l'inculpation des trois femmes pour tentative de meurtre prémédité.

A la fin de la comparution, lorsque le greffier, faisant la moue, apporte les rognures roulées dans le papier journal, Dan lui demande :

— Je peux ?

Et il emporte le paquet pour Mac Carty, son fidèle compagnon, qui l'attend avec impatience dans la voiture.

# UNE BIBLE NOIRE DANS UNE VOITURE BLEUE

Une grande jeune femme brune, en tailleur bleu de nuit, arpente d'un pas rapide Canal Street, la rue de l'automobile à la Nouvelle-Orléans. Elle ralentit devant les innombrables stands, vitrines et parkings où, briquées, cirées, chromées, des milliers de voitures d'occasion attendent le client. Cela se passe en 1958.

Après une heure de recherche, elle entre finalement chez Gustave Camino dont les néons proclament qu'il est un véritable bienfaiteur, vendant à perte des voitures impeccables qu'il garantit pour l'éternité. Camino se jette sur la cliente, suivi de près par son principal vendeur : Max Jernigan.

Si Max Jernigan savait, il irait en courant tout au fond du parking s'enfermer dans l'atelier. Malheureusement pour lui c'est un beau garçon athlétique, simple, tout d'une pièce, qui prend la vie comme elle vient et ne se préoccupe guère de l'avenir.

Au lieu de s'enfuir à toutes jambes, le vendeur de voitures d'occasion de la Nouvelle-Orléans observe la cliente qui vient d'entrer. Parti des talons de la créature, son regard a parcouru ses très belles longues jambes musclées. Accomplissant alors le seul léger effort de prospective dont il soit capable, il conclut que voilà certainement un très beau brin de fille. Quant au visage : sous la chevelure abondante, il est un peu pâle mais régulier, joli et plutôt sympathique avec un rien de froideur, imputable sans doute à la timidité.

Il est dommage que Gustave Camino ait été le premier sur le coup.

La jeune femme tourne autour d'une superbe Chevrolet, bien

entendu impeccable et qui a très peu roulé : « Pensez donc, elle appartenait à un vieux médecin qui ne s'en servait jamais. » Les deux hommes en se croisant échangent ce bref dialogue :

— Tu me la laisses ? demande Max Jernigan.

— Pas question. Je suis sûr de lui vendre cette bagnole...

— Alors tu me donneras son adresse.

— Fiche-moi la paix... répond Camino tout à son affaire. Il ne s'intéresse guère aux femmes et ne pense qu'à l'argent.

Une heure plus tard, tout est réglé, la jeune femme achète la Chevrolet 1957, une conduite intérieure bleu ciel. Max Jernigan s'approche de Gustave Camino :

— Alors tu me la donnes cette adresse ?...

L'autre hausse d'abord les épaules :

— Te voilà encore sur le pied de guerre...

Puis il lui montre la nouvelle carte de la voiture qui appartient désormais à Béatrice Adams, sténo-dactylo à la Nouvelle-Orléans.

Max Jernigan regarde Béatrice sortir du parking dans la conduite intérieure bleu ciel. Il ne se doute pas du rôle incroyable que cette voiture, banale entre toutes, va jouer dans sa vie.

En fin d'après-midi Max Jernigan appelle Béatrice Adams :

— Je m'appelle Max Jernigan, je suis chargé par la maison Camino de vérifier si les clients sont satisfaits de leurs acquisitions. C'est votre cas ?

— Oui. Pour le moment, je suis très contente... répond la voix légèrement timide de la jeune femme.

— Dans ce cas je vous laisse tranquille jusqu'à demain soir et si vous êtes d'accord, vers dix-neuf heures je me permettrai de faire un saut chez vous pour avoir les critiques et vérifier que tout fonctionne.

— Entendu... répond Béatrice. A demain.

Le lendemain, Max Jernigan déplie sa haute silhouette athlétique à deux pas de la Chevrolet bleu ciel, devant l'immeuble où demeure la belle Béatrice. Celle-ci le rejoint dans le hall. Pas de doute, c'est un beau brin de fille, un peu timide décidément, et avec une voix de jeune fille. Mais elle paraît enchantée que la maison Camino délègue à ses clientes un si beau garçon.

— Alors, elle tourne ? demande Max.

— Comme une montre.

— Eh bien, si vous le voulez bien, nous allons voir cela...

Et il se dirige vers la Chevrolet bleu ciel.

— Mais je vous assure, je n'ai rien à lui reprocher. Ce n'est pas la peine que vous perdiez votre temps.

— Désolé, mais je suis obligé. C'est la consigne. Après vingt-quatre heures, je dois vérifier la voiture des clients.

— Et qui conduit ?

— La règle veut que ce soit toujours le client... Donc, vous...

— Mademoiselle.

— Alors en route, mademoiselle.

Et les voilà partis.

Vingt minutes plus tard, ils ont quitté la ville et roulent encore. Sous prétexte de vérifier que tout fonctionne, Max ouvre la boîte à gants et ses sourcils s'arrondissent en y découvrant un gros livre noir. Béatrice, ayant deviné son étonnement, explique :

— C'est ma bible... Je ne m'en sépare jamais.

Une heure plus tard encore, ils roulent toujours à travers la campagne. Bien entendu, à la mode américaine, il l'appelle Béatrice, elle l'appelle Max.

Les essais étant terminés, plutôt trois fois qu'une, Max fait arrêter la voiture au bord d'une petite route, se penche lentement vers Béatrice, immobile comme pétrifiée, la prend dans ses bras et l'embrasse.

A vrai dire, il s'attendait à recevoir une gifle ; mais pas du tout, Béatrice répond farouchement à son baiser, enfonçant les ongles dans son cou au point de le blesser.

Reprenant son souffle après ce corps à corps voluptueux, Max considère la jeune femme. Non seulement elle est vraiment très séduisante mais ce doit être une « affaire exceptionnelle »... Comme il est quasiment hors de lui et qu'il faut battre le fer pendant qu'il est chaud, Max demande à Béatrice de remettre la voiture en route. Après avoir roulé sans dire un mot pendant trois minutes, il la fait s'arrêter devant le premier motel venu qu'ils rencontrent. Là il se précipite au bureau pour retenir une chambre.

Lorsqu'il ressort du bureau et ouvre la portière de la conduite intérieure bleu ciel, Béatrice descend.

Mais avant de faire un pas vers le motel, elle l'arrête en posant la main sur son avant-bras :

— M'aimez-vous ? demanda-t-elle.

— Euh... Bien sûr, chérie.

— Alors, si vous m'aimez, dites-le moi...

— Je vous aime.

— Dans ce cas, O.K... dit Béatrice. Entrons.

Au bout d'un certain temps de solitude à deux dans cette chambre de motel, Max se frappe le front contre l'oreiller en se disant mentalement : « C'est pas vrai ! Non mais c'est pas vrai ! ». Et il le pense vingt fois au moins dans l'heure qui suit, car ces instants dépassent — et de loin — toutes ses espérances. Il est stupéfié au point de ne pas croire par instants à sa bonne fortune. « Je dois faire un rêve érotique... Pourvu que je ne me réveille pas trop vite »...

Mais non, ce n'est pas un rêve. Non seulement Béatrice est une créature magnifique, mais elle a une naïveté virginale à laquelle s'ajoute une véritable furie amoureuse. Aussi est-il très tard lorsqu'il la reconduit chez elle.

Bien qu'il ne soit pas étouffé par les scrupules, Max possède un vieux fond d'honnêteté. Avant de quitter Béatrice il lui parle franchement :

— Tu sais, Béatrice, il faut que tu le saches : je suis marié.

Puis il ajoute ce que tous les hommes ajoutent dans ces cas-là :

— Mais ma femme ne me comprend pas.

— Ça ne fait rien, Max... conclut Béatrice. Moi, je te comprends.

Tout l'automne ils vont se rencontrer aussi souvent que possible. Béatrice chante et danse de joie dans son petit appartement. La bible n'est plus dans la boîte à gants de la Chevrolet bleu ciel, mais dans un placard où elle se couvre de poussière.

En décembre, Jernigan — qui s'est jusque-là révélé un amant passionné et attentionné — lui annonce qu'il va se séparer de sa femme, ce qui bien entendu signifie qu'ils pourront se marier.

Par moments les deux amants vivent ensemble comme mari et femme. Lui, fait la connaissance d'une des rares amies de sa maîtresse, une dénommée Ursula, sorte de colosse sympathique bien qu'un peu vulgaire, qui a servi autrefois dans le corps féminin des Marines. Béatrice, de son côté, fait des projets d'avenir : des enfants, une maison, un jardin... sans s'apercevoir que Jernigan devient moins empressé.

Sans que l'on sache pourquoi — mais est-il besoin de l'expliquer ? — Max se lasse de Béatrice. Sa femme légitime qui fait de louables efforts pour le reconquérir, y est peut-être pour quelque chose. Seulement il hésite. Un je-ne-sais-quoi dans le comportement de Béatrice l'inquiète. Il craint qu'elle n'accepte pas facilement une rupture et téléphone un jour à Ursula pour lui demander son avis.

— Ursula, j'ai l'intention de quitter Béatrice... Qu'en pensez-vous ?

Ursula appelle tous les hommes « mon petit ». C'est normal, dans les Marines, elle était lieutenant...

— Mon petit, dit-elle, si vous voulez la quitter et si vous ne lui avez rien promis, c'est votre droit. Mais à votre place je ferais tout de même attention.

— Pourquoi ?

Ursula reste quelques instants silencieuse au bout du fil.

— Pourquoi dois-je faire attention ?

— Est-ce qu'elle se promène toujours avec sa bible ?

— Sa bible ? Non, au début, elle en avait une dans la boîte à gants de sa voiture mais, depuis, je ne l'ai plus revue... Mais parlez, Ursula, j'ai l'impression que vous me cachez quelque chose.

— Elle vous a dit qu'elle a voulu entrer dans le corps féminin des Marines ?

— Oui.

— Bon. Cela m'autorise à vous en parler un peu plus.

Et Ursula, de sa voix de rogomme, lui fait un singulier récit : Jamais le corps féminin des Marines n'avait accueilli une aussi jolie recrue. Béatrice Adams s'était présentée, une grosse bible sous le bras, à la base d'entraînement de Beaufort en Caroline du Sud. Agée de trente et un an, mais avec l'esprit et l'innocence d'une fille de quinze ans.

Le soir, dans la chambrée, alors que ses camarades de compagnie parlaient de leur pays natal, de leurs voyages, de leurs aventures amoureuses ou sexuelles avec une crudité toute militaire, Béatrice écoutait en silence, assise sur le bord de son lit, puis s'endormait avec sa bible sous son oreiller.

L'étrange et timide jeune femme restait à l'écart de ses compagnes, qui ne comprenaient pas son attitude réservée. Un soir cependant, elle prit à part une fille de l'Ohio qui avait proclamé une expérience consommée de l'amour physique.

— Dis-moi, lui demanda-t-elle timidement. Qu'est-ce que c'est... tu comprends... que d'être avec un homme ?

La jeune « Marine » répondit par un éclat de rire, mais on commença à remarquer que Béatrice lisait de moins en moins la Bible et s'intéressait de plus en plus aux conversations osées des autres recrues.

Trois semaines après son arrivée au camp, Béatrice fut convoquée pour la visite médicale réglementaire. Le médecin fut tout de suite stupéfait :

— Comment a-t-on pu vous engager alors que vous avez été tuberculeuse ?

— Mais... je suis guérie.

— Oui. Vous n'aurez probablement pas de rechute, mais nous ne pouvons vous garder dans l'armée avec cet antécédent. Je regrette, mais je suis obligé de vous renvoyer chez vous.

Deux jours plus tard, une jeep ramenait la jeune femme en vêtements civils jusqu'à la ville.

— Voilà, mon petit... conclut Ursula. Je n'ai pas voulu trahir un secret, mais simplement vous faire comprendre que doit dormir dans le cœur de cette enfant un fond de fanatisme religieux dont vous devez tenir compte.

— Merci, Ursula. J'en tiendrai compte.

Quelques jours plus tard, des papiers émanant d'un avocat de la Nouvelle-Orléans tombent sous les yeux de Max Jerigan. Béatrice se contente de lui dire :

— Ne te préoccupe pas de ça, Max, c'est une vieille histoire sans intérêt.

Mais, compte tenu de son intention de quitter la jeune femme, Max croit utile de l'interroger. Béatrice lui raconte alors que, lorsqu'elle a quitté le camp d'entraînement des Marines, elle avait cinq heures d'attente en ville avant de prendre l'autobus qui devait la ramener à la Nouvelle-Orléans, où habitent ses parents. Elle avait pour tout bagage une petite valise et sa bible sous le bras.

— A cette époque-là... dit-elle, je ne m'en séparais pas.

Béatrice s'arrêta dans un restaurant pour prendre un léger repas. Au bout de quelques minutes, elle sursautait, effrayée. Un homme venait de s'asseoir à sa table. Il était élégant, bel homme et correct. Il passa sa commande avant de lui sourire. Puis il dit qu'il s'appelait Bob. S'il avait remarqué la bible à côté de l'assiette de Béatrice, il n'y fit aucune allusion.

— Etes-vous ici pour longtemps ? Et il regardait la valise de la jeune femme.

— Quatre heures...

— Allons au cinéma, dit-il. Le temps vous semblera moins long.

Dans la salle obscure, il prit la main de Béatrice, puis passa un bras autour de sa taille.

— Plus qu'une heure... dit Béatrice en sortant avec Bob.

— J'ai une chambre à l'hôtel. Venez vous reposer un peu et prendre un rafraîchissement...

Ils n'eurent pas le temps d'allumer la lumière. Dès que la porte fut fermée, ils s'embrassèrent et la bible tomba des mains de Béatrice, qui se laissa porter sur le lit sans résister.

— Quand nous marions-nous ? demanda-t-elle.

— Demain matin... répondit Bob.

C'était la première fille vierge que celui-ci rencontrait depuis des années. Le lendemain matin, ils se mariaient devant le juge de paix. Huit jours après, Bob avait disparu. Béatrice attendit encore deux jours avant de comprendre qu'il ne reviendrait plus. Elle paya la note d'hôtel, y compris les deux semaines que devait déjà Bob avant de la rencontrer, et téléphona à sa mère pour lui demander de lui envoyer de l'argent pour prendre l'autobus. Elle lut la bible tout le long du voyage.

— Voilà, c'est tout ! Et qu'on n'en parle plus, se contente d'ajouter Béatrice.

Quelques jours plus tard, Max entre en rapport avec l'avocat qui s'est occupé du divorce de Béatrice. Pour ce qu'il en sait, ce dernier confirme point par point le récit de la jeune femme. Il ajoute toutefois un détail : tandis qu'elle prenait un emploi de sténo-dactylo à la Nouvelle-Orléans, et qu'il faisait discrètement annuler son mariage avec Bob, il a découvert — au cours de la procédure — que celui-ci avait déjà une autre femme légitime.

— Comment Béatrice a-t-elle pris cela ? demande Max.

— Ma foi, répond l'avocat, elle a très bien réagi. Elle n'a manifesté ni chagrin ni rancune...

Fort de cette conclusion de l'avocat, Max prend sa décision.

Le 6 mars, lorsque Béatrice entre dans l'appartement, il est en train de boucler ses valises.

— Je suis désolé, Béatrice, mais je retourne chez ma femme. Je viens de m'apercevoir que je l'aime quand même. Crois-moi, je suis très triste et très furieux après moi. Tout ceci a été une grosse erreur.

Béatrice reste immobile jusqu'à ce que Max ait refermé la porte derrière lui. Puis elle s'écroule sans connaissance.

Le mercredi 2 mai 1956, à cinq heures et quart de l'après-midi, Max Jernigan gare sa voiture dans Canal Street, devant la maison Camino où il travaille, descend et ferme la portière. Il a tout juste le temps de faire un pas avant d'entendre un moteur rugir, juste derrière lui.

Avant qu'il ait pu se retourner, la voiture le heurte et le projette sur la chaussée. Il se soulève à moitié sur ses bras, stupéfait et meurtri, et voit la voiture qui s'est arrêtée, reculer à toute vitesse dans sa direction.

C'est alors qu'il reconnaît le véhicule : une Chevrolet conduite intérieure bleu ciel. La tête de Béatrice sort par la portière de gauche, sa lourde chevelure noire en bataille.

Plusieurs personnes voient la voiture bleu ciel revenir délibérément sur lui en marche arrière pour le renverser de nouveau. Des cris retentissent lorsque Béatrice s'arrête trente mètres plus loin, et que la voiture bondit en avant sans doute pour le frapper une troisième fois.

L'homme, brisé et ensanglanté, réussit à se traîner sur le trottoir. La voiture saute la bordure de pierre, se dirigeant directement sur lui. Il hurle lorsque les roues de devant le heurtent puis lorsque les roues arrière passent sur son corps.

Béatrice Adams arrête brusquement, la voiture bleu ciel, passe en marche arrière et se précipite une fois encore sur Jernigan qui gît maintenant, incapable de se mouvoir, la tête pendant dans le caniveau... Les roues arrière repassent sur lui et Béatrice, qui stoppe violemment, se penche par la portière pour le regarder.

— Max ! crie-t-elle, demande à Dieu de te pardonner pour ce que tu m'as fait !...

Les vitesses passent à nouveau et les roues avant écrasent pour la cinquième fois le corps du malheureux qui n'est guère plus qu'un amas de chairs broyées.

Plusieurs hommes se précipitent pour essayer de le tirer à l'abri d'une porte, mais Béatrice a reculé dans Canal Street pour reprendre de l'élan. La voiture bondit encore sur le trottoir, dispersant la foule, pour retomber sur Jernigan qui a tout juste la force de lever une main sur son visage sanglant.

Ceux qui essayaient de sauver Max se sont éparpillés dans toutes les directions. Mais, tandis que les cris de la foule grossissent, emplissent l'air et couvrent le grondement du moteur, Béatrice continue ses allées et venues, de plus en plus courtes. L'homme hurle chaque fois que les roues passent sur lui...

Sorti de l'agence automobile voisine, Gustave Camino se dissimule derrière un arbre juste au moment où Béatrice dirigeait la voiture sur lui pour l'empêcher de secourir son employé. La Chevrolet bleu ciel heurte l'arbre et le moteur cale. Gustave Camino se précipite alors, ouvre le capot avec rapidité et précision pour arracher les fils du distributeur.

Dans le silence soudain, Béatrice se penche par la portière brandissant sa bible.

— Lis ce livre, Max, avant qu'il soit trop tard. Demande à Dieu de te pardonner !

Un sergent surgit dans une voiture de police.

Le corps de Jernigan est parcouru de soubresauts tandis que Gustave Camino et une femme sortie de la foule essayent d'arrêter les flots de sang avec des garrots improvisés.

La voiture est toujours à cheval sur la partie inférieure du corps de Max et Béatrice agite toujours sa bible.

— Lis ce livre ! crie-t-elle d'une voix vibrante. Lis avant de mourir. Demande à Dieu...

Le reste de la phrase est couvert par la sirène de l'ambulance. Les infirmiers se précipitent pour placer Jernigan sur une civière, tandis que le sergent s'approche de Béatrice... Comme il la prend par le bras, la jeune femme descend calmement de sa voiture :

— Dieu et moi, dit-elle, nous en avons assez de la façon dont vous autres, hommes, traitez les femmes... Soixante-quinze pour cent des hommes devraient être morts. Ils ne se servent des femmes que pour satisfaire leurs passions.

D'autres policiers arrivent. Béatrice se laisse conduire à leur voiture, ignorant les regards de la foule et serrant fermement sa bible entre ses mains. Comme le sergent de police essaye de la lui enlever, elle s'y cramponne farouchement :

— Non... C'est tout ce qui me reste maintenant.

Lors de l'interrogatoire, son attitude sera calmement provocante :

— Je recommencerais s'il le fallait. Je n'ai fait que rendre service à l'humanité. Je n'ai aucun remords de l'avoir tué.

Lorsque Max Jernigan meurt au Charity Hospital au terme d'une atroce agonie, au petit matin du 3 mai 1956, Béatrice Adams enfouit son visage dans le rude oreiller de la prison, trempé de larmes : la bible gît sur le sol, sous la couchette.

# LE BOULEDOGUE

Assis à une table, devant un micro, le 6 avril 1960 vers minuit et demie, le speaker de la radio de Saint Louis, une ville importante aux Etats-Unis, lit l'information que voici :

« Il y a quelque temps, un homme est entré dans un snack de South Broadway et s'est effondré, perdant son sang d'une blessure due à deux coups de couteau.

« On n'a qu'un vague signalement de son meurtrier, qui serait un homme de haute taille, d'une trentaine d'années, portant une grosse moustache noire. »

Saint Louis est une ville sinistre, des maisons de brique, des fabriques, des usines de briques, tout cela mélangé et formant des rues droites, sales et sans charme, des façades où on ne lit aucun souci d'esthétique, des escaliers de secours en fer, partout un enchevêtrement sale de brique et de fer.

Il arrive quelquefois aux gens de la radio, lorsqu'ils travaillent la nuit, de se demander s'ils ne parlent pas dans le vide. Mais à la radio, quels que soient le jour et l'heure, on ne parle jamais dans le vide… il y a toujours quelqu'un, quelque part, qui écoute. Et la nuit, les auditeurs sont plus attentifs que jamais.

Quand bien même il n'y aurait eu que deux auditeurs, cette nuit-là, le message du speaker n'aurait pas été inutile. En effet, parmi ceux qui écoutent, se trouve le criminel lui-même qui, de retour dans son petit studio de Monmouth, une petite ville située à 150 kilomètres au nord de Saint Louis, a jeté sa fausse moustache et le poignard dans une bouche d'égout et vient de se mettre à l'écoute de la radio pour savoir si on parlerait de l'affaire.

L'autre auditeur, c'est tout simplement le policier qu'un coup de téléphone vient d'arracher à son domicile. Il était minuit vingt, il regardait un vieux film à la télévision, il avait déjà retiré ses chaussures pour aller se coucher. Il lui a donc fallu sauter dans sa voiture et machinalement il a mis la radio pour savoir si on parlait déjà de l'affaire et si, par hasard, les journalistes n'en auraient pas appris un peu plus que la police.

Mais non, et chacun dans leur coin, l'assassin et le policier pensent exactement la même chose : « C'est bien vague, des hommes de haute taille, d'une trentaine d'années, il y en a des centaines de milliers dans le Missouri. »

L'assassin pense aussi : « Ce crétin n'est pas mort ! Pourvu qu'il meure et vite ! »

Le policier, lui, se doute bien que la moustache est fausse.

Le criminel se persuade : « Comme je n'ai laissé aucune empreinte, la police pourra toujours chercher... Je ne connaissais pas la victime, et celle-ci ne m'a jamais rencontré avant ce soir... »

Au moment où le policier arrête sa voiture, il reste une seconde immobile pour entendre une nouvelle information :

« La victime, Jack Philip Ross, vingt-six ans, dit le speaker d'une voix fatiguée, est un repris de justice ; il a passé plusieurs années dans un centre de rééducation. Libéré sur parole après avoir commis une escroquerie, il doit être jugé prochainement pour avoir volé des pneus dans un garage. »

C'est alors que le raisonnement du criminel et du policier qui viennent pourtant d'entendre exactement le même message, diffèrent complètement :

« Qui donc, raisonne le criminel, s'inquiétera de savoir qui a poignardé ce petit truand sans envergure ? Les enquêteurs vont chercher inutilement pendant une semaine, deux peut-être, puis l'affaire sera classée. »

« Tiens, pense l'inspecteur Eugène Robert O'Donnell en sortant de sa voiture, voilà une affaire sur mesure... L'affaire dont personne ne voudra, que personne ne me disputera et qui me permettra de justifier ma réputation. »

Tout le monde à la brigade criminelle de Saint Louis appelle

O'Donnell *Bulldog,* le Bouledogue. Le sobriquet n'est pas usurpé. O'Donnell est prognathe, c'est-à-dire que ses dents du bas dépassent les dents du haut. Cette mâchoire inférieure, plus longue que la supérieure, le rend assez laid, mais tout comme le dogue qui, une fois refermés ses crocs sur une proie, ne la lâche plus, O'Donnell n'abandonne jamais une piste. Dame, quand on est laid, il faut se bâtir un personnage, et O'Donnell a choisi celui qui colle avec son aspect physique.

Donc, Eugène Robert O'Donnel, ving-huit ans, inspecteur à la brigade criminelle de Saint Louis, Missouri, arrête sa voiture vers minuit et demi devant le snack de South Broadway dont le patron a prévenu la police qu'un homme blessé vient de s'effondrer chez lui.

Le Bouledogue croise en arrivant Jack Ross, la victime, que l'on emporte sur une civière, agonisant, et saignant abondamment à hauteur de la poitrine.

L'interrogatoire du patron du snack à l'enseigne du *Hamburger Heaven* peut attendre. Le Bouledogue se précipite dans l'ambulance avec les infirmiers. Et pendant que le véhicule, toutes sirènes hurlantes, entame un fantastique gymkhana à travers la ville, le Bouledogue interroge le mourant :

— Qui êtes-vous ? Et qui vous a fait ça ?...

Chaque mot coûte un effort surhumain à la victime :

— Sais... pas... jamais vu... ce... type... j'ai... réussi... à... sauter de... la voiture...

— Quelle voiture ? Où est-elle ?

Mais comme Ross sombre dans l'inconscience et décède à son arrivée à l'hôpital, sans avoir apporté le moindre éclaircissement concernant son agresseur, le Bouledogue retourne au *Hamburger Heaven* qui demeure habituellement ouvert jusqu'à trois heures du matin.

Le propriétaire de l'établissement, Paul Monica, d'origine italienne, gros ventre, gros nez et plus un cheveu sur la tête, a l'air à la fois bien brave et bien ennuyé.

— Quelle affaire ! dit-il.

— Vous le connaissiez ?

— Jamais vu, ce pauvre garçon...

— Jamais ?

— Non, jamais.

— Racontez-moi...

Le brave M. Monica passe derrière son comptoir, comme chaque fois qu'il doit prononcer des paroles importantes, car il s'y sent protégé, investi d'une fonction sociale et cela lui donne le temps de réfléchir, de prendre un peu de recul par rapport à ses interlocuteurs.

— Bon, alors voilà, dit-il : lorsqu'il est entré, j'ai tout d'abord cru qu'il était ivre. Puis j'ai vu le sang et il s'est mis à hurler : « Appelez la police, appelez une ambulance, on vient de me poignarder... » Ça a fait un beau remue-ménage dans le snack. Il s'est effondré à quelques mètres du bar, et pendant qu'un client se précipitait vers le téléphone, j'ai essayé de réconforter ce type de mon mieux. Mais il saignait beaucoup et je ne sais pas comment arrêter une pareille hémorragie. A un bras ou une jambe, peut-être, en faisant un tourniquet, mais à la poitrine ? Qu'est-ce qu'on peut faire ? Et maintenant, comment va-t-il, inspecteur ?

Le Bouledogue révèle à Monica que l'homme vient de mourir. Le visage du restaurateur se ferme :

— C'est moche...

— Quand vous vous êtes penché sur lui, demande le Bouledogue, a-t-il dit quelque chose ?

— Oh !... Il était déjà dans le cirage, il murmurait des mots incompréhensibles. A deux reprises, lorsque je lui ai demandé de décrire son assaillant, il a fait un réel effort, il a dit « grand type », « grosses moustaches », et il a ajouté : « environ trente ans »...

Ce n'est pas grand-chose comme renseignement. Le Bouledogue remercie et appelle l'hôpital. Un de ses collègues habituellement chargé des identifications vient d'y arriver.

— Tu as ses papiers ? demande le Bouledogue.

— Oui... un permis de conduire et des enveloppes à son nom.

— Où habite-t-il ?

— Il exploite avec sa femme un petit magasin de confection pour hommes sur la 20e rue Nord. Ils ont trois gosses.

Le Bouledogue décide alors d'aller prévenir Mme Ross. Il arrête donc sa voiture quelques instants plus tard devant le magasin de la victime : minable, une vitrine sale, au rez-de-chaussée d'une petite maison en briques rouges de deux étages.

Le Bouledogue ne trouve pas de sonnette. Il frappe à la porte. Au fond du magasin une lumière finit par s'allumer. Une jeune femme en robe de chambre, brune et légèrement empâtée, sort par la porte de derrière, fait le tour de la maison et rejoint le policier.

Avec d'infinies précautions, le Bouledogue apprend à M^me^ Ross ce qui vient d'arriver à son mari. La jeune femme s'appuie contre le mur, bouleversée. Elle parvient à dire entre deux sanglots :

— Mais pourquoi... mais pourquoi l'ai-je laissé partir ?

Elle explique qu'elle était allée avec son mari dans un cinéma *drive-in*, c'est-à-dire un cinéma en plein air où l'on ne sort pas de sa voiture et qu'ils étaient de retour à vingt-trois heures.

Mais à ce moment-là, seule M^me^ Ross est sortie de la voiture. Son mari est reparti, disant qu'il avait une petite course à faire.

— Bien sûr, je savais ce que cela voulait dire, ajoute M^me^ Ross, le visage en larmes. Il ne pouvait pas se passer d'aller jouer le soir, au poker, à n'importe quoi, il avait environ deux cents dollars sur lui...

— Dans son portefeuille ?

— Oui, dans son portefeuille.

Naturellement, le Bouledogue demande à M^me^ Ross s'il n'y a pas dans l'entourage du couple, ou parmi les joueurs que fréquentait son mari, un homme de haute taille dans la trentaine, portant d'épaisses moustaches.

M^me^ Ross ne voit pas qui pourrait être un tel homme. Le Bouledogue s'excuse et rentre enfin chez lui se coucher. Il est cinq heures du matin.

Il retourne dans le magasin à neuf heures. Il frissonne car il a peu dormi. En poussant la porte vitrée, il se trouve en face d'un très beau jeune homme, presque imberbe, avec un beau regard de jeune premier, des lèvres un peu trop rouges et des cheveux coupés en brosse.

— Monsieur désire ?

— Police ! Vous êtes le vendeur ?

— Oui.

— Votre nom ?

— Arthur Fern.

— Votre âge ?

— Dix-huit ans.

— Depuis combien de temps êtes-vous ici ?

— Huit mois que je travaille pour M. et M^me^ Ross. Ils me

considèrent comme un membre de la famille. Hier soir, tandis qu'ils étaient au drive-in, c'est moi qui gardais les trois enfants.

— Est-ce que je peux voir M$^{me}$ Ross ? demande le Bouledogue.

— Non, inspecteur, on ne peut pas voir M$^{me}$ Ross, elle s'est couchée. Elle est vraiment très éprouvée par cette horrible histoire.

Evidemment, le Bouledogue demande au jeune homme s'il n'aurait pas un quelconque renseignement à lui fournir... par exemple, a-t-il remarqué quoi que ce soit lorsque M. et M$^{me}$ Ross sont rentrés hier soir ?

Mais le jeune homme n'a rien remarqué lorsque les Ross sont rentrés ; s'il y avait eu un grand type avec des moustaches, il l'aurait certainement repéré. Et la rue était déserte lorsque Jack Ross s'est éloigné avec sa voiture.

De retour au quartier général, le Bouledogue n'y reste pas longtemps, car on vient de retrouver la voiture de Jack Ross, mal garée dans Mississippi Avenue.

Le Bouledogue en fait d'abord le tour et constate que la portière gauche, du côté du conducteur est encore entrouverte. Il y a beaucoup de sang séché sur le tapis du plancher et sur l'intérieur de la portière gauche, ce qui indique clairement que Ross était au volant lorsque son assassin lui a plongé le couteau dans la poitrine.

En tout cas, c'est à cet endroit que le crime a eu lieu car il y a aussi quelques taches de sang sur la chaussée, ce qui prouve que Ross s'est échappé ici et que l'assassin, qui ne l'a pas suivi, a dû partir presque aussitôt.

Le Bouledogue regarde autour de lui : que Ross, mortellement blessé, ait pu parcourir près d'un kilomètre dans les rues avoisinantes complètement désertes la nuit, en quête d'un secours quelconque, tient du miracle. Et il a dû passer un mauvais quart d'heure.

Les spécialistes des empreintes digitales arrivent à leur tour et prennent possession du véhicule, mais les seules marques qu'ils relèvent appartiennent à Ross et à son épouse.

De retour au quartier général, le Bouledogue surprend ses collègues en déclarant que, selon lui, l'enquête a fait quelques progrès. En effet, il croit pouvoir affirmer qu'il ne s'agit pas d'un assassinat commis par un professionnel. Jamais un professionnel n'aurait permis à Ross de sortir de la voiture pour aller chercher du secours. Jamais un véritable tueur ne se serait éloigné sans s'être assuré de la mort de sa victime.

Donc, l'assassinat pourrait bien avoir été commis par un rôdeur inexpérimenté, le mobile étant le vol pur et simple. Hélas, le collègue qui a examiné Ross à l'hôpital vient contrarier cette certitude, car il a trouvé vingt-cinq dollars dans le portefeuille de la victime. Or, puisque Ross mettait tout son argent dans son portefeuille et qu'il avait, paraît-il, la somme de deux cents dollars sur lui, on ne voit pas très bien pourquoi un rôdeur aurait pris cent soixante-quinze dollars dans son portefeuille pour en laisser vingt-cinq.

Alors... nouvelle hypothèse : Ross, ce soir-là aurait perdu 175 dollars au jeu. Mais à quel jeu, où et avec qui ?

Le Bouledogue vérifie, par pure routine, les alibis de M^me^ Ross et du jeune Fern.

L'aîné des trois enfants, insomniaque, affirme qu'il a entendu maman dans la maison très tard dans la nuit. D'ailleurs, il est évident que ce crime n'est pas un travail de femme.

Quant à Arthur Fern, doué d'un certain esprit d'imitation, il avait pris les mauvaises habitudes de son patron, et il faisait un poker de vingt-trois heures à deux heures du matin, cette nuit-là.

Alors, joueurs ou rôdeurs ?

Si l'hypothèse du crime d'un rôdeur peut paraître logique à des Français, elle l'est beaucoup moins pour des Américains. Saint Louis est une ville sinistre, et l'on peut imaginer à quel degré d'angoisse elle peut atteindre la nuit. Alors, les crimes de rôdeurs, dans ces rues plus ou moins désertes, où n'importe qui peut faire n'importe quoi, sans que personne ne s'en préoccupe, sont devenus tellement courants qu'il y a belle lurette que les gens avertis s'en méfient. Ross, comme tous les gens avertis, non seulement ne prenait jamais d'auto-stoppeurs à son bord, mais fermait ses portières de l'intérieur au cas où un malfaiteur aurait profité d'un arrêt, à un feu rouge par exemple, pour monter de force dans la voiture (ce qui s'est produit des centaines de fois).

Dans cette ville, face à une voiture entièrement fermée, comme un sous-marin, on ne voit pas très bien comment un rôdeur pourrait intervenir. Il ne le peut qu'au moment où le conducteur monte dans sa voiture, et au moment où il en descend.

Comme Ross n'est pas descendu de sa voiture, l'assassin n'a donc pu le faire que lorsqu'il y montait.

Dans ces conditions, pourquoi un rôdeur ? et pourquoi pas, tout simplement l'un des joueurs avec qui Ross venait de passer la soirée ?

Le Bouledogue concentre donc ses efforts sur les « flambeurs », de petite ou grande envergure, de Saint Louis, ce qui n'est pas une mince besogne.

Pendant deux semaines, sans s'accorder le moindre répit, il fait le tour de toutes les salles de jeu clandestines de la ville et déniche des dizaines et des dizaines de joueurs professionnels. Il en soumet trente et un à un interrogatoire en règle.

Environ la moitié porte une moustache.

Sur ce total, quatre présentent des alibis irréfutables et les autres, soumis au détecteur de mensonge, paraissent sincères au point qu'il les fait relâcher.

Le Bouledogue se retrouve à son point de départ et son patron, le chef de la brigade criminelle de Saint Louis, déclare comme dans la plus pure tradition du roman policier populaire :

— Ecoutez, mon vieux, ça suffit comme ça. Vous seriez bien plus utile en vous occupant d'une autre affaire. Après tout, ce Ross, ce n'était pas un type particulièrement reluisant. Il s'agit probablement d'une affaire entre crapules dont l'une est morte, et dont l'autre finira bien par se faire pincer un jour pour un quelconque méfait. Alors justice sera faite.

Or, le chef de la brigade criminelle se trompe : il ne s'agit pas du tout d'une affaire entre crapules et si le Bouledogue ne s'était pas entêté, justice n'aurait sans doute jamais été faite.

Personne ne discute jamais les ordres d'un chef de la brigade criminelle, mais lorsqu'on est prognathe, il suffit de froncer les sourcils et de secouer négativement la tête pour devenir l'image même de la volonté et de l'obstination. Comme le chef a du respect pour les détectives obstinés, il conclut, toujours dans la plus pure tradition du roman policier populaire :

— Très bien, je vous donne encore huit jours.

Mais pendant ces huit jours, apparemment, il ne s'est rien passé puisque, cinq semaines après, l'assassin de Ross court toujours et le Bouledogue s'entête.

Il connaît maintenant chaque immeuble de la 20ᵉ rue Nord... Il est devenu une sorte de légende vivante : le type qui, au lieu de dire « bonjour », demande constamment : « Vous n'auriez pas remarqué, près de la boutique des Ross, un homme d'environ trente ans, avec une moustache ? », « Personne ne vous a parlé d'un grand couteau ? »

Voilà l'inspecteur qui entre dans une petite épicerie. Deux gosses, dans le coin réservé aux bonbons, sélectionnent ceux qui correspondent à leur budget.

— Vous n'auriez pas remarqué, commence le Bouledogue d'un ton las...

— Un type de trente ans avec une moustache et un grand couteau ? termine l'épicier aux cheveux blancs, souriant. Hélas non...

— Mais nous... si, fait l'un des gosses.

L'inspecteur s'approche et lui bourre lentement les poches de bonbons. Lentement, comme pour ne pas l'effrayer.

— L'ennui, fait l'autre garçonnet les mains tendues, c'est qu'il n'avait pas de moustache.

Et comme le policier se fige d'un air sévère, le gosse ajoute très vite :

— Mais il avait un gros couteau, il nous l'a montré. Il a dit qu'il s'en servait quand il allait à la pêche...

— Et où est-il cet homme ? demande le Bouledogue qui s'accroche malgré tout à cet ultime espoir.

Les gosses ne savent pas, mais ils indiquent un petit bar à travers la vitrine, un bar que le policier a déjà visité.

— Nous l'avons vu souvent entrer là-dedans, dit l'un des enfants.

Le Bouledogue demande une description. Les gosses sont très observateurs, ils fournissent beaucoup de détails.

Des gros sourcils touffus, une fossette au menton, imberbe, mais relativement mal rasé, cheveux noirs, teint basané, cravate affreusement bariolée, probablement peinte à la main. Le policier ne regrette pas sa distribution de bonbons. Il retourne au bar.

— Encore vous ! fait le tenancier, je vous ai dit que ce type à moustache n'était pas de mes clients !

— Oubliez sa moustache...

Et l'inspecteur donne la description que viennent de lui faire les gosses.

— Oh ! celui-là... fait le patron en essuyant machinalement son bar, pourtant propre. Je ne sais pas son nom, mais je crois qu'il ne vient plus... plutôt sympa. Il nous arrivait de bavarder...

— Essayez de vous souvenir, insiste le policier. Il me faut des détails... le plus possible !

— Hum... ce n'est pas le genre de la maison de répondre aux questions et d'en poser. Mais je peux vous dire qu'il me parlait souvent de chaussures : c'était l'un de ses sujets de conversation favoris. Il disait que, pour lui, les seules vraies chaussures étaient celles qu'on faisait à la main et sur mesure. Je me demande ce que vous pourrez faire avec ça...

Mais le Bouledogue est ravi. Et tandis qu'il sort, le tenancier ajoute :

— Et... il buvait exclusivement de la vodka...

Malgré les protestations du chef de la brigade, voilà donc le Bouledogue lancé sur une nouvelle piste. Inlassablement il visite les marchands de chaussures et les cordonniers du quartier. Finalement, le 25 mai, alors que le crime date du 6 avril, il trouve un cordonnier qui a réparé des chaussures faites à la main, sur mesure. C'est un vieil homme et il a ses habitudes ; par exemple, il recopie les noms des clients qu'il marque à la craie sur les semelles des chaussures qu'on lui confie.

Le client qui, selon lui, a moins de trente ans, peut-être vingt-huit, mais guère plus, et qui correspond au signalement fourni par les experts en bonbons, s'appelle Jim Fitzgerald Kevin.

Le cordonnier a noté l'adresse, car il lui arrive souvent que des clients distraits oublient les chaussures qu'ils ont données à réparer, il les relance pour toucher ses sous : le dénommé Kevin habite Monmouth, à 150 kilomètres au nord de Saint Louis.

Deux heures après, accompagné du chef de la police de Monmouth, le Bouledogue se trouve en présence de l'assassin dans son studio minable.

Ainsi, voilà donc l'homme qu'il recherche depuis cinq semaines ! Car il est certain d'être en présence de l'assassin. D'ailleurs, il répond exactement au signalement que lui ont fait les gosses. Ce qui lui échappe totalement, c'est le mobile.

— Tu es fait, lui dit-il calmement. J'ai tous les témoins qu'il me faut, les deux gosses auxquels tu as montré ton couteau avant d'assassiner Ross, le barman qui avait l'habitude de te servir de la vodka et le cordonnier qui réparait tes chaussures sur mesure...

Affirmations sans grande solidité, mais quelques instants plus tard Kevin, qui a capitulé sans discussion, débite lentement d'un air lamentable la déposition que voici :

« Il était dix heures quarante-cinq du soir, le 6 avril, et j'attendais dans l'ombre le retour des époux Ross. Mme Ross est entrée dans l'immeuble par la porte de derrière et, comme après avoir rangé sa voiture son mari allait la suivre, je me suis approché de lui. J'ai pointé le revolver vers sa poitrine et lui ai ordonné de se remettre au volant, en entrant dans le véhicule par la portière de droite de manière à ce que je puisse m'asseoir à côté de lui sans cesser de le braquer. En démarrant, Ross m'a demandé qui voulait sa peau. C'était une question logique puisqu'il ne me connaissait pas. J'ai refusé de lui répondre. Alors il a insisté : « C'est un ami à moi ? », je lui ai répondu qu'il ne se trompait pas beaucoup. Tandis qu'il roulait dans Mississipi Avenue, je lui ai dit de prendre une rue déserte sur la droite et il est devenu drôlement nerveux. Il s'est arrêté, alors j'ai appuyé sur la détente, mais le coup n'est pas parti. L'arme était enrayée. Ross a ouvert sa portière et au moment où il allait sortir de la voiture, j'ai sorti mon couteau et le lui ai planté dans le dos... Il est retombé sur son siège en se cramponnant au volant. Je l'ai frappé à nouveau. J'ai repris le revolver et je me suis débiné. Un peu plus tard, j'ai balancé le revolver et le couteau dans une bouche d'égout, je vous montrerai où. Je ne sais pas où Ross a trouvé l'énergie de sortir de sa voiture et de rejoindre ce snack de South Broadway. J'ai appris ça à la radio. Mais comme il ne me connaissait pas, je me croyais tranquille... je me trompais... »

Bien sûr, le Bouledogue ne se contente pas de cette confession. Il veut savoir pourquoi ce crime, il lui faut le mobile. Pour qui, pour quoi a-t-il tué ?

Le lendemain, le chef de la brigade criminelle convoque dans son bureau de Saint Louis les protagonistes de cette affaire. Par la même occasion, il prie Alice Ross, la jeune veuve, de venir le voir. Lorsqu'elle entre, la mine triste et le dos voûté, il l'invite à s'asseoir.

— Nous avons trouvé l'assassin de votre mari, madame Ross, dit l'inspecteur. C'est un certain Jim Kevin de Monmouth, est-ce que vous le connaissez ?

M$^{me}$ Ross secoue négativement la tête.

— Cherchez bien... vous avez été à l'école ensemble...

Alice Ross se redresse sur sa chaise :

— Moi ? Mais c'est faux !... je...

Imperturbable, le Bouledogue poursuit :

— Vous vous étiez perdus de vue, puis vous l'avez rencontré en décembre dernier dans un magasin de Saint Louis et vous lui avez raconté ce qui vous était arrivé. Vous étiez tombée amoureuse de votre jeune employé. Il a sept ans de moins que vous, madame Ross, cet Arthur Fern. Or, votre mari refusait le divorce, arguant qu'il ne voulait pas briser le foyer de vos trois enfants. Fern est jeune, très beau, il aurait pu vous échapper un jour ou l'autre et cela, vous ne le vouliez pas. Vous avez attiré Kevin dans un coin discret et lui avez demandé s'il ne connaîtrait pas quelqu'un capable de tuer Ross. Kevin a répondu que pour quelques milliers de dollars, il remplirait le contrat. Mais vous n'aviez pas une telle somme. Vous avez marchandé. Finalement, Kevin a accepté de faire ce sale travail pour cinq cents dollars. Vous lui avez donné quinze dollars d'acompte, puis il est venu avec vous pour reconnaître les lieux. Votre mari avait un calibre 22, vous avez dit à Kevin que, le soir prévu, il trouverait l'arme sous une des marches de l'escalier extérieur conduisant à votre appartement. Tout s'est passé comme prévu, sauf que le soir du crime Kevin avait bu un peu trop de vodka pour se donner du courage. Il n'a pas pu trouver le « 22 ». Alors, il a sonné et c'est votre amant, Arthur Fern, que vous aviez prévenu, qui lui a mis le calibre 22 dans la poche. Vous avez menti, lui et vous, lorsque je vous ai interrogés... mais j'ai deux documents à vous montrer, la confession de Kevin qui vous accable et la déposition de Fern. Il est bien jeune, il ne voudrait pas rester en prison trop longtemps et il a tout confirmé...

Alice Ross baisse la tête, secouée de sanglots. Dans sa confession, elle précisera qu'elle n'a pu donner que deux cents dollars au tueur. Kevin n'a donc récolté que deux cent quinze dollars pour son « contrat »... L'équivalent de mille nouveaux francs pour un crime !...

Aux assises, l'assassin fut gratifié d'une condamnation de quinze ans de prison, tandis que M$^{me}$ Ross prenait dix ans. Le jeune Fern, lui, s'en tirait avec trois ans, ce qui lui donnait largement le temps de séduire d'autres femmes. M$^{me}$ Ross avait fait tuer pour rien.

# A QUI LE CRIME PROFITE

C'est une règle d'or pour la police de chercher à qui le crime profite : même lorsqu'un maniaque assassine sans raisons, il en tire du plaisir à tuer. Or, dans l'incroyable série de décès qui va suivre, ceux-ci ne profitent à personne.

Quelle est l'explication ? Cette explication a échappé pendant neuf années aux policiers américains. Pourtant — et c'est cela qui est étonnant dans l'affaire — tout est clairement énoncé dès le départ, les données qui permettent de découvrir la solution sont absolument complètes dès les premières lignes du dossier.

En trouvant la solution, Sherlock Holmes se serait écrié : « Mais c'est élémentaire, mon cher Watson », Bourel, aurait dit : « Bon Dieu, mais c'est bien sûr », et Maigret sans prononcer une parole aurait allumé sa pipe avec une immense satisfaction.

Nellie Pierce, une femme de quarante ans paisible et active vit avec son mari près de Winsdor, une petite ville américaine du Connecticut.

Le 7 septembre 1912, elle reçoit chez elle son oncle Franklin qui vient fêter ses cinquante-neuf ans. Il y a le gâteau, les bougies, et l'oncle Franklin qui a encore bon pied bon œil, les éteint toutes de son souffle puissant. Malgré ses cheveux blancs, il rit comme il l'a toujours fait, car il a vécu comme l'oiseau sur la branche, totalement insouciant du lendemain mais heureux. Seulement aujourd'hui il n'a plus le goût au travail et il ne sait que faire.

— Viens vivre chez nous, lui propose sa nièce. La maison est grande.

— Pas question, répond l'oncle Franklin, je ne veux pas vivre à vos crochets.

— Alors que comptes-tu faire ?

— J'ai appris, dit-il alors à sa nièce inquiète, qu'il y a à Winsdor une maison de retraite privée dirigée, paraît-il, par une femme très gentille, Mme Amy Archer. C'est tout petit, il n'y a que onze lits, mais les prix sont raisonnables : cinq dollars la semaine, quinze dollars par mois et, pour un séjour permanent, une somme forfaitaire allant de 450 à 1 800 dollars, calculée selon l'âge et l'état de santé. Etant donné mon âge, ce sera 1 800 dollars évidemment, mais je dispose justement d'une telle somme, ric et rac, pas un sou de plus. Ainsi, je pourrai finir mes jours en paix.

— Nous en reparlerons, décide Nellie. En attendant tu vas rester quelques semaines ici. Tu ne peux pas me le refuser, c'est ton anniversaire...

Mais sans le dire à son oncle, Nellie se rend le lendemain à la maison dont a parlé l'oncle Franklin. Elle paraît bien vieille. Elle a besoin d'un bon coup de peinture, mais les fenêtres sont grandes et sur le côté droit du bâtiment, est aménagée une vaste véranda, bien abritée, qui donne sur une pelouse bien entretenue. L'endroit est très calme et, comme il y a autour des maisons basses et des terrains incultes, les deux étages vieillots sont littéralement gavés de soleil pendant une bonne partie de la journée.

L'institution, dont une plaque de cuivre bien briquée indique pompeusement qu'il s'agit du « Foyer Archer pour personnes âgées et invalides », existe depuis 1907.

Amy Archer, veuve d'un homme d'affaires, diplôme d'infirmière, propriétaire et directrice, est très occupée : plusieurs de ses pensionnaires sont alités, avec une forte grippe, et elle prépare ses fiançailles avec un ouvrier de quarante-huit ans — qui fait un peu de tout dans la maison, surtout des réparations ! — Michael Gregory.

Lorsque Nellie entre dans le salon où l'accueille Mme Amy Archer, elle se demande où la propriétaire peut bien puiser l'énergie de s'occuper de onze personnes âgées tout en envisageant de se remarier. Car Amy Archer paraît extrêmement frêle, elle mesure un mètre cinquante et semble d'une maigreur extrême. Et, par-dessus le marché, elle qui n'a pas une minute à elle trouve le moyen d'élever sa fille Mary, quatorze ans, qui fort heureusement n'a pas hérité de l'aspect fragile et du visage ingrat de sa mère : une tête minuscule, dévorée par deux yeux noirs immenses, qui brillent étrangement, et sous le nez épaté comme celui d'un boxeur, des lèvres fines, presque inexistantes, esquissant un sourire du genre rictus.

Pour égayer son uniforme de nurse, elle porte un immense nœud papillon, lui aussi immaculé, qui tranche étrangement avec une chevelure peu généreuse, frisant la calvitie au-dessus du front et d'oreilles immenses.

La gracieuse M^me^ Amy Archer précise à sa visiteuse qu'elle serait heureuse d'accueillir l'oncle Franklin mais que, malheureusement, il ne lui reste plus qu'un lit, dans une chambre double, il devrait donc cohabiter avec un autre pensionnaire.

Mais cela ne rebute pas l'oncle Franklin qui, début septembre 1912, s'installe au « Archer Home » et se met à écrire régulièrement à sa nièce.

« La nourriture est excellente, et M^me^ Archer est aux petits soins pour nous », dit-il notamment.

Puis, dans une autre lettre : « Il faut reconnaître que nous sommes admirablement bien traités. Vraiment le maximum pour notre argent. Au reste, je ne suis pas inactif. Le fiancé de M^me^ Archer me prête la tondeuse à gazon, ce qui me donne un peu d'exercice et, la semaine dernière, je l'ai aidé à repeindre les clôtures. »

Une année passe. L'oncle Franklin signale à sa nièce de temps à autre le décès d'un de ses camarades, ce qui n'a rien de surprenant étant donné la moyenne d'âge très élevée des pensionnaires. Il parle ensuite des nouveaux venus qui, tous, s'acclimatent très rapidement.

Le mariage de M^me^ Archer et de M. Gregory a lieu le 5 décembre 1913, et dans une longue lettre, l'oncle Franklin raconte la petite fête qui s'est déroulée dans la maison de brique rouge.

Trois mois plus tard, l'oncle Franklin écrit à sa nièce : « Tout va très bien. Je me porte comme un charme et j'espère qu'il en est de même pour toi. Hélas, nous avons eu un autre deuil, mais totalement imprévu celui-là. M. Gregory est mort d'une indigestion avant-hier. Il s'est subitement couché et, en vingt-quatre heures, il n'était plus. J'en suis très attristé. »

Et l'oncle Franklin ajoute : « Voilà, avec M. Gregory, vingt et une personnes qui sont mortes sous ce toit depuis mon arrivée. Je me demande qui sera la prochaine. »

Lorsqu'elle reçoit cette lettre annonçant le vingt et unième décès, Nellie prend contact avec un reporter qu'elle connaît dans un important journal local, Aubrey Maddock, le prototype du journaliste consciencieux et minutieux.

— Toutes ces morts successives, ne trouvez-vous pas ça un peu bizarre ? dit Nellie. Il n'est pas question de porter plainte, bien entendu, mais en tant que journaliste vous trouverez peut-être un prétexte suffisant pour faire une enquête discrète ?

Le journaliste accepte sans enthousiasme, mais après avoir effectué quelques vérifications, il rencontre à nouveau Nellie :

— Je suis bien embarrassé, chère amie... mais prenons les choses dans l'ordre. D'abord, l'oncle Franklin se demandait qui allait être la prochaine victime. Maintenant nous le savons depuis le 9 avril : cette fois, le disparu est un petit homme tranquille, M. Smith, dont le lit n'est resté inoccupé que vingt-quatre heures. D'abord, parce que Mme Archer n'aime pas garder trop longtemps le cadavre des pensionnaires décédés pour ne pas affecter le moral des survivants, ensuite parce qu'un nouveau candidat s'est présenté à peu près au même moment.

— Cela fait le vingt-deuxième décès, dit Nellie. Est-ce que vous ne trouvez pas que c'est beaucoup ?

— Si, mais vous allez voir que cette affaire est très embarrassante.

D'abord, le journaliste communique des statistiques assez alarmantes :

— Premièrement, du vivant de M. Archer, la maison de retraite a perdu en cinq ans, de 1905 à 1910, quatorze pensionnaires, tous très âgés. Et depuis la mort de M. Archer, depuis qu'elle est dirigée par Mme Amy Archer, c'est-à-dire depuis quatre ans, il y a eu à ce jour quarante-huit décès. J'ai eu la curiosité de comparer ces chiffres avec ceux d'une institution similaire où l'on a également enregistré quarante-huit décès en quatre ans, mais pour soixante-quatre lits, alors qu'il n'y en a que onze chez Mme Archer. Mais ce degré élevé de mortalité ne veut rien dire. Exception faite de votre oncle et d'une femme de soixante-douze ans, les pensionnaires ont entre quatre-vingts et cent deux ans, et l'on doit donc s'attendre à de tels décès. Ensuite, il s'agit de personnes très pauvres, le peu d'argent qu'ils avaient, ils l'ont donné à l'institution et leur mort ne rapporte rien à personne. Ils ne font aucune donation, ils n'ont pas d'argent liquide ni de bijoux. Ils ne souscrivent pas d'assurances. D'ailleurs, Mme Archer n'a pas besoin d'argent ; le travail qu'elle accomplit, de toute évidence, paraît être un véritable apostolat. Les pensionnaires sont admirablement bien traités. Elle est aimée et respectée, voilà pourquoi je vous disais que l'affaire est très embarrassante.

— Si je comprends bien, dit alors Nellie, vous refusez d'aller plus loin.

— Non, je poursuivrai l'enquête mais avec la plus grande discrétion.

Quelques semaines plus tard, le 30 mai 1914, l'oncle Franklin se couche comme à son habitude vers vingt et une heures, après avoir passé une journée paisible et dégusté un excellent dîner.

Il se réveille vers cinq heures du matin, en proie à de telles douleurs d'estomac qu'il doit réveiller son voisin. Celui-ci court chercher Mme Archer qui tente, mais vainement, notamment en lui faisant avaler du bicarbonate, d'apaiser les souffrances de son pensionnaire.

Vers six heures, elle fait appeler le médecin attaché à l'établissement, qui diagnostique un ulcère à l'estomac.

Le praticien repart, mais revient à neuf heures à la demande de Mme Archer. Il ne peut, cette fois, que constater le décès de l'oncle Franklin.

Mme Archer téléphone aussitôt à Nellie, la priant de venir car « l'oncle Franklin, dit-elle, est très malade et il y a peu de chances pour qu'il s'en remette ».

Quand Nellie se présente, Mme Archer précise que l'état de l'oncle Franklin a encore empiré et, finalement, en la faisant entrer dans le salon, elle la met au courant du décès. Bref, le processus classique de l'infirmière qui veut éviter un trop grand choc au proche parent d'un disparu.

— Où est mon oncle ?

— Il est à la morgue. Vous comprenez, c'est mauvais pour le moral des autres pensionnaires de garder un mort dans cette maison, explique Mme Archer.

A la morgue, Nellie croise d'autres pensionnaires, venus rendre leurs devoirs au disparu. Ils forment de petits groupes et murmurent d'un ton inquiet. Nellie ne peut saisir que des bribes de phrases :

— D'abord Gregory, ensuite Smith, et maintenant Franklin et ils étaient tous trois en bonne santé... Ce n'est pas normal... il se passe des choses incompréhensibles... Vous vous rendez compte ? Vingt-trois décès en moins de deux ans...

Mais lorsqu'elle interroge les gens, de-ci de-là, en ville, Nellie se rend compte que personne ne s'inquiète. Les commerçants soulignent que M^me^ Archer est très dévouée, qu'elle fait le maximum pour ses pensionnaires et lorsqu'il s'agit des œuvres de charité locales, qu'elle est très généreuse. Tout le monde la plaint :

— La pauvre ! Elle a le cœur brisé chaque fois qu'un de ses pensionnaires décède... elle doit pourtant savoir qu'elle ne peut pas les garder auprès d'elle éternellement...

Enfin et surtout, toujours la même question, la question que Nellie se pose elle-même sans trouver de réponse : s'il s'agissait de crimes, à quoi serviraient-ils et à qui ?

Quelques jours plus tard, Nellie reçoit un colis de la maison de retraite qui contient les effets personnels de son oncle.

En rangeant le vieux veston qu'elle vient de sortir du paquet, Nellie fait tomber un bout de papier d'une poche. Elle l'examine. C'est un mot, signé par Amy Archer demandant à l'oncle Franklin de lui prêter une somme « située aussi près que possible de mille dollars ».

Nellie se rappelle à présent que son oncle lui avait demandé récemment cinq cents dollars...

Effectivement, dans une autre poche, elle trouve un reçu concernant ces cinq cents dollars, signé par M^me^ Archer.

Quelques heures plus tard, Nellie pénètre, le visage sombre, dans le bureau de M^me^ Archer.

— Je viens vous réclamer les cinq cents dollars que vous avait prêtés mon oncle.

La frêle petite Amy Archer pâlit :

— Mais, madame, je ne sais pas de quoi vous voulez parler...

— Et ça ?...

Amy Archer fixe le reçu que Nellie agite sous son nez informe... sans le lâcher.

— Oh ! ça ? C'est une petite plaisanterie que j'avais faite à Franklin. Nous étions de très très bons amis, vous savez, et de temps en temps, nous nous lancions des phrases qui n'avaient pour but que d'égayer les autres pensionnaires. Comme par exemple : « Au fait, tu ne m'as pas rendu le million que je t'ai prêté hier après-midi pour acheter des graines aux canaris... » ; ce billet faisait partie du jeu.

Nellie ne trouve pas cela drôle du tout. Elle se rend chez un avocat, qui suggère par téléphone à M<sup>me</sup> Archer, en termes très persuasifs, de rendre les cinq cents dollars.

Amy Archer préfère céder :

— Je pourrais très bien garder cette somme, que votre oncle ne m'a jamais prêtée, dit-elle à Nellie, mais je ne veux pas discuter d'une manière aussi terre à terre, j'espère cependant ne plus vous revoir chez moi. Adieu !

Le 4 décembre suivant, un nouveau décès se produit dans la maison de brique rouge ; celui d'une pensionnaire : Mme Alice Gowden, soixante-douze ans.

Le journaliste, de son côté, découvre que Mme Archer achète beaucoup de morphine et d'importantes quantités d'arsenic sous forme de raticides. Le plus grave étant qu'après chaque achat de poison, le journaliste enregistre, dans la semaine qui suit, un décès à la maison de retraite. Il peut notamment démontrer qu'Amy Archer a acheté du raticide exactement quatre jours avant la mort de l'oncle Franklin. Bien que le plus épais mystère règne sur les mobiles qui pourraient inspirer une longue série de crimes, la direction de son journal transmet le dossier au gouverneur de l'Etat, qui passe très classiquement la balle au directeur de la police, lequel confie l'affaire à un colosse moustachu, le capitaine Robert.

Et c'est le mur... D'abord, parce que les pensionnaires qui, auparavant, confiaient leurs soupçons à qui voulait bien les entendre, sont brusquement devenus muets. Ils s'obstinent à répondre que tout va très bien dans la maison de brique rouge et qu'ils n'ont rien de particulier à déclarer.

Ensuite, parce que, dès le début de l'enquête officielle, Amy Archer monte sur ses grands chevaux. Elle fait irruption dans la salle de rédaction du journal et menace de faire un procès. Elle envoie une longue lettre au procureur général de l'Etat, en lui demandant de venir vérifier que tout est absolument normal dans la maison de brique rouge :

« Inutile, écrit-elle, de me prévenir de votre arrivée. Il m'est pratiquement impossible de m'éloigner. Songez que sur onze pensionnaires, il y en a six de plus de quatre-vingt-sept ans qui requièrent constamment mon attention. Les “ pauvres chéris ” ne me laissent pas une minute de répit, mais je me dévoue bien volontiers... C'est mon défunt mari qui m'a montré le chemin du sacrifice et de l'abnégation, et c'est le plus bel héritage qu'il pouvait me laisser. »

Elle fait tant et si bien que les diverses pressions officielles qu'elle suscite se mettent à peser lourdement sur les épaules, pourtant larges, du policier moustachu, le capitaine Robert.

— Il faut trouver quelque chose, et vite, répète le gouverneur au chef de la police, ou je serai forcé de prendre des sanctions.

— Mais trouvez-moi quelque chose, bon Dieu ! répète le chef de la police au capitaine Robert, ou je vais être obligé de vous virer...

Alors le capitaine Robert joue le tout pour le tout. Il demande l'exhumation du cadavre de l'oncle Franklin. Ses collaborateurs l'avertissent qu'il joue sa carrière.

— Vous ne trouverez rien. Amy Archer a expliqué ses achats de morphine : elle fait des piqûres à certains de ses patients très malades pour atténuer leurs souffrances. Quant au raticide, c'est tout bonnement pour tuer les rats. Nous avons pu constater que cette vieille masure en est infestée... Enfin, elle n'a tout de même pas assassiné l'oncle Franklin pour éviter de lui rembourser cinq cents dollars. Elle avait encore moins de raisons d'envoyer les autres au cimetière. L'enquête est formelle : ces pauvres bougres n'avaient plus un sou, ils ne possédaient rigoureusement rien, donc Amy Archer ne pouvait espérer recueillir aucun avantage matériel de leur disparition. D'accord, on meurt beaucoup dans cette maison de retraite, mais avec des pensionnaires dont la fourchette d'âge va de quatre-vingts à cent deux ans, il faut s'y attendre. Alors, que reste-t-il de cette accusation ? Rien, rien du tout... vous auriez dû refuser cette affaire, fermer le dossier ! Maintenant vous êtes fichu !

L'exhumation du cadavre de l'oncle Franklin a lieu de nuit, comme c'était la coutume à l'époque, dans un petit cimetière, le 2 mai 1916.

Quelques heures plus tard, le médecin légiste commence l'autopsie.

Une attente insoutenable s'installe. Le capitaine Robert, qui ne quitte plus son bureau, arpente depuis deux heures le parquet mal ciré aux lames disjointes qui craquent sous ses pas, lorsqu'un agent en uniforme vient apporter le rapport du médecin légiste.

— Le cadavre de l'oncle Franklin est saturé d'arsenic !

Le gouverneur dit alors au directeur de la police :

— ... C'était prévisible, et je vous ai toujours fait confiance. Je vous félicite, continuez !

Lorsqu'il a obtenu un permis d'exhumer pour le cadavre de M^me^ Gowden et de deux autres pensionnaires de la maison de brique rouge, lorsqu'il a vérifié que leurs viscères contiennent également de fortes doses d'arsenic, le capitaine Robert se présente avec un mandat d'arrêt en bonne et due forme devant Amy Archer.

Mais celle-ci n'a pas perdu sa superbe. Elle va tranquillement jusqu'à la chambre de sa fille, qui vient de fêter ses dix-huit ans, lui confie la direction de l'établissement et revient :

— Ce que je ne comprends pas, avoue le policier, c'est pourquoi vous avez tué tous ces malheureux...

M^me^ Archer ne répond rien ; elle entre dans sa chambre et en ressort vêtue comme pour la messe : tout en noir, avec sur la tête un de ces énormes chapeaux de l'époque en paille teintée de noir, disparaissant sous une débauche de voiles, avec de-ci de-là quelques cerises artificielles, le tout ne tenant sur la tête qu'à grand renfort d'épingles.

Solennellement, Amy Archer va dire au revoir à tous ses pensionnaires dont certains, au grand étonnement du policier, ont les larmes aux yeux :

— Mais pourquoi avez-vous fait cela ? lui demande encore le policier.

Amy Archer lui lance un regard glacial :

— Pour que votre accusation ait un sens, il faudrait que vous répondiez à cette question, et comme vous ne pouvez pas y répondre, je vous ferai révoquer.

Lorsque le procès a lieu, on ne sait toujours pas pourquoi Amy Archer aurait tué ses pensionnaires, bien que la preuve soit faite aussi qu'elle les a tués. Au dernier moment, elle décide de plaider coupable, échappant ainsi à la peine capitale pour la détention perpétuelle.

Et c'est une fois le procès fini, que le capitaine Robert va enfin savoir pourquoi Amy Archer tuait ses pensionnaires. Il l'apprend tout à fait par hasard, en rencontrant le mari d'Alice Gowden, la dernière victime, qui lui raconte leur histoire.

Au printemps de 1914, il était allé, en compagnie de son épouse, voir Amy Archer, qui leur demanda à chacun 1 800 dollars pour assurer leur retraite, dans la maison de brique rouge.

— Nous aimerions bien avoir, ma femme et moi, une double chambre au premier si c'était possible.

— Mais bien sûr, fit Mme Archer, je ne vous demande que quelques jours...

Elle écrivit le 28 mai 1914 aux Godwen pour les faire patienter : « Je vous demande de patienter encore un tout petit peu, disait-elle, la chambre que vous désirez sera bientôt libre... »

Effectivement, quatre jours plus tard, les Gowden recevaient une autre lettre : « Tout est prêt. Je suis désolée de vous avoir fait attendre, mais l'un de mes bien-aimés était très malade et je ne pouvais pas quitter son chevet. Il est mort d'un ulcère à l'estomac. »

Or, l'homme en question, c'était l'oncle Franklin qui décéda sans crier gare, le tout dernier jour de mai 1914. L'homme avec qui il partageait la chambre à deux lits, convoitée par les Gowden, était un pensionnaire à la semaine, qui fut transféré dans une petite chambre du rez-de-chaussée.

Il arrive que l'organisation poussée à l'extrême soit à l'origine de bien des crimes contre l'humanité, même à petite échelle.

Gowden qui, au dernier moment, dut remettre à plus tard son entrée dans la maison de retraite, montra les deux lettres au capitaine Robert, il n'y avait aucun doute ! Amy Archer avait décidé par avance que la chambre à deux lits serait libre ! Elle savait, et pour cause, que l'oncle Franklin ne l'occuperait plus longtemps.

Et tout le processus apparaît brusquement.

Amy Archer faisait méthodiquement de la place, dans sa minuscule maison de retraite, pour recevoir d'autres pensionnaires et encaisser, à chaque fois, 1 800 dollars par personne !

Voilà pourquoi ce n'étaient pas les plus âgés mais, toutes proportions gardées, les plus jeunes qui mouraient les premiers.

Amy n'avait pas besoin de tuer un pensionnaire de cent deux ans, la mort naturelle se chargerait de rendre sa chambre libre. Mais c'était indispensable, à ses yeux, pour un homme de soixante et un ans en très bonne santé ou pour une femme encore alerte de soixante-douze ans, afin d'assurer régulièrement les importantes rentrées d'argent qui lui permettaient de gâter les autres avec une gestion sans soucis.

L'autre solution eût consisté à agrandir l'établissement, mais évidemment, il eût fallu continuer à nourrir, abriter, vêtir, coucher les survivants... tandis qu'en les éliminant chaque fois qu'une nouvelle candidature se présentait, la gestion était infiniment plus facile.

Bien entendu, le témoignage et les lettres accusatrices furent versées au dossier, mais cela ne changea rien au jugement. En plaidant coupable, Amy avait définitivement échappé à la pendaison et personne n'y pouvait rien.

Cinq ans plus tard, elle améliora son sort. Son comportement était devenu rapidement celui d'une démente et on dut l'extraire de sa cellule humide de la prison d'Etat pour lui donner une chambre dans un hôpital psychiatrique.

C'est là qu'elle passa trente-huit années paisibles, à tricoter, à lire et à bavarder, sans avoir à s'occuper de son ménage, de ses commissions, de son linge ni de ses repas. Elle y décéda en avril 1962 à l'âge de quatre-vingt-neuf ans.

# LA CANNE A PÊCHE

Le commissaire Francisco Mezquital, dans son bureau d'Acapulco au Mexique, n'en revient pas. Il insiste auprès du docteur qu'il a au bout du fil :

— Comment savez-vous que c'est un crime ?

La voix un peu nerveuse du médecin se hausse d'un ton et s'indigne :

— Tout de même, commissaire... Je sais reconnaître une blessure d'arme à feu ! Surtout tirée à bout portant et dans la tempe !

— Bon... Bon... Ne vous fâchez pas, docteur, j'arrive.

— Faites vite parce que j'ai des malades à voir.

La tête ronde, rasée et cirée comme une énorme boule de billard du commissaire va et vient au-dessus de son bureau tandis qu'il rassemble hâtivement d'une main quelques dossiers épars pour les jeter dans un tiroir, et que de l'autre il appuie sur le bouton de l'interphone :

— Une voiture... Tout de suite, s'il vous plaît ! Et prévenez la patrouille de Tierra Colorado.

Cela fait, le commissaire enfile une veste de toile blanche, rajuste sa cravate et passe la tête dans le bureau de son adjoint :

— Je vais à Tierra Colorado ! Un toubib vient de m'appeler. Il paraît qu'il y a un type au pied de la falaise et que c'est un crime. Il a un trou dans la tempe !

Un crime à Tierra Colorado est assez inattendu. Le hameau comporte tout au plus une trentaine de villas dont certaines sont louées pour les vacances à des gens du monde entier. Mais ce n'est pas cela qui va valoir au commissaire Francisco Mezquital une célébrité, d'ailleurs brève et toute relative, mais l'originalité même du crime.

Lorsque le commissaire descend de voiture dans le coquet jardin de la villa *Cecilia,* un homme jaune comme un foie malade et portant des lunettes gigantesques vient au-devant de lui : c'est le docteur.

— Bonjour, commissaire. Je peux vous emmener tout de suite ?... Je suis très pressé.

— Nous allons faire le plus vite possible... Mais un crime, docteur, c'est une chose sérieuse.

Tout en parlant, le commissaire qui s'est instinctivement mis à l'abri du soleil sous un arbre dont les feuilles font des petites ombres mouvantes sur son crâne rasé, regarde la femme qui se tient à quelques pas.

— C'est M^me^ Vernier, la femme de la victime, explique le docteur. Elle est française. Mais vous pouvez lui parler en anglais.

Elle est pâle, M^me^ Vernier. D'abord parce que son mari est mort ; ensuite parce qu'elle ne doit pas aimer beaucoup le soleil. Elle n'est pas très belle avec son menton en galoche. Les dents du maxillaire supérieur, un peu trop grandes, ont une fâcheuse tendance à vouloir se glisser entre ses lèvres. A part cela, elle a une cinquantaine d'années, les cheveux gris, le bras trop dodu et un léger embonpoint. Sa petite robe de plage verte au décolleté carré lui va comme des guêtres à un lapin. Cela dit, le lapin a l'air intelligent et, malgré un langage vigoureux, presque masculin, ne manque pas d'une certaine classe.

Cheminant sur le sentier qui mène à la falaise, la veuve explique d'une voix sourde :

— J'ai entendu un coup de feu vers midi. Je n'y ai pas prêté grande attention. Il y a souvent des gens qui s'exercent au tir dans les villas voisines. Mais ne voyant pas revenir mon mari pour le déjeuner et comme il ne répondait pas à mes appels, je me suis mise à sa recherche.

Tandis qu'elle parle, le commissaire l'observe à la dérobée. M^me^ Vernier n'a décidément pas de chance. Elle boite et se déhanche, une de ces maladies articulaires qui rendent la marche difficile, sûrement.

Bientôt elle fait un signe de tête et les larmes mouillent ses yeux.

Trente mètres plus bas, au pied de la falaise sur laquelle ils se sont arrêtés, gît le corps d'un homme en short.

— Il est certainement tombé de la falaise en rebondissant deux ou trois fois, explique le docteur, car le corps est couvert de meurtrissures et, en palpant, j'ai vu qu'il avait une jambe et un bras rompus.

Le commissaire fait quelques pas le long de la crête et s'arrête juste au-dessus du cadavre, là où normalement la victime devait se tenir juste avant sa chute.

A cet endroit, dans les anfractuosités du sol rocheux, est amassée une terre rougeâtre. Le commissaire y distingue les traces de semelles plates, sans doute masculines. Un peu plus loin des traces de chaussures à talons. Aucun doute, il s'agit de chaussures de femme. Pas le genre de celles que doit porter M^me^ Vernier, ce dont le commissaire s'assure d'un coup d'œil avant de demander :

— Par où descend-on ?

— Ici il n'y a pas de chemin... explique le docteur. Il faut aller assez loin pour trouver une pente, très rude d'ailleurs.

— Eh bien, allons-y...

M^me^ Vernier a une hésitation. Le docteur vient à son secours.

— Est-ce que la présence de M^me^ Vernier est indispensable ? Parce que, vous savez, ce n'est pas facile de descendre... Je crois même que pour elle c'est pratiquement impossible. Il faut s'accrocher aux broussailles... Il y a des pierres qui roulent. Ce serait dangereux pour elle, n'est-ce pas, madame ?

La pauvre M^me^ Vernier, les lèvres serrées pour contenir son émotion, l'approuve d'un signe de tête.

— Je comprends. Mais en effet votre présence, madame, n'est pas indispensable.

— Bien. Donnez-moi votre veste, dit M^me^ Vernier en désignant la veste de toile blanche que vient de retirer le commissaire.

Et elle ajoute :

— Je vais essayer de joindre notre fils au téléphone.

Puis elle fait demi-tour et s'en va, se déhanchant le long du sentier.

Voilà donc au pied de la falaise le commissaire qui penche son crâne rasé sur le cadavre : un homme d'une cinquantaine d'années, mince, bronzé, musclé, bref plutôt bien conservé. Un de ses pieds porte encore une sandale, une sorte de spartiate en cuir. Il a au poignet une montre de plongée. Le short qu'il porte est d'un modèle courant.

Dans les poches, une blague contenant du tabac blond et un briquet... A tout hasard le commissaire jette un regard autour de lui. A première vue, il ne voit pas la pipe.

— Vous voyez, monsieur le commissaire, le coup a été tiré de très près puisqu'il y a des traces de brûlure.

Le docteur montre un petit trou rond sur la tempe, au milieu des cheveux blonds ondulés du cadavre. Les traits sont réguliers, le nez assez fort... Deux marques sur l'arête semblent indiquer qu'il devait porter des lunettes. Le commissaire les cherche du regard et les trouve sans peine. Ce sont des lunettes de métal dont les verres ont été brisés durant la chute.

Jusque-là tout est clair. L'homme a été tué en haut de la falaise d'où il est tombé, soit de lui-même, soit qu'on l'ait poussé.

Le commissaire remercie le docteur et le renvoie à ses malades.

Dans le jardin de la maison *Cecilia,* il y a maintenant une dizaine de voitures : le médecin légiste, l'ambulance, des voitures de police, le parquet, les journalistes. Tout ce petit monde va, vient, discute, s'interpelle, écrase les quelques fleurettes qui résistaient au soleil. Mais dans un petit bureau calme où les jalousies tirent des traits sur le crâne rasé du commissaire, Mme Vernier répond à ses questions.

— Oui, monsieur le commissaire. Je ne veux accuser personne mais je suis obligée de vous dire que j'ai un soupçon. C'est même une certitude. Mon mari avait une liaison avec une femme qui vient passer ses vacances dans une villa voisine. C'est d'ailleurs la raison pour laquelle nous sommes ici, car ce climat ne me convient pas du tout... Ces derniers temps, mon mari avait décidé de rompre avec elle. Je crois que, malgré tout, il éprouvait encore pour moi une certaine tendresse... Oh ! bien entendu, ce n'était pas de l'amour mais mon mari était un homme très droit, et puis nous sommes mariés depuis plus de trente ans... Nous avons eu deux enfants... Enfin, il savait que j'étais au courant de sa liaison et il était fatigué de mes scènes incessantes. Je sais que lui et cette femme se sont disputés. Je crois qu'elle tenait beaucoup à lui et ne voulait pas lui rendre sa liberté. En désespoir de cause, il l'avait menacée, m'a-t-il dit, d'avertir son mari.

— Comment s'appelle cette femme ?

— Maryse Talquier. Son mari est bijoutier à Paris.

— Où est leur maison ?

— A trois cents mètres d'ici. C'est la troisième grille sur la gauche.

Mais vous ne les trouverez pas. Ils retournaient cet après-midi en France.

— Et vous croyez que c'est elle qui a tué votre mari ?

— Oui... je le crois, commissaire.

Maryse Talquier et son mari sont en effet partis en voiture pour Acapulco vers deux heures de l'après-midi. Vers quinze heures trente ils étaient dans le charter qui doit se poser à Paris le soir même.

Très vite, dans l'après-midi, la culpabilité de Maryse Talquier devient plus que probable. Des témoins l'ont vue aller et revenir de la falaise à l'heure présumée du crime. Des spécialistes ont fait des moulages des traces de talons féminins trouvées sur le sommet de la falaise. Aucune de ces traces ne correspond aux chaussures de Mme Vernier. Par contre, on a trouvé sur la grève et autour du cadavre de grosses perles de jade provenant d'un collier que les témoins identifient comme ayant appartenu à Maryse Talquier. Sans doute la victime, avant de tomber, s'est-elle raccrochée à ce collier dont le fil s'est brisé.

Maryse Talquier est donc interrogée par la police française à son arrivée à Paris. Elle reconnaît que le collier de jade lui appartenait mais nie que la cause de cet assassinat ait été l'annonce d'une rupture souhaitée par la victime.

— C'est faux ! explique Maryse Talquier. Ce n'est pas lui qui voulait rompre, c'est moi. Et je considérais cette rupture comme un fait acquis. Je ne l'ai pas tué.

Maryse Talquier est une très jolie femme. Ex-mannequin vedette chez Balenciaga, aujourd'hui encore c'est elle qui présente de par le monde les somptueux bijoux de son mari, qui tient un commerce célèbre dans le quartier de l'Opéra, loué pour des expositions. Visage mince, yeux immenses, col de cygne, chevelure sophistiquée, une star de magazine pour milliardaires.

— Comment expliquez-vous qu'on vous ait vue sur les lieux du crime, que l'on ait trouvé les traces de vos talons sur la falaise et des perles de votre collier près de la victime ? lui demande la police.

— Vers midi et demi, ce jour-là, Mme Vernier m'a appelée. Elle savait que nous devions quitter Tierra Colorado. Mais son mari, paraît-il, voulait me rendre ce collier que j'avais oublié la veille sur la plage. J'ai hésité quelques instants, craignant une scène pénible, car — comme je vous l'ai dit — j'avais rompu avec lui. Mais je tenais assez à ce petit collier. C'est mon père qui me l'a offert lorsque j'ai eu dix-huit ans... Et puis, que diable ! la rencontre ne pouvait pas se prolonger puisque nous devions prendre l'avion à Acapulco à trois heures. Lorsque j'ai dit à M^me^ Vernier que je venais, elle m'a dit : « Ah, cette fois, pas chez moi, ma chère ! Mon mari vous attend à la falaise. » Evidemment c'était assez inhabituel. J'aurais dû me méfier. Malheureusement, j'y suis allée, et comme je n'ai pas eu l'idée de regarder au pied de la falaise, je n'ai vu personne. Par contre, des témoins m'ont vue et j'ai laissé des traces de chaussures.

— Et les perles du collier ?

— Justement... Je pense qu'elles expliquent tout, ne croyez-vous pas ?

— Vous pensez que c'est M^me^ Vernier qui les aurait elle-même jetées au pied de la falaise pour qu'on vous accuse du crime qu'elle aurait commis ?

Maryse Talquier ne veut pas charger la malheureuse M^me^ Vernier mais c'est évidemment ce qu'elle pense, comme en témoigne le haussement de ses gracieuses épaules.

A Acapulco, le commissaire Mezquital grogne devant cette déposition en grattant son crâne rasé.

— Ça ne tient pas debout... Je ne vois pas pourquoi M^me^ Vernier aurait tué son mari alors que sa maîtresse venait de rompre avec lui. C'est généralement le contraire qui se produit dans ces cas-là. La femme, espérant voir son mari lui revenir et sachant qu'il souffre, l'entoure de son affection. Ou alors elle se réjouit de le voir souffrir et se garde bien d'abréger ce supplice. Techniquement l'explication de Maryse Talquier est bonne. Psychologiquement elle ne tient pas debout.

Le juge d'instruction suggère alors qu'il pourrait s'agir d'un suicide.

— Mais alors, comment expliquez-vous les perles de jade ? rétorque le commissaire.

— Un suicide déguisé en crime... peut-être ?

— Dans ce cas, soit en haut, soit en bas de la falaise, on aurait retrouvé le revolver.

L'affaire si simple au départ devient brusquement une des énigmes les plus ardues à laquelle se soit affrontée la police mexicaine. Et c'est le médecin légiste qui va découvrir l'indice nouveau permettant un rebondissement.

Après avoir réexaminé soigneusement le cadavre, il découvre en effet un détail bizarre : la chute du corps, son glissement, le fait qu'il ait rebondi de rocher en rocher, expliquent ses nombreuses meurtrissures mais pas cinq ou six éraflures observées à l'index et au pouce de la main droite de la victime.

Lorsqu'il fait part de cette remarque au commissaire Francisco Mezquital, celui-ci, intrigué, se rend à la morgue pour observer lui-même.

Il y a en tout cinq éraflures : deux sont assez profondes, les chairs ont été déchirées et elles ne peuvent avoir été causées que par un objet très acéré.

— Qu'en pensez-vous, commissaire ?

Le commissaire ne répond rien. Il a manifestement une idée et la garde pour lui.

Deux heures plus tard il est à Tierra Colorado, à la villa *Cecilia,* et devant M^me^ Vernier médusée, il entreprend une fouille en règle des placards. Il s'attarde particulièrement dans le garage. Au bout d'une heure, dépité, il demande à la veuve :

— On m'a dit que votre mari était pêcheur... Ne me dites pas le contraire, il s'est inscrit plusieurs fois au club de Tierra Colorado... Il y a quatre jours encore, il a été pêcher le merlin.

— Je ne le nie pas, commissaire.

— Alors il doit avoir une canne...

— Mais oui, commissaire, mais je ne sais pas où elle est.

Quelques instants plus tard, une nuée de policiers et d'auxiliaires battent les fourrés sur plusieurs centaines de mètres le long de la falaise. Enfin l'un d'eux trouve une forte canne en fibre de verre, munie de son moulinet et d'un énorme hameçon.

Lorsqu'elle voit le commissaire apparaître, la canne à la main, M^me^ Vernier recule de quelques pas et s'effondre dans un fauteuil.

Voici en résumé l'aveu qu'elle fait au commissaire :

Le jour fatal, lorsqu'elle a entendu le coup de feu, contrairement à ce qu'elle a déclaré, elle s'est inquiétée. Elle savait que Maryse Talquier venait de rompre avec son mari et que celui-ci était très affecté. Elle a éprouvé, dit-elle, un pressentiment. Elle a couru vers la falaise d'où semblait provenir la détonation. Là, elle a aperçu le cadavre au pied de la falaise d'où il était tombé. Sa main droite n'avait pas lâché le revolver avec lequel il avait dû se suicider. Elle a ressenti d'abord un véritable désespoir. D'autant qu'elle ne pouvait pas descendre. Alors elle est retournée à la villa pour appeler le docteur. Mais tandis qu'elle s'apprêtait à appeler le docteur, le collier en perles de jade lui est tombé sous les yeux. Le désespoir a fait place à la rage, à la haine. La chute s'ajoutant au coup de feu : son mari était certainement mort... Mort à cause de cette femme, dont le collier était là, sous ses yeux.

Alors elle a reposé le téléphone et une idée diabolique s'est imposée, courant et se déhanchant sur le sentier, la canne à pêche de son mari dans une main et le collier de jade dans l'autre, elle est allée faire sa mise en scène.

D'abord elle a cassé le collier dont les perles ont roulé au bas de la falaise. Puis elle a dévidé le moulinet de la canne à pêche.

Lorsque l'hameçon a atteint le sol, elle l'a dirigé vers la main droite de son mari pour lui enlever le revolver. Elle a dû s'y reprendre à plusieurs fois. Par deux fois l'hameçon s'est même profondément enfoncé dans l'index et une fois dans le pouce. Elle devait tirer violemment pour le décrocher, arrachant la chair. A chaque fois le bras était agité et c'était horrible... Finalement lors d'une de ces secousses le revolver est tombé de lui-même. Elle n'a eu qu'à le saisir par le pontet.

C'est tout. M^me^ Vernier ne regrette qu'une chose : que Maryse Talquier n'ait pas été accusée du meurtre de son mari. La justice mexicaine l'a accusée de « trucage de mort ».

# MARIA POPESCO

Maria a la voix et l'exubérance merveilleusement féminines de son homonyme, la célèbre Elvire Popesco.

C'est en épousant, contre la volonté des siens, Victor Popesco que cette fille d'un riche propriétaire terrien devient, à vingt-quatre ans, M$^{me}$ Popesco. Le beau-père, Stélian Popesco, ancien procureur, très riche propriétaire de journaux, quatre fois ministre de la Justice du régent Horty, chef du régime fasciste roumain qui collabore avec Hitler, doit être, du moins au début, très attiré par sa belle-fille Maria qui est vraiment très belle. Brune, avec un profil de madone et un tempérament de feu.

En 1943, la tournure que prend la guerre donne à réfléchir à Stélian et celui-ci envoie son fils et sa belle-fille en avant-garde à Genève. Le jeune époux n'y a pas de situation et aux gens qui l'interrogent, il répond qu'il est correspondant des journaux de son père.

Pendant que la guerre dévaste le monde, Maria, accompagnée de Victor, son trop élégant mari, mène une existence anachronique et insouciante.

Ils ont loué une villa au bord du lac : *La Soleillette,* tout un symbole. Mais, s'ils passent leur temps à brunir, peaux confondues, ils ne connaissent pas vraiment l'amour, car ils ne connaissent que ce qui s'achète.

Alors la belle Roumaine croit trouver l'amour dans les bras de François, un ami du ménage, jeune homme racé et intelligent qui, non seulement va s'attacher à ses pas avec une fougue qui fera scandale, mais va lui tenir un langage propre à déboussoler toute jeune Roumaine explosive.

François lui écrit :

*Je me suis attaché à toi parce que tu étais mariée. Si tu avais été libre, je ne t'aurais même pas regardée, car j'ai horreur du mariage. Je t'aime parce que tu n'es pas tendre, que tu dis des horreurs, que tu détestes ma famille et mon pays, parce que tu roules les « r », que tu es différente, que tu es méchante, souvent brutale, mais toujours adorable.*

Victor, qui entretient luxueusement de son côté une jeune femme surnommée « Le poison blond », ferme discrètement les yeux.

Fin 1944, les jeunes Popesco recueillent un cousin germain de Maria âgé de vingt-trois ans, Constantin.

Figure étrange et tourmentée, comparable à certains héros lugubres de Dostoïevski, Constantin doit abandonner ses études car il est gravement malade. C'est un aigri, hébergé par charité, qui joue mélodramatiquement au personnage effacé qu'on utilise pour les petites besognes.

Les Popesco ont une cuisinière, Olga Aeby, et sa nièce, Lila Mory, Fribourgeoise de vingt-deux ans. Charmante, avec une grâce de fillette ingénue, la petite soubrette travaille avec conscience. Chaque dimanche, elle frotte ses genoux délicats contre le banc rugueux de l'église, et semble suivre l'office avec un soin particulier. Dans le courant de 1944, elle se fiance et pense à son mariage.

Voici les cinq personnages en place à Genève, fin 1944. Il ne manque que les beaux-parents de Maria.

Après le succès des armées russes, Stélian Popesco, rustique vieillard de soixante-sept ans, d'origine très modeste avant de parvenir à la richesse, est devenu une personnalité très controversée. Condamné par contumace en Roumanie à la réclusion perpétuelle et à la confiscation de ses biens comme criminel de guerre, il arrive à Genève.

Stélian a ramené de Roumanie de l'argent, beaucoup d'argent, mais aussi sa femme malade. Leila, atteinte d'un cancer, est condamnée. Selon les médecins, c'est une question de jours ou de semaines.

Stélian étant lui-même très épuisé, et Constantin malade aussi, cela fait dans le luxueux appartement de la rue Beaumont où tout le monde habite, une fantastique accumulation de médicaments parmi lesquels on compte une grande quantité de barbituriques.

C'est alors que des vols répétés, dont le montant atteint 61 700 francs suisses de l'époque et plusieurs centaines de pièces d'or, commencent à jeter le trouble dans la famille et, le 26 mai 1945, Victor porte plainte contre inconnu.

Les deux policiers mettent hors de cause les deux domestiques, Olga Aeby la cuisinière, et la gracieuse soubrette, Lila Mory.

Par contre, ces policiers indiscrets établissent que les derniers mois Maria a dépensé plus d'argent que son mari ne lui en avait remis. Elle explique qu'elle recevait de Roumanie, par la valise diplomatique (qui est en réalité un wagon), des pots de graisse envoyés par ses parents qui y cachent des pièces d'or, réponse qui ne satisfait pas la police. Maria est dès lors soupçonnée.

Personne n'espère plus guérir Leila de son cancer, lorsqu'elle est soudain sujette à d'étranges phases de torpeur. Elle est transportée dans une clinique, et là Maria, qui auparavant n'entretenait pas avec elle d'excellents rapports, se dévoue, passant des nuits à son chevet et ne se nourrissant que de café.

Le 26 juin 1945, un mois après le dépôt de la plainte pour vol, la vieille dame s'éteint.

Cette mort paraît d'abord suspecte ; de plus, Maria est la seule à connaître les dernières volontés de la défunte : il s'agit d'un testament tapé à la machine, rédigé en roumain, ni daté ni signé. Maria assure qu'il lui a été dicté par sa belle-mère peu avant sa mort, et qu'elle n'a pas eu la force de le parapher. Au point de vue financier, il n'avantage nullement la belle Roumaine mais lui attribue, comme il est de tradition dans toutes les familles roumaines, les bijoux et les fourrures de la morte.

Mais une clause surprend Stélian : sa femme demande à être incinérée. Or, la stricte observance de la religion orthodoxe, à laquelle appartient toute la famille, interdit cette forme de sépulture.

Une violente explication a lieu entre Maria et son beau-père :

— Elle voulait que je la ramène en Roumanie plus tard, dit Maria. C'est pour cela qu'elle souhaitait être incinérée, car elle savait que vous êtes un vieil égoïste et que si jamais vous rentriez, vous abandonneriez sa tombe au cimetière de Genève.

— C'est faux ! s'écrie Stélian, je ne sais pas pourquoi tu as fait cela, mais je le saurai un jour.

Et, dans la voix du vieil homme, on sent le ton de l'ancien procureur. Alors Maria réplique froidement par ces mots qui vont sceller son avenir :

— Les faux en matière de testament, c'est un peu dans la famille, n'est-ce pas ? Vos ennemis politiques ne vous ont-ils pas accusé d'avoir bâti votre fortune sur un faux ?

Blanc de rage, Stélian répond :

— Je découvrirai ton jeu. Les fourrures et les bijoux, tu ne les auras jamais.

La pauvre Leila Popesco n'est donc pas incinérée, mais enterrée, et la hache de guerre est enterrée avec elle... On ne parle plus de rien, provisoirement, tandis que, imperturbables, les policiers continuent leur enquête sur les vols.

Deux semaines après l'enterrement de Leila, Stélian sort vers seize heures pour se rendre sur la tombe de sa femme. Dans le hall de la maison, il rencontre Maria qui lui tend cinq pastilles et un verre d'eau :

— Tu sais, lui dit-elle, il y a une épidémie de diphtérie en ville et il ne s'agirait pas de l'attraper. Prends... cela ne peut que te faire du bien.

Vers neuf heures du soir, Stélian tombe dans un état comateux, avec des symptômes qui ressemblent étrangement à ceux qui ont affecté Leila. Le médecin diagnostique une intoxication par un somnifère qu'il lui a déjà prescrit, et le fait transporter à la clinique. Là, il interdit toute visite, ordonne de refouler de sa chambre tous les mets, boissons ou friandises qu'on pourrait apporter de chez lui, et alerte le chef de l'Institut de Médecine légale de Genève.

Au moment où Stélian, sous bonne garde, se remet de son mystérieux empoisonnement, un troisième drame éclate, effroyable celui-là, et inattendu.

Le fiancé de Lila Mory, la soubrette, vient d'acheter une maison, et maintenant voilà qu'il voudrait avancer le mariage. Tant de précipitation joyeuse devrait faire sourire Lila et donner l'occasion à son cœur de battre un peu plus fort. Eh bien, non... il n'en est rien : la petite bonne paraît bien triste, comme si un mal mystérieux la rongeait. Personne n'y fait attention car elle est en bonne santé. Pourtant, elle a les joues pâles.

En sortant de la messe le 22 juillet 1945, neuf jours après l'évanouissement de Stélian, Lila sent un malaise. Avant de rentrer, elle passe chez une amie pour lui demander de l'aider à faire la vaisselle après le déjeuner. Vers la fin de la matinée, un mystérieux coup de téléphone décommande son amie qui ne pense plus à l'incident.

Le dimanche soir, les Popesco constatent que la porte de la chambre de Lila est fermée à clef. On frappe. Sans résultat. Sans doute la petite bonne est-elle sortie. Le lendemain, lundi, la porte est toujours close. Maria et Victor font venir un serrurier qui, en forçant la porte, remarque que la clef n'est pas dans la serrure.

Cette clef, on ne la retrouvera pas non plus dans la chambre de Lila. Quelqu'un a donc fermé la porte de l'extérieur, puis jeté la clef.

Sur le lit qui n'a pas été défait depuis la veille, gît la petite bonne en vêtements de travail. Un mouchoir blanc a été jeté sur son visage figé par la mort. La blouse du dimanche est soigneusement rangée sur le petit lit.

Le bras droit de Lila pend en dehors du lit, et son poignet porte une entaille où le sang a séché. Exactement sous la main pendante, sur la descente de lit, une toute petite flaque de sang avec, au milieu de la tache, une lame de rasoir.

Sur la table : un verre vide contenant un dépôt qui, une fois analysé, s'avèrera être du véronal. Dans l'armoire, sous une pile de linge, les policiers découvrent la clef de la cassette de Stélian dans laquelle furent volés 50 000 francs suisses.

Déjà, le premier médecin a l'idée qu'il s'agit d'un meurtre maquillé en suicide et dit à la cuisinière, Olga Aeby :

— Vous êtes la tante de la morte, votre devoir est de porter plainte pour assassinat.

La cuisinière est réticente :

— Je ne vois pas où cela peut me mener.

— Mais je vois où cela peut mener l'assassin.

— Alors, vous voulez que je porte plainte contre inconnu ?

C'est alors qu'intervient Maria, de sa voix égale qui roule bizarrement les « r » :

— Mais voyons, madame Aeby, vous n'avez pas compris ? Pas contre inconnu, voyons ! Mais contre moi, madame Aeby !

Alors on se dépêche d'exhumer le cadavre de Leila, et on y découvre des traces de véronal. Maria n'aurait-elle pas tenté de la faire incinérer pour dissimuler un empoisonnement ?

Enfin, les policiers découvrent cinq tubes de véronal appartenant à Maria, laquelle prétend que le médicament viendrait de François qui lui remit un tube fin 44, et quatre autres en ce début de juillet 45.

— C'est par amour, dit celui-ci, que j'ai accédé au désir de Maria, obsédée par la hantise du cancer qui s'était généralisé dans sa famille.

En effet, en 1944, la belle Roumaine s'est découvert une tumeur au sein droit et, au printemps 1945, elle vient d'être opérée par un chirurgien de Genève. Pas du tout rassurée sur l'origine du mal, bien qu'on lui affirme qu'il n'est pas cancéreux, elle vient d'avoir recours à la complaisance de François une seconde fois.

Or, qu'est devenu ce véronal ? Le premier tube, Maria l'aurait consommé. Les quatre autres, elles les a vidés dans les toilettes pour éviter de se compromettre et de compromettre François. Dans les canalisations, la police trouve effectivement des pastilles mais, bien que l'analyse chimique ne soit pas faite, déclare que c'est du « Lactéol » et non du véronal.

Finalement, le mercredi 25 juillet, deux policiers viennent arrêter Maria Popesco. Hautaine comme toujours, elle semble s'amuser beaucoup de la situation :

— Tu vois, dit-elle à son mari, je vais connaître autre chose enfin.

— Je te ferai libérer demain, dit Victor, c'est une méprise absurde.

Mais Maria ne sera pas libérée et c'est dans une atmosphère de mystère et de drame que se déroule à Genève un procès qui va bouleverser la Suisse...

Toute l'accusation tourne autour du fait qu'une seule personne a détenu du véronal et qu'elle n'en est pas morte : Maria.

Elle seule avait donc pu empoisonner les trois victimes. Reste à savoir si les cinq tubes retrouvés vides ont vraiment tué quelqu'un et pourquoi. Le juge voit dans le vol la clef du drame entier. Se sentant soupçonnée par ses beaux-parents, Maria aurait diaboliquement résolu de les supprimer l'un après l'autre. Puis, avec la même résolution, elle aurait fait disparaître la femme de chambre, Lila, qui peut-être en savait trop long.

Dès le début, le caractère hautain, dédaigneux en même temps que fougueux de Maria va lui aliéner la sympathie des jurés qui ne cherchent pas à savoir si elle ne pleure pas toutes les larmes de son corps quand elle est seule, et si cet orgueil n'est pas simplement une grande pudeur.

Dès le début aussi, Stélian, le beau-père, retrouve sa voix de procureur pour accuser sa belle-fille.

Le petit cousin Constantin témoigne également contre Maria. Par contre, François, seul témoin à décharge, n'a pu se rendre au procès n'ayant pas été joint à temps. Les jurés se contentent donc d'entendre la lecture de la lettre qu'il a écrite.

Au dernier jour du débat, la lumière électrique s'éteint brusquement à la suite d'un violent orage. Le procès est donc poursuivi aux chandelles et c'est aux chandelles que les jurés, s'estimant éclairés sur la véritable personnalité de l'accusée, vont lui infliger la peine la plus lourde qui puisse frapper une femme en Suisse : la réclusion perpétuelle.

Alors l'accusée se dresse, avec son profil de madone raphaëlesque et sa rayonnante fierté, pour leur dire :

— Je protesterai de mon innocence jusqu'à mon dernier souffle...

Et les jurés ont froid dans le dos. D'ailleurs, Maria s'apprête à les empêcher de dormir pour longtemps.

Lorsqu'elle arrive au bagne de femmes de Reggensdorf précédée par l'histoire des crimes noirs qui lui sont imputés, les condamnées de droit commun la jugent plus lourdement encore que les jurés et la mettent en quarantaine. Mais il se produit ensuite une chose surprenante : après l'avoir épiée, toutes ces voleuses, criminelles et aventurières qui passent leur temps à se trouver des excuses en recherchant chez leurs codétenues les traces d'un crime plus grand que le leur, adoptent Maria et, célébrant ses vertus, en font très vite une martyre.

Un premier recours en cassation est rejeté le 10 mars 1950. Un avocat bernois, M^e^ Georges Brunschvig, profondément convaincu de l'innocence de Maria, présente alors des faits nouveaux. Le 26 juin 1953, bouleversés par la nouvelle vérité qui se dégage de l'affaire, les conseillers de la cour de cassation ordonnent l'ouverture d'une seconde instruction. Celle-ci dure deux ans, et le juge d'instruction remet son dossier à la cour suprême.

Au bout de dix ans, Maria quitte le pénitencier de femmes de Reggensdorf où elle a su se faire adopter de ses compagnes. Se rapproche-t-elle de la liberté ?

Mais Maria a beaucoup changé. Ses beaux cheveux noirs, qui ondulaient sous le peigne savant du coiffeur, sont à présent raides et ternes. Elle a tellement maigri que sa bouche, aux lèvres autrefois brillantes, n'est plus qu'un trait dur qui barre le visage et le ferme. Mais le profil est toujours le même, pur et presque enfantin, le front intelligent et pourtant, dans son étroitesse, volontaire, buté, secret.

Avant d'exposer les arguments principaux, les avocats essaient de redresser le climat psychologique qui s'était instauré durant le procès. D'abord la personnalité de Maria : belle, riche, adulée, exubérante certes. Cela ne signifiait pas qu'elle fût l'être abominable qu'on a dépeint. Maria l'a prouvé, c'est une femme de tête qui, sans dédaigner cette existence fastueuse, ne se laissait pas aveugler. Aujourd'hui on sait qu'elle voulait un enfant : depuis, son mari a reconnu que c'est lui qui n'en voulait pas. Pourquoi ? « La situation financière ne le permettait pas. » Pourtant, nous savons que les Popesco étaient très riches. Victor reconnaît qu'il désertait le lit de Maria. Pourquoi ? « Justement, pour plus de sécurité. »

Beaucoup des témoins sont morts, à commencer par Stélian et Constantin. N'aurait-on pas, à l'époque, accepté trop facilement leur témoignage ?

On sait aujourd'hui que Constantin était depuis toujours amoureux de sa cousine, il souffrait de la voir mariée, il souffrait ensuite de lui voir un amant, mais n'en demeurait pas moins sous son toit, nourri, blanchi, généreusement gratifié, servant d'intermédiaire entre Maria et son amant, déployant dans l'ombre indiscrète et troublante un talent aussi certain qu'inquiétant. Son témoignage pouvait cacher bien des rancunes, bien des calculs.

Quant à Stélian, personne ne semble avoir tenu compte de la fascination qu'a exercée sur lui, au début, la beauté étincelante de sa belle-fille. Comment accepter sans réserve le témoignage d'un tel homme ? On se refuse à le juger sur le fond et en bloc, mais chez lui tant de choses s'opposent : la religion et la sévérité, la richesse et le patriotisme, la magistrature et le journalisme. Condamné par contumace dans son pays pour crimes de guerre, il plaidait quelques mois plus tard contre sa belle-fille. Une tragédie secrète ne se cachait-elle pas derrière le témoignage de cet étonnant vieillard ?

Quant aux vols, rien ne prouve, non seulement que Maria ait volé, mais même qu'il y ait eu vol. Victor a déclaré depuis : « Après tout, ces grosses sommes peuvent avoir été dépensées normalement, ma famille n'a jamais tenu de comptabilité. »

Restent les arguments qui motivent la révision du procès :

Premièrement, Maria Popesco a-t-elle empoisonné sa belle-mère ? A la date du 27 juin 1945, celle du décès, Maria n'avait encore reçu de François qu'un tube de véronal (soit cinq grammes de poison). Or, le médecin traitant estime que Leila Popesco a absorbé pendant dix jours, un gramme de véronal par jour (soit dix grammes). Il était donc matériellement impossible à Maria de l'empoisonner, à moins d'avoir disposé de quantités inconnues de véronal, ce qui n'est pas établi.

Reste aussi à prouver l'existence dans les viscères de Leila de doses massives de véronal. C'est là qu'intervient l'argument qui va bouleverser de fond en comble l'ancien acte d'accusation, lequel reposait sur le fait qu'au domicile des Popesco, Maria était seule à détenir du véronal.

Les experts toxicologues ont en effet découvert, dans l'amas de produits pharmaceutiques détenus par cette famille de malades, un médicament appelé Quadronox. Au moment du procès, les médecins avaient totalement négligé de prendre ce produit en considération, parce qu'ils pensaient qu'un comprimé de véronal équivalait en gros à cinq comprimés de Quadronox.

Or, on sait aujourd'hui qu'un comprimé de Quadronox contient autant de substance nocive qu'un comprimé de véronal.

Il manquait trente-neuf comprimés et demi de Quadronox dans les emballages retrouvés au domicile des Popesco. La dose mortelle gravitant autour de dix grammes, parfois plus, parfois moins suivant l'état de résistance des individus, il y avait là, rien qu'en Quadronox, de quoi tuer deux personnes.

Qui se servait du Quadronox chez les Popesco ? Le cousin Constantin et surtout Stélian à qui on en avait prescrit un tube par ordonnance non renouvelable. Pourtant, il en a acheté plusieurs. S'il paraît certain que Maria n'ait pas su que le Quadronox contenait du véronal, lui, sans doute, le savait.

Alors, le véronal retrouvé dans le corps de Leila ? Se sentant perdue, souffrant le martyre, peut-être prenait-elle elle-même du véronal ? Peut-être Stélian, devant tant de souffrances, lui donnait-il du Quadronox pour les calmer ?

Voilà pour expliquer le véronal. Quant à la mort de Leila, peut-être, condamnée à brève échéance, est-elle morte tout simplement de son cancer.

Stélian Popesco était le pilier de l'accusation. Les cinq pastilles que lui avait fait avaler sa nièce, il s'en persuada par la suite, auraient été des comprimés de véronal. Or, dans l'heure qui suit son absorption, le véronal agit comme un calmant et un soporifique. Mais avant de ressentir les premiers malaises, Stélian a été faire une promenade de cinq heures ! Par ailleurs, si la dose était trop forte pour le lui permettre, elle aurait été trop faible pour provoquer l'état comateux qui suivit pendant dix jours.

Des trois tragédies successives qui ont frappé les Popesco, la plus étrange et la plus inexplicable est la mort de Lila Mory. Les enquêteurs ne virent que l'évidente mise en scène — l'absence de la clef — et ils n'ont pas pensé à relever les empreintes digitales qui pouvaient se trouver sur la lame de rasoir ayant servi à entailler le poignet de la soubrette ! Détail assez énorme...

Une chose aurait dû frapper les enquêteurs : comment Lila aurait-elle pu absorber un plein verre de véronal, atrocement mauvais au goût, et qui laisse un dépôt épais, sinon volontairement ?

Sa mort serait donc vraiment un suicide, justifié par un autre détail important : un avorteur de Genève témoigna, dès la première enquête, avoir eu pour cliente une jeune fille se nommant Lila. Elle se fit avorter car elle était enceinte alors qu'elle allait se marier. Elle lui parut accablée par cet acte et tenait des propos suicidaires. En a-t-elle parlé à d'autres personnes ? Peut-être. En effet, le père de Lila (qui est mort depuis) a déclaré au premier procès qu'il ne voyait plus sa fille depuis longtemps.

C'est vrai qu'il ne voyait plus sa fille, sauf justement le dimanche précédant sa mort. Lila était sortie tout exprès de l'église avant l'élévation, et on les a vus parler ensemble.

De quoi ont-ils parlé ? D'une chose importante sans doute et que le père a décidé de tenir secrète puisqu'il a menti au procès.

Alors est-ce qu'il n'y aurait pas eu, là encore, un drame susceptible de pousser la malheureuse enfant au suicide ?

L'entaille à la lame de rasoir signifie peut-être que la pauvre fille n'ayant pas le courage de s'ouvrir les veines, a préféré le véronal. Cette version des faits n'est-elle pas aussi plausible que la vision mélodramatique de Maria tuant froidement un témoin gênant ?

Pourtant, la cour de cassation confirme les précédents jugements et, créant un malaise profond, renvoie Maria Popesco en prison.

Aussi, en janvier 1957, la commission de recours en grâce, considérant qu'on ne s'était pas donné beaucoup de mal pour élucider certains faits troublants, considérant qu'en matière de toxicologie la vérité d'hier est souvent l'erreur d'aujourd'hui, considérant que pendant les douze années passées en prison Maria Popesco a fait preuve d'une conduite exemplaire, accepte-t-elle sa grâce à une nette majorité.

Notons que le rapporteur de cette commission est Me Jacoud qui sera plus tard condamné dans un procès criminel dont le retentissement sera énorme.

Son mari ayant divorcé après sa condamnation, Maria Popesco, une fois libérée, trouvera accueil dans une famille de Zurich, puis se retirera dans une petite ville du lac Léman où elle gagnera sa vie en travaillant dans un bureau. Elle écrira un livre, remarquable pour son style, sa valeur documentaire, sa poésie et l'élévation des sentiments qu'elle y exprime. Mais a-t-elle vécu sa vraie vie, celle que lui destinaient sa beauté, son exubérance ? A-t-elle ou non vécu l'horreur de l'innocence ?

# UN MAFIOSO DANS LA CHAMBRE DE BONNE

Le jeune Folco Mondovi sent ses cheveux frisés se dresser sur sa tête lorsque sa belle maîtresse de dix-sept ans, Angelina Gravina, lui déclare :

— Si tu te maries, je me suicide.

A travers son opulente chevelure sombre, Angelina appuie le canon d'un revolver sur sa tempe.

— Rends-moi ce revolver, demande le jeune homme.

— Viens le prendre et tu verras.

Folco cherche ce qu'il pourrait dire, ce qu'il pourrait faire... C'est que la situation est particulièrement dramatique : le mariage est dans une heure.

Et ce n'est pas tout : la scène se passe à son propre domicile, c'est-à-dire là où, ce soir après le dîner de mariage, il doit ramener sa jeune épouse.

Pas la moindre idée un tant soit peu intelligente n'émerge dans le cerveau affolé du garçon. Aucune parole sensée ne sort de ses lèvres. Il sent simplement une boule dans son estomac, une sueur froide sur ses tempes.

— Ecoute, Angelina... tu ne peux pas faire ça...

— Alors, ne me chasse pas.

— Mais, puisque je me marie dans une heure !

Voilà ce que c'est que d'avoir trop longtemps partagé sa vie avec deux filles à la fois. Folco est un beau garçon de vingt ans, héritier d'une petite fabrique de vannerie qui marche quasiment toute seule. Depuis deux ans, il ne savait qui choisir : la brune, splendide et farouche Angelina, paysanne aux yeux obliques, ou la blonde Margherita, mince, éthérée, à la peau transparente.

Finalement le destin a choisi pour lui : Margherita s'est trouvée enceinte. En Sicile, où se déroule cette affaire, on ne plaisante pas avec ces choses-là. Il décida donc d'épouser Margherita qui est la fille de commerçants aisés. Malheureusement, au lieu de rompre immédiatement avec Angelina, devant le caractère entier de la jeune paysanne, inquiet, prudent... il a cru bon de ménager sa susceptibilité, de lui apprendre en douceur sa décision. Et voilà le résultat !

Dans la villa coquette où il habite près de Palerme, dans son costume noir tiré à quatre épingles, il serre contre lui cette enfant en larmes, pour essayer de la calmer... pour essayer aussi de lui reprendre le revolver.

Angelina, brusquement, s'écarte de lui. Furieuse, ses yeux sombres lançant des éclairs, elle rugit :

— Tu regardes ta montre !

C'est vrai. Folco, qui craint d'arriver en retard à l'église, vient de jeter un regard angoissé à son poignet.

— Bon... eh bien, vas-y ! Allez ! va te marier ! Va épouser ta putain !

Pour désigner Margherita, Angelina a utilisé ce qualificatif aussi vigoureux qu'immérité.

Le jeune homme, surpris par ce revirement, ne sait trop que penser. Angelina parle-t-elle sérieusement ? Veut-elle bien lui rendre le revolver ? Oui. Angelina, qui semble avoir pris brusquement son parti, rend le revolver et, quelques instants plus tard, ils se séparent devant la maison.

En sortant sa voiture du garage, Folco se sent à la fois soulagé et inquiet. Soulagé parce qu'il va pouvoir se marier. Inquiet parce qu'il se doute bien que l'affaire n'est pas définitivement réglée. Il est évidemment loin d'imaginer qu'elle va prendre des proportions quasi planétaires, et mettre sur les dents les polices du monde entier.

Le 6 octobre 1965, vers une heure du matin, Folco Mondovi range sa voiture dans son garage aux environs de Palerme. A ses côtés, la belle et blonde Margherita, mince, vaporeuse, qu'il vient d'épouser aujourd'hui même. Avant d'entrer dans la maison, saisi d'une sorte d'appréhension, Folco jette un coup d'œil vers les fenêtres. Tout paraît calme, et les nouveaux mariés pénètrent dans la maison tendrement enlacés. Tandis que le jeune époux fait des ronds de jambes et s'efforce d'être attentif et affectueux avec la jeune épousée, il s'aperçoit que le revolver qui devrait être dans le tiroir de son bureau n'y est plus...

La belle Margherita va et vient dans la maison qu'elle connaît à peine : « Tiens, je n'avais pas remarqué ces gros bougeoirs sur la commode... Mon Dieu, comme ton papa a l'air sévère sur cette photographie... Oh ! le joli vase... » Et, bien entendu, tout doucement, leurs pas se dirigent vers la chambre... Mais brusquement Margherita, l'air étonné, et Folco, plus mort que vif, se figent :

— Tu as entendu ? dit Margherita.

Oui... Folco a entendu une porte grincer. Une porte lointaine, celle d'une chambre de bonne qui ouvre au dernier étage face au grenier.

— Qu'est-ce que c'est ? demande Margherita.

— Je vais voir.

Tandis qu'il monte l'escalier, Folco a déjà compris : c'est l'horreur. Angelina est revenue ! Un rai de lumière filtre sous la porte. Le cœur battant, il tourne la poignée : dans la chambrette, allongée sur le lit, au pied d'une armoire immense, Angelina, plus brune et plus belle que jamais, le regarde entrer de ses yeux obliques.

— Qu'est-ce que tu fais là ? Tu es folle ?

Angelina, pour toute réponse, lui tend des bras amoureux. Du bas de l'escalier, la voix de Margherita s'élève, angoissée :

— Qu'est-ce qui se passe ? Il y a quelqu'un là-haut ?

— Non... enfin... si... attends, j'arrive.

C'est court un escalier à descendre lorsqu'on cherche désespérément une idée qui ne vient pas ! D'en bas, Margherita s'étonne :

— Quoi ?... tu dis qu'il y a quelqu'un là-haut ?

— Oui... il y a quelqu'un...

Evidemment, le plus simple serait de dire la vérité. Au lieu de cela, Folco, en atterrissant au rez-de-chaussée, devant l'œil interrogatif et les sourcils froncés de Margherita, profère le premier mensonge qui lui vient à l'esprit :

— C'est quelqu'un que je cache...

Il est encore temps d'avouer. Tout pourrait peut-être s'arranger. Mais Margherita est devenue tellement méfiante, froide, si différente, que Folco perd définitivement les pédales :

— J'espérais qu'il serait parti. Mais il est encore là.

— Mais qui est-ce ?

— Un homme de la Mafia.

En Sicile, la Mafia fait peur, mais elle est un élément de la vie quotidienne. Pour d'innombrables raisons, il peut se faire qu'un jeune homme respectable ait à compter avec elle. Margherita n'est donc que modérément surprise. Elle se contente d'insister pour connaître son nom.

— A quoi bon !

— Je veux savoir.

— Sergio Amalfi.

Cette fois, Folco a été un peu fort. Il a cité le premier nom qui lui venait à l'esprit et c'est celui d'un des plus célèbres, des plus redoutables bandits qu'ait connus la Sicile. Mêlé à tous les trafics, deux fois évadé, il est recherché par les polices du monde entier.

Margherita ouvre des yeux ronds.

— Sergio Amalfi ?... Mais qu'est-ce qu'il fait là ?

Le jeune homme fournit un genre d'explication alambiquée et conclut :

— Je te promets qu'il ne va pas rester là. Dès demain, je lui ferai comprendre qu'il doit partir. Mais toi, surtout, n'y va pas. Tu ne dois pas savoir qu'il est là. Si on avait un problème avec la police, il faut que tu restes en dehors de tout ça.

C'est en effet une sage proposition et Margherita promet. Jusqu'à ce que Sergio Amalfi soit parti, non seulement elle ne mettra jamais les pieds dans cette chambre, mais elle ne montera pas au dernier étage et fera tout pour l'éviter.

Malheureusement, c'est une promesse qu'il sera très difficile de tenir.

Le lendemain, tout se passe bien. Le jeune homme va travailler. La jeune femme reçoit des amis durant l'après-midi. Et le soir venu, dans le lit conjugal, elle demande :

— Il est parti ?

— Non. Il attend un faux passeport.

Le surlendemain, même scénario.

— Le passeport est arrivé ?

— Non, mais je l'attends d'un jour à l'autre...

Le troisième jour, Margherita s'étonne :

— Mais enfin, tu ne peux pas l'obliger à partir ?

— Non. Ce serait trop dangereux.

En réalité, la situation est devenue absolument extravagante, car chaque jour et même deux fois les samedis et les dimanches, le jeune Folco rend visite au prétendu Sergio Amalfi, soi-disant pour lui porter à manger. En vérité, il se laisse aller à de longues étreintes amoureuses. Ceux qui aiment les amours compliquées doivent apprécier cette situation, pour le moins pimentée et riche en émotions diverses, à laquelle le jeune homme paraît s'être finalement parfaitement adapté.

Si les voisins et les amis de Folco le trouvent plein d'entrain et de joie de vivre, bien qu'un peu pâle et amaigri, les parents de Margherita trouvent celle-ci bizarre. Ils ont l'impression qu'elle leur cache quelque chose. Tant et si bien qu'à force de la presser de questions, ils finissent par obtenir la vérité ou, du moins, ce qu'elle croit être la vérité :

— Nous cachons un mafioso dans la chambre du deuxième étage.

— Qui ça ?

— Sergio Amalfi.

Le visage rougeaud du papa de Margherita se décolore et devient verdâtre. Le chignon gris de la maman se met à trembler sur le sommet de son crâne. Malgré la promesse faite à sa fille de n'en rien dire, le beau-père exige un entretien d'homme à homme avec Folco.

— Vous ne pouvez pas garder cet homme chez vous !

— Je sais. Mais comment faire ?... Il est armé.

— Alors, il faut prévenir la police.

— Vous n'y pensez pas...

Non, c'est vrai ; le vieil homme n'y pensait pas sérieusement... En Sicile, on observe la règle de l'*omerta :* la loi du silence. Car si la police a des prisons, la Mafia a de la mémoire.

Au bout de quinze jours, Dieu sait comment, des rumeurs étranges parviennent tout de même à la police locale : le célèbre Sergio Amalfi se cacherait chez le jeune Folco Mondovi...

Cela paraît bizarre aux policiers, car il y a déjà trois ans que le bandit aurait quitté la Sicile.

Les polices du monde entier font donc le point sur l'individu : A Washington on dit : « Il était à New York l'année passée, d'où l'on pense qu'il aurait gagné la côte Pacifique. » Rome confirme qu'à son avis, il serait aux Etats-Unis, mais après s'être fait complètement transformer le visage par un chirurgien esthétique au Maroc. Rabat confirme à son tour, mais en ajoutant qu'à son avis, il aurait gagné Hong-Kong ; or, Hong-Kong est incapable de donner la moindre précision. Un spécialiste de la lutte anti-Mafia vient exprès à Palerme pour mener l'enquête et, le cas échéant, organiser la capture.

Mais tandis que des télescopes sont braqués sur la villa du jeune homme, et des micros directionnels ultra-puissants cachés dans les arbres, l'affaire va connaître un dénouement inattendu.

Le 27 octobre 1965, soit trois semaines après son mariage, Margherita fait une étrange découverte dans la salle de bains.

Ce n'est pas la première fois qu'elle y a trouvé des traces de Sergio Amalfi. Une fois, c'était une brosse à dents. Une autre fois, une robe de chambre masculine (en réalité il s'agissait d'une robe de chambre de Folco mais qu'elle ne connaissait pas). Une autre fois encore, elle a entendu les éclats d'une radio, vite assourdie. Chaque fois, fidèle à sa promesse et bien qu'il lui en coûte, elle s'empressait de ne rien voir, de ne rien dire, de ne rien entendre, espérant chaque matin que l'hôte encombrant s'en irait dans la journée. Seulement, cet après-midi, la trouvaille est plus surprenante : il s'agit d'un pull-over... vert et angora.

Il a dû glisser des mains de Sergio Amalfi car il est tombé sur le carrelage. Elle se baisse et le ramasse... elle le trouve bien moelleux... bien trop moelleux pour un bandit de cette trempe.

Margherita le saisit par les épaules, le plaque contre elle et se regarde dans la glace. Il est à peu près de sa taille... Elle imaginait Sergio Amalfi plus grand que cela, et puis la forme, l'encolure, les manches, c'est un pull-over de femme !...

Instinctivement, Margherita regarde le plafond. Au-dessus de la salle de bains se trouve la fameuse chambre de bonne et un horrible soupçon la saisit. En même temps elle se dit qu'elle est idiote et qu'il doit y avoir une explication. Après tout, cet Amalfi qui se cache s'est peut-être enfui avec les vêtements qui lui tombaient sous la main ! Qu'est-ce qui est le plus invraisemblable à imaginer : que son mari cache une femme dans sa propre maison, ou qu'un mafioso en fuite s'habille avec un pull-over de femme ?

Elle décide tout de même de téléphoner à Folco à son bureau. Malheureusement, celui-ci n'est pas là. Les minutes passent. Margherita, contre toute raison, ne parvient pas à retrouver le calme. Elle se remémore les attitudes, les allées et venues de son mari et, brusquement, se décide.

Au pied de l'escalier, elle prend son souffle et monte lentement une marche après l'autre... Elle essaie de ne pas faire trop de bruit, mais sans compter surprendre l'inconnu, homme ou femme, qui entendra forcément grincer le palier du premier étage.

En effet, le palier du premier étage grince. Alors, d'un pas qu'elle force à être aussi naturel que possible, elle gravit les dernières marches.

Devant elle, sur le palier du second : deux portes. Celle d'un grenier, celle de la chambre de bonne.

Sur le panneau de bois peint en vert wagon, sa jolie main blanche frappe trois petits coups... Elle frappe encore. Comme personne ne répond, elle s'éclaircit la voix pour demander :

— Il y a quelqu'un ?

N'obtenant toujours pas de réponse, le souffle court, elle tourne la poignée de la porte... Aucun bruit. Aucune réaction. Elle pousse un peu plus la porte et passe la tête. La chambre paraît vide bien qu'habitée... mais habitée par un homme ou par une femme ?

Elle entre et regarde autour d'elle. Une radio sur la table de nuit, des piles de journaux illustrés, la robe de chambre masculine qu'elle reconnaît, un paquet de cigarettes, des mégots sans rouge à lèvres dans un cendrier, une assiette, un verre, des boîtes de biscuits.

Mais, là ! dans l'armoire, quelque chose craque.

Margherita, convaincue que le célèbre Sergio Amalfi ne s'y cacherait pas, comprend que ça ne peut être qu'une femme. D'un seul geste, elle ouvre l'énorme porte du meuble.

Le temps d'apercevoir une forme brune qui serre contre elle, de la main gauche, un châle et un manteau féminin, et dans la main droite un revolver, Margherita est projetée en arrière par la première balle. La seconde fait éclater les vitres de la fenêtre.

Les micros directionnels archi-puissants, cachés dans les arbres, ont enregistré la déflagration. Les téléobjectifs voient éclater la vitre de la chambre de bonne.

Lorsque les carabiniers, munis de boucliers et de gilets pare-balles lancent des sommations avec leurs porte-voix, la porte de la villa s'ouvre. Le doigt sur la gâchette de leur mitraillette, ils voient sortir une très jeune femme brune aux yeux obliques et d'une grande beauté.

— Où est Sergio Amalfi ? demande un brigadier.

— Sergio Amalfi ? C'est moi !

Les brancardiers emportent Margherita sur une civière, plus blonde, pâle et transparente que jamais. Blessée au ventre, elle se rétablira. Les policiers conduisent Angelina, plus brune et plus farouche que jamais, vers la prison.

Folco Mondovi, seul sur le pas de sa porte, ne trouve rien à dire pour conclure, sinon qu'il ne pouvait se séparer d'aucune des deux !

Quelques jours plus tard, le facteur, seul être humain à lui rendre encore visite, apportera une nouvelle : dans sa prison de Palerme, la belle et brune Angelina est enceinte.

# LE DÉVOUEMENT

Pascal Eydoux est un petit homme de cinquante-trois ans, intelligent, cultivé, et surtout très malin ; cela se lit dans ses yeux souvent rétrécis en une fente étroite d'où jaillit un regard ironique. Il interroge son ami et associé Marcel Dumanoir, cinquante-deux ans, ancien champion cycliste, sur la maladie dont il souffre depuis longtemps et qui a pris depuis deux mois de telles proportions que chacun attend pour bientôt une issue fatale.

L'athlète, un quinquagénaire aux longues jambes, n'est plus qu'un grand corps mou et fatigué, dans un lit environné de cretonne fleurie. Une brosse et un peigne sont posés sur sa table de nuit et il se coiffe lorsqu'on lui rend visite. Le visage blond est vivant, les yeux bleus toujours vifs et l'élocution reste facile.

Il est étrange que sa connaissance du mal dont il souffre soit aussi vague. Manifestement il n'en connaît pas la cause. Pascal Eydoux décide d'interroger sa femme Yvonne.

Madone blonde, opulente et tranquille, Yvonne Dumanoir n'a pas renoncé à être une jolie femme malgré ses quarante-sept ans et la maladie de son mari. L'aime-t-elle encore ? Sans doute, car ses yeux deviennent brillants lorsqu'elle parle de lui. Elle se détourne pour que Pascal Eydoux ne voie pas sa poitrine se soulever et sa gorge se contracter.

D'après le médecin, explique-t-elle, « il souffre d'une sorte d'empoisonnement du sang consécutif à une mauvaise assimilation des aliments ».

Pascal Eydoux n'est pas convaincu. Il n'a jamais entendu parler de ce genre de maladie. Pourtant M^me^ Dumanoir est loin d'être une imbécile. Elle était professeur de français et de littérature lorsqu'elle a rencontré son mari. Ce mariage d'une littéraire et d'un champion cycliste, il y a vingt-cinq ans de cela, avait beaucoup amusé les milieux sportifs.

— Qui est ce médecin ? demande Pascal Eydoux.

— Le Dr Bayen... Un brave homme, très dévoué et très compétent. Il soigne Marcel depuis toujours. Nous l'aimons beaucoup et c'est réciproque, je crois...

— Vous n'avez jamais pensé à interroger un autre médecin ?

— Si. Nous nous en sommes ouverts au Dr Bayen et il a fait venir deux amis à lui... Leur intervention n'a pas été concluante.

Pascal Eydoux semble penser tout haut :

— Mon beau-frère est un grand ponte de la médecine. Peut-être pourriez-vous le faire venir en consultation.

— Bien sûr... On pourrait en parler au Dr Bayen.

— Non, non, inutile. Je demanderai à mon beau-frère de venir à titre tout à fait amical... Tenez, je vais lui téléphoner...

Si Pascal Eydoux se dissimule un peu pour téléphoner et si c'est à voix basse qu'il demande son beau-frère à l'hôpital Ferdinand-Widal à Paris, c'est qu'il est toxicologue et spécialiste des poisons.

Dans ce castel aux deux tours sévères, enguirlandées de lierre, planté au milieu d'une agréable petite cité, au bord d'une rivière entre Rouen et Les Andelys, Pascal Eydoux ressent une sensation bizarre. De la gloire passée de ce village, il reste ce castel du XV^e^ siècle et une église du XII^e^. Les temps modernes lui valent une petite usine de tissage, une entreprise de mécanique et une des fabriques de selles de bicyclettes les plus importantes de France, copropriété justement de Pascal Eydoux et de son ami Marcel Dumanoir auquel il rend visite.

En 1950, les Dumanoir ont tout pour être heureux dans leur merveilleuse maison. Malheureusement Marcel Dumanoir, ancien coureur cycliste recordman de l'heure, souffre depuis longtemps de ce mal étrange qui s'est brusquement aggravé voici quelques mois et dont la progression est désormais tellement impitoyable et régulière qu'il ne devrait pas voir la fin de l'année.

Ne pouvant plus assurer la direction technique de la fabrique, Marcel Dumanoir a fait venir Pascal Eydoux pour rechercher avec lui le meilleur moyen d'assurer l'avenir de sa femme. C'est dire que l'atmosphère n'est pas à la folle gaieté. Pourtant par ce printemps splendide, dans le petit parc plein de fleurs, l'eau de la rivière chante en courant sur un banc de galets juste devant la maison, la cuisine est excellente et les Dumanoir s'efforcent avec une grande dignité de dissimuler leur chagrin réciproque.

Marcel Dumanoir, malgré son état de grande faiblesse, plaisante et sourit au fond de son lit. Sa femme Yvonne est toujours vêtue de robes pimpantes et fraîches. La bonne inlassablement s'inquiète du bien-être de chacun.

Malgré la maladie de Marcel tout devrait être normal ici, tout devrait être banal ; alors pourquoi cette impression étouffante, comme s'il pesait sur le castel le poids d'un destin particulier ?

Le dimanche suivant vers onze heures du matin, Martine Ceveno, la bonne, arrache sa blouse grise pour se précipiter à la porte du castel. Une voiture vient de s'arrêter devant le portail. Il en descend le beau-frère de Pascal Eydoux : sévère professeur à lunettes qui grimpe les marches deux par deux, une serviette de cuir à la main.

Martine ouvre la porte et salue le visiteur en criant un peu d'une voix rauque. Martine n'a pas mal à la gorge : c'est sa voix de tous les jours et elle devient un peu sourde.

— Bonjour, monsieur... Vous désirez ?

— Je viens voir M. Dumanoir.

— Je vais prévenir Madame.

Martine, cinquante-huit ans mais le cheveu gris abondant, est solide sur ses jambes. Grassouillette mais bizarrement boudinée dans une robe de toile grise, l'air sombre mais le geste nerveux, elle disparaît par une porte du hall.

Quelques instants plus tard, Pascal Eydoux et Yvonne Dumanoir laissent le professeur seul avec le malade dans la chambre ornée de gaie cretonne envahie des senteurs du printemps. Il ne leur reste plus qu'à attendre le diagnostic, assis dans le salon.

Par la porte à deux battants grande ouverte sur le jardin, Pascal Eydoux observe la bonne, qui s'affaire dans une aile du petit château. Elle fait un peu penser à ces femmes têtues dont on dit qu'elles ont eu « du malheur », un malheur qu'elles se sont en vérité acharnées à poursuivre comme si le malheur était leur seul mérite, leur seule qualité, leur seul ornement, leur raison d'être.

— Cette femme vous paraît vraiment très dévouée... remarque Pascal Eydoux.

— Très. C'est une femme exceptionnelle, répond Yvonne Dumanoir.

— Elle n'est pas un peu bizarre ?

— Si. Elle est un peu folle, mais d'une fidélité extraordinaire. Elle nous soigne avec une attention de tous les instants comme si nous étions ses enfants. Elle est au travail dès six heures du matin et ne se couche jamais avant onze heures. Il faut se battre pour qu'elle prenne un jour de repos. J'avoue que depuis vingt ans je m'y suis tellement habituée que, si elle s'en allait, je serais complètement perdue.

— Vous avez dit qu'elle était un peu folle ? remarque Pascal Eydoux.

— Oui, mais j'exagère. Elle est un peu excessive, c'est tout. Par exemple : elle ne mange jamais de viande, ne boit que de l'eau ou du café. Non seulement elle ne boit pas d'alcool mais elle refuse de donner du vin au jardinier ou à la femme de ménage qui vient lui donner un coup de main deux fois par semaine et je suis sûre qu'au fond d'elle-même elle regrette de nous voir boire du vin à table. Il faut insister pour qu'elle nous apporte les liqueurs.

— Et d'où lui vient cette phobie de l'alcool ?

— Elle prétend qu'elle a un ulcère à l'estomac. Mais je crois surtout que cela remonte à son enfance. C'est la fille d'un ménage du Tréport où l'on ne devait pas être fort en calcul mental car je n'ai jamais su au juste s'il y avait dix, douze ou quatorze enfants. Ils étaient très pauvres et son père était un ivrogne. Je suppose que sa phobie de l'alcool vient de là.

— Elle se plaît chez vous ?

— Je pense... depuis vingt ans qu'elle est à notre service, si Martine ne se plaisait pas, j'imagine qu'elle nous aurait quittés. Elle fait partie de la famille. D'ailleurs je la garderai quoi qu'il arrive jusqu'à la fin de ses jours. Et si elle travaille tant c'est parce que ça lui plaît : Marcel et moi lui prêchons plutôt la modération. Mon avis c'est qu'elle est un tantinet masochiste. J'en ai souvent parlé avec elle : elle n'est pas croyante mais je pense qu'elle éprouve le besoin de s'imposer des mortifications...

Là-dessus Yvonne Dumanoir lève la tête : la porte de la chambre s'est ouverte sur le palier du premier étage. Le sévère professeur à lunettes descend l'escalier lentement. Il n'est pas bavard.

— Je ne peux rien vous dire aujourd'hui, madame. Je vais faire procéder à quelques analyses. Dès que j'aurai les résultats, je vous ferai connaître mon diagnostic. Ce ne sera pas long, trois jours tout au plus. D'ici là, je vous conseillerais de faire hospitaliser votre mari.

— On ne peut pas le soigner ici, docteur ?

Le sévère professeur échange un regard lourd de sous-entendus avec Pascal Eydoux.

— Pour le moment il ne s'agit pas de le soigner, mais de le mettre en observation.

Puis il prend le bras de Pascal Eydoux.

— Il y a une bonne auberge dans le coin ? Oui ? Alors vous m'invitez, cher beau-frère.

Comme Yvonne Dumanoir se propose de les garder au castel, le professeur refuse poliment : il doit avoir avec Pascal Eydoux une conversation d'ordre privé.

Quelques instants plus tard les deux hommes sont attablés dans une gargote sur le bord de la route.

« Je n'ai pas le temps de faire un gueuleton... a dit le professeur. Je voulais simplement vous parler seul à seul. »

En avalant hâtivement une omelette aux fines herbes archicuite, le professeur d'un signe de tête montre sa serviette...

— J'ai fait plusieurs prélèvements : salive, cheveux, etc. Je vais faire analyser tout cela. Je crois que vous avez raison. Il s'agit d'un empoisonnement. Vous les connaissez bien ?

— Assez bien, oui.

— Alors ?

— Alors je ne vois pas qui aurait intérêt à empoisonner ce pauvre Marcel.

— Sa femme ?

— Malgré ma répugnance, c'est à elle que j'ai pensé en premier. Mais elle n'a pas d'amant, du moins à ma connaissance. La mort de son mari ne lui rapportera rien, que des ennuis, et ça a toujours été un couple très uni.

— Alors, la bonne ?

— Martine ? Je ne vois pas non plus l'intérêt de cette pauvre femme. Et puis il faut voir comment elle les soigne. D'ailleurs depuis vingt ans elle est d'un dévouement extraordinaire. Tout le monde l'aime bien. Ils ne la lâcheront jamais.

— Il n'y a personne d'autre dans la maison. Une personne qui y ait quotidiennement accès ?

— Quotidiennement ?

— Oui. Si poison il y a, il n'est pas absorbé en dose massive, mais en doses infimes et quotidiennes.

Pascal Eydoux reçoit cette information bouche bée.

— Alors, lui-même ? suggère en désespoir de cause le professeur.

— Qui ? Marcel ? Vous plaisantez !

— Non, je ne plaisante pas. Ça se serait déjà vu. Peut-être déteste-t-il sa femme sans jamais l'avoir avoué. Se suicider de cette façon pour la faire accuser serait une vengeance.

— Vous savez, Marcel n'est pas le genre compliqué : c'est un sportif.

— De toute façon, conclut le professeur, en attendant les résultats, je vais téléphoner au médecin traitant pour qu'il le fasse hospitaliser. Entre parenthèses, il m'a l'air d'être un bel incapable, celui-là !

— Et si c'était lui !

— Qui ? Le médecin ? Ça m'étonnerait, mais après tout, pourquoi pas ? Peut-être Marcel Dumanoir l'a-t-il couché sur son testament. Raison de plus pour qu'il soit hospitalisé et je vais faire suspendre toutes les médications. Si c'est ce que je pense, il s'en sortira. Le reste sera l'affaire de la police.

Lorsque Pascal Eydoux retourne au castel des Dumanoir, il compte pour la dizième fois sur ses doigts : la femme, la bonne, le médecin… Aucun des trois ne lui semble un criminel possible et Marcel Dumanoir n'est pas homme à s'empoisonner. Alors, qui est le meurtrier ?

Les résultats d'analyse arrivent trois jours plus tard : Marcel Dumanoir est empoisonné à l'arsenic. La dose trouvée dans ses cheveux ne laisse aucun doute et le professeur déclare à Pascal Eydoux :

— Vous devriez conseiller à M^me^ Yvonne Dumanoir de porter plainte contre X.

— Est-ce que Marcel pourra s'en tirer ?

— Oui. Ce sera l'affaire de quelques semaines, mais il s'en sortira.

Lorsque Yvonne Dumanoir connaît le diagnostic du professeur, elle a de la peine à le croire. Heureuse de savoir que son mari va guérir, elle est néanmoins stupéfaite :

— Mais qui ? Qui l'aurait empoisonné ?

— J'ai bien une idée, mais je ne suis pas sûr. C'est pourquoi vous devez porter plainte contre X.

— Qu'est-ce que c'est votre idée ?

— Réfléchissez, Yvonne. Il n'y a que trois personnes dans cette maison : vous, la bonne et Marcel. Reste le médecin qui lui administrait les médicaments. Alors ? Si vous voulez, nous allons les reprendre dans l'ordre, à commencer par vous. Ce n'est pas vous qui avez empoisonné Marcel ?

Yvonne Dumanoir pâlit :

— Ce que vous dites est idiot, Pascal.

— Je suis convaincu en effet que c'est idiot et que ce n'est pas vous.

Ce que Pascal Eydoux ne dit pas, c'est qu'il a fait sa petite enquête et soigneusement observé Yvonne depuis trois jours.

— Maintenant, poursuit-il, voyons le cas du Dr Bayen. Il ne pouvait avoir intérêt à empoisonner Marcel que si celui-ci avait testé en sa faveur — ce n'est pas le cas — ou s'il nourrissait pour vous une passion secrète — ce n'est pas le cas non plus ; le Dr Bayen est amplement pourvu, il a une femme, quatre enfants et une maîtresse aux Andelys. Je suis persuadé que ce n'est pas non plus Marcel qui s'est empoisonné. Reste Martine. Comment l'avez-vous connue ?

— C'est simple : un jour, notre cuisinière est partie. Vous savez que Marcel connaît bien tout son personnel. Il m'a proposé d'engager une des ouvrières qui travaillaient à l'usine. Il l'avait remarquée parce qu'elle était extrêmement sérieuse et, de l'avis général, un excellent cordon-bleu. Martine m'a donné satisfaction et je me suis intéressée à elle. A l'époque, elle avait trente-huit ans. Elle était veuve. Je lui ai offert de venir habiter ici avec ses deux enfants. Malheureusement, quelques années après, elle en a perdu un. Nous avons essayé de la consoler, mais le coup a été rude. Sa santé s'en est ressentie et elle est tombée malade. Nous l'avons soignée de notre mieux mais il a fallu la remplacer. Lorsqu'elle a été rétablie, nous l'avons gardée comme femme de chambre.

— Donc, elle ne travaille plus à la cuisine ?

— Si, depuis que la santé de Marcel a baissé et qu'il lui faut un régime spécial, c'est elle qui s'en occupe. Et avec quel dévouement !

Pascal Eydoux reste quelques instants silencieux :

— Alors, dit-il, je suis sûr que c'est elle.

— Martine ? Mais c'est impossible ! C'est ridicule !

— Ecoutez, Yvonne, je sais tout le bien que vous pensez de cette femme. Je sais que tous les gens du village l'estiment également beaucoup. Mais, depuis que je suis ici, j'ai tout de même remarqué quelques détails qui m'ont mis la puce à l'oreille. Martine, à mon avis, est complètement folle. Et c'est un monstre de dissimulation.

— Qu'est-ce que vous me chantez là ?

— Je ne m'appuie que sur des faits, Yvonne.

— Par exemple ?

— Par exemple, elle prétend qu'elle est sourde et ce n'est pas vrai. L'autre jour, lorsque le professeur est arrivé, elle n'a pas attendu la sonnette pour aller ouvrir la porte : elle avait entendu arriver la voiture. Ce n'est pas tout : elle est boudinée dans ses vêtements parce que, de l'avis de tout le monde, depuis quelque temps, elle a beaucoup grossi... Pour une femme ascétique qui se nourrit de trois fois rien, et autrefois maigre comme un cent de clous, est-ce que ce changement n'est pas étrange ? Et ces mortifications dont vous parlez, ces travaux épuisants : ranger le charbon, scier du bois. Ça se passe la plupart du temps à la cave. Je l'ai observée lorsqu'elle en revenait. A mon avis, elle boit. Et sérieusement. Quant à ses veillées laborieuses, à quoi servent-elles ? Vous l'avez observée dans ce cas-là ? Elle rôde, elle traîne et ne fait absolument rien d'utile. Ces prétendues veillées n'ont d'autre nécessité que de lui permettre de se faire valoir. Il faut porter plainte contre X, Yvonne... il n'est que temps !

Yvonne Dumanoir ayant porté plainte contre X... il faut une rude persévérance au commissaire chargé de l'enquête... Certes, il trouve de l'arséniate de chaux dans la cave. Mais Martine refuse d'avouer.

— Si j'ai mis ce que vous dites dans les plats de Monsieur, c'est bien par inadvertance, dit-elle.

Pourtant, petit à petit, une vérité se fait jour, qui explique cette comédie et ce lent assassinat. Il est assez facile d'accuser une sorte de dédoublement de la personnalité : un « moi » extérieur fait d'honnêteté et de bonté, et un subconscient jaloux, haineux, qui, sous des influences diverses, finit par prendre le dessus.

Mais il est plus intéressant d'analyser ce mécanisme. L'ascendance de Martine, fille d'alcoolique, la plaçait déjà dans un certain état d'infériorité mentale. Les scènes d'ivresse auxquelles elle avait assisté dans son enfance l'avaient frappée, lui faisant prendre en horreur toute consommation d'alcool ou de vin. C'était devenu une idée fixe.

Mais vers la cinquantaine, son cerveau s'assombrit partiellement. A son hérédité, au chagrin qu'elle avait eu de la mort de son mari et de son enfant, vinrent s'ajouter les troubles de son âge et un veuvage absolu de trente ans.

Et elle se mit à dévorer, puis, hélas, à boire. Seulement une crainte grandissait quand même dans son esprit malade : si ce changement devenait visible, est-ce qu'on ne la mettrait pas à la porte ? Et cette crainte devint énorme, hallucinante... Dans le même temps, elle qui avait toujours refusé la lecture comme une activité tout juste bonne pour les gens de la ville se mit à lire avec frénésie, en cachette, les journaux qui lui tombaient sous la main. C'est ainsi qu'elle apprit qu'on peut empoisonner quelqu'un avec de l'arséniate de chaux.

Martine enfanta donc cette idée monstrueuse : « Si mon patron tombait malade et que je fasse preuve d'un dévouement, d'une abnégation tels qu'on serait forcé de les reconnaître et de m'admirer, on ne pourrait plus douter de moi et l'on me garderait toujours. »

De l'arséniate — la poudre contre les doryphores —, il y en avait dans la cave. Elle en saupoudra les mets de Marcel Dumanoir et quand se révélèrent les premiers symptômes du mal, comme il fallait au malade un régime spécial, il lui fut d'autant plus facile d'assaisonner les plats qui lui étaient destinés... Cela dura sept ans.

Pour savoir si l'on s'apercevait de quelque chose, elle fit semblant d'être sourde, espérant qu'on parlerait devant elle. Et, bien entendu, elle écoutait aux portes. Pour mieux connaître cet avenir qu'elle redoutait, elle lut des livres sur la magie et consulta des cartomanciennes.

Martine, personnage qui eût tenté Balzac, ne comparut pas en cour d'assises. Déclarée irresponsable, elle fut internée en 1952. Faire souffrir pour consoler, accabler pour soulager et nuire pour réparer sont des attitudes beaucoup plus courantes qu'on ne l'imagine. Tout le monde a besoin de se faire valoir, et pourtant, tout le monde n'est pas fou.

# JE NE PARLERAI QU'AU COMMISSAIRE TOSSENS

Quelques passants en bras de chemise, épongeant la sueur qui coule sur leurs fronts, regardent avec étonnement marcher une jeune femme que la plupart connaissent. C'est M^lle^ Clara Berg, vingt-trois ans, fille de Frederic Berg, le secrétaire du tribunal du travail de cette petite ville allemande, quasiment endormie dans la chaleur de ce matin d'été.

Clara Berg, avec ses yeux noisette doux et tristes dans un visage timide, marche d'un pas lent, pâle, l'air absent, ne voyant personne, même pas ceux qui la saluent :

— Bonjour, mademoiselle...

— Bonjour, Clara...

— Quelque chose ne va pas, mademoiselle ?

Elle est bien faite mais vêtue d'une robe de jersey très simple, presque sévère et tout à fait hors saison.

Lorsqu'elle arrive devant le commissariat, sans accélérer ni ralentir, elle entre, jette un regard autour d'elle, avise le brave policier en uniforme en train de s'acharner sur le climatiseur tout neuf que personne n'a encore réussi à faire marcher convenablement.

— Vous êtes seul ici ? demande la jeune femme d'une voix un peu tremblante.

— Ben... non... répond le policier, surpris. Il y a le sergent Murnau...

— Le commissaire Tossens n'est pas là ?

— Ah ! non. Il est en vacances... pourquoi ?

— Parce que je cherche quelqu'un de compétent pour une question d'assassinat...

Le policier reste coi.

— Je viens de tuer mon père.

Le policier laisse tomber la pince avec laquelle il essayait de tourner ce sacré boulon.

— Mais en l'absence du commissaire, explique-t-il légèrement vexé, le sergent Murnau est parfaitement capable de vous recevoir...

— Inutile. Je ne parlerai qu'au commissaire Tossens.

— Puisque je vous dis qu'il est en vacances ! Il est parti ce matin.

— Ça ne fait rien. J'attendrai.

Suffoqué, le policier regarde la jeune femme. Elle paraît décidée, étrangement calme bien qu'elle se soit laissé tomber sur la banquette.

— Ecoutez ! Si vous avez tué votre père, il n'est pas question d'attendre le commissaire Tossens. Vous l'avez vraiment tué ?

— Oui...

— Quand ?

— Au petit matin.

— Alors, j'appelle le sergent.

— Faites comme vous voulez... mais je ne parlerai qu'au commissaire Tossens.

La jeune Clara Berg, vingt-trois ans, venant s'accuser de l'assassinat de son père, secrétaire du tribunal du travail, la machinerie de la police germanique s'est mise en branle dans la petite ville écrasée par la chaleur du mois d'août.

Une jolie petite maison blanche au toit d'ardoise, pleine de cages à oiseaux qui chantent et roucoulent à qui mieux mieux. Et là, dans l'ombre des volets clos, le cadavre de Frederic Berg, allongé sur son lit. Le crâne éclaté, la tête n'est qu'une bouillie informe où, curieusement, sont resté bien accrochées des lunettes à monture métallique.

Sur le sol, un fusil de chasse. Manifestement, le coup a été tiré avec cette arme, tandis que l'homme était assoupi, par derrière et à vingt centimètres à peine. Instantanée, la mort remonte tout juste à quelques heures. Sur le fusil, outre les empreintes du père, celles de Clara Berg sont bien visibles, superposées aux autres et l'accusant formellement.

— Mais pourquoi avez-vous fait ça ? demande à la jeune femme le juge d'instruction.

— Je ne parlerai qu'au commissaire Tossens.

— Mais puisqu'on vous dit qu'il est en vacances...

— Je ne parlerai qu'au commissaire Tossens.

— Mais pourquoi ?

— Parce que je ne parlerai qu'au commissaire Tossens.

Comme la jeune femme s'enferme dans son silence pendant vingt-quatre heures, le juge d'instruction décide à contrecœur de rappeler le commissaire Tossens. Malheureusement, celui-ci a pris l'avion la veille avec sa femme, pour l'Espagne... A Barcelone, il a loué une voiture, entreprenant à travers le pays une randonnée dont personne ne connaît les étapes. Il faut le faire rechercher.

En ce qui concerne la femme de la victime, la mère, donc, de Clara Berg, et les deux autres filles — Heidi, vingt et un ans, et Edwige, dix-huit ans — on sait qu'elles logent dans un hôtel d'une petite ville de l'Adriatique.

— Et les voisins ? demande le juge d'instruction.

— La maison est fermée, expliquent les enquêteurs. On a trouvé tout le courrier dans la boîte aux lettres. Il paraît qu'ils doivent revenir d'ici une huitaine.

Tandis que l'on recherche le commissaire Tossens et que l'on tente de joindre en France et par téléphone les voisins, le juge d'instruction poursuit son enquête dans la petite ville.

D'abord le fichier, car Frederic Berg n'est pas totalement inconnu de la justice. Il comparut un jour pour avoir tué avec son fusil un jeune cambrioleur. Mais ce dernier étant armé, le tribunal admit la légitime défense et le secrétaire du tribunal du travail fut acquitté.

Mis à part cet accident, il s'avère que Frederic Berg était un homme très estimé, un fonctionnaire modèle, méticuleux et irréprochable. « Tellement pointilleux qu'il en était agaçant... » explique un de ses collègues.

Les gens du quartier sont peu prolixes. Mais selon eux, Frederic est un homme respectable. La famille Berg a toujours donné l'impression d'être unie et très heureuse.

Pourquoi toute la famille n'est-elle pas partie en vacances en même temps ?

— Parce que Frederic Berg a dû, au dernier moment, assurer le remplacement de l'un d'entre nous, explique un fonctionnaire du tribunal. Il nous a dit que sa fille aînée restait avec lui pour ne pas le laisser seul. La mère, Heidi et Edwige sont parties quand même, car les deux filles doivent reprendre leurs études dès le mois de septembre.

Dans la ville, un jeune homme est très abattu. C'est un électricien de vingt-cinq ans qui faisait la cour à Clara. Ce garçon, simple mais intelligent, actif, sportif, a été fort surpris par l'attitude de la jeune femme ces derniers temps.

— Je l'aime sincèrement, et j'ai cru qu'elle aussi m'aimait. Mais pendant quinze jours elle a brusquement cessé de me voir. Elle n'a reparu que dimanche dernier. Elle semblait inquiète, angoissée. Lorsque nous nous sommes quittés, la séparation a été douloureuse comme si nous devions ne plus jamais nous revoir.

A part cela, rien, aucune ombre dans la famille Berg, aucune péripétie, aucune fantaisie. La maison bien tenue est sans mystère. Le compte en banque est des plus raisonnables. La Volkswagen, bien entretenue, brille comme un sou neuf. Un seul petit détail, insignifiant bien sûr : elle a d'étranges petits rideaux, cette Volkswagen. On a vu M^me^ Berg elle-même les poser un dimanche matin, très soigneusement.

— Pourquoi ces petits rideaux ? demande le juge d'instruction qui cherche des moyens détournés pour faire parler la jeune femme.

— Je ne dirai rien... j'attends le commissaire Tossens.

Grâce aux appels lancés sur la radio espagnole, le commissaire Tossens appelle le matin du troisième jour.

— Ici le commissaire Tossens... qu'est-ce qui se passe ?

— Une jeune femme de la ville vient de tuer son père, explique le juge d'instruction.

— Et alors ?

— Elle s'est dénoncée elle-même, mais depuis trois jours, elle s'enferme dans le silence... elle ne veut parler qu'à vous.

— Comment s'appelle-t-elle ?

— Clara Berg. Vous la connaissez ?

— C'est la fille du secrétaire du tribunal du travail ? Oui, je la connais, et je me doute de ce qui s'est passé.

— Alors, mon vieux, désolé mais il faut revenir, juste le temps d'obtenir ses aveux. Puisqu'elle est d'accord pour vous parler... Si tout va bien, vous n'en aurez pas pour plus de vingt-quatre heures.

— C'est bon, j'arrive.

Et le commissaire Tossens raccroche après un long soupir. Il n'a pas eu le temps de bronzer lorsqu'il sonne à la porte de la prison le lendemain, maugréant et regardant le ciel allemand lourd d'un orage prêt à éclater.

Il brandit son attaché-case au-dessus de sa tête pour protéger son crâne chauve des premières gouttes qui commencent à tomber.

Il n'est pas encore passé chez lui, ne s'est pas rasé, et porte un costume d'alpaga couleur tabac, fripé par quatre heures d'avion et deux de chemin de fer.

— Vous voulez l'interroger dans le bureau du directeur ou dans sa cellule ?

Le commissaire fixe froidement le gardien-chef de ses yeux bleus :

— Dans sa cellule. Je veux faire vite. J'ai un avion à Francfort en fin de journée.

A son entrée, la jeune femme se lève. Ses yeux noisette sont toujours doux et tristes, son attitude toujours timide, effacée.

— Restez assise, mon petit.

Le lit de fer grince sous le poids du commissaire qui s'asseoit à côté d'elle et murmure :

— Je ne pensais pas vous revoir ici.

Il y a deux mois en effet, les plus proches voisins de la famille Berg, actuellement en vacances, ont fait savoir au commissaire Tossens qu'ils avaient à plusieurs reprises observé qu'il se passait, derrière les étranges petits rideaux de la Volkswagen, un inquiétant... micmac.

— Quel micmac ?

— Eh bien... il se passe des choses entre le père et la fille... si vous voyez ce qu'on veut dire.

En Allemagne, comme partout, l'inceste est un crime. On n'a jamais pu expliquer scientifiquement ce qui incite les hommes depuis les temps les plus anciens à combattre l'inceste et à le punir sévèrement. On constate simplement que seules des barrières morales, devenues juridiques, s'y opposent. En République fédérale allemande, les procès pour inceste, depuis la guerre, ont diminué considérablement et l'année où se déroule cette affaire, il n'y a eu en tout que 111 cas connus et jugés. Mais le nombre des cas restés inconnus doit être toujours très élevé.

L'inceste le plus souvent pratiqué est celui entre père et fille. Généralement les victimes sont contraintes par le père et se taisent par sentiment de culpabilité vis-à-vis de la mère et de peur devant le père. Dans la plupart des cas, les familles perturbées par l'inceste paraissent tout à fait normales vues de l'extérieur. Mais les victimes subissent un violent traumatisme. Et les statistiques montrent qu'une forte proportion des prostituées en ont été victimes dans leur enfance.

Le commissaire Tossens a donc convoqué la jeune Clara Berg. Malheureusement, il ne put intervenir autrement, celle-ci, malgré son insistance, s'étant refusée à faire le moindre aveu.

— Alors ? c'était bien la peine ! grogne le commissaire. On aurait pu éviter ça, vous ne croyez pas ? Si seulement vous aviez eu un peu plus de courage. Comment en êtes-vous arrivée là ? Qu'est-ce qui s'est passé ?

Elle raconte son histoire avec des paroles sèches :

— J'avais douze ans lorsque ça s'est passé pour la première fois. C'était le jour de Pâques. Ma mère était allée à la grand-messe avec mes deux sœurs dont l'une faisait sa communion privée. Moi, j'étais restée à la maison pour m'occuper de la cuisine. « Il » m'a dit : « N'aie pas peur, c'est désagréable au début, mais ça s'arrange par la suite. »

Pas une seule fois, Clara Berg ne prononcera le mot « père » ou « papa », ni même son prénom. Elle ne parle que de « lui », ou « il ».

— Mais votre mère n'en a rien su ?

— Non. Enfin, pas tout de suite. Seulement, deux ans plus tard, j'ai cru que j'étais enceinte. Poussée par la panique, j'en ai parlé à ma mère. La pauvre a été suffoquée et terrifiée. Quand elle lui en a parlé, il s'est contenté de lui donner quatre cents marks pour qu'elle me conduise chez un médecin avorteur. En route, elle m'a interrogée et nous nous sommes aperçues que je n'étais pas enceinte.

— C'est tout ce qu'a fait votre mère ?

— Qu'est-ce que vous vouliez qu'elle fasse ? Vous la connaissez !

Oui, le commissaire la connaît. La mère est une femme très simple, fille d'un petit paysan du Palatinat. Selon sa fille, écrasée par un mari jouissant de la considération générale, infiniment supérieur sur le plan intellectuel mais affreusement despotique, elle s'est résignée. Elle était incapable de se tirer d'affaire toute seule. Il ne lui vint pas à l'idée de demander le divorce parce qu'elle était catholique. Bien sûr, elle ne s'est pas montrée à la hauteur de la situation, mais d'autres, plus évoluées, auraient été paralysées comme elle par cet homme déconcertant. Femme humble, très primaire, elle n'osait pas accuser un homme aussi instruit et distingué. D'ailleurs, l'aurait-on crue ?

Et puis, lorsqu'il passait la porte de la maison, ce fonctionnaire correct jusqu'à en être pointilleux non seulement régnait en maître absolu mais devenait coléreux, sadique et dangereux.

— Lorsqu'il battait maman, explique Clara Berg, il la frappait jusqu'à ce qu'elle perde connaissance. Il nous disait : « Ne touchez pas à cette idiote ! » Mes sœurs et moi devions le masser quand il s'étendait, nu, sur le divan et il nous racontait interminablement ses idées sur la maison qu'il allait faire construire.

— Et vos rapports avec lui n'ont jamais cessé depuis onze ans ?

— Jamais.

— Souvent dans la Volkswagen ?

— Souvent, ça l'amusait.

— Mais, tout de même, avec le temps, comment se fait-il que l'une ou l'autre d'entre vous n'en ait pas parlé ?...

— Il menaçait de nous tuer. Nous savions qu'il en était capable puisqu'il avait déjà tué un homme autrefois... Et il brandissait le fusil avec lequel il tuait les chats.

— Je croyais qu'il aimait les animaux. La maison est pleine d'oiseaux...

— Oui. Il avait des canaris, des perruches, des colombes, mais chaque fois qu'il arrivait à tuer un chat, il explosait de joie.

— Pourquoi ne vous êtes-vous pas enfuie ?

— Je me suis enfuie deux fois. La première fois, il m'a retrouvée à Munich, et la deuxième fois à Duisbourg. Dans les deux cas, il s'est emparé de force de mes affaires et de mes papiers d'identité...

— Lorsque vos voisins l'ont dénoncé et que je vous ai convoquée à mon commissariat, pourquoi n'avez-vous pas parlé ?

— Parce qu'il m'a dit : « Je reste ici avec ta mère et tes sœurs. Si tu parles, je les tuerai toutes les trois. Comme je suis malade, je ne ferai pas plus de deux ans de prison. J'invoquerai mon accident de voiture en 1957 et la fracture que j'ai eue à la base du crâne. Au pire, comme ça sera un massacre affreux, on dira que je suis fou. Mais je ne resterai pas longtemps à l'asile parce que je ne suis pas fou. » C'est pour cela que je n'ai pas pu vous parler.

— Mais votre mère et vos sœurs sont en Italie, loin de lui. Pourquoi est-ce qu'elles ne le dénoncent pas ?

— Il m'a obligée de rester ici, comme otage si vous voulez.

— Que s'est-il passé dans la nuit de la Saint-Sylvestre 1967 ?

— J'ai fait une fausse-couche.

— Et pourquoi votre mère a-t-elle appelé le médecin il y a trois mois ?

— Il m'avait obligée à poser pour des photos.

— Où ça ?

— Dans un hôtel. Alors, j'ai voulu me suicider. J'ai pris un poison mais je l'ai vomi.

— Il y a un garçon qui vous faisait la cour, ce jeune électricien. Parlez-moi de lui.

— Je l'ai connu quelques jours après ma tentative de suicide. Tout de suite, je m'y suis attachée. Mais je n'ai pas eu le courage de lui avouer la vérité. Il y a quinze jours, lorsqu'il l'a su…

— Qui « il » ?

— Eh bien, « lui »… Il m'a obligée à écrire une lettre d'adieu. Mais j'ai mis une fausse adresse et elle n'est jamais arrivée.

— Vous avez revu ce jeune homme depuis ?

— Oui, dimanche dernier… Mais il s'en est douté… Il m'a traînée le soir venu au bord du Rhin en serrant sous son bras la robe que j'avais portée dans l'après-midi. Il l'a jetée dans le fleuve en me disant : « Tu peux y jeter aussi toutes les pensées que tu as pour ce jeune homme ! »

— C'est ce qui vous a décidée ?

— Je ne sais pas. Peut-être. Quand nous sommes revenus, je n'ai pas pu dormir. J'étais à bout de désespoir. Ma haine a explosé d'un coup. Je me suis levée. J'ai pris le fusil. Je suis entrée dans sa chambre, je me suis approchée tout près, et j'ai tiré.

Lorsque le juge d'instruction joint enfin par téléphone l'une des sœurs de Clara dans un petit hôtel d'Italie, il entend celle-ci se détourner un instant et crier :

— Maman ! Enfin ! il est mort !

Le procureur général fera au procès la réflexion suivante :

— L'assassinat de ce père par un seul coup de feu est une mise à mort trop humaine. Dans ce cas si particulier, je demande la peine minimum pour un homicide : six mois de prison.

Mais le tribunal sera plus clément encore. Il déclare Clara Berg « non coupable » et donc libre. La salle applaudit le verdict et la jeune femme quittera le tribunal au bras de son ami l'électricien qui l'emmènera d'un pas ferme.

# L'IMPORTANT C'EST D'AVOIR UN MOTIF

Clarence est un costaud : un mètre quatre-vingt-cinq, des épaules si larges qu'elles passeraient à peine par les portes minuscules de nos logements H.L.M. Il est maigre, noueux et chevelu. Rien d'étonnant à ce qu'il soit noueux : il a soixante-quatorze ans, et s'il est chevelu, sa chevelure est blanche... car les plus jeunes protagonistes de cette histoire sont sexagénaires.

Tel est le cas de la belle Ruby Cobb. Elle a soixante et un ans, mais soixante et un ans non pas à la manière des pauvres Européens décrépis que nous sommes ! Elle a soixante et un ans à la façon des bûcherons et chasseurs des Ozark, région montagneuse perdue aux confins de l'Etat du Missouri. Là, en 1951, les gens vivent absolument en dehors du temps, ignorant pratiquement l'évolution du monde, respectant les règles de civilité de mise il y a deux siècles, liquidant à coups de fusil leurs querelles de famille, teintant d'un paganisme déconcertant une foi férocement puritaine.

Pour l'instant, Ruby Cobb, avec ses soixante et un ans, frappe énergiquement du plat de ses deux mains sa grosse jupe pour faire tomber la paille et regarde Clarence, son garçon de ferme de soixante-quatorze ans, avec un regard en coin :

— Clarence, est-ce que ton frère reviendra de Springfield ce mois-ci ?

— Je ne crois pas, patronne... il m'a dit qu'il ne fallait pas trop tirer sur la corde.

Ruby Cobb ne répond pas. D'un geste agacé, elle détache les rênes de sa jument, saute dans la carriole et s'en va.

Elle est furieuse, Ruby Cobb, car elle est amoureuse du frère de Clarence, le beau Clifford Wood, soixante-six ans. Mais Charles Cobb, son mari, soixante-douze ans, tyran du village et d'un tempérament jaloux, commence à se méfier.

Les magnifiques paysages des monts Ozark, sur la rive ouest du Missouri, resplendissent à l'automne d'un feuillage orange et or. Les accents d'un cantique traînent au fond d'une vallée minuscule, venus d'un temple à la lourde charpente de bois. Il y a là, réunie face au pasteur, toute la population du village vêtue de noir, les femmes d'un côté, les hommes de l'autre. A la fin du cantique, le pasteur ouvre la bible et se concentre quelques secondes pour commencer son prêche.

C'est alors que Ruby Cobb, cette magnifique créature de soixante et un ans et de sexe féminin, donne un léger coup de coude à sa voisine. De loin, un inconnu pourrait avoir besoin de cette précision sur le sexe. Elle mesure en effet un mètre soixante-dix-sept et se tient droite, le port altier. Néanmoins, vue de près, on découvre d'immenses yeux couleur de châtaigne, une poitrine généreuse bien qu'écrasée dans un corsage en tissu si solide qu'on dirait de la toile à voile, et malgré son âge et l'ombre de la maison du Seigneur, une carnation limpide.

— Orma, dit-elle à voix basse, il faut que je te dise quelque chose.

Orma, sa meilleure amie, est une jeunesse de cinquante-trois ans. Elle aurait une folle chevelure blonde si des cordons ne retenaient dans un ordre impérieux et sévère des mèches frisées toujours prêtes à se rebiffer.

— Parle, je t'écoute, dit Orma.

— J'aime Clifford Wood.

Cette déclaration n'a pas l'air de surprendre la blonde Orma qui se contente de demander :

— Et lui ?

— Cliff ? Lui aussi, il m'aime.

— Et alors ?

— Et alors, nous ne pouvons plus nous voir, Charles commence à se méfier. Tu sais comme il est jaloux.

— Je sais.

— Cela ne peut plus durer. Voilà des mois que j'essaie d'oublier Cliff, impossible. Et Cliff aussi est très malheureux.

Le pasteur qui vient de promener sur ses ouailles un regard sévère referme sa bible et commence à prêcher.

— J'ai un projet, poursuit Ruby Cobb toujours à voix basse.

— Quel projet ? demande avec insistance la blonde Orma.

— Me débarrasser de Charles.

Le pasteur, irrité par ce murmure, fronce les sourcils, tape son pupitre d'un doigt si léger qu'il résonne comme un tambour. Continuant son prêche, il affirme :

— Malheur à ceux qui, s'étant fixé un but, n'ont pas le courage de le poursuivre...

Tandis qu'il continue sur ce thème d'une voix sèche qui n'admet aucune contradiction, les deux femmes se sont regardées. Les yeux châtaigne de Ruby et les yeux bleuâtres d'Orma se sont compris :

— Tu as entendu ? C'est un signe des dieux, murmure Orma. Il faut tuer ton mari.

Pas plus que la blonde Orma ne s'est étonnée du projet de son amie, celle-ci n'est surprise du conseil d'Orma. Au contraire, elle le trouve plein de sagesse. Dieu lui-même ne vient-il pas de parler par la bouche du pasteur ?

Sur la petite place, les fidèles sortent lentement du temple, on croirait des touristes du troisième âge de retour d'une excursion. Comme s'ils hésitaient quelques instants avant de se mêler, les hommes d'abord, les femmes ensuite foulent les feuilles mortes que la brise a fait tomber d'abondance.

Le soleil n'altère en rien le teint de la belle Ruby : sa carnation limpide à l'ombre de la maison du Seigneur, devient au grand air rose comme une peau de bébé.

Bien entendu, elle est toute à son projet. Orma devine le cheminement de sa pensée :

— Non, ce n'est pas un crime, dit-elle. Je suis sûre que tout le monde fera « ouf » et se taira... Evidemment, il faudrait que tu trouves quelqu'un.

Ruby secoue pensivement la tête. La loi non écrite des monts Ozark interdit en effet à une femme d'accomplir elle-même une pareille besogne. C'est alors qu'Orma arrête sa déambulation lente pour faire preuve une fois de plus de son génie inventif :

— J'ai une idée, dit-elle.

Sans en avoir l'air, elle tire son amie à l'écart de la petite foule où des groupes se forment.

— Puisque tu aimes Clifford Wood et que Cliff t'aime, il me paraît normal que tu demandes le concours de Clarence qui est son frère.

Pour Ruby, cette idée semble d'une logique absolue. Bien sûr, ce n'est pas la logique de chez nous ; c'est la logique de ces gens-là, les habitants des monts Ozark, mais à chacun sa logique.

— D'ailleurs, ajoute Orma, Clarence étant le domestique de ton mari, et ton mari étant très dur avec lui, il aura certainement un plaisir particulier à le tuer.

Ruby acquiesce, définitivement convaincue. C'est vrai qu'il faut en tout ce qu'on entreprend chercher à faire le plus de bien possible et à contenter son prochain. En lui faisant tuer son mari, elle libérera aussi ce pauvre Clarence et lui procurera sans doute une grande satisfaction.

— Si tu veux, propose Orma, je peux lui demander de passer te voir ce soir.

— Ce soir ?... Tu crois qu'on peut parler de cela un dimanche ?

— Tu as raison. Demain, nous lui en parlerons demain.

Là-dessus, une sorte de patriarche adipeux au nez de César, s'approche des deux femmes. C'est Charles, le septuagénaire mari de Ruby, dont le tempérament jaloux se trahit d'une façon presque caricaturale par une grosse ride verticale entre les deux yeux.

— Bonjour, Orma. Tu viens, Ruby ? Il faut qu'on rentre ! Au revoir, Orma.

Lorsque Charles Cobb pose sa chaussure sur le marchepied de la carriole, celle-ci s'affaise d'un côté d'une dizaine de centimètres, et autant de l'autre côté lorsque Ruby, à son tour, s'asseoit sur la banquette de cuir impeccablement cirée. Pendant un instant, les carrioles tournent, s'entrecroisent, lui laissant respectueusement le passage sur la petite place où les voitures automobiles sont rares.

Clarence, assis sur le fond d'un seau renversé, regarde d'un œil perplexe les vingt-cinq vaches dont il s'occupe à la ferme des Cobb.

— Tuer le boss, dit-il... tuer le boss...

La scène se passe dans un pré le lendemain matin, Ruby et Orma sont accroupies à ses pieds. Fouillant l'herbe, y arrachant distraitement les fleurettes comme des jeunes filles.

— Moi, j' veux bien, conclut le valet de ferme, mais vous comprenez, le boss c'est le boss ! Il est dur avec moi, mais c'est normal puisque c'est le boss. Alors il faut me payer, parce que je n'ai pas de motif contre lui.

— Et ton frère ? Clarence, est-ce que tu penses à ton frère ?

Clarence fourrage dans son immense tignasse blanche :

— Mon frère, c'est un grand garçon, pourquoi il ne le ferait pas lui-même ?

— Mais voyons, Clarence, ce n'est pas possible, proteste la blonde Orma, tout le monde sait qu'il travaille à Springfield pour essayer d'oublier Ruby. S'il revient et que justement ton patron est tué à ce moment-là, s'il y a une enquête du shérif, il comprendra que c'est ton frère qui a fait le coup.

— Ouais... ouais, peut-être, mais moi je n'ai pas de motif et Dieu ne pardonne pas les crimes sans motif... tandis que si vous me donnez de l'argent, c'est pas pareil, là j'ai un motif. On peut discuter.

Pour les deux femmes, l'argument est évidemment très fort. Un crime sans motif, c'est l'enfer illico presto, mais un crime avec motif, évidemment, ça se discute.

— D'accord, consent alors Ruby, combien ?

— Mon Dieu, puisque c'est pour vous, disons trois cents dollars.

— Trois cents dollars ! s'exclame Ruby effondrée.

Les deux femmes se regardent, éberluées :

— Clarence, sois raisonnable. Où veux-tu que Ruby trouve trois cents dollars ?

A nouveau, Clarence fourrage dans sa tignasse blanche :

— Ecoutez, patronne, je veux tout de même vous aider. Voilà, je vais vous prêter les trois cents dollars pour que vous me payiez : vous me donnerez trois de vos vaches en gage.

— Je ne comprends pas.

— Si... vous me devez trois cents dollars ; comme vous ne pouvez pas me les donner, vous me signez un papier qui me donne trois vaches en gage... Quand le boss sera mort, nous arrangerons tout ça, ça vous va ?

Les deux femmes s'écartent un instant, discutent et reviennent. Ruby s'adresse à Clarence :

— Ecoute, Clarence, ce n'est pas raisonnable. Pourquoi veux-tu que je te donne tant d'argent puisque, lorsque tu auras tué mon mari, j'épouserai ton frère. Alors il deviendra propriétaire de la ferme. Tu as réfléchi à ça ? Ton frère sera propriétaire de la ferme !

— Ouais... ouais... peut-être. Mais les affaires de mon frère, ce ne sont pas les miennes.

— Alors, pense aux autres, tous les amis au village, quel service tu leur rends en les débarrassant d'un tyran.

— Ça, c'est pas un motif parce que les gens du village, je m'en moque.

Clarence s'est tellement gratté le crâne qu'il en est tout ébouriffé :

— Et puis, il vous faudra bien un valet et vous ne me mettrez pas à la porte, j'espère.

— Non, évidemment.

— Alors, qu'est-ce qu'il y aura de changé ? Je ne serai toujours que le valet. Non, rien à faire, patronne, il faut me payer.

Agacée mais vaincue, Ruby se lève :

— C'est bon. Je vais te faire ton papier et qu'on n'en parle plus !

Chez les gens d'Ozark, on discute ferme mais on tient parole. Le lendemain, à cinq heures, alors que le jour n'est pas encore levé, Charles Cobb fait gémir la carriole sous son poids, fouette avec les rênes la croupe de sa jument et la lance au petit trot dans la forêt au feuillage orange et or pour la visite quotidienne qu'il rend à son bûcheron. A trois kilomètres de là, la tignasse blanche de Clarence émerge d'un rocher derrière lequel il attend, une énorme pétoire reposant à la saignée du bras.

Dans la forêt des monts Ozark, sur la rive droite du Missouri, deux jeeps cahotent le long d'un chemin raviné soulevant des gerbes de feuilles mortes orange et or, en ce matin d'automne 1951. Ruby Cobb les voit passer devant sa ferme. Encore plantureuse et désirable pour un homme doué d'un fort appétit (et tous les hommes des monts Ozark ont un fort appétit), elle se précipite en courant :

— Où allez-vous ?... Où allez-vous ?

Elle a reconnu le shérif Adams.

— Nous allons en forêt, madame Cobb.

Il désigne deux messieurs en bottes, pantalon de cheval et blouson de daim tout neuf, assis dans la deuxième jeep.

— J'accompagne M. le percepteur et le géomètre qui veulent connaître la valeur des coupes de bois.

Comme d'habitude, le shérif et le percepteur sont accompagnés de deux soldats. Ruby Cobb reste quelques instants décontenancée mais, très vite, elle essaie de reprendre le dessus :

— Je crois que vous ne pouvez pas passer, il y a des arbres abattus, dit-elle.

— Ça ne fait rien. Nous continuerons à pied. Au revoir, madame Cobb.

— Attendez !... Attendez !... Mon mari est parti en carriole il y a quelques minutes. Vous pouvez m'emmener ? Je voudrais le rejoindre.

— Mais bien sûr, madame Cobb, montez.

Clarence doit guetter Charles Cobb sur le chemin. Il faut qu'elle rattrape son mari avant qu'il ne tombe sous les balles du valet.

Cahotée entre les deux soldats, sur la banquette de la jeep, Ruby scrute le chemin à chaque détour. Les lourdes jeeps glissant dans les ornières sont finalement à peine plus rapides que la légère carriole.

— On ne pourrait pas aller un peu plus vite ? demande Ruby. On ne le rattrapera jamais.

Le shérif s'étonne :

— De toute façon, il faudra bien qu'il s'arrête puisqu'il y a des arbres abattus...

Un kilomètre... deux kilomètres... Enfin, le chauffeur s'exclame :

— Tenez, madame Cobb, le voilà !

C'est vrai ; au bout d'une ligne droite, sur le chemin qui, à cet endroit, est très escarpé, apparaît la carriole.

Ruby Cobb est de plus en plus angoissée. Si Clarence a tenu parole, il doit être caché là-haut au sommet de la pente. Alors, elle appelle :

— Charles... Charles...

Trop tard. Une grande silhouette hérissée d'une immense tignasse blanche jaillit d'entre les arbres. Une énorme détonation retentit. La jument fait un écart. Les feuilles orange et or volent au-dessus de la carriole où le corps adipeux de Charles Cobb s'est effondré.

Il a reçu, presque à bout portant, une charge de chevrotines qui lui a ouvert dans la poitrine un trou gros comme le poing. Il n'en faut pas tant pour tuer un homme.

Le juge du tribunal de Springfield croyait avoir tout vu. Quelle erreur ! Des accusés comme ceux-là, il n'en avait pas encore connus.

Clarence, soixante-quatorze ans, solide comme un roc, les bras croisés, le fixe d'un regard sans complaisance. La blonde Orma, une jeunesse de cinquante-trois ans et Ruby Cobb, soixante et un ans, accusée plantureuse aux yeux de châtaigne, sont positivement offusqués de se retrouver là. Comme si des jurés, des hommes, pouvaient remplacer le jugement de Dieu !

C'est aussi l'avis des témoins : Clifford Wood, le Don Juan séducteur de Ruby, un jeune homme de soixante-six ans, le maire, soixante et onze ans, et tous les autres. Jamais accusés et témoins réunis n'ont atteint une telle moyenne d'âge.

— C'est un crime de patriarches ! s'exclame le juge.

— Dieu a dit : « Malheur à ceux qui, s'étant fixé un but, n'ont pas le courage de le poursuivre », s'exclame Ruby.

— Lorsque Dieu a dit cela il ne pensait pas au crime, objecte le juge.

— Ruby et moi, nous n'avons tué personne, remarque la blonde Orma.

— Vous avez payé le criminel pour le faire.

— Il lui fallait un motif.

— Sûr, explique Clarence, ce n'est pas un crime sans motif... avec un motif, ça se discute.

Le juge, ahuri, regarde les gens des Ozark comme s'ils venaient de sortir d'un zoo. Et ce n'est pas fini. Les uns après les autres, ils évoquent la coutume, la déconcertante logique de cette petite population qui s'est fabriqué, au cours des deux derniers siècles, une religion, une morale et une logique particulières et déconcertantes.

A tel point qu'au moment où le tribunal rend son verdict, qui tient compte de l'influence du milieu puisqu'il ne condamne les deux femmes qu'à une peine de dix ans et l'homme à la prison à vie au lieu de la chaise électrique, Ruby se lève pour protester :

— Mais puisque c'est le pasteur qui l'a dit : « Malheur à ceux qui... »

— N'insistez pas ! aboie le juge, ou je fais immédiatement arrêter et condamner le pasteur.

— Quoi ! Vous condamneriez l'homme de Dieu ? hurle le pasteur.

— Ah ! vous, taisez-vous ! Ou j'en serai à me demander s'il ne faut pas (et le Seigneur me protège) que je condamne Dieu le père lui-même pour complicité dans cette histoire de patriarches.

*L'important, c'est d'avoir un motif*

Et vlan ! Pour faire comprendre que la cause est entendue, le juge a frappé de son maillet de bois.

Tous les gens des Ozark en noir, les hommes d'un côté, les femmes de l'autre, se lèvent pour rejoindre leurs carrioles. Ils acceptent sans rien dire cette justice stupide que Dieu saura redresser d'un signe le jour du Jugement dernier, ils en sont persuadés !

# LA GRANDE PHARMACIE

Au numéro 5, place de l'Empereur-Joseph à Graz, en Autriche, les lettres blanches du mot *APOTECKE* font une tache lumineuse sur le fronton noir d'une grande pharmacie, semblable en tout point à n'importe quelle pharmacie française. Au-dessus, au premier étage, les volets de la chambre du pharmacien, le Dr Chrab, sont souvent fermés. Presque à côté, au numéro 9, intégrée dans un bloc d'immeubles anonymes, la façade sombre de l'un des deux temples de la ville où officie le pasteur Selmann.

En 1941, le Dr Chrab, riche descendant d'une vieille famille de la ville, rencontre la jolie, tendre et aguichante Helga.

Helga vient de bien bas : enfant naturelle abandonnée par son père, recueillie par un brave homme mort quelques années plus tard, à dix-sept ans elle n'a pour seule famille qu'un frère à demi fou, obsédé de sorcellerie. Lorsqu'elle rencontre le Dr Chrab, elle vient de renoncer à sa carrière de comédienne et son frère vient de se suicider. Le docteur est beau parleur, charmeur, jouisseur, libre et riche. Helga lui plaît ; aussi, malgré l'énorme différence d'âge, il n'a aucun mal à consoler cette enfant désemparée qu'il épouse.

Alors, l'impulsive Sigrid, vingt ans, fille d'un premier lit, s'éloigne de son père. Sigrid soupçonnera toujours Helga de l'avoir épousé pour sa fortune. Helga a vingt ans, et son père cinquante-cinq. C'est une comédienne médiocre mais aux courtisans nombreux. Pourquoi, sinon pour son argent, aurait-elle épousé le docteur de trente ans plus âgé qu'elle, d'un caractère difficile et constamment malade ?

Helga et le Dr Chrab ont bientôt un fils, Lothar, et lorsque celui-ci a cinq ans, un premier drame survient. Lors d'un contrôle de la grande pharmacie, il est constaté qu'il y a moins de morphine dans l'armoire marquée d'une tête de mort que ne le révèle le registre :

— Nous avons été volés, conclut Helga.

L'ex-comédienne, sans aucun diplôme, porte désormais une très seyante blouse blanche pour remplacer son mari souvent alité. Les contrôles se suivent et M$^{me}$ Helga a toujours une explication pertinente pour expliquer que la provision de morphine et le registre ne coïncident pas. Tantôt c'est un employé qu'elle a renvoyé sur-le-champ après l'avoir pris en flagrant délit un carton de morphine dans la poche, tantôt c'est elle qui a cassé une dizaine d'ampoules en les laissant tomber par terre.

Finalement, une commission d'enquête vient à la pharmacie. C'est un secret de Polichinelle, le Dr Chrab se drogue, mais les habitants de Graz veulent ménager cet homme d'une famille honorable, et Helga met fin aux soupçons. Elle avoue à la commission d'enquête :

— Je me drogue ! J'ai volé la morphine pour moi-même. Naturellement, j'en supporterai toutes les conséquences.

Mais, dit-elle la vérité ?

Pour la forme, Helga divorce. Son mari garde leur fils Lothar. La grande pharmacie est donnée à bail, mais le Dr Chrab, malade, en conserve la concession, Lothar en héritera un jour.

Et puis, au bout de quelques semaines, la belle Helga revient à l'ancien domicile conjugal. Elle le fait pour soigner son fils malade de la rougeole. Mais elle y reste lorsque le garçon est rétabli.

***

Pour l'enterrement de son père, Sigrid Chrab est revenue tout exprès de Vienne. Désormais très jolie femme et comédienne assez connue, elle a revêtu pour la circonstance un tailleur sombre et jeté sur ses cheveux blonds un foulard noir. Autour d'elle, les deux cents visages bourgeois et compassés de la petite colonie luthérienne de la ville. L'avant-veille, Sigrid a signé avec Helga, son ex-belle-mère, un faire-part sur le texte duquel les deux femmes s'étaient mises d'accord : « Il nous a quittés à tout jamais après de longues souffrances supportées avec patience. »

A la dérobée, Sigrid observe son ex-belle-mère qui, elle aussi, a jeté sur ses cheveux blonds un foulard noir et frissonne sous le crachin de l'automne, tenant serré contre elle son fils Lothar, qui a maintenant sept ans.

Au cimetière, derrière les couronnes de fleurs offertes par les innombrables associations dont le pharmacien avait fait partie de son vivant, le pasteur prend la tête du cortège, car il fut son meilleur ami.

Devant la tombe, quelques parapluies s'ouvrent pour noircir encore ce tableau lugubre. C'est alors que le pasteur, le visage sévère, la mâchoire énergique, prend la parole. Sigrid ne reconnaît pas son autorité coutumière et il a besoin d'éclaircir sa voix :

— Le Dr Chrab, dit-il, fut un grand chrétien, il a beaucoup souffert mais il a accueilli ses souffrances avec fermeté... il fut un exemple...

L'émotion du pasteur, en disant ces paroles, est perçue par toute l'assistance. « Comme il l'aimait bien », doivent penser quelques bonnes âmes. Mais le pasteur ajoute une phrase qui va frapper Sigrid ; une phrase sur laquelle elle va réfléchir longtemps :

— Il emporte avec lui, dit le pasteur, un secret que nous ne devons pas essayer de forcer.

Devant le trou béant où le Dr Chrab va disparaître à jamais, les mains du pasteur tremblent pendant qu'il lit la Bible. Puis chacun se sépare et rentre chez lui. Mais la phrase du pasteur tourne dans le crâne de Sigrid : « Il emporte avec lui un secret que nous ne devons pas essayer de forcer. »

Près du temple protestant, dans l'appartement du défunt au numéro 5, place de l'Empereur-Joseph, au-dessus de la grande pharmacie, Sigrid, venue chercher quelques souvenirs, et son ex-belle-mère Helga, se regardent en chiens de faïence.

— Vous n'avez pas l'air de souffrir beaucoup, remarque enfin la fille du docteur.

— Il faut me comprendre, Sigrid, sa mort est un soulagement. Il était devenu odieux.

— Vous ne l'avez jamais aimé.

— Non. Mais j'ai eu de l'estime pour lui.

— Et vous avez l'intention de continuer à vivre ici ?

— Pour le moment, oui, explique Helga. Je pourrais rester jusqu'à ce que Lothar atteigne sa majorité. Après, il décidera.

Sigrid ne s'attendait pas à une autre réponse. Son père ayant désigné Lothar comme son légataire universel, et le pasteur Selmann étant tuteur, il serait assez normal qu'Helga continue à élever son fils dans l'appartement.

— Bien, dit Sigrid, il me reste à vous dire au revoir.

Dans son esprit, lorsque la porte de l'appartement se ferme derrière elle, il s'agit d'un adieu.

Mais la phrase du pasteur lui trotte toujours par la tête : « ... un secret que nous ne devons pas essayer de forcer. »

Tandis qu'elle attend le taxi qui doit la conduire à la gare, Sigrid jette un dernier regard sur cette place où s'est écoulée toute son enfance, sur la vitrine de la grande pharmacie qu'elle ne reverra sans doute jamais, et sur le temple sinistre, encastré dans la façade des immeubles.

Lorsque le taxi survient, après avoir hésité un moment, elle dit au chauffeur :

— Attendez-moi un instant.

Dans le fond de la grande pharmacie, s'ouvre une porte donnant sur un escalier. En sous-sol, éclairé par les soupiraux, se trouve le bureau du Dr Flins, successeur du Dr Chrab qui, lui-même, y avait remplacé son père.

Le Dr Flins a de gros yeux globuleux sous un crâne rasé. Il ne paraît pas surpris de voir entrer Sigrid. Celle-ci lui demande avec une brutalité qui le désarçonne :

— Docteur, est-ce que tout vous a paru normal dans la mort de mon père ?

— Euh... oui... enfin... pourquoi me demandez-vous cela ?

— Parce que le pasteur a dit à l'enterrement, une phrase qui me trouble : « Il emporte avec lui un secret que nous ne devons pas essayer de forcer. »

— Oui, je l'ai remarqué aussi. Peut-être a-t-il voulu insinuer que votre père était mort de sa toxicomanie ?

— Pour tous ces gens, docteur, c'était le secret de Polichinelle, alors pourquoi le dire ?

— Peut-être a-t-il voulu faire allusion à un suicide ?

— C'est possible, mais là encore, pourquoi l'avoir dit sous la pluie dans ce cimetière lugubre, devant son cercueil et une foule prête à tous les commérages ?

— Ecoutez, mademoiselle, puisque vous m'en parlez, je dois vous dire que j'ai trouvé la conduite de Mme Helga étrange durant la semaine qui a précédé la mort de votre père. Elle m'a demandé plusieurs fois de grandes quantités de morphine et de barbituriques. Il m'était difficile de les lui refuser, mais je dois dire que maintenant je trouve cela bizarre.

Avant de sortir, Sigrid demande à l'une des préparatrices de la grande pharmacie :

— Vous n'avez rien à me dire ?

— A quel sujet, mademoiselle ?

— Au sujet de la mort de mon père. Il y a des choses que je ne m'explique pas.

Sigrid sent qu'elle peut insister, et pressée de questions, la préparatrice rougit au-dessus de sa blouse blanche :

— Oui, mademoiselle, j'ai remarqué quelque chose d'anormal. L'autre matin, je suis arrivée la première. C'est moi qui ai reçu le coup de téléphone de la clinique disant que le docteur était mort dans la nuit. La clinique avait d'abord appelé à l'appartement, mais ça ne répondait pas. Là-dessus, Mme Helga est descendue de voiture devant la pharmacie. On voyait bien qu'elle n'était pas rentrée de la nuit. Et pourtant, elle m'a dit tout de suite : « Il paraît que mon mari est mort. » Plus tard, je me suis demandé comment elle l'avait su puisqu'elle n'était pas rentrée de la nuit et n'était pas passée à la clinique.

Le taxi attend place de l'Empereur-Joseph, et la jolie Sigrid, le front soucieux, fait quelques pas dans sa direction, cherchant à comprendre. Elle jette encore un regard circulaire à la grande pharmacie ancestrale, au numéro 5.

Quelques clients s'y pressent, une ordonnance à la main. Au numéro 9, le temple et son presbytère où vivent le pasteur Selmann et sa femme, licenciée en philosophie, et ses deux enfants âgés de huit et onze ans ; un pasteur énergique, aux lunettes sévères, à la voix forte et dont l'éloquence sans fioritures dénonce vigoureusement le péché.

— Attendez-moi encore un instant, j'en ai pour une minute, demande à nouveau Sigrid au chauffeur de taxi.

Les gens qui habitent l'appartement voisin de celui du pharmacien ont connu Sigrid enfant. La voisine, qui était au cimetière une heure plus tôt, s'étonne de la voir apparaître dans l'encadrement de la porte. Mais Sigrid lui demande à brûle-pourpoint :

— Vous n'avez rien à me dire, madame Falker ?

La voisine fronce les sourcils :

— Quelque chose à vous dire ? De quel genre de chose voulez-vous parler ?

— Je ne sais pas. Des choses qui aient trait à la mort de mon père, par exemple.

— Mais qu'est-ce qui vous permet de penser que j'aurais quelque chose à vous dire à ce sujet ?

— Je n'ai pas mis les pieds ici depuis trois ans, madame Falker, mais vous, vous avez pu voir mon père tous les jours pendant ce temps. Comment était-il ? Vous a-t-il parlé ?

La voisine semble vouloir se donner le temps de réfléchir :

— De toute façon, ne restez pas là, Sigrid, entrez.

— Je ne peux pas, madame Falker, un taxi m'attend en bas. Je retourne à Vienne, et probablement pour toujours.

La voisine secoue la tête en silence, puis se décide :

— Ecoutez mon petit, ces derniers temps on voyait assez peu votre père et il ne parlait guère, mais oui, c'est vrai, quelque chose m'a choquée : le lendemain de sa mort, le soir, le pasteur Selmann est venu à l'appartement. Derrière la porte, j'ai entendu des rires. Evidemment, je sais que votre père et Helga étaient divorcés mais tout de même...

Sur la place de l'Empereur-Joseph, le taxi attend toujours.

— Je crois que je vais rater mon train, déclare Sigrid au chauffeur. Je prendrai le suivant. Vous pouvez revenir dans une heure ?

— D'accord, si je ne peux pas, je vous envoie un collègue.

Mais Sigrid l'entend à peine. Elle n'a d'yeux que pour la grande pharmacie et le temple protestant. Combien de fois son père et le pasteur ont-ils franchi les vingt mètres qui les séparent ? Son père, pour se rendre au temple — car il était marguillier de la paroisse, une espèce de conseiller laïque du pasteur —, le pasteur parce qu'il venait souvent chez lui jouer du violoncelle. L'homme d'Eglise, prudent et nuancé dans ses propos avait vite conquis ses paroissiens grâce à ce mélange de sévérité et de finesse qui lui était personnel. Avait-il aussi conquis Helga ? Ou bien s'était-il laissé conquérir par elle ?

La belle Helga s'efface pour laisser entrer Sigrid :

— Tiens, vous revoilà ?

— Oui. Figurez-vous que j'ai raté mon train.

Helga regarda sa belle-fille d'un œil incrédule. Evidemment, le mensonge est un peu gros. Sigrid n'y prête pas attention :

— Puisque j'ai une heure avant le prochain train, pourriez-vous me parler un peu de mon père : comment a-t-il vécu ces derniers mois ?

Helga allume une cigarette :

— Vous savez, votre père était épuisé par la drogue. Il était quasiment devenu un vieillard. Il restait étendu sur un divan dans sa chambre, où il exigeait que les volets soient fermés. Il somnolait presque tout le temps. Lorsque j'entrais, il me posait toujours la même question : « As-tu quelque chose ? » Sa voix était chevrotante, ses traits fatigués ne souriaient que lorsque j'avais une seringue à la main. La vie lui était devenue impossible sans morphine. L'en priver, c'était le tuer. Ses bras et ses cuisses étaient semés d'innombrables points rouges. Chaque fois, je cherchais longuement la place pour lui faire une nouvelle piqûre. Trois minutes après, il revivait, riait bruyamment, buvait du vin et demandait des cigares. Vous savez qu'il a dû subir plusieurs cures de désintoxication. Lorsqu'il revenait, les voisins qui le rencontraient dans l'escalier le complimentaient sur sa bonne mine. Presque aussitôt, il s'allongeait derrière les stores baissés et ses yeux rouges fixaient la porte en attendant que j'entre, ma seringue à la main. Le reste, vous le savez comme moi. Il y a quatre jours, il a fallu le conduire à la clinique où il est mort quelques heures après.

— Il paraît que le lendemain soir, le pasteur Selmann est venu vous rendre visite.

Helga esquisse tout juste un petit sourire, comme si elle s'était attendue à la question :

— C'est vrai, il est venu me tenir compagnie.

— Vous le voyiez souvent ?

— Bien sûr, c'était un ami de votre père.

— La voisine vous a entendus rire ce soir-là.

Cette fois, le visage de Helga se ferme. Elle se lève brusquement :

— Plutôt que de colporter des ragots, vous devriez prendre votre train, vous allez encore le rater.

Sur la place de l'Empereur-Joseph, en attendant le taxi, Sigrid regarde à nouveau le temple protestant. Son regard va du temple à la pharmacie. Il y a à peine vingt mètres... vingt mètres pour aller peut-être du paradis à l'enfer, du numéro 9 au numéro 5...

Lorsque le taxi arrive, Sigrid lui ordonne :

— A la gare ! Attendez... non... passez d'abord par le commissariat.

La première tâche des enquêteurs alertés par Sigrid est de questionner le médecin traitant de son père :

— Le docteur était gravement malade et condamné, explique celui-ci. Mais la somnolence qui a précédé sa mort était anormale à mon avis.

L'autopsie révèle que les poumons du malade étaient complètement rongés par la tuberculose et qu'il avait absorbé une quantité mortelle de morphine et de barbituriques.

Comme ce n'est pas le médecin qui lui a administré ces drogues, ce ne peut être que Helga, qui est arrêtée malgré ses protestations d'innocence. Mais quelques jours plus tard, elle avoue :

— J'ai empoisonné le Dr Chrab avec un barbiturique et de la morphine.

— Pourquoi ?

— Je ne le supportais plus ! Il n'était qu'un mort vivant, je n'ai fait que hâter sa fin.

Sigrid, qui a déclenché toute l'affaire, se trouve mise en présence de son ex-belle-mère et, avec sa fougue habituelle, lui jette au visage :

— Le motif que vous avez fourni aux enquêteurs ne me paraît pas suffisant. Vous aviez une autre raison de tuer mon père. Laquelle ?

— Il ne me respectait pas, explique Helga. Il estimait m'avoir ramassée dans le ruisseau. Je ne pouvais accepter d'être traitée de cette façon.

— Dans ces conditions, pourquoi êtes-vous revenue auprès de lui après votre divorce ?

— Pour m'occuper de mon fils qui avait la rougeole.

— Pourquoi êtes-vous restée à le soigner lorsque votre fils a été guéri ?

— Je ne voulais plus me séparer du petit.

— Vous pouviez l'emmener. Mon père était trop malade pour s'y opposer.

— Je n'avais plus d'argent.

— Et c'est pour cela que vous l'auriez empoisonné ?

Sigrid se tourne vers le juge d'instruction :

— Mais elle ment ! Vous ne voyez pas qu'elle ment ? Pourquoi tuer mon père qu'elle savait condamné à plus ou moins courte échéance ? Elle n'avait qu'à attendre tranquillement en supportant les scènes qu'il lui faisait ! Elle en avait vu d'autres !

Le juge d'instruction convient d'un hochement de tête que, pour vouloir se débarrasser à tout prix d'un homme qui agonisait, il fallait un autre et puissant motif.

— Vous devriez interroger le pasteur Selmann, suggère enfin Sigrid.

Car elle n'a pas oublié la phrase que celui-ci a prononcée sur la tombe de son père : « Il emporte un secret que nous ne devons pas essayer de forcer. »

Cette évocation semble affoler Helga qui se décide enfin :

— C'est vrai. J'ai tué pour un homme.

— Qui ?

Cette fois, Helga refuse de répondre. Mais Sigrid ne se tient pas pour battue.

— Vous étiez divorcée, donc libre, pourquoi tuer mon père ?

Pour la première fois depuis son arrestation, Helga éclate en sanglots. Et pour la première fois aussi, Sigrid ressent pour elle de la pitié. Seul un sentiment, et un grand sentiment, vraisemblablement l'amour, une passion comme elle n'en avait jamais connu, une passion incroyable pour un homme raffiné, cultivé, l'esprit cent coudées au-dessus du milieu médiocre où elle vivait, avait pu la pousser à tuer. Un homme qu'elle-même avait sans doute affolé en lui apportant la révélation de l'amour.

— Je sais qui est cet homme, dit enfin Sigrid... C'est le pasteur Selmann !

Le pasteur est convoqué à son tour à la police pour une simple déclaration. Son visage énergique et intelligent devient sévère lorsqu'il chausse ses lunettes pour lire les aveux définitifs de Helga qui admet : « J'ai tué le docteur pour protéger la réputation du pasteur Selmann... »

Sous le coup de l'émotion, le pasteur reconnaît tout ce dont on l'accuse : il était l'amant de Helga depuis de longs mois. Mais le docteur qui n'avait rien d'autre à faire qu'observer son entourage l'avait compris. Continuant à jouer la comédie de l'amitié avec le pasteur, il glissait de temps à autre dans la conversation une allusion perfide qui les faisait frémir. Et lui en toussait de plaisir.

N'ayant plus que quelques mois à vivre, il devenait franchement odieux. Ainsi, le 15 août, sachant que le pasteur était dans l'entrée, il a retenu Helga dans la chambre à coucher contiguë pour formuler d'une voix forte des exigences sexuelles inhabituelles, que Helga a été obligée d'accepter.

Ne pouvant supporter ces provocations et ces menaces, le pasteur a suggéré à Helga de le tuer.

— Moralement, dit-il, je me sentais en partie excusé par sa grave maladie.

C'est pour authentifier la thèse d'un suicide par overdose et de ce fait innocenter Helga, qu'il avait déclaré devant la tombe : « Il emporte un secret que nous ne devons pas essayer de forcer. »

Mais à l'instruction, le pasteur Selmann va se rétracter, affirmant n'avoir rien avoué d'autre que sa culpabilité « envers son Eglise et envers sa femme », tandis qu'Helga maintiendra intégralement ses aveux.

Au procès, elle accusera le pasteur Selmann :

— C'est toi qui m'as dit qu'il fallait l'empoisonner !

A toutes les attaques, le pasteur se contentera de répondre, ôtant la tête de ses mains où il la cache :

— Je suis innocent de la mort du Dr Chrab.

En dehors de ses aveux et de ceux de Helga, aucune charge n'a pu être relevée contre lui, aucune lettre, aucun témoin. Le verdict de la cour de Graz étonnera l'Autriche : Helga sera condamnée à huit ans de prison, et le pasteur acquitté par huit voix — celles des jurés élus — contre trois : celles des magistrats.

# ROMÉO ET JULIETTE

Christchurch, Nouvelle-Zélande, le 21 juin 1954.

Dans son bureau de la police criminelle, le sergent Brown réfléchit. En face de lui, Juliette, quinze ans. Une femme plutôt qu'une adolescente. Du moins physiquement. Grande, ses cheveux blonds en bataille, Juliette se gratte le nez nerveusement, mais elle ne quitte pas des yeux le sergent Brown.

— Où est votre père, Juliette ?

— Quelque part en Angleterre, je suppose...

— Vous ne savez pas où ?

— Si, à Londres. On lui a offert un poste là-bas pour la rentrée scolaire. Mon père est recteur d'université, vous savez, ce n'est pas n'importe qui !

— Je n'ai jamais pensé cela.

— Heureusement. D'ailleurs, moi non plus je ne suis pas n'importe qui...

— Et votre amie ?

— Vous savez parfaitement où est Pauline, elle attend dans le bureau d'à côté !

— Je ne parlais pas de cela, je voulais savoir si Pauline aussi n'était pas n'importe qui...

— Qu'est-ce que vous voulez dire ? C'est mon amie. Ma seule amie, et je suppose que cela doit vous suffire.

— Vous voulez bien me redire ce qui s'est passé ce matin ?

— Encore ? Pauline vous l'a déjà dit !

— J'aimerais que vous le fassiez toute seule.

— Bon, la mère de Pauline est tombée. Elle a glissé sur une planche, elle s'est cogné la tête sur une brique en tombant, sa tête a rebondi plusieurs fois, et elle est morte...

— Où s'est produit l'accident ?

— Dans le parc Victoria, nous allions faire un pique-nique...

— Qu'avez-vous fait ensuite ?

— Eh bien, nous avons couru au salon de thé le plus proche, et nous avons demandé de l'aide. Vous le savez puisque c'est vous qui êtes venu...

— Savez-vous comment joindre votre père à Londres ?

— Pas du tout. J'imagine qu'il est descendu dans une pension quelconque... Il n'a pas encore écrit pour donner son adresse. D'ailleurs, je ne vois pas l'intérêt. Ce n'est pas ma mère qui est morte, c'est celle de Pauline. Et en plus...

— En plus ?

— Mon père et ma mère sont en train de divorcer...

— Nous allons tout de même prévenir votre père.

— Si vous y tenez... Mais je ne vois pas comment...

— La police est internationale, elle a les moyens de retrouver n'importe qui à l'autre bout du monde, et très vite.

— Je n'en vois pas du tout l'intérêt...

— C'est pourtant ce que nous allons faire. Parce que vous êtes mineure, et que je vous soupçonne d'avoir tué M^me^ Rieper, la mère de votre amie.

— C'est ridicule, je n'ai même pas vu l'accident, et je ne vois pas pourquoi j'aurais tué cette femme !

— Justement. Votre père a peut-être une idée là-dessus...

— Mon père n'a d'idée sur rien. Sinon de m'envoyer en pension en Afrique du Sud. Lui à Londres, ma mère ici, en Nouvelle-Zélande, et moi en Afrique du Sud ! Vous trouvez que c'est une idée ? Je croyais la police plus intelligente !

A Londres, le temps de localiser le recteur Hulme, l'honorable père de Juliette Hulme, et nous sommes le 23 juin 1954. A Christchurch en Nouvelle-Zélande, à des milliers de kilomètres, on procède à l'autopsie du corps de M^me^ Rieper, morte la veille au Victoria Park, au cours d'un pique-nique. Morte « accidentellement », selon la version de sa propre fille, Pauline Rieper, version soutenue par la camarade de Pauline, Juliette Hulme...

Convoqué dans les bureaux de Scotland Yard, le recteur apprend la nouvelle avec stupéfaction. Le message en provenance de Nouvelle-Zélande est un raccourci épouvantable :

*Recherchons Henry Rainsford Hulme, recteur au collège de Canterbury en déplacement à Londres, sa fille Juliette soupçonnée de complicité d'assassinat sur la personne de Mme Honora Mary Rieper, née Parker, 48 ans... Interroger le témoin sur mobile envisageable. L'informer que sa présence est souhaitable pour l'enquête. Nous adresser compte-rendu d'audition dès que possible.*

Le recteur Hulme est un homme d'une cinquantaine d'années, mince, au visage d'intellectuel à lunettes. Extrêmement réservé, il a pourtant du mal à contenir son émotion et ne pense qu'à une chose : sauter dans un avion et regagner la Nouvelle-Zélande. Mais il doit contenir son impatience, le prochain avion possible ne part que dans trois jours. Et en attendant, il raconte :

— Ma fille est une impulsive ; depuis plusieurs années, ma femme et moi étions très inquiets. Son amitié avec Pauline Rieper prenait des proportions dangereuses. Elles ne voulaient plus se quitter, et récemment, nous avons dû intervenir avec sévérité. On vient de m'offrir un poste à Londres ; ma femme et moi avons décidé de divorcer, et pour soustraire Juliette à cette amitié envahissante, nous devions l'envoyer en pension dans un collège d'Afrique du Sud où sa mère la rejoindrait plus tard... Or, Juliette voulait absolument partir avec son amie Pauline, et la mère de Pauline n'était pas d'accord, bien sûr. Nous nous sommes expliqués entre parents... et la décision a été maintenue. Juliette doit partir le 3 juillet définitivement. J'ai tout arrangé. Personnellement, il y a longtemps que je lutte contre cette amitié beaucoup trop exclusive. La mère de Pauline également, mais je crains que nous ne soyons intervenus trop tard. Je crains que cette amitié n'ait pris un caractère anormal. Ces derniers temps, Juliette se mettait dans des états épouvantables, et avant de partir à Londres, je lui avais interdit de revoir Pauline... Ma femme a dû céder. Mais ce sont deux enfants. Juliette a quinze ans, Pauline en a seize à peine... Comment peut-on parler d'assassinat ? C'est de la folie, il s'agit sûrement d'un accident...

A Christchurch, en Nouvelle-Zélande, le sergent Brown reçoit par télex la déclaration du recteur Hulme. Elle a franchi des milliers de kilomètres, et le sergent Brown a eu raison de la réclamer. Il a son mobile. Nul besoin d'être expert en criminologie pour se rendre compte que Mme Rieper a été assassinée. On ne se fait pas vingt-cinq blessures en tombant sur une brique, même la tête la première...

Mais les deux jeunes filles, Juliette et Pauline, maintenaient la version de l'accident. Restaient les parents. La mère de Pauline, morte. Le père de Pauline ? Inexistant, loin de toute vie familiale depuis des années... Du côté de Juliette, une mère aussi affolée que muette, et un père à Londres. Il était le seul à avoir exprimé clairement le mobile... Même s'il croyait à l'accident. On s'efforçait d'y croire...

A présent, le sergent Brown avait le choix. Devant deux petites criminelles de seize et quinze ans, aux amitiés très particulières... qui faire avouer en premier ? Laquelle de ces deux gamines furieuses d'être séparées avait décidé du meurtre de Mme Rieper ? Celle-ci ne voulait pas laisser sa fille Pauline partir en Afrique du Sud avec sa petite amie... C'était elle qui représentait l'obstacle. Elle qu'il fallait tuer. Mais qui l'a fait ? Qui a pris une brique, l'a enveloppée dans un bas, et a frappé sauvagement jusqu'à ce que mort s'ensuive ? La fille de la victime ? Ou sa petite amie ? Ou les deux ensemble ? Voyons... Qui ne pouvait pas suivre l'autre à cause de sa mère ? Pauline, n'est-ce pas ? Alors le sergent Brown va réinterroger Pauline Rieper. Et cette fois-ci il va y aller carrément. Encore plus carrément qu'avec sa petite amie Juliette...

Il va immédiatement poser la première question : « Pauline, avez-vous tué votre mère ? »

Avec ses seize ans, Pauline Rieper est tout le contraire de son amie Juliette. Petite, menue, noire d'œil et de cheveux. Pas très jolie cependant, avec des traits lourds et un front étroit. Autant Juliette a déjà l'air d'une femme, autant Pauline a encore l'air d'une gamine... mais d'une étrange gamine.

— Vous êtes soupçonnée d'avoir tué votre mère... Vous n'êtes pas obligée de répondre, mais vous pouvez faire une déclaration, si vous voulez...

Aucune émotion, aucune réaction. Pauline prend son temps pour répondre :

— Je ne ferai pas de déclaration, mais posez-moi des questions si vous voulez.

— Avez-vous attaqué votre mère ?

— Oui.

— Pourquoi ?

— Si vous n'y voyez pas d'inconvénient, je ne répondrai pas à cette question.

— Quand avez-vous décidé de tuer votre mère ?

— Il y a quelques jours.

— Votre mère a-t-elle dit quelque chose au moment où vous l'attaquiez ?

— Je préfère ne pas répondre à votre question.

— Votre amie Juliette était au courant ?

— Non.

— Combien de coups avez-vous portés ?

— Je ne sais pas, plusieurs, j'imagine.

— Avec quelle arme ?

— Une brique recouverte d'un bas. Je l'avais cachée dans mon sac.

— Avez-vous dit à votre amie que vous aviez tué votre mère ?

— Elle n'est au courant de rien.

— Elle a pourtant répété la même histoire d'accident… au mot près.

— Disons qu'elle a répété tout simplement ce que j'ai dit, pour ne pas me créer d'histoires.

— Vous savez que je suis obligé de vous arrêter dès maintenant, et elle aussi !

— Pourquoi elle ?

— D'abord parce qu'elle est la dernière personne, à part vous, à avoir vu votre mère vivante… Ensuite, parce que je ne vous crois pas…

— Ah bon ? Je suppose que nous en reparlerons.

Les aveux de Pauline Rieper, d'une froideur assez effrayante, allaient être renforcés par la découverte de son petit journal intime… Un carnet noir plutôt qu'un carnet rose.

*13 février 1954 :* « Si seulement ma mère pouvait mourir. Des douzaines de milliers de gens meurent tous les jours, pourquoi pas elle… »

*28 avril :* « Je hais ma mère du plus profond de moi. C'est elle qui se met en travers de mon chemin. J'ai une envie folle de sauter cet obstacle. »

*29 avril :* « Je n'ai pas parlé à Juliette de mes intentions d'éliminer ma mère. Il faut que cela ait l'air naturel ou accidentel… »

*6 juin :* « Nous sommes folles toutes les deux, et cela nous épouvante. »

*19 juin :* « Aujourd'hui notre principale idée est de tuer mère. L'idée n'est pas nouvelle mais nous avons l'intention d'élaborer un plan définitif. Nous sommes nerveuses et terrorisées, mais le fait de tout prévoir est délicieux. »

*20 juin :* « Nous avons discuté de notre plan et nous y voyons plus clair. »

*21 juin :* « Nous avons décidé d'utiliser une brique dans un bas plutôt qu'un sac de sable. Tout est au point. C'est comme si j'organisais une surprise-partie. La prochaine fois que j'ouvrirai ce journal, ma mère sera morte. Comme c'est bizarre, comme c'est drôle… »

*22 juin 1954…* « Le matin juste avant la mort. Je suis très excitée… »

Cette fois, le sergent Brown convoque les deux « amies » pour un interrogatoire plus sérieux. Juliette n'est plus une simple complice… Elle est aussi très certainement une meurtrière…

En entrant dans le bureau du sergent Brown, Pauline et Juliette ont le même air arrogant. L'administration pénitentiaire leur a offert la même robe grise et informe. Et le sergent Brown a plutôt l'impression d'avoir affaire à deux écolières butées et stupides.

Juliette serre quelque chose dans sa main, que l'auxiliaire de police lui arrache de force. C'est un petit mot de Pauline. « Je t'aime. Je prends tout sur moi. »

Pauline et Juliette… Juliette et Pauline… C'est Roméo et Juliette ?

Deux écolières. Deux monstres, oui ! Qui ne mentent même plus à présent. Au contraire, raconter leur histoire, leur crime, « *se* » raconter en quelque sorte, semble leur procurer une satisfaction extrême.

Et pourtant leur plan était stupide, dans toute sa cruauté. Sous le prétexte de se voir une dernière fois, Pauline avait proposé à sa mère de pique-niquer avec Juliette à Victoria Park, en plein centre de la ville... Victoria Park, c'est le bois de Boulogne parisien.

Juliette marche devant, et dépose par terre une pierre rose, achetée dans l'intention d'attirer le regard de la victime. Pauline se charge de rendre le piège efficace :

— Regarde, maman, la jolie pierre rose...

Mme Rieper se penche, étonnée, pour ramasser la pierre, et sa fille Pauline se jette sur elle armée de la brique enveloppée dans un bas. Elle espérait, selon ses dires, la tuer du premier coup. Mais, Mme Rieper ne fut qu'assommée, elle criait et suppliait, tandis que Pauline frappait à coups redoublés et que Juliette venait à la rescousse. L'une tenait, l'autre frappait, elles se passaient la brique.

Vingt-quatre blessures ont eu raison de Mme Rieper, au bout de longues minutes...

Mais les deux gamines sauvages ne changent pas leur plan. Elles courent jusqu'à un salon de thé situé dans le parc, et Pauline crie : « Au secours, aidez-nous, maman est tombée, elle est couverte de sang... »

Le sergent Brown a écouté le récit, et il marquera là le seul point de son enquête contre ces deux criminelles prétentieuses :

— C'était complètement stupide... Personne ne pouvait croire à ça... Je m'étonne que vous n'ayez pas trouvé autre chose...

Pour Pauline et Juliette qui se prétendent d'une intelligence supérieure, douées en littérature, issues d'un « quatrième monde » où ne naissent que les génies, c'est effectivement un coup sévère.

Les crimes d'adolescents sont les plus durement ressentis par la société, qui cherche bien évidemment à placer les responsabilités ailleurs que chez les coupables devant la loi... Les parents sont les premiers visés dans ce cas.

Pauline Rieper a-t-elle des « excuses » dans sa vie familiale ? Elle ignorait que ce père dont elle portait le nom avait vécu vingt-cinq ans auprès de sa mère, sans l'épouser, et lui avait fait quatre enfants dont un petit mongolien, avant de s'éloigner des problèmes d'éducation et des responsabilités. Elle le croyait « occupé ailleurs », tout simplement.

Juliette Hulme avait-elle des « excuses » du même ordre ? Des parents en train de divorcer, et qui n'en cachaient pas les raisons : le père était très pris par son métier, la mère avait un amant.

Est-ce suffisant ? Sûrement pas. Alors, elles sont peut-être folles ? Mais les experts en doutent. Voici le résumé de leurs interrogatoires :

Les deux gamines avaient juré de ne plus se quitter, et de vivre ensemble. Une fois la mère de Pauline « exécutée », elles voulaient gagner les Etats-Unis pour y entrer dans le monde de l'art, écrire des scénarios, des romans et devenir riches. Elles avaient déjà commencé la rédaction d'une œuvre dont le moins qu'on puisse dire est qu'elle n'aurait intéressé qu'un fabricant de pornographie débile. Pour assurer leur existence, elles n'avaient envisagé qu'un travail : la « prostitution ». N'aimant pas les hommes, cela ne les gênait nullement...

Le journal de Pauline est d'ailleurs révélateur d'un univers sexuel aberrant. Et il sema la perplexité la plus totale dans le jury du procès...

Conclusion des experts : Pas folles, mais incurablement mauvaises. « Inversion du sens moral », et « paranoïa de type exaspéré »...

Réponse de Pauline :

— Vous êtes un fou crispant ! Je voudrais que vous cassiez votre sale gueule !

Réponse de Juliette :

— Je n'ai pas la prétention de me placer au-dessus des lois, simplement je suis à part.

Tout au long du procès, Pauline et Juliette affirment en cœur : « Nous estimons vraiment être des génies... »

Ça veut dire quoi, au fait, « inversion du sens moral » et « paranoïa de type exaspéré » ?

Quoi qu'il en soit, le jury, uniquement composé d'hommes, les jugea saines de corps et d'esprit, coupables de meurtre et pleinement responsables.

Leur jeune âge leur évita d'être pendues. C'était donc la prison. Une prison pour Pauline, une autre pour Juliette, à sept cents kilomètres de distance.

Selon la loi anglaise, elles devaient être détenues « jusqu'à ce que le bon plaisir de Sa Majesté décide de leur sort ». C'était en août 1954.

Le bon plaisir de Sa Majesté a libéré Pauline et Juliette en novembre 1959... Pauline avait vingt et un ans, Juliette vingt... Cinq ans de prison pour être responsables de l'assassinat d'une femme à coup de brique !...

Autrement dit, c'était soit l'hôpital psychiatrique, en guise de cabinet noir, soit cinq ans de prison, comme on donne cinq heures de colle. Mais que faire d'autre ?

# LA GUÉRISSEUSE

D'un revers de manche, le gardien de l'usine d'Odenwaldes essuie la buée sur la vitre de sa guitoune pour voir accourir la vieille Jungmann. Elle a enfilé des bottes de caoutchouc, jeté un fichu sur sa tête et chacun de ses pas le long de la route fait gicler la neige fondante. Sophie Jungmann a soixante-huit ans : c'est une paysanne qui exploite avec son vieux mari la ferme voisine de la petite usine.

Le gardien enfonce sa casquette, enroule machinalement un cache-col, sort de sa guitoune et fait quelques pas dans la cour pour ouvrir la grille à la vieille essoufflée.

— Quelque chose de grave ?

— Oui... Je peux téléphoner ?

Sophie Jungmann n'attend pas la réponse : elle court déjà vers le téléphone accroché au mur de la baraque.

— Qu'est-ce qui se passe ?

Sophie chausse ses lunettes, consulte une petite fiche sortie de la poche de sa blouse grise et compose d'une main tremblante un numéro de téléphone :

— Notre Waltraud est tombée dans l'étable, explique-t-elle.

Derrière ses lunettes dont la monture est recollée avec du sparadrap, les yeux bleus délavés de la vieille femme sont fixes, la pupille dilatée :

— Elle a la tête qui saigne, ajoute-t-elle, et elle vomit tout le temps.

Une employée à la comptabilité passant devant la baraque reconnaît Sophie et glisse la tête par la porte entrouverte.

— Qu'est-ce qui se passe ?

— Waltraud est tombée dans l'étable.

— C'est grave ?

— Elle a la tête qui saigne et elle vomit.

L'employée montre Sophie pendue au téléphone :

— Elle appelle le médecin ?

Le gardien hoche la tête, tendant l'oreille :

— Je ne sais pas... Je crois qu'elle parle à une femme.

L'un des chauffeurs de l'usine est venu rejoindre l'employée de la comptabilité.

— Un accident ?

— Oui... c'est Waltraud qui est tombée.

Le chauffeur a l'air consterné. Presque tout le monde dans cette usine connaît Sophie et sa fille adoptive Waltraud. Celle-ci a trente-six ans et travaille en ville où elle est secrétaire du directeur d'une usine de tôlerie.

Les hommes surtout aiment bien Waltraud car c'est une jolie fille, grande, pleine de santé, à qui beaucoup font la cour. Mais Waltraud n'est pas pressée de se marier. Sans doute parce qu'on a besoin d'elle à la ferme des Jungmann où elle rentre tous les soirs.

— Combien je vous dois ? demande Sophie qui vient de raccrocher le téléphone.

— Mais rien, rien, madame Jungmann... rien...

Voyant que la vieille s'apprête à sortir, le gardien ne peut s'empêcher de marquer son étonnement :

— Mais vous n'appelez pas le médecin ?

— C'est-à-dire... murmure la vieille l'air un peu gêné, un peu mystérieux aussi, j'ai appelé quelqu'un.

Devant les mines interloquées, voire réprobatrices, qui l'entourent, elle ajoute :

— C'est quelqu'un qui va la guérir.

— Mais ce n'est pas un médecin ? demande l'employée de la comptabilité.

— C'est une guérisseuse.

— Une guérisseuse !

— Oui, et elle guérira Waltraud.

— Avec quoi, s'exclame le chauffeur, avec des herbes ? avec de la bave de crapaud ?

— Non, avec des prières.

Et la vieille, vexée, sort de la guitoune.

— Mais qu'est-ce que c'est que cette guérisseuse ?

— C'est une dame que nous connaissons depuis longtemps. Nous faisons partie de la même secte et je suis sûre qu'elle va guérir Waltraud.

L'employée de la comptabilité, le chauffeur et le gardien, atterrés, regardent la vieille marcher d'un pas vif vers la grille.

— Mais enfin, Sophie, ce n'est pas raisonnable. Appelez quand même un médecin...

La vieille secoue la tête d'un air buté.

— Eh bien, puisque c'est comme cela, hurle le chauffeur, moi je vais l'appeler !

— Vous n'avez pas le droit, lui répond la vieille qui a déjà gagné la route, et si vous faites cela, nous ne le laisserons pas entrer. Jamais un médecin ne viendra chez nous !

Depuis plusieurs heures déjà, le manteau d'astrakan de la guérisseuse est resté suspendu au portemanteau dans l'entrée de la ferme des Jungmann. Il est beau, le manteau de la guérisseuse. Preuve qu'elle a des sous. Et puisque son métier est d'être guérisseuse, si elle gagne bien sa vie, c'est qu'elle guérit les gens ! Voilà le raisonnement de la vieille Sophie que, des heures durant, le murmure des prières rassure.

De temps en temps, elle monte au premier étage informer son mari. Jacob Jungmann, soixante-quatorze ans, retraité des chemins de fer, quitte difficilement la chambre ; c'est un squelette aux cheveux blancs et au regard sévère.

— Elle est toujours là ? demande-t-il.

— Oui, Jacob, et elle prie sans arrêt. Elle m'a demandé du buis et de l'eau bénite.

— Elle ne compte pas son temps, remarque le vieux qui pense à ce que cela va lui coûter.

— Tant pis, Jacob. L'important c'est qu'elle la guérisse.

— Bien sûr, bien sûr...

Car les deux vieux sont très attachés à la malade. Ils l'ont adoptée alors qu'elle avait moins d'un an et depuis trente-cinq ans, elle ne les a pas quittés. Elle est vraiment leur fille.

— Tu as fait prévenir ta sœur ? demande Jacob.

— Oui, elle arrive.

Le vieux lève les yeux au ciel. Il a voulu que sa femme prévienne sa belle-sœur Anna Becherer parce que c'est la mère naturelle de Waltraud et qu'il est un homme de devoir. Mais au fond de lui-même, il espérait qu'elle n'accourrait pas si vite. Il ne peut pas souffrir sa belle-sœur dont il dit souvent qu'elle a « une araignée dans le plafond ».

La guérisseuse appelle depuis le rez-de-chaussée :

— Madame Jungmann ? Je crois que Waltraud va mieux et je vais m'en aller. Appelez-moi ce soir !

Quelques instants plus tard, la guérisseuse en manteau d'astrakan croise en sortant une petite femme boulotte, la cinquantaine largement passée, qui surgit en coup de vent ; c'est Anna Becherer, la sœur de Sophie, la mère naturelle de Waltraud :

— Comment va-t-elle ? demande la mère angoissée.

— Mieux, répond Sophie.

— Qu'est-ce que c'est que cette bonne femme que je viens de croiser ?

— Mais, c'est la guérisseuse.

— La guérisseuse ? Vous avez appelé le médecin, j'espère !

— Tu sais bien que nous ne voulons pas de médecin ici.

Anna Becherer jette son chapeau et son manteau de castor sur la table de la pièce commune et se précipite dans la chambre de Waltraud. Elle en ressort quelques instants plus tard pour apostropher sa sœur :

— Dis donc ! Elle est sans connaissance !

— Mais non, mais non, elle dort.

Et la vieille Sophie hausse les épaules. Il faut dire que la colère de sa sœur a de quoi l'agacer. Anna Becherer, autrefois institutrice, s'est débarrassée de Waltraud quelques mois après sa naissance. Ayant renoncé à l'enseignement, elle vécut pendant longtemps de la fortune que ses parents lui avaient laissée. Elle parcourait le monde, assez peu soucieuse de ce que devenait sa fille. Par moments, elle semblait raisonnable, puis brusquement faisait quelques folies qui justifièrent plusieurs examens psychiatriques. Comme il n'y eut jamais de rapport médical inquiétant, elle poursuivit une vie agitée et aventureuse jusqu'à l'an passé où, n'ayant plus le sou, elle vint s'installer ici, aidant, entre deux voyages, les vieux Jungmann et sa fille dans quelques travaux champêtres.

— Sophie, je veux qu'on appelle le médecin.

— Mais puisqu'elle va mieux !

— Je veux qu'on appelle le médecin, et plus de guérisseuse !

— Je te promets que nous l'appellerons si son état ne s'améliore pas.

Là-dessus Sophie monte informer son mari et Anna Becherer retourne dans la chambre de sa fille.

Quelques heures s'écoulent. Les deux sœurs s'épient : Va-t-elle rappeler la guérisseuse ? Va-t-elle appeler le médecin ? Finalement, vers vingt heures, après s'être penchée sur le lit de la jeune femme qui respire à peine, Sophie admet : « Elle ne va pas mieux. »

Le médecin, qui n'a jamais mis les pieds chez les Jungmann, considère sa venue comme une victoire de la médecine officielle. Décidé à faire le grand jeu, il prend néanmoins ses précautions ; après avoir examiné la malheureuse Waltraud, il remarque :

— Vous m'appelez bien tard… j'espère que ce n'est pas « trop » tard.

En deux temps trois mouvements, il ouvre une sacoche, sort une seringue et, devant les deux sœurs angoissées, fait une piqûre à la jeune femme.

— Cela doit être une fracture du crâne, il aurait fallu la transporter à l'hôpital.

La piqûre faite, il prend le pouls de la moribonde, relâche son poignet, soulève ses paupières l'une après l'autre, et, englobant Sophie et sa sœur dans le même regard, secoue la tête :

— Elle est morte, dit-il.

Que se passe-t-il alors dans la tête d'Anna Becherer ? Elle regarde sa sœur avec une sorte d'épouvante et sort de la maison en claquant la porte. Le médecin, médusé, l'entend courir sur la route.

Il est vingt-deux heures lorsque la police arrive, sans doute prévenue par Anna Becherer.

Au petit matin, une ambulance vient chercher Waltraud afin que le médecin légiste puisse procéder à l'autopsie. Une voiture emmène Sophie et son mari à la mairie où ils sont interrogés presque toute la journée.

En fin d'après-midi, les faits sont nettement établis : folie religieuse, non-assistance à personne en danger. Faute d'une opération urgente, la fracture a entraîné la mort. Il est probable que le ménage Jungmann sera inculpé après l'enterrement prévu pour le lendemain.

Le lendemain, à six heures comme chaque jour, un voisin cogne à la porte des Jungmann. Il vient réveiller Sophie et l'aider à nourrir les bêtes. Personne ne répond. Il frappe plus fort, car ce n'est pas un jour à perdre du temps, l'enterrement de Waltraud ayant lieu en fin de matinée. N'obtenant toujours pas de réponse, l'homme va chercher une pioche et glisse la pointe sous le lourd volet de bois pour le sortir de ses gonds.

Dans la pièce commune, rien d'anormal. Au premier étage, Anna Becherer, en chemise de nuit, sanglote sur la mort de sa fille.

— Où est Sophie ?

— Je ne sais pas... Je l'ai entendue se lever il y a un moment.

Le vieux Jacob Jungmann, assis sur son lit, attend son petit déjeuner.

— Où est votre femme ?

— Elle est descendue à la cuisine.

Sophie est bien en effet dans la cuisine, recroquevillée sur le carrelage dans l'angle d'un mur. Elle est morte.

La police a tôt fait de tirer les conclusions qui s'imposent après une enquête rapide : sur la table de la cuisine, un grand bol de thé encore tiède. A côté, une biscotte beurrée à peine entamée. Des traces de doigts autour du cou de la malheureuse vieille.

Personne n'a pu entrer dans la maison et le vieux Jacob ne peut avoir étranglé sa femme : c'est tout juste s'il aurait la force de descendre l'escalier.

Malgré ses dénégations, Anna Becherer est donc conduite dans les locaux de la police pour y être interrogée.

Onze heures du matin : le vieux Jacob Jungmann, seul, soutenu par le voisin, titube sur la route derrière le corbillard de sa chère Waltraud. Il va être inculpé mais pour lui, cela n'a pas de sens. De temps en temps il se retourne comme si Sophie, en retard, allait venir le rejoindre.

Au cimetière, aux mains qui se tendent, il murmure :

— Sincères condoléances.

Le voisin se penche vers son oreille :

— Les condoléances, c'est eux...

Mais le vieux ne comprend pas. Il continue :

— Sincères condoléances.

Jacob Jungmann ne comprendra plus jamais rien. Quelques jours plus tard, il faudra le conduire dans un asile.

Dans une salle carrelée de blanc à Heidelberg, le médecin légiste qui vient de décalotter avec précaution le crâne de la pauvre Waltraud ouvre des yeux ronds. Puis il prélève quelques morceaux de chair et referme le tout comme s'il s'agissait d'une boîte.

Pendant ce temps, après un dur interrogatoire, Anna Becherer finit par avouer : c'est bien elle, dans un mouvement de colère irrésistible, qui a étranglé sa sœur Sophie, responsable de la mort de sa fille.

Pour le psychiatre qui l'examine, le mobile est un peu différent : en même temps que sa sœur, c'est elle-même qu'elle étranglait. Devant la mort de sa fille, Anna Becherer a dû réaliser l'inanité de sa vie toute entière. Le seul être qui aurait pu lui donner un sens, sa fille, elle l'avait quasiment laissé mourir. Avec horreur, elle comprenait la faute commise en se débarrassant d'elle il y a trente-cinq ans. Avec fureur, elle voyait sa sœur verser des larmes ridicules. Cette sœur qui avait adopté Waltraud sans discussion, trop contente peut-être, elle qui ne pouvait pas avoir d'enfant. Au fond, elle avait tout fait afin de la garder. Et tout cela pour faire venir une guérisseuse à la place d'un médecin et la voir mourir d'une fracture du crâne...

Mais dans une pièce voisine, un policier reçoit un appel du médecin légiste, et avec stupeur il l'entend s'expliquer :

— Elle avait une tumeur au cerveau. C'est probablement cette tumeur qui a provoqué sa chute dans l'étable. La blessure à la tempe n'a été que superficielle.

— Mais alors, est-ce que je dois inculper Jacob Jungmann ?

— Je ne le pense pas, elle serait morte de toute façon. Même une opération n'aurait pas pu la sauver.

Le policier raccroche et se tourne vers Anna Becherer qui vient de signer ses aveux. Doit-il lui dire qu'elle a tué pour rien ? Qu'au tribunal, la déclaration du médecin légiste lui coûtera quelques années de plus ? A quoi bon ! Elle paye déjà, on finit toujours par payer lorsqu'on abandonne un enfant. De toute façon, il est probable qu'elle ne sera jamais jugée. Echevelée, l'œil hagard, elle est promise à l'hôpital psychiatrique, comme son beau-frère.

Et quelques temps plus tard, c'est la guérisseuse qui achètera la ferme des Jungmann, déserte, et pour elle vide de tous ses fantômes.

# LA LOGIQUE FÉMININE A TOUJOURS RAISON

Avec ses cinquante ans et ses quatre-vingt-dix kilos, le milliardaire James Fox est assez vulgaire. Carré derrière son bureau dans un fauteuil énorme qui ressemble à un trône, il regarde entrer un petit homme de vingt-cinq ans, maigre et mal vêtu, les yeux vifs sous des sourcils charbonneux. Il demande à l'avorton :

— Vous êtes John Foyster ? Vous vous proposez pour la place de secrétaire particulier ? Qu'est-ce que vous savez faire ?

A ces questions, l'avorton a répondu par deux « Oui, m'sieur » d'une voix bizarre. La voix de Delphine Seyrig, douce, calme, tendre, est étrange dans un gosier d'homme. A la troisième question, il susurre :

— Je sais un peu tout faire, m'sieur.

— Ouais… et qu'est-ce que vous avez comme recommandations ?

L'avorton énumère alors une série de noms dont aucun ne semble impressionner le milliardaire. Il poursuit son énumération de plus en plus vite comme s'il voulait remplacer la qualité par le nombre et s'arrête enfin, épuisé. Le milliardaire lève un œil agacé :

— Dites, mon vieux, je ne vous demande pas de me réciter l'annuaire téléphonique, je voudrais une recommandation. Quelqu'un que je connaisse, quoi ! Vous n'avez pas ça ?

Sous les sourcils charbonneux de l'avorton, le regard noir devient plus vif et la voix plus douce encore :

— Si, m'sieur, je connais très bien M^lle^ Shirley.

Cette fois, le milliardaire cesse de s'intéresser uniquement au gros cigare qu'il vient de sortir d'un tiroir. Il se redresse et se penche en avant, montrant une calvitie intéressante, mais l'affaire se passant en 1946 et les implants capillaires n'existant pas, sa fortune ne lui permet pas d'y remédier, comme il remédie à presque toutes ses imperfections à coups de dollars. Le nom de Shirley n'a pas l'air d'être une évocation plaisante.

— Quoi ! Vous connaissez Shirley ?

— Oui, m'sieur, c'est ma cousine.

— Et comment savez-vous que je m'y intéresse ?

— C'est pas difficile, m'sieur, depuis que Shirley travaille dans cette boutique de lingerie féminine, vous garez votre voiture devant et votre place de parking est toujours vide. Et puis...

— Et puis, quoi ?

— Et puis... euh... dame, vous la reluquez drôlement. Faut dire qu'elle est chouette, ma cousine. Je suis sûr que si elle voulait participer au concours, ce serait la plus belle fille de Chicago.

Pour se donner le temps de réfléchir, le milliardaire allume son cigare et finalement conclut :

— Ça va, à partir de maintenant, vous êtes mon secrétaire particulier.

L'avorton n'a pas le style des valets de comédie italienne, ni celui des majordomes de roman anglais : mollement, il se contente d'une sorte de salut militaire ponctué d'un :

— Merci, patron. Et pour commencer, qu'est-ce que je fais ?

— Attendez, je ne vous ai même pas dit ce que vous alliez gagner.

— C'est pas urgent, patron, j' vous fais confiance. Dites-moi plutôt ce que je dois faire.

Un peu estomaqué tout de même, le milliardaire reste muet quelques secondes. Alors, l'autre, toujours impassible mais redoutablement efficace, enchaîne :

— Ce que je pourrais faire de mieux pour le moment, c'est de vous faire rencontrer ma cousine. N'est-ce pas, patron ?

A cet instant, James Fox est doublement satisfait. Il va connaître enfin la blonde Shirley, et il pense avoir trouvé un bon secrétaire particulier.

Effectivement, l'avorton est un employé exceptionnel : la rencontre avec Shirley est organisée en trois coups de cuiller à pot. Puis l'avorton se débrouille si bien qu'elle est suivie de plusieurs autres, et que le mariage du milliardaire et de la petite vendeuse en lingerie féminine a lieu trois semaines plus tard.

En réalité, le milliardaire et la lingère sont déjà la proie de l'avorton John Foyster.

1948 : dans une boîte à strip-tease de Chicago, le milliardaire James Fox, qui a laissé sa femme à la maison, n'a d'yeux que pour la belle Demonia : une artiste. Au son d'une musique langoureuse et tout en esquissant de vagues pas de danse, elle enlève pièce par pièce tous ses vêtements depuis la cape qui l'enveloppe à son entrée en scène, jusqu'à ce qui constitue tout à la fois son dernier atout, son dernier mot, sa dernière réplique à l'enthousiasme des foules masculines : son minuscule cache-sexe. Le tout ayant duré une bonne dizaine de minutes, James Fox est passé par toutes les couleurs de l'arc-en-ciel sous le regard observateur et calculateur de l'avorton qui lui sert de secrétaire particulier.

— Belle fille, patron, remarque l'avorton.

Les quatre-vingt-dix kilos du milliardaire paraissent se transformer en sueur. S'épongeant le front, incapable d'émettre un son, il se contente d'acquiescer d'un signe de tête, à l'adresse de l'avorton impassible qui enchaîne :

— Si vous voulez, je peux lui parler, patron.

— Quoi ! tu la connais ?

— Bien sûr, patron, Demonia c'est une cousine.

Le milliardaire ne s'en étonne pas. John Foyster, son secrétaire particulier, lui a déjà présenté énormément de cousines.

Petit, mince, contourné mais élégamment vêtu, l'avorton quitte la table, gagne les coulisses d'où il revient quelques minutes plus tard :

— Si vous pouvez attendre un peu, patron, Demonia refait son numéro dans une heure.

Une heure plus tard, avec toute la lenteur et les gestes lascifs adéquats, Demonia se déshabille à nouveau. Lorsqu'elle est enfin nue, la salle croule sous les applaudissements, et la jeune femme, une brune aux longues jambes et au buste insolent, envoie des sourires de tous côtés. Mais elle réserve les plus significatifs à ce client dont l'avorton lui a fait remarquer l'enthousiasme particulièrement tumultueux et l'allure convenablement cossue.

Ainsi, grâce à l'habileté de l'avorton, John Foyster, le milliardaire

James Fox et la belle Demonia quittent le cabaret ensemble. Cette dernière est une proie de plus pour l'avorton, car celui-ci ne fait rien par hasard, rien pour rien, jamais.

Un matin de 1948, un magnifique yacht tout blanc, le *Cœur Volant*, vient s'amarrer dans le port de La Havane, où Fidel Castro ne règne pas encore.

Le propriétaire du yacht est le milliardaire James Fox ; sa maîtresse n'est autre que Demonia, la strip-teaseuse.

Le milliardaire avait pensé à une aventure passagère d'une nuit, tout au plus d'une semaine, loin de sa femme légitime, la blonde Shirley dont les attraits, pour être différents, valent bien dans leur genre ceux de Demonia. Mais il a compté sans le savoir-faire de son avorton de secrétaire particulier, et la fantaisie de quelques heures se transforme à Cuba en lune de miel à bord du *Cœur Volant* où l'ex-strip-teaseuse le traite comme Consuelo traite son admirateur dans « La femme et le pantin ».

Quel jeu mène l'avorton dans tout cela ? Il engraisse, au propre comme au figuré. Ses joues creuses sont bien pleines, et sa poitrine évidée se gonfle, comme son compte en banque. Au salaire royal octroyé par le milliardaire, pour prix de ses services très particuliers, s'ajoutent les rentes substantielles que lui versent M^me^ James Fox, ex-vendeuse en lingerie, et M^lle^ Demonia, ex-strip-teaseuse, pour son talent d'intermédiaire. Il a même réussi à faire doubler ces deux rentes promettant à l'une qu'il lui ramènerait son mari, à l'autre qu'il la ferait épouser.

C'est évidemment un jeu dangereux, et après quelques mois, malgré toute son habileté, le milliardaire découvre la vérité et s'apprête à renvoyer son secrétaire.

L'avorton John Foyster a-t-il perdu la partie ? Non, car un meurtre va tout arranger, le premier de cette étonnante histoire. Qui va mourir et qui va tuer ?

La Havane en 1948 est une capitale du plaisir, difficile à scandaliser. La vieille cité espagnole aux rues tortueuses baigne vingt-quatre heures par jour dans l'odeur du café, de la vanille, de la cuisine à l'huile et du poivre rouge, à quoi se mêlent les parfums lourds qu'affectionnent les Cubaines.

Les milliardaires des Etats-Unis viennent chercher ici la couleur locale. Mais comme ils aiment leur confort, ils regagnent les palaces géants et les villas blanches semées au milieu des pelouses qui constituent Miramar, la ville bâtie spécialement pour eux par Vanderbilt à quelques kilomètres. Ici l'unité monétaire est non le dollar mais le « big G », c'est-à-dire le billet de mille dollars.

Or, l'ancienne strip-teaseuse et son amant milliardaire, les maîtres du grand yacht blanc *Cœur Volant,* trouvent le moyen de scandaliser même La Havane. Dans les salons de Miramar, dans les cafétérias de la ville espagnole et jusque dans les tavernes et les assommoirs — où se réunissent les extraordinaires aventuriers qui, encore à l'époque, hantent la mer des Antilles — on commente à voix basse les scènes dignes de la Rome impériale qui se déroulent sur le navire blanc. Jusqu'au soir où les rires et les roucoulements se transforment en hurlements hystériques.

Les policiers du port, qui ne prêtaient qu'une oreille distraite à cette orgie classique, décident alors de se rendre compte de la raison de cette hystérie.

James Fox gît dans son sang, parfaitement mort. Demonia paraît devenue folle. A ses côtés, l'avorton John Foyster semble observer les uns, les autres et ce qui se passe, se demandant quel parti tirer de tout cela. Il ne se le demande pas longtemps et trouve vite une idée, affreusement dégoûtante.

Pour le moment, il se contente de décrire dans ce cadre de flibuste et de Mille et Une Nuits la plus banale des aventures. Selon lui, Demonia voulait que le milliardaire renonce définitivement à sa femme Shirley et l'épouse. James Fox ayant refusé, le rhum et le champagne aidant, Demonia choisit l'argument suprême pour enlever à sa rivale celui qu'elle ne pouvait garder pour elle.

Bien que Fidel Castro ne soit encore qu'un petit terroriste caché quelque part dans les montagnes de l'île, le temps n'est plus, en 1948 à La Havane, où le droit du plus fort fait la loi. Demonia est jetée dans la prison pour femmes où elle s'attire d'ailleurs le respect des détenues en affichant une attitude qui fait d'elle un mélange d'impératrice et de martyre.

Pendant ce temps, l'avorton John Foyster déploie une grande activité. D'une part, il visite Demonia dans sa prison. — « Je t'ai trouvé un avocat, ma grande. Je vais faire une démarche auprès de

Grau San Martin, le président de la République cubaine pour qu'on te donne une autre cellule et que ta nourriture vienne de l'extérieur. Mais cela va coûter de l'argent. Il faudrait que je puisse disposer de ton compte en banque. » —, d'autre part, il vole à plusieurs reprises jusqu'à Chicago auprès de Shirley Fox — « Ma grande, il faut prendre un avocat, et demander des dommages et intérêts. Au moins 400 000 dollars. Mais pour cela, j'ai besoin d'argent. » C'est ce qui s'appelle jouer sur les deux tableaux...

En janvier 1949, l'avorton est à Chicago. Il rend compte à la pauvre Shirley des péripéties du procès auquel, bien que cité comme témoin, il s'est évidemment dérobé, ne voulant à aucun prix prendre parti pour l'une ou l'autre des deux femmes. Mais il connaît l'essentiel, c'est-à-dire la sentence : un juge insensible à la beauté de Demonia l'a condamnée à quinze ans de prison plus 400 000 dollars à verser à la veuve.

La nouvelle de la condamnation de Demonia est pour Shirley un grand moment. Elle se réjouit à la pensée que sa rivale va languir quinze ans entre quatre murs et ne sera rendue au monde que vieille, finie et fanée. Et puis il y a les 400 000 dollars. Ils seront les bienvenus car James Fox était de ces milliardaires dont la fortune disparaît avec eux.

— Seulement voilà, explique l'avorton, j'ai eu des frais.

— Dès que j'aurai touché les 400 000 dollars, réplique Shirley, je te rembourserai.

— Impossible, ma grande. Cet argent n'est pas pour moi, ça ne peut pas attendre. Il faut emprunter, ce n'est que l'affaire de quelques semaines.

De retour à La Havane, il voit Demonia dans sa prison.

— Je vais te faire sortir de là, ma grande. L'ambassadeur des Etats-Unis doit pouvoir obtenir ta libération et peut-être même te faire gràcier. Mais après cela, qu'est-ce que tu vas devenir ? Tu n'as plus d'argent, mais j'ai une idée...

Et de sa voix douce, calme et tendre, l'avorton explique :

— Tu sais, ma grande, que tu es célèbre aujourd'hui dans toute l'Amérique et Shirley aussi. Tous les journaux ont parlé de l'affaire. Il n'est pas un Américain qui ne connaisse votre histoire, votre rivalité. Tout le monde sait que vous vous détestez...

— Et alors ?

— Et alors, M. Price, le grand organisateur de spectacles, est prêt à monter une tournée à travers les grandes villes des Etats-Unis. On commencerait par Chicago.

— Et qu'est-ce que je ferais dans ce spectacle ?

— Tu veux dire : qu'est-ce que « vous » feriez ?

Avec son aplomb habituel, l'avorton décrit la mise en scène prévue. Ce n'est rien d'autre qu'un strip-tease auquel les deux femmes se livreraient ensemble. Lorsqu'elles seraient nues, elles se donneraient publiquement le baiser de la paix.

A peine a-t-il fini de décrire la scène que l'avorton se retrouve hors de la cellule, bousculé, giflé et griffé par la prisonnière, ivre de rage.

— Nous en reparlerons, ma grande ! crie-t-il dans le couloir.

A Chicago, lorsque l'avorton apprend à Shirley que le nouveau président de la République à La Havane a non seulement grâcié Demonia mais qu'il annule la condamnation aux dommages, la malheureuse croit mourir d'un coup de sang.

— De toute façon, ma grande, Demonia n'a plus le sou, elle n'aurait jamais payé... Vous allez être dans la mouise toutes les deux, mais j'ai une idée...

Lorsqu'elle connaît à son tour la proposition de l'avorton, Shirley lui jette à la tête tout ce qui lui tombe sous la main : des souliers, un service à cocktail, des disques et, pour finir, déchire la robe de chambre qui était son seul vêtement.

Aucune de ces manifestations ne trouble l'avorton. En fait, la dernière, après un rapide coup d'œil, le convainc plutôt que son idée est décidément la bonne.

Le 13 septembre 1949, devant une salle comble et rigolarde, nues, après un strip-tease bébête, les deux femmes s'embrassent publiquement et sortent de la scène bras dessus, bras dessous. Evidemment, dans la coulisse, elles se séparent pour se regarder en chiens de faïence jusqu'au spectacle du lendemain.

Et cela va durer ainsi neuf mois. Après Chicago, ce sera New York, San Francisco, Los Angeles, Dallas, Philadelphie, Denver, puis Cincinnati, puis Tokapi... Quelques villes perdues, puis quelques boîtes minables le long des autoroutes, jusqu'à ce que l'affaire étant complètement oubliée, le numéro soit devenu totalement vide de sens.

Alors, estimant sans doute avoir tiré d'elles tout ce qu'elles pouvaient donner, l'avorton abandonne définitivement les deux femmes dans un motel en Floride.

Seulement, il a commis une erreur. Tout ce qu'il leur a extorqué pendant des années a été investi dans une chaîne de laverie automatique et un drugstore sur Broadway. Du concret, du solide, il est donc assez facile de retrouver sa trace...

Voilà pourquoi Shirley Fox comparaît, fin 1950, devant les jurés de Cincinnati, accusée d'avoir vidé sur l'avorton le chargeur d'un revolver. Crime dont elle ne cherche d'ailleurs pas à se défendre.

Circonstance extraordinaire : le principal témoin à décharge sera Demonia, ex-strip-teaseuse, ex-rivale, ex-condamnée pour le meurtre du mari de l'accusée, le milliardaire James Fox.

Il faut croire que Demonia était aussi convaincante en paroles qu'en art plastique puisque la Cour condamna Shirley au minimum des minimums : six mois avec sursis.

# UN COUPLE MAL ASSORTI

Une immense carrière en un mois d'août pluvieux, des pentes qui s'éboulent, des trous d'eau de plusieurs mètres de profondeur, de la boue, des ornières, une brume qui flotte, portant une odeur de pierre mouillée aux quatre coins de ce tableau grisâtre. On n'entend que le ruissellement et le crépitement de la pluie sur les falaises ou à la surface des flaques. Ici et là, quelques machines d'extraction immobiles. Sous un grand hangar, des camions attendent la fin des vacances.

Pourtant là-haut, presque au bord de la carrière, au milieu des arbres, une belle et grande maison a été bâtie, au moins sept pièces, et dans ce décor trop vaste, une femme crie :

— Vivre ! Je veux vivre, tu comprends !

La femme qui crie cette soif de vivre dans la grande maison au bord de la carrière a tout juste trente-cinq ans. Elle est petite, solide, avec des cheveux noirs soigneusement coiffés qui entourent son visage comme un casque d'ébène et des yeux immenses qui lancent des éclairs sombres.

L'homme à qui elle s'adresse reste impassible. La simplicité de son vêtement de toile bleue contraste avec la robe soyeuse et froufroutante de sa femme, dont la fureur soulève la poitrine largement visible dans un décolleté provocant.

— Avec ce que tu gagnes, nous pourrions vivre !

— Nous vivons, ma chérie... et sans problème. Ce n'est déjà pas si mal.

L'homme a tout juste levé sa large face pour répondre. Maintenant, il se replonge dans l'examen de ses comptes, bien décidé à laisser passer l'orage sans l'entendre. Il faut dire qu'il est de taille à supporter l'adversité : un mètre quatre-vingt-douze, quatre-vingt-onze kilos, des épaules larges, un cou de taureau, une mâchoire de fauve et les gestes lents de l'éléphant.

— Sans problème ? ricane la femme, tu parles pour toi. Pour moi, toute notre vie est un problème. Pourquoi sommes-nous ici ? En plein mois d'août ? Alors qu'on pourrait être sur la Côte ?

— Mais, ma chérie, nous y allons au mois de septembre.

— Tu parles ! huit jours ! On pourrait être à Cannes ou à Deauville. On pourrait même voyager, aller en Amérique, à l'île Maurice, n'importe où. Non, il faut qu'on reste là tout le mois d'août.

— Et qu'est-ce que tu ferais des enfants ? Où seraient-ils mieux qu'ici ?

Cinq enfants dont le plus âgé a douze ans et le plus jeune quatre ans. Cinq beaux enfants normalement turbulents, normalement affectueux, sont un problème en vacances.

Pour le moment, ils jouent dans la forêt avec les petits camarades du village dont la maison la plus proche est à près d'un kilomètre. Heureusement, ils n'entendent pas cette dispute, l'un des chocs incessants dans lesquels ces deux êtres se heurtent. La frivole Denise, la Parisienne, est en perpétuelle effervescence. Son mari, Armand Willshek, est venu de Yougoslavie il y a quinze ans. Entrepreneur, propriétaire de cette carrière, intelligent, travailleur, mais assez sévère, presque rigide, il se consacre entièrement à son travail et à ses enfants. Ce monolithisme exaspère son épouse :

— Et puis, j'en ai assez d'être seule dans ce trou. Toujours seule !

— Lorsque j'ai fait venir une cousine pour t'aider, tu...

— Ta cousine, cette pimbêche ! Encore plus sinistre que toi ! Tu ne penses pas que j'allais la garder ici, non ?

Il y a un mois, en effet, elle a renvoyé en Yougoslavie la cousine d'Armand Willshek qui lui semblait plus une espionne qu'une compagne. C'est que Denise approche de la quarantaine et les années qui passent font naître une espèce de panique. Elle pense qu'elle n'est plus belle pour très longtemps. Voilà pourquoi elle crie en courant vers le garage :

— Je sors, je vais faire un tour, je veux vivre !

Vivre, vivre enfin, au diable le sérieux, le travail, les enfants. Un peu de fantaisie ! Denise, qui trépigne dans le garage où se trouvent deux voitures, la grosse et la petite, en a les larmes aux yeux.

Elle se sent coincée. Lorsque Armand lui a fait quitter Paris pour venir vivre ici, il y a quinze ans, elle s'est trouvée prise au piège. Cette carrière était un trou dont on ne pouvait plus sortir. C'est si vrai qu'à ce moment même, elle renonce à prendre la voiture. Pour aller où ? et pour faire quoi ?

Alors, elle se met à errer à travers les broussailles qui surplombent la carrière, en remâchant sa rancœur. Petit à petit, elle s'est mise à haïr cet homme. Elle ne peut plus le supporter. Il est trop grand, trop fort, trop lourd et son bonheur tranquille est une insulte, une provocation, une muflerie insupportable.

Alors, une fois de plus, l'horrible idée vient à Denise : s'il disparaissait ?

C'est une idée qu'elle a eue cent fois. D'abord, elle l'a refoulée. Puis elle a accepté d'y penser. Maintenant, lorsqu'elle est seule, elle le dit à haute voix, avec un sourire vengeur et des yeux qui lancent des éclairs. Et elle se sent comme soulagée, comme si c'était un commencement d'exécution : « Ah ! s'il disparaissait ! » Et puis, aussitôt, elle ajoute intérieurement : « Je vais en parler à Belin. »

Cela aussi lui trotte depuis longtemps dans la cervelle. Belin, c'est le naïf du village. Trente ans, trois enfants et bien entendu cocu. A ce robuste employé, il ne faut pas demander davantage que sa sueur. Et bien sûr Belin, depuis toujours, n'a d'yeux que pour elle. Et elle, plus ou moins consciemment, fait ce qu'il faut depuis toujours, pour qu'il soit subjugué. Une sorte de préméditation inconsciente encore du but qu'elle recherche.

Quelques jours plus tard, elle a une conversation avec Belin. Une conversation avec lui, c'est beaucoup dire : elle parle et il écoute. Il tourne l'oreille dans sa direction pour mieux entendre et pour montrer qu'il a bien compris, secoue de haut en bas sa tête dont le crâne est déjà chauve.

— Tu supprimes Willshek, explique Denise, et d'ici quelque temps, je te nomme directeur…

L'idée de supprimer Willshek ne plaît pas beaucoup au rustaud. Il reste silencieux, immobile, perdu dans une lente réflexion. Ses yeux bleus sont fixes, il frotte l'une contre l'autre ses mains calleuses et moites.

Alors, Denise ajoute :

— Si tu préfères, tu pourrais conduire l'un des camions ? Je te paierais même tes cours d'auto-école.

Alors ce pauvre Belin qui, depuis toujours, regarde avec envie passer les gros dix tonnes, accepte avec des yeux d'enfant ravi.

A partir de ce jour, chaque fois qu'Armand Willshek fait un tour dans la carrière, il se trouve nez à nez avec Belin.

— Eh bien, mon vieux Belin, toujours là ?

— Je surveille, patron, je surveille.

— C'est bien. Mais tu devrais plutôt profiter de tes vacances pour travailler dans ton jardin, pour aller à la pêche ou pour t'occuper de ta femme, non ?

— Ma femme ? Elle s'occupe toute seule. L'a pas besoin de moi, patron.

Willshek sort ainsi deux, trois fois par jour pour jeter un coup d'œil sur le matériel, s'assurer qu'aucun vol n'a été commis et pour éventuellement chasser les rôdeurs.

Un matin, alors qu'un soleil timide caresse la pierre, luit sur les flaques et s'essaie à réchauffer tendrement les arbres qui en ont bien besoin, les deux hommes s'en vont inspecter la « crête », c'est-à-dire le bord le plus haut de la carrière.

Ils cheminent ainsi sur la crête d'une véritable falaise, d'au moins quinze mètres de hauteur.

Si Armand Willshek était un tant soit peu méfiant, ou même simplement observateur, il remarquerait l'attitude étrange de ce pauvre Belin. Celui-ci le suit pas à pas, le souffle court, tremblant et pâle comme un mort.

Soudain, Willshek s'arrête. Il se tient sur une des parties les plus hautes… En bas, juste en bas, il y a l'un de ces fameux trous d'eau… Et Belin n'ignore pas que son patron ne sait pas nager. Alors, il le pousse.

Mais l'autre, solide sur ses jambes, résiste :

— Fais pas l'imbécile, Belin.

Alors Belin donne une secousse plus brutale et, pour s'aider dans cet effort, crie : « Hou ! »

Armand Willshek, déséquilibré, tombe mais il a le temps de se retourner et son regard stupéfait croise celui de Belin. Celui-ci se penche et voit le corps de l'entrepreneur tomber, rebondir, glisser, rebondir en arrachant des pierres, et tout se termine par une gerbe d'eau qui brille un instant dans le soleil avant de s'abattre tout autour du trou d'eau.

— C'est fait, madame Denise, il est dans le grand trou d'eau.

Denise Willshek a un haut-le-corps... peut-être pensait-elle que Belin ne le ferait jamais.

— Tu l'as poussé ?

— Oui, madame Denise, du haut de la falaise.

— Ah... Eh bien... c'est bon. Maintenant, tu ne t'occupes plus de rien. D'accord ? Tu as compris ?

— Oui, je ne m'occupe de rien.

— C'est moi qui te ferai signe.

La femme, un peu inquiète sans doute, tant la naïveté de Belin est grande, insiste :

— Tu ne t'occupes plus de rien et tu ne parles à personne. Si on fouille la carrière, tu accompagnes les gens, mais c'est tout.

— Oui, madame Denise, j'en parle à personne.

Bien entendu, Denise Willshek attend quelques heures avant de manifester son inquiétude. Puis elle téléphone au village, alerte les voisins, et finalement, la police. Contrairement à son attente, personne ne vient fouiller la carrière. Non seulement on ne fouille pas la carrière mais il se produit un concours de circonstances qui égare complètement les enquêteurs.

Ce matin, Armand Willshek a été conduire sa voiture au garage et il est revenu à pied. Mais personne ne l'a vu sur le chemin du retour. C'est donc au village que l'on a remarqué pour la dernière fois sa présence.

Or, le sous-officier de gendarmerie qui vient enquêter à son domicile découvre qu'il est parti en emmenant ses papiers, son portefeuille et son chéquier. D'autre part, les racontars des villageois parlent de la cousine qui est repartie il y a un mois. Armand Willshek semblait s'entendre parfaitement avec elle. On les a vus souvent ensemble. Alors, une idée saugrenue germe dans l'esprit du sous-officier : « Si c'était une fugue ! » Bien entendu, Denise, sa femme, ne fait rien pour le démentir et orienter ses recherches.

C'est quarante-huit heures de perdues. La gendarmerie délègue alors un nouvel enquêteur. La première idée du nouveau venu est, bien sûr, de fouiller la carrière.

Les voilà donc pataugeant dans la boue, sous des imperméables ruisselants. Après un quart d'heure seulement de recherches, ils trouvent le corps d'Armand Willshek, non pas dans le trou d'eau, mais coincé entre deux rochers au pied de la falaise. A la stupéfaction générale, lorsque par acquit de conscience un gendarme pose son oreille sur sa poitrine, il redresse la tête comme s'il venait de recevoir une décharge électrique et crie :

— Ma parole, il n'est pas mort !

En effet, bien qu'atteint d'un traumatisme crânien et souffrant de multiples fractures, après trois jours et deux nuits de froid, de pluie et de soleil, Armand Willshek n'est pas mort... Un instant, il ouvre même les yeux avant de retomber dans le coma.

Alors Belin, qui assistait à la scène, monte en courant jusqu'à la maison. Denise Willshek entend frapper à la porte vitrée de la cuisine. Belin est là et s'abrite de la pluie sous un vieux suroît jaune... Il entre en frottant ses bottes sur le paillasson.

— Qu'est-ce qu'il y a, Belin ?

— C'est raté.

— Comment ça, raté ?

— Le patron n'est pas mort.

Denise ne comprend pas.

— Mais enfin, qu'est-ce que tu me racontes ? Tu m'as dit qu'il était tombé dans le grand trou d'eau.

— J'ai dû me tromper, madame Denise. Quand je l'ai poussé, j'ai vu une grande gerbe d'eau, mais c'est une pierre qui a dû tomber dans l'eau. Lui, il est resté coincé entre les rochers.

— Comment sais-tu qu'il n'est pas mort ?

— Quand les gendarmes l'ont trouvé, il a ouvert les yeux.

Denise, abasourdie, recule, cherchant à tâtons une chaise pour s'asseoir et murmure :

— Imbécile... imbécile... imbécile.

— Je vais me suicider, madame Denise, dit le pauvre Belin.

A voir cette triste brute qui parle de suicide, Denise Willshek se sent soulevée d'une colère irrésistible. Elle n'a pas l'intention de se suicider, elle. Elle ira en prison, elle. Alors, Belin aussi. Elle saisit une énorme louche de cuivre, se jette sur Belin et le frappe avec une telle force, une telle hargne, qu'il tombe sur le sol.

En bas, dans la carrière, le médecin venu avec l'ambulance déclare qu'au premier examen et vu sa forte constitution, Willshek a sans doute des chances de s'en tirer. Les gendarmes montent porter la bonne nouvelle à sa femme.

Celle-ci les attendait. Elle est assise au milieu de la cuisine, dans sa robe froufroutante en crêpe de Chine rouille, au décolleté provocant.

Près d'elle, sur la table, il y a une énorme louche salie d'un peu de sang. Allongé à ses pieds, le malheureux Belin dans son suroît jaune.

Très maîtresse d'elle-même, mais la voix légèrement tremblante de colère, Denise Willshek se lève.

— Ramassez ce crétin, dit-elle.

L'officier de gendarmerie, ahuri, demande :

— Mais, qu'est-ce qu'il a ?

— Rien... Un seau d'eau sur la tête suffira pour le réveiller.

Une heure plus tard, c'est un nouveau couple bien mal assorti qui sort de la maison, enchaîné par des menottes : Belin le naïf et Denise la frivole... En fait, il n'existe probablement point d'homme qui puisse composer un couple harmonieux avec ce genre de mégère, et l'on se demande souvent pourquoi certains d'entre eux s'obstinent à les épouser. Existerait-il des maris kamikazes ?

# UNE FEMME TRÈS ÉTOURDIE

Le surintendant Bedford est plutôt du genre glacial, à la fois dur et transparent, moitié porte de coffre-fort, moitié Saint-Gobain. La moustache qu'il porte en guidon de bicyclette est la seule fantaisie qu'on lui connaîtra de toute sa vie. C'est un remarquable limier mais, dans cette affaire, M$^{me}$ Dorothy Smith est un élément tellement irrationnel qu'il va longtemps patauger.

Nous appellerons Dorothy Smith l'héroïne de cette histoire incroyable. Mais c'est elle surtout qui est incroyable. D'abord, incroyablement belle. D'ailleurs rien de ce qui va suivre ne se serait produit sans sa beauté ; aucun homme n'aurait jamais pu la supporter. C'est une brune au merveilleux visage ovale, aux yeux noisette très clairs, légèrement en amande, avec une peau mate et satinée, le nez droit, la lèvre frémissante. Moitié madone, moitié fille des îles. On ne compte plus les hommes qui, après l'avoir rencontrée, ont dû se taper la tête contre les murs en rentrant chez eux, pour essayer de penser à autre chose.

Le surintendant Bedford lui-même reste pantois lorsqu'elle apparaît la première fois dans son commissariat d'une élégante banlieue londonienne. Un énorme col de vison gris sert d'écrin à sa beauté, faisant ressortir la matité de son visage… Que lui arrive-t-il ? Peu de choses. Elle vient de perdre un sac contenant 20 000 livres de bijoux.

— Je vous en prie, supplie-t-elle, les mains jointes comme une madone… faites votre possible pour les retrouver.

Et ses yeux ont un regard langoureux de vahiné.

— Expliquez-moi comment cela s'est passé... demande le surintendant qui a besoin de reprendre ses esprits.

— C'est affreusement bête, monsieur Bedford ! Cela s'est passé dans le parking de City Hall. J'ai posé le sac par terre, le temps d'ouvrir la portière, et puis je suis montée dans la voiture. Enfin, j'ai démarré en oubliant le sac sur le sol. Arrivée chez moi, je n'ai pas trouvé mon sac et je me suis souvenue de mon oubli.

Malgré une enquête minutieuse et les récompenses promises par la compagnie d'assurances et le mari de Dorothy Smith, le sac ne sera jamais retrouvé. Il faut dire que dans sa déclaration, Dorothy Smith a oublié quelques détails : d'abord, qu'elle avait posé le sac devant la voiture et qu'elle l'a probablement écrasé en démarrant. Ensuite, que les bijoux n'étaient probablement pas dans le sac en question mais dans un autre sac, en plastique celui-là, dans lequel elle avait placé quelques vêtements qu'elle venait de prendre chez le teinturier. Comme les vêtements ont été retrouvés dans la malle arrière, il est très possible que Dorothy Smith ait laissé les bijoux dans le sac en plastique qu'elle se souvient parfaitement avoir jeté dans une corbeille à papier en le croyant vide.

Le surintendant Bedford entre en rapport une seconde fois avec Dorothy Smith lorsqu'il l'appelle pour lui demander de déplacer sa voiture, stationnée depuis deux jours devant le commissariat. La jeune femme répond d'une voix enivrante :

— Je ne peux pas... elle est en panne.

Le surintendant fait convoquer un mécanicien. Celui-ci, après avoir tourné autour de la voiture, constate qu'elle est fermée à clé.

— Je ne peux pas vous donner la clé, elle est restée dans la voiture, explique Dorothy. C'est pour cela que je l'ai laissée devant chez vous.

— Ah bon... en somme, c'est ça la panne ?...

— Mais oui, monsieur Bedford.

On ouvre la voiture, on cherche la clé dedans... Pas de clé. Mais quelques heures plus tard, Dorothy survient, brandissant la clé :

— Je l'ai retrouvée ! s'exclame-t-elle ravie. (Entre parenthèses, elle est encore plus belle lorsqu'elle est heureuse.) Elle était dans mon sac. Je l'avais mal cherchée.

La troisième fois où le surintendant Bedford a l'occasion de rencontrer Dorothy Smith, c'est lorsqu'un pauvre bougre de serrurier est pris en flagrant délit d'effraction devant une villa. Il s'avère finalement que c'est Dorothy Smith la coupable. Encore une histoire de clé ! Son mari étant en voyage, la bonne étant absente pour le week-end, ayant perdu ses clés, Dorothy a téléphoné au serrurier. Celui-ci, trop confiant, a procédé seul à l'ouverture. Malheureusement, les explications de Dorothy étaient tellement claires qu'il s'est attaqué à la villa d'à côté...

Bien entendu, tout cela n'est pas grave et ne justifierait pas que l'on en parle, si une telle étourderie, devenue légendaire dans cette banlieue de Londres, n'avait abouti à trois meurtres.

Le 18 mai 1954, le très honorable et séduisant David Prescott, quadragénaire bronzé plus ou moins diplomate, entre chez lui vers dix-neuf heures, rue du Docteur-Blanche dans le seizième arrondissement de Paris. Sa première réaction est un léger agacement en entendant l'électrophone tourner dans le vide, ce qui est le meilleur moyen d'user une tête de lecture. Les têtes de lecture coûtent cher et le très honorable David Prescott est assez près de ses sous.

Sa seconde réaction est une légère grimace pour exprimer sa fureur en voyant l'eau imbiber la moquette à la sortie de la salle de bains d'où s'élève un bruit de cataracte.

Enfin sa troisième réaction est d'arrondir des yeux horrifiés en découvrant que le corps nu de sa jeune femme baigne dans une eau rougie sur le carrelage, au pied du lavabo.

La police française a vite fait de déterminer les points suivants :

Premièrement, l'assassin est une personne connue de M^me^ Prescott qui a dû ouvrir la porte elle-même. C'est même une personne très connue puisqu'elle n'a pas hésité à se déshabiller devant elle.

Deuxièmement, la balle provient d'un revolver de gros calibre, probablement d'une arme militaire qu'on imagine mal dans les mains d'une femme.

Troisièmement, d'après la concierge, M^me^ Prescott est rentrée chez elle vers dix-sept heures. Elle était accompagnée d'un livreur qui portait un petit secrétaire Louis XV qu'elle venait d'acheter chez un antiquaire. Le livreur est facilement retrouvé. Il affirme être innocent : il a posé le secrétaire, empoché son pourboire et il est reparti comme il était entré.

Quatrièmement : le concierge se souvient qu'une très belle femme, parlant avec un fort accent anglais, lui a demandé vers dix-huit heures l'étage de M$^{me}$ Prescott. Cette femme est redescendue quelques instants plus tard, affirmant qu'elle avait sonné mais que M$^{me}$ Prescott n'était pas là. Or, si la concierge a vu rentrer M$^{me}$ Prescott une heure plus tôt, le concierge, lui, n'en savait rien. Cela lui a donc semblé normal. La dame anglaise lui a demandé de lui avancer deux cents francs pour payer un taxi, car elle n'avait pas d'argent sur elle, lui affirmant que M$^{me}$ Prescott rembourserait car c'était une amie intime. Le concierge y a consenti en se faisant un peu tirer l'oreille.

Cinquièmement : les empreintes du livreur sont identifiées ainsi que toutes les autres ; ce sont celles du mari, de la femme de ménage et d'un beau-frère venu quelques jours plus tôt.

Sixièmement : le taxi est retrouvé. Il se souvient très bien de la fameuse dame anglaise, n'ayant pas pu s'empêcher de la détailler dans son rétroviseur tant elle lui paraissait belle. Belle mais étourdie. Elle ne se souvenait pas de l'adresse où elle voulait se rendre : elle a dû téléphoner pour la connaître.

— A-t-elle téléphoné à la personne à qui elle rendait visite ?

— Ma foi, j'en sais rien... elle m'a emprunté quelques sous pour entrer dans un café et, au retour, elle m'a donné l'adresse.

— Quelle heure était-il ?

— Entre dix-sept heures trente et dix-huit heures...

Première conclusion de la police française : Si l'Anglaise a téléphoné à M$^{me}$ Prescott pour avoir son adresse, et que celle-ci lui a répondu, c'est qu'elle était encore en vie. Dans ce cas, c'est sur elle que les soupçons doivent se porter et le livreur est innocent.

Mais — seconde conclusion de la police française — il est impensable que quelqu'un puisse commettre un meurtre après avoir tant fait pour être remarqué.

De toute façon, il faut retrouver cette femme, témoin capital dans l'affaire. La recherche s'avère très facile et c'est ainsi que se retrouvent, à Londres, le surintendant Bedford et Dorothy Smith.

Toujours aussi dur et transparent, le surintendant est toutefois moins glacial lorsqu'il convoque la ravissante créature. Elle est vêtue d'une longue robe « new-look », mode de l'époque, dans laquelle son corps paraît souple comme celui d'une panthère.

— Excusez-moi de vous poser cette question, madame, mais j'y suis obligé, suite à une demande d'enquête. Vous savez qu'une certaine Mme Prescott vient d'être assassinée à Paris ?

— Oui... Je sais... Les Prescott sont des amis. C'est une chose affreuse.

— D'après le rapport de la police française, vous auriez rendu visite à Mme Prescott le jour du crime.

— Oui.

— Et vous ne l'avez pas vue ?

— Non. J'ai sonné. Ça ne répondait pas. J'ai cru qu'elle n'était pas là... Je suis repartie.

— Vous étiez venue à Paris uniquement pour la voir ?

— Oui... Je suis arrivée en fin de matinée. Je l'ai appelée au téléphone plusieurs fois mais ça ne répondait pas... J'ai pensé qu'elle rentrerait entre cinq et six heures et j'y suis allée.

— Vous ne vous souveniez plus de l'adresse ?

— Non. Je savais que c'était rue du Docteur-Blanche mais je ne me souvenais plus du numéro...

— C'est Mme Prescott qui vous a donné son adresse ?

— Non... Lorsque j'ai arrêté le taxi pour téléphoner dans un café, la cabine du téléphone était occupée... Alors j'ai cherché dans l'annuaire du téléphone et j'ai trouvé son adresse.

— Pardonnez-moi cette question indiscrète, madame, mais pourquoi avoir fait ce voyage à Paris uniquement pour voir Mme Prescott quelques heures ?

Dorothy Smith rougit légèrement et répond avec simplicité que cette question lui paraît superflue : le surintendant a sûrement pris ses renseignements. Il ne peut pas ignorer qu'elle est depuis plusieurs années la maîtresse de David Prescott. Il n'ignore pas non plus qu'elle-même et son mari, M. Smith, vivent ensemble mais chacun ayant repris une certaine liberté. Elle songeait à divorcer dans l'espoir d'épouser M. Prescott. Dans ce but, elle voulait avoir une conversation définitive avec sa femme qui, au demeurant, est une amie.

Moitié porte de coffre-fort, moitié Saint-Gobain, le surintendant regarde cette femme, moitié madone et moitié fille des îles... Evidemment tout l'accuse, mais, d'un autre côté, et par cela même, sa culpabilité devient improbable. D'autant que son histoire se tient parfaitement et peut être vérifiée point par point. Sauf, bien entendu, les quelques instants qu'elle aurait passés soit sur le palier, soit dans l'appartement de M^me^ Prescott.

Mais le surintendant Bedford ne voit aucune raison de retenir Dorothy Smith pour le moment.

Le 26 juin, un grand mariage a lieu dans une banlieue de Londres. Une jeune fille épouse un ingénieur des usines d'aviation De Haviland. Dans la maison en fête, elle attend désespérément sa sœur Juliet qui ne vient pas. Juliet ne vient pas non plus à l'église. Au retour, stupeur, désespoir pour les uns, consternation pour les autres : le cadavre de Juliet est découvert dans le parc.

La police anglaise enquête. La jeune femme a été tuée par une balle de revolver de fort calibre.

Le surintendant Bedford, dans la circonscription duquel s'est produit le drame, n'est pas surpris de découvrir Dorothy Smith parmi la liste des invités.

Ce ne peut être qu'une coïncidence. On ne voit pas une femme, témoin important dans un meurtre, venir à un mariage pour y tuer l'une des invitées. Et avec un revolver certainement très encombrant et qui doit peser dans les quatre livres.

D'ailleurs, rien dans le comportement de Dorothy Smith n'a frappé aucune des personnes présentes si ce n'est peut-être sa robe, ravissante bien sûr, mais plutôt une robe d'après-midi, pas le genre de robe qu'on met pour un mariage.

— Est-ce qu'elle avait un sac ?

— Oui.

— Un grand ou un petit sac ?

— Pas un sac de cérémonie... un sac de ville.

— Donc un grand sac ? Merci.

Mais l'explication de cet anachronisme fournie par Dorothy Smith est tout à fait conforme à ce que nous connaissons d'elle.

— Je devais voir Juliet pour parler de nos vacances. Nous avions envisagé d'aller ensemble en Italie. Lorsque je suis arrivée, j'ai vu les invités du mariage. J'ai compris que je m'étais trompée de jour. Je croyais que c'était le lendemain. Comme j'étais invitée, je suis restée, mais je n'ai pas vu Juliet.

Cette fois encore, le surintendant Bedford reste gauche et hésitant devant Dorothy Smith... Elle est plus belle que jamais, son comportement plus aberrant et innocent que jamais, mais il semble, d'après les premiers renseignements, qu'il ait existé certains liens entre la pauvre Juliet et le dénommé David Prescott... lequel paraît être un « fameux lapin ».

Quant à l'époux de Dorothy, témoin capital dans l'affaire du meurtre de M$^{me}$ Prescott à Paris, il a déclaré avec empressement :

— J'ai aimé Dorothy parce que c'est la plus belle femme que j'ai rencontrée. J'ai épousé Dorothy parce qu'elle a un tempérament exceptionnel. Aujourd'hui, j'héberge Dorothy comme on garde chez soi un magnifique animal. Mais je suis prêt à divorcer ! Il est impossible de vivre avec elle. Si Prescott la veut, maintenant que sa femme est morte, qu'il la prenne !

Or, Prescott, après l'assassinat de Juliet, se défend comme un beau diable :

— Je ne m'entendais pas avec ma femme. Nous avions convenu de divorcer lorsque j'ai eu le coup de foudre pour Dorothy... Je n'ai pas besoin de vous expliquer pourquoi : il n'y a qu'à la regarder pour comprendre. Mais depuis trois ans qu'elle est ma maîtresse, je n'ai plus qu'une idée, c'est de mettre le plus de distance possible entre elle et moi. La Manche n'a pas suffi. J'ai sollicité un poste en Argentine où je comptais m'installer avec Juliet. Mais je n'ai pas parlé de Juliet à Dorothy. Je lui ai laissé croire que j'étais redevenu amoureux de ma femme, jusqu'à ce que les journaux en parlent, évidemment.

Donc, dans les deux assassinats, Dorothy Smith se trouve impliquée et de plus, avec un mobile. Elle aurait pu commettre le premier crime et le second pour le même motif : supprimer une rivale.

Mais dans les deux affaires, son comportement a été tellement aberrant, étourdi et désinvolte que le surintendant Bedford ne se décide pas à l'inculper.

Le 12 juillet, la police est priée de vérifier ce qui se passe dans le cottage des Strube, riches commerçants de la banlieue de Londres où habite aussi Dorothy Smith. Les policiers y trouvent un cadavre, celui de M$^{me}$ Strube, cinquante ans, et le corps de la gouvernante grièvement blessée et inconsciente. Elles ont toutes deux reçu une balle de revolver de fort calibre.

Le surintendant Bedford pense d'abord à un crime de rôdeur. Mais trois tasses de thé ont été servies. Une pour Mme Strube, une pour la gouvernante, et l'autre ? On ne sert pas le thé à un rôdeur...

Près de la table, le surintendant trouve un gant rose. Evidemment, les policiers fouillent de fond en comble la maison pour trouver le deuxième gant. Pas de gant rose. Cela semblerait indiquer qu'une femme est venue et repartie en oubliant un gant.

Le surintendant Bedford échange un regard avec ses collaborateurs et tous ont la même pensée : Dorothy Smith !

— Allons, les enfants ! Je sais à qui vous pensez, mais on ne peut pas l'impliquer dans tous les crimes commis en Angleterre ! Cherchons...

Tandis qu'on emmène la gouvernante qui n'a toujours pas repris connaissance, ils cherchent donc. Mais d'abord dans le répertoire téléphonique de Mme Strube. Et malgré eux, ce qu'ils cherchent, c'est avant tout deux noms : Smith Dorothy et Prescott David.

Et les deux noms figurent en effet dans le répertoire.

Cette fois encore, la chose paraît invraisemblable. Peut-on imaginer une criminelle qui oublie un gant rose sur les lieux du crime ? D'autre part, le surintendant ne peut admettre qu'il s'agisse d'une coïncidence.

Il se précipite chez Dorothy Smith dont l'accueil est surprenant :

— Bonjour, monsieur, je vous attendais.

— Vous m'attendiez ?

— Oui. J'ai tout préparé.

— Et qu'est-ce que vous avez préparé ?

— Ça... vous voyez, j'ai déjà tout mis dans des housses.

Et la ravissante femme, moitié madone moitié fille des îles, lui montre de sa main fuselée, d'un grand geste du bras — un bras nu car il fait très chaud à Londres ce jour-là, un bras souple et bronzé — un énorme amas de fourrures dans des housses transparentes.

— Mais qu'est-ce que vous voulez que j'en fasse ? Je suis le surintendant Bedford !

— Oh, pardon ! Je ne vous avais pas reconnu ! Je croyais que vous étiez le fourreur. Je pars en vacances et on doit venir chercher ces fourrures pour les mettre dans la chambre froide. Mais je vous en prie, qu'est-ce que je puis faire pour vous ?

Le surintendant montre le gant rose :

— Reconnaissez-vous ce gant ?

C'est tout juste si Dorothy Smith a légèrement pâli.

— Inutile de me mentir, si ce gant est à vous, de toute façon je le saurai très vite : ou bien je trouverai l'autre dans la maison, ou bien des témoins le reconnaîtront. Alors ? je vous écoute...

— Oui, ce gant est à moi.

— Alors, madame Dorothy Smith, je vous arrête.

Son mari et son amant ne voyaient en Dorothy qu'une femme étourdie et insupportable. En réalité, elle était folle. Dieu sait comment elle réussit à se servir par trois fois de l'énorme revolver retrouvé dans les affaires de son père et dont sa mère avait oublié l'existence. Si l'on comprend pourquoi elle a tué M^me^ Prescott et Juliet, le mobile de l'assassinat de M^me^ Strube ne sera jamais bien éclairci.

M^me^ Strube était une amie d'enfance restée très intime de David Prescott. Celui-ci — qui avait obtenu un poste en Argentine — lui écrivait régulièrement. Dans une de ses lettres, il lui avait demandé de ne pas donner son adresse à Dorothy et, si elle le pouvait, de convaincre celle-ci de l'inutilité de lui écrire ou de tenter de le revoir.

Lorsqu'elle reprit connaissance, la gouvernante déclara qu'après avoir entendu une vive discussion, suivie d'une énorme détonation, elle avait vu Dorothy entrer dans la cuisine et tirer sur elle sans explication.

Dorothy Smith fut donc incarcérée dans une prison spécialisée à Broadmoor, sans autre explication.

# LA FIN DU DUFFLE-COAT

Lorsque l'avocat Emil Schwartzkopf découvre sa cliente, il est absolument démonté. Il sent tout de suite que quelque chose ne colle pas dans cette affaire. Cela se passe à Vienne, dans les années 50, et dans le cabinet d'un juge d'instruction. La ville, à cette époque, n'est pas tout à fait une ville comme les autres, et cette scène a quelque chose d'invraisemblable, presque surréaliste : Me Emil Schwartzkopf, vieux routier du barreau au visage buriné, avocat célèbre au sourire convaincant et à la voix de tribun, salue le juge d'un geste large et observe minutieusement sa cliente de ses yeux malins.

Le crime dont on accuse cette jeune femme est particulièrement horrible. Elle aurait assassiné Frederick Lhoest, un commerçant des faubourgs, en lui assenant jusqu'à ce que mort s'ensuive un nombre incalculable de coups avec un hache-viande.

Evidemment le premier réflexe de l'avocat est de jauger la force physique de sa cliente. Or, Elisabeth Rudolphe lui paraît bien fine et bien gracieuse dans sa robe noire à petit col blanc, pour s'être servie d'un tel objet.

Le hache-viande, autrefois fort répandu, est une lourde et large lame de forme semi-circulaire munie aux extrémités de deux petites poignées. Bien que destiné à hacher uniquement la viande, il peut efficacement avoir haché les os du crâne de M. Lhoest, à condition d'user d'une certaine force.

C'est pourquoi Me Schwartzkopf demande finalement au juge d'instruction :

— Croyez-vous, monsieur le juge, que ma cliente soit capable physiquement d'utiliser un hache-viande pour tuer un homme robuste de quarante-cinq ans ?

Le juge d'instruction sourit :

— Je sais que cela peut vous surprendre, maître, mais la grâce de l'accusée ne doit pas faire illusion. Elle reconnaît elle-même être très musclée et très sportive.

Elisabeth Rudolphe tourne alors vers l'avocat de grands yeux et fait un signe de tête affirmatif.

Le regard de l'avocat ne quitte pas sa cliente. Soit, pense-t-il, mettons qu'elle ait la force physique nécessaire. Mais comment imaginer que cette jeune femme de vingt-six ans au visage d'enfant, rond et régulier, illuminé par d'immenses yeux noisette, auréolé de boucles blondes abondantes, bref un visage d'ange, comment imaginer qu'elle ait pu tuer un homme pour lui voler ses économies ? Pour le moment d'ailleurs elle nie.

Le juge d'instruction a beau lui rappeler :

— Vous avez été, d'après l'enquête, la dernière personne à voir la victime vivante. Vous étiez sa maîtesse. On a retrouvé partout vos empreintes, même sur le hache-viande !

Elle nie toujours.

— Je vous demande pardon, intervient l'avocat. D'après le dossier, dont je n'ai eu connaissance que bien tard, les empreintes de la cliente ne sont présentes que sur une seule poignée !

— Certes, explique le juge, mais il est possible de manier un hachoir à viande en le tenant par une seule poignée. De plus, l'accusée ne dissimulait à personne qu'elle avait besoin d'argent et son passé récent n'est pas des plus recommandables. Après avoir été puéricultrice, elle est devenue la maîtresse du Dr Carl Mulhof. Elle fut pour cela renvoyée de l'hôpital. Devenue alors une sorte de prostituée mondaine, elle a été condamnée l'an passé pour une tentative de chantage. Comme vous le voyez, malgré son visage d'ange, Elisabeth Rudolphe n'est pas une sainte !

Pendant que le juge d'instruction continue d'éplucher à haute voix le dossier établi par la police, l'avocat, incrédule, se pose une nouvelle question : admettons qu'elle ait eu la force physique et l'absence de morale nécessaires à un tel crime, est-elle assez bête pour l'avoir commis ? Car il s'agit d'un crime particulièrement stupide. Elle était sûre d'être tout de suite suspectée...

Après quelques secondes de réflexion, la conclusion de l'avocat est cette fois formelle : cette femme a l'air intelligent. Il serait donc bien étonnant qu'elle ait commis un crime aussi bête, aussi sanglant. Que ce visage d'ange ait conçu de tuer par le poison, peut-être, mais avec un hache-viande ! Impossible !

— Vous avez une petite fille de quatre ans, lui demande-t-il enfin. Où est-elle ?

— Chez mes parents.

A l'évocation de sa fille, l'accusée fond en larmes.

Et l'avocat va sortir du bureau du juge d'instruction définitivement convaincu que quelque chose ne tourne pas rond dans cette affaire.

Un matin vers neuf heures, M$^{e}$ Schwartzkopf, vêtu d'un élégant costume de flanelle grise, entre dans la cellule d'Elisabeth Rudolphe. Celle-ci, qui doit être conduite une fois de plus chez le juge d'instruction, a déjà revêtu sa petite robe à col Claudine et on lui donnerait le Bon Dieu sans confession...

— Mon petit, déclare l'avocat, je ne vous crois pas coupable. En tout cas, je suis convaincu que ce n'est pas vous qui avez tué cet homme avec un hache-viande. Mais nier ne suffit pas. Trop de faits vous accusent. Ce sont ces faits qu'il faut expliquer. Commençons par le commencement. Donc, ce soir-là, vous étiez chez Frederick Lhoest. Pourquoi ? Et qui est cet homme ?

D'une voix légère mais précise, Elisabeth répond sans hésiter :

— C'est un épicier qui a gagné de l'argent dans le marché noir du chocolat. Il a une femme et trois enfants. Il n'est pas beau, mais il insistait tellement...

— Vous aviez déjà été chez lui ?

— Oui, la nuit à sa boutique, une dizaine de fois.

— Il vous donnait de l'argent ?

Elisabeth regarde l'avocat droit dans les yeux :

— Bien sûr, sinon à quoi bon ?

— Beaucoup d'argent ?

— Non, il était très avare.

— A quelle heure êtes-vous partie ?

— Vers une heure du matin.

— Mais non, Elisabeth, ne me mentez pas à moi ! Des témoins vous ont vu sortir vers trois heures. Si vous vous obstinez, vous allez être condamnée. Vous allez passer toute votre vie en prison. Toute votre vie ! Une jeune femme comme vous !

Et il montre la sinistre cellule, le guichet de la porte où, lorsque l'avocat n'est pas là, le garde-chiourme vient tous les quarts d'heure glisser un œil curieux, et les trois barreaux à la fenêtre, qui jettent trois ombres sur le ciment usé du sol :

— Est-ce que vous vous rendez compte ? Toute une vie là-dedans !

Le visage d'ange s'est brusquement affaissé. La jeune femme pleure derrière ses cheveux. La main droite, celle qui aurait dû tenir le hache-viande, s'est crispée sur son front.

— Allons, dites-moi la vérité, insiste l'avocat.

Et voici les aveux peu vraisemblables qu'il obtient :

Elisabeth a connu dans sa courte vie agitée beaucoup d'hommes étranges, notamment des espions. Il faut dire qu'à Vienne, cette année-là, on estime qu'au moins 5 000 personnes travaillent pour les services secrets russes, américains, anglais, français, allemands de la R.D.A. ou de la R.F.A., et bien sûr autrichiens. Tous ces agents occupent des postes dans les armées d'occupation, les ambassades, l'administration ou la police, et emploient une nuée d'informateurs qui, sans être inquiétés, peuvent se livrer à tous les trafics. L'épicier Frederick Lhoest aurait été l'un de ces informateurs et la jeune femme se serait vue contrainte d'introduire chez lui un espion de l'Allemagne de l'Est. Elle croyait, affirme-t-elle, que cet espion — répondant au nom de Keller — voulait simplement converser avec l'épicier.

Malheureusement, ses intentions étaient moins innocentes. Après s'être enfermé avec lui pendant une demi-heure, à l'abri du rideau de fer baissé, il appela la jeune femme qui se tenait dans l'arrière-boutique :

— Elisabeth, veux-tu m'apporter quelque chose de lourd et de coupant ?

Surprise, la jeune femme lui demanda de préciser le genre d'objet qu'il désirait :

— Une hachette, une serpe, n'importe quoi...

Elisabeth ne trouva qu'un hache-viande.

— Ça ira, ça ?

— Parfaitement, répondit Keller qui, se tournant sans hésiter vers l'épicier, assis et tremblant de peur sur une chaise, lui en asséna une série de coups interminable.

Cela fait, il s'en fut aussitôt, se contentant de prévenir la jeune femme :

— Tu ne me connais pas, tu ne m'as jamais vu. Sinon, tu ne reverras plus jamais ta fille. Nous la retrouverons où qu'elle soit. Compris ?

L'avocat Emil Schwartzkopf, à qui l'accusée vient de faire ce récit, n'est pas convaincu. Il pose à la jeune femme des questions auxquelles celle-ci répond tant bien que mal.

— Comment est-il ce Keller ?

— Très ordinaire, blond, de taille moyenne. Mais il était vêtu d'un duffle-coat.

— Un duffle-coat ? Mais tout le monde à Vienne porte un duffle-coat ! c'est la grande mode ! Vous n'avez rien de plus précis ?

— Non.

Finalement, l'avocat conclut :

— Bon, eh bien, si c'est votre dernier mot, nous nous en contenterons. Ce que je vous demande instamment, c'est de faire le même récit au juge d'instruction lorsqu'il va vous interroger.

— Mais Irma ? Ma fille ? Si je parle, que deviendra ma fille ?

— Elle est chez vos parents, où habitent-ils ?

— A Vienne.

— Bien. Je vais la mettre à l'abri.

Tandis qu'Elisabeth dépose chez le juge d'instruction, l'avocat entreprend les démarches nécessaires pour que la petite fille soit acceptée dans un collège en Irlande.

Le lendemain, la presse viennoise reproduit sur cinq colonnes, mais sans y croire, le récit de celle qu'elle appelle « l'accusée au visage d'ange », s'amusant beaucoup au signalement du soi-disant Keller uniquement reconnaissable à son duffle-coat...

Bien entendu, ce Keller reste introuvable. Mais Elisabeth demande à son avocat :

— Et ma fille ? Vous vous êtes occupé de ma fille ?

— Bien sûr. J'ai entrepris des démarches pour qu'elle puisse entrer dans un collège en Irlande.

— Faites vite, j'ai très peur pour elle.

Le lendemain, même question :

— Et ma fille ? Vous vous êtes occupé de ma fille ?

— Oui, ne soyez pas impatiente. Il faut le temps d'obtenir son visa de sortie. Avec vous en prison, vous vous doutez bien que ce n'est pas facile.

Le troisième jour, Elisabeth demande où est Irma.

— Si je n'ai pas son visa aujourd'hui, je la conduirai chez des amis à la campagne.

Alors Elisabeth se met en colère. Si sa fille est encore à Vienne, c'est que l'avocat ne la croit pas. Il ne croit pas que ce Keller existe et qu'il y a un danger pour Irma. Dans ces conditions, elle va revenir sur ses aveux.

Me Schwartzkopf essaie de la calmer, affirme qu'il obtiendra incessamment le départ de l'enfant. Mais la jeune femme est décidée à se rétracter.

— Et comment expliquerez-vous un crime aussi stupide ?

— Je dirai que je savais que l'épicier avait de l'argent chez lui, qu'il m'avait demandé des choses inacceptables, et que j'avais bu beaucoup de vin nouveau.

Elisabeth tient parole et le jour même, revenant sur ses aveux, elle s'accuse d'avoir assassiné Frederick Lhoest.

La nouvelle version présentée par l'accusée satisfait pleinement la police, la justice et la presse. Mais comme l'avocat prétend toujours qu'Elisabeth ne peut pas avoir tué un homme avec un hache-viande, la police lui cherche un complice. Elle soupçonne un instant le père de la jeune femme. Puis le docteur, chef de service à l'hôpital où elle était autrefois puéricultrice. Le malheureux, depuis, s'est marié et a deux enfants. Mais il revoyait toujours Elisabeth. La dernière fois, il a dîné avec elle, le soir même où Frederick Lhoest allait être bestialement assassiné. Il fournit à la police un alibi indiscutable. Mais sa femme, à cette occasion, apprend sa liaison avec Elisabeth et demande aussitôt le divorce. Tant et si bien que le procès s'ouvre quelques mois plus tard avec grand fracas et une affluence exceptionnelle de journalistes et de photographes. Elisabeth Rudolphe est accusée d'avoir assassiné avec un hache-viande l'épicier Frederick Lhoest pour lui voler 50 000 shillings. Circonstances atténuantes : « Il lui avait demandé quelques gestes, qu'une femme, même légère, réprouve, et elle avait bu beaucoup de vin nouveau. »

Elisabeth est condamnée à vingt ans de prison et cette affaire sordide devrait donc tomber dans l'oubli. Sa fille vit chez ses parents. Son père ne parvient pas à retrouver du travail et son ex-amant, le Dr Mulhof, mis à la porte de l'hôpital, ne peut ouvrir un cabinet.

C'est alors que l'avocat, qui poursuit sa petite enquête sans le crier sur les toits, rencontre dans un cocktail un très riche industriel. En découvrant qu'il s'agit de l'avocat d'Elisabeth Rudolphe, l'industriel pâlit légèrement et le prend à part :

— Maître, quelque chose me tourmente depuis la condamnation de cette jeune femme. Malheureusement, je ne peux m'en ouvrir à personne, sinon à vous. Mais à la condition formelle que ce que je vais vous dire reste entre nous, que vous n'en fassiez jamais état et surtout que mon nom ne soit jamais prononcé.

L'homme est grand, distingué mais assez laid. De plus, il a un pied bot et il est chauve comme un œuf. Il doit avoir soixante-cinq ans environ.

— Vous promettez, maître ?

— Si en me taisant, je ne commets pas un acte illégal, je vous le promets.

— Rassurez-vous. Voilà : j'ai eu l'occasion de rencontrer plusieurs fois Elisabeth Rudolphe. Sa beauté m'a ému. Sa détresse aussi. Car s'il y a beaucoup de choses à lui reprocher, je crois que c'est surtout une jeune femme désemparée. Plusieurs fois je lui ai fait la cour. Elle m'a toujours gentiment repoussé. Mais, et c'est ceci qui est important, trois jours avant l'assassinat, je lui ai fait une proposition... Evidemment, c'était une proposition un peu ridicule, même très gênante. C'est pourquoi je compte sur votre discrétion. Voilà : je lui ai proposé une rente de 200 000 shillings par mois si elle voulait bien devenir ma maîtresse. 200 000 shillings par mois pour me recevoir de temps en temps ; seulement de temps en temps. A mon âge... enfin, vous me comprenez. Or, maître, elle a refusé ! Croyez-vous qu'une jeune femme de mœurs aussi libres puisse tuer un épicier pour lui voler quelques sous alors qu'elle vient de refuser une telle offre ?

Considérant cette révélation comme un fait susceptible d'éclairer l'affaire d'un jour nouveau, l'avocat décide de faire reprendre l'enquête. Mais il n'est pas au bout de sa surprise...

Sa grosse limousine noire s'arrête donc devant la prison à la fin de l'été 1954, soit une année après la condamnation d'Elisabeth.

Quelques minutes plus tard, il se trouve face à son ex-cliente qui lui demande sur un ton presque hostile

— Que me voulez-vous ?

L'avocat constate qu'elle a encore embelli pendant ces derniers mois. Elle semble en pleine santé dans sa robe d'épaisse toile grise.

— Elisabeth, je veux vous faire sortir d'ici. Je crois que j'en ai maintenant les moyens.

Et l'avocat la regarde intensément.

— Pourquoi voulez-vous me faire sortir ? réplique Elisabeth, le visage contracté. Je me sens très bien ici, j'ai tout ce qu'il me faut.

— J'en suis très heureux, rétorque l'avocat, pourtant je voudrais reprendre le procès, si vous le voulez bien.

— Je ne veux plus de procès. Je veux qu'on me laisse tranquille. Vous savez combien j'ai été torturée : quarante-quatre interrogatoires en dix-neuf jours. Et puis...

— Et puis, quoi ?

— Il y a ma fille ! Vous savez très bien à quoi vous en tenir. Je ne veux pas qu'on touche à un cheveu de ma fille, alors je vous interdis de me traîner encore une fois en justice.

Hors d'elle, la prisonnière se détourne pour avertir son geôlier que l'entretien est terminé.

Soit : pour protéger sa fille, Elisabeth ne veut pas revenir une fois de plus sur ses aveux et reprendre ses accusations contre le mystérieux Keller — mais pourquoi l'avocat ne le ferait-il pas ? — les gens qui ont menacé Elisabeth ne pourraient lui tenir rigueur des agissements de son avocat.

Lors de la première enquête, la police — comme d'ailleurs la justice et l'opinion publique — ont trouvé le récit de l'accusée si peu vraisemblable qu'ils n'ont pas vraiment cherché le mystérieux assassin en duffle-coat, et les quelques témoignages recueillis à son sujet n'ont pas été retenus.

Par exemple, celui d'un employé de la gare de Vienne qui déclara que le jour où Elisabeth accusait le dénommé Keller, un homme s'était présenté au bureau des renseignements, afin de faire réserver une couchette pour Milan. Il portait un duffle-coat.

— Quel est votre nom ? lui a demandé l'employé.

L'homme a hésité quelques instants et répondu enfin :

— Keller, Eric Keller.

— Comme le Keller de l'affaire Rudolphe ?

— Oui. Fâcheuse coïncidence, a répondu l'homme qui riait jaune Et je porte un duffle-coat ! Croyez-moi, si j'avais autre chose à me mettre sur le dos...

L'avocat remue ciel et terre pour retrouver à Milan la trace du dénommé Keller. Il est descendu à l'hôtel *Principe di Savoia* et reparti trois semaines plus tard pour Berlin-Ouest, d'où il a disparu définitivement. Mais les services de police de Berlin, qui ont eu à le connaître, sont convaincus qu'il s'agissait bien d'un espion de la République démocratique allemande. A ce point de son enquête, l'avocat avertit alors la presse viennoise qui publie une énorme manchette : « Keller, l'espion en duffle-coat, existe. Peut-être est-il l'assassin de l'épicier Frederick Lhoest. »

C'est alors que l'affaire va se corser.

Au mois de décembre 1954, Emil Schwartzkopf reçoit un coup de téléphone anonyme :

— Allô, maître Schwartzkopf ?

— Oui. A qui ai-je l'honneur ?...

— Je suis quelqu'un qui connaît très bien Eric Keller... et qui peut agir à sa place... Je pense que vous me comprenez, maître Schwartzkopf ? La promesse qu'Eric Keller a faite à votre cliente tient toujours. Je ne pense pas qu'Elisabeth apprécierait que vous mettiez sa fille en danger. Ce n'est sûrement pas votre rôle. Donc, si vous avez un tant soit peu de respect pour elle, vous en resterez là.

Là-dessus, l'inconnu raccroche sans laisser à l'avocat le temps de placer un mot.

Ce fut pour ce dernier un drame de conscience : devait-il laisser Elisabeth en prison pour vingt ans ou, contre son gré, faire courir des risques à sa fille ? Il décida d'aller dans le sens qu'aurait choisi Elisabeth et se tut.

On oublia petit à petit l'affaire. Mais le séjour en prison de la jeune femme fut écourté et les Viennois renoncèrent à la mode du duffle-coat qui disparut brusquement.

# PHRYNÉ

Pour la commodité de cette histoire, il était plus facile de donner à certains des personnages des noms célèbres définissant bien leur caractère. C'est ainsi que le héros sera le Dr Watson, ce « brave docteur Watson », ami d'enfance de Sherlock Holmes.

Toutefois, le nôtre est réellement docteur et réellement détective de profession. Grand, fort, avec un visage tout rond, il réussit la gageure de montrer un bas de visage éternellement souriant et un front constamment soucieux. C'est un célibataire de quarante-cinq ans qui a appris son métier dans la célèbre agence de police privée Pinkerton. Bien qu'il soit un peu trop indulgent, c'est un bon détective.

Ce brave Watson se présente avec ponctualité à dix heures, le matin du 29 mars 1908, au rendez-vous que lui a donné le fils aîné d'un richissime fabricant de chicorée dans son hôtel particulier de Londres.

S'il avait connu les conséquences de cette rencontre, le docteur Watson se serait sauvé à toutes jambes.

Donc, à dix heures, A. O. Weber, c'est le nom du dernier rejeton de cette dynastie de la chicorée, reçoit le brave Watson et lui dit :

— J'ai une affaire très grave à vous confier. Ma femme, qui est d'origine autrichienne, était veuve, et nous ne sommes mariés que depuis quelques mois. Or, Scotland Yard vient de l'arrêter pour la transférer en Allemagne où elle est accusée de complicité dans le meurtre de son premier mari, un commandant prussien de l'armée allemande qui avait quinze ans de plus qu'elle. Cette accusation est absurde et, bien entendu, j'ai l'intention de mettre tout en œuvre pour l'aider. Ma femme a une très grosse fortune personnelle ; j'ai aussi des moyens importants ; je veux les meilleurs avocats allemands et que vous repreniez l'enquête à zéro.

Puis, négligemment, le « prince de la chicorée » sort d'un tiroir de son bureau une photo et un petit portrait peint, ce que l'on appelle une « miniature ».

Le brave Watson, qui s'apprêtait à y jeter un regard distrait, la photo dans une main et la miniature dans l'autre, sent brusquement le souffle lui manquer : il n'a jamais vu une beauté pareille. Certes, la miniature pourrait mentir, les cheveux pourraient être moins blonds, la peau moins blanche et les yeux moins verts ; mais la photo, elle, ne ment pas. L'immensité et la limpidité troublante des yeux n'y sont pas inventées, non plus que la forme généreuse de la bouche, le velouté de la peau et l'abondance et la finesse des cheveux blonds.

— Vous comprenez sans doute, monsieur le détective, qu'une beauté si rare peut jouer un rôle important dans la vie d'une femme, que c'est sans doute un point capital dans cette affaire et qu'il fallait commencer par là.

— En effet, en effet, murmure Watson extrêmement troublé... Mais où est-elle ?

— Je vous l'ai dit, elle a été transférée en Allemagne.

— Pourrais-je la voir ?

— Oui, certainement... Du moins, je l'espère, dit le « prince de la chicorée » en soupirant, mais en prison, du moins pour le moment.

Voici donc le Dr Watson à Berlin, au début d'avril 1908. Il fait froid et il neige. Son premier geste a été de se procurer les journaux ayant consacré à l'affaire — qui a un énorme retentissement en Allemagne — de nombreux articles. Mais tout ce qu'il lit lui paraît tellement invraisemblable et contradictoire qu'il décide de se faire une opinion par lui-même en interrogeant les témoins qu'il pourra rencontrer.

Quant à voir l'extraordinaire M^me^ Weber, il n'y faut pas songer : les journaux signalent qu'elle vient d'être conduite dans un sanatorium en Rhénanie. Si l'on en croit les journaux, ce transfert, nécessité par la fragilité mentale de l'accusée, se serait extrêmement bien passé ; accompagnée de quelques amis et sous la surveillance indulgente et discrète de la police, elle aurait accompli le voyage en sablant le champagne dans le wagon-restaurant.

Le premier témoin sur lequel le brave Watson réussit à mettre la main est un cousin de la jeune femme qui accepte de lui dire tout ce qu'il sait en buvant quelques pots de bière au sous-sol d'une brasserie.

— Vous l'avez connue ? demande Watson.

— Oui… très bien.

— Qu'est-ce que vous entendez par « très bien » ?

Devant l'étonnement mêlé d'indignation du brave Watson, le cousin éclate de rire.

— Ecoutez, monsieur — dit le témoin —, vous ne devez pas aborder votre enquête avec l'état d'esprit dans lequel je vous vois. Vous ne devez pas regarder cette femme et parler d'elle comme vous regardez ou comme vous parlez des autres femmes. Je comprends bien que M. Weber, son actuel et probablement provisoire mari, la considère comme une femme normale pour se donner l'illusion qu'elle peut lui appartenir, mais si vous voulez avancer dans votre enquête, vous ne pouvez vous satisfaire de cette vision bourgeoise. Il est déjà difficile à une femme aussi belle d'avoir la vie paisible que la morale et la religion recommandent, mais si vous lui prêtez le caractère impétueux, le tempérament volcanique, la vivacité d'esprit et l'insouciance autrichienne qui sont la base même de sa personnalité, ça devient tout à fait impossible, et il faut la voir avec un autre regard. Vous avez entendu parler de Phryné ?

— Qui ça ?

— Phryné, cette courtisane grecque d'une extraordinaire beauté qui comparut un jour devant des juges. Alors que tout l'accusait, son défenseur eut l'idée pour unique plaidoirie d'arracher les voiles qui couvraient sa nudité ! Sa beauté, sa seule défense, désarma ses accusateurs et elle fut acquittée. Eh ! bien, monsieur, cette femme, provisoire épouse d'un « prince de la chicorée », c'est Phryné. Pensez qu'enfant, lorsque je l'ai connue, elle venait comme catéchumène de séduire le pasteur qui la préparait à la confirmation. Certes, la vie du malheureux fut pour longtemps bouleversée, mais qui, des deux, avait commis la plus grande faute ? Elle qui n'était encore qu'une enfant ? Ou lui, adulte et homme de Dieu ? Je ne sais pas si elle a trempé de près ou de loin dans le meurtre de son premier mari, c'est à vous de l'établir, si vous le pouvez, mais ce que je puis vous dire, c'est qu'en l'épousant, ce commandant de quinze ans plus âgé qu'elle a pris des risques qu'il ne pouvait ignorer. Eh quoi ! il ne l'a pas prise dans un sac ! Il ne pouvait ignorer qu'ayant séduit le pasteur, elle avait dû en séduire beaucoup d'autres. Et de plus, elle était fort riche.

— Si je comprends bien, dit le brave Watson après un instant de réflexion, vous n'excluez pas la possibilité qu'elle ait été complice dans l'assassinat de son premier mari ?

— Je ne sais pas et je ne veux pas le savoir. D'ailleurs, je l'ai perdue de vue et je ne sais d'elle que ce que veulent bien en dire les journaux. Si vous voulez en savoir plus, un conseil : il ne manque pas en Prusse de ces aristocrates raides et impavides, dont l'intransigeance fond comme neige au soleil devant la beauté des femmes. Vous y trouverez probablement quelque officier bavard pour vous éclairer. Je ne souhaite qu'une chose...

— Laquelle ?

— Que vous restiez, quel que soit le résultat de votre enquête... dans le camp des défenseurs.

Là-dessus, l'homme rabaisse le couvercle de sa chope de bière et prend congé.

Ayant suivi le conseil de ce premier témoin, Watson parvient à rencontrer quelques jours plus tard un officier de l'état-major impérial qui ne fait aucune difficulté pour lui parler de la « nouvelle Phryné ».

C'est un commandant de cavalerie en gants blancs, sabre et baudrier, sorte d'Eric Von Stroheim dont le visage massif et l'attitude hautaine s'accommodent néanmoins d'un certain humour glacé.

Watson engage la conversation sur la pointe des pieds :

— Commandant, j'ai été chargé par M. Weber d'établir le bien-fondé des accusations dont on accable sa femme.

— Weber... de la chicorée ?

— Oui ! Le fils aîné... le premier mari de sa femme était de votre régiment, je crois ?

— En effet, c'est le comte de Molkte lui-même. Dès qu'elle apparut aux soirées de notre régiment, il a fait d'elle le point de mire de nos réunions...

Soit dit en passant, le comte de Molkte devait devenir pendant la

Grande Guerre, le chef d'état-major de l'armée allemande. L'officier poursuit :

— Il nous a montré à tous l'exemple en la distinguant parmi toutes les femmes d'officiers qui se pressaient autour de lui. Tous l'imitèrent avec d'autant moins de difficultés que le commandant, son premier mari, était d'une tolérance extrême. Aussi était-il fréquent que nous organisions en son honneur des fêtes assez brillantes en forêt, dans le pavillon de chasse du régiment. C'est une femme merveilleuse.

— Mais, que disaient les autres femmes ?

— « Si tu ne veux pas couper la main de ton ennemi, baise-la. » Sa beauté était telle qu'elle ne permettait aucune comparaison, aucune concurrence. Son tempérament et sa prudence aussi sans doute étaient tels qu'elle n'autorisait aucun espoir durable parmi les officiers. Aussi leurs femmes préféraient faire « la part du feu » et minimiser l'incident en évitant de faire des scènes et en s'efforçant d'être avec elle du dernier bien. Et toutes, au fond, l'admiraient.

— Mais vous-même, l'avez-vous bien connue ?

— Oui, je l'ai connue.

— Bien connue ?

— Je ne prétends pas l'avoir mieux connue que d'autres officiers qui l'ont comme moi... connue.

— Je ne comprends pas très bien.

— Je veux dire que je n'ai pas eu le temps de la connaître mieux que d'autres l'ont connue.

— Si le temps vous a manqué, est-ce par suite de sa décision ou de la vôtre ?

— Je veux croire que c'est la faute d'un mouchoir.

— Pardon ?

— Le commandant von Schoenebeck, son mari, avait la passion de la chasse ; il s'y adonnait presque chaque jour et, du matin au soir, sa femme avait imaginé d'accrocher à la fenêtre de sa salle de bains un mouchoir de couleur différente. Ce mouchoir signifiait que son mari n'était pas là s'il était rouge, que je pouvais lui rendre visite ; s'il était bleu, elle recevait des amis ou des parents ; s'il était jaune, elle était seule et désirait le rester, etc. Un jour, j'ai cessé de voir le mouchoir rouge... mais j'ai continué à voir les autres mouchoirs. J'ai alors compris qu'en réalité, chaque mouchoir de couleur s'adressait à un officier différent. Bien que très affecté, j'ai été consolé en constatant que le mouchoir jaune, comme le mouchoir blanc, ont cessé rapidement de paraître à la fenêtre pour être remplacés progressivement par des marron, des bleus, des verts.

— Et au sujet... demande timidement Watson, au sujet de la mort du commandant, son premier mari ?

— Ce que j'en sais ?

— Oui.

— Rien d'autre que ce que l'on a pu lire dans les journaux.

— Il y a plusieurs versions. Quelle est la vôtre ?

— La plus simple. Elle avait, parmi ses courtisans, un très séduisant capitaine de cavalerie : le capitaine von Goeben. Avec qui elle usait, bien entendu, du fameux signal. Un jour, elle oublia de mettre le mouchoir bien que le commandant ait été à la maison. Lorsque von Goeben entra, le commandant l'entendit. Il y eut alors un duel immédiat au pistolet, ce que nous appelons « à l'américaine », et le commandant fut tué. Sa femme déclara alors qu'elle avait été réveillée par un coup de feu, et qu'elle avait trouvé le cadavre de son mari dans le couloir. La police arrêta von Goeben qui avoua.

— Et c'est tout ?

— Pas tout à fait. Il y eut par la suite, paraît-il, des présomptions que von Goeben eût souhaité cet incident, et loin de le démentir, par désappointement sans doute, le cavalier accusa la femme du commandant de l'y avoir poussé. Elle fut donc accusée de complicité. Comme nous avions tous témoigné de sa bonne réputation, elle fut libérée sous caution de 50 000 marks et autorisée à se rendre à Londres pour se remettre de ses émotions. C'est alors, je suppose, qu'elle connut le « fils de la chicorée » qui l'a épousée. Voilà...

Le brave Watson hésite, et brusquement se décide :

— Commandant, puis-je vous poser une question qui risque de vous paraître inélégante ?

— Posez votre question ; si elle est inélégante, je n'y répondrai pas.

— Etes-vous vraiment convaincu qu'elle est innocente du crime dont on l'accuse ?

— Je n'en ai pas la moindre idée ; il serait donc inutile et désagréable d'en parler.

— Je dois mener une enquête, fait observer le détective. Qui pourrait me renseigner ?

— Pour les ragots, dit le commandant en enfilant ses gants blancs, voyez les domestiques.

Puis, il soulève son sabre et repousse sa chaise, signifiant que l'entretien est terminé.

Les domestiques ! Pendant plusieurs jours, Watson va parcourir Berlin, et faute de trouver le domestique qu'il lui faut, il va rencontrer une frêle jeune fille qui fut, pendant un temps, la fiancée du capitaine de cavalerie von Goeben. Cette fiancée délaissée, romantique et naïve, est la première personne rencontrée par Watson qui se refuse à montrer la moindre indulgence envers Phryné. D'une petite voix que la jalousie et la haine rendent aiguë, elle en dresse un portrait accusateur.

— J'étais la fiancée du capitaine von Goeben quand il a connu ce monstre, dit-elle. Il a tout de suite perdu la tête. Il est parti souvent en voyage avec elle ; c'est ainsi que j'ai compris mon infortune.

— Mais, demande Watson, les autres officiers n'étaient pas jaloux ?

— Non, répond la jeune fille. Si cette femme est un monstre, sa beauté dissimulait ses mœurs inavouables. Ces voyages ne choquaient personne ; tout le monde semblait trouver cela normal. Il faut dire que personne ne savait, dans la garnison, qu'ils allaient mener une vie de débauche dans les stations balnéaires de la Baltique. Mais depuis, ceux qui ont voulu savoir savent qu'ils se conduisaient d'une façon scandaleuse, étalant leurs amours devant les pêcheurs et les marins surpris… portant un tort considérable au corps des officiers. Aujourd'hui, ceux qui veulent savoir savent qu'elle se choisissait des amants partout : des soldats, des civils et même le marchand de glaces italien dans la rue !

— Mais, dit Watson, pourquoi parlez-vous des gens qui « veulent savoir » ?

— Parce que la plupart ne veulent pas. Ils ne veulent plus savoir lorsqu'ils l'ont rencontrée seulement une fois. Elle est trop belle, ils sont subjugués et ne veulent pas admettre qu'une telle beauté physique puisse aller de pair avec une telle laideur de l'âme, un tel charme avec un tel cynisme. Sinon comment expliquer qu'accusée de complicité de meurtre, on l'ait laissée libre d'aller à Londres et de se marier ? Comment expliquer que, lors de son transfert, elle ait voyagé en sablant le champagne ? Pourtant la police l'a dit et c'était dans les journaux, elle parcourait les rues de la ville, la nuit, vêtue pauvrement, un fichu rouge sur la tête, à la recherche d'aventures nouvelles. Mais les gens ne veulent pas le croire, ou préfèrent oublier. Vous, monsieur, vous ne l'avez pas encore rencontrée ?

— Non, pas encore.

La jeune fille regarde alors le brave Watson comme si elle le soupesait, puis elle hoche tristement la tête :

— Vous verrez, vous aussi vous serez subjugué.

En attendant, le brave détective essaie d'obtenir de la jeune fille un témoignage précis. Mais il n'obtient rien d'autre qu'une version publiée par la presse — et la plus désobligeante pour Phryné — dont voici la traduction mot à mot :

« Von Goeben aurait déclaré que lui et sa maîtresse comptaient se marier dès que le commandant aurait été supprimé. Il était exact que la femme du commandant avait parlé de divorce avec son mari. Celui-ci n'avait d'ailleurs pas manifesté de contrariété, allant même jusqu'à permettre que le capitaine von Goeben passât la nuit sous son toit alors qu'il était alité par un accès de goutte. Mais von Goeben aurait compris que ce divorce lui coûterait sa carrière d'officier. Il était en outre lui-même fiancé. Phryné, après lui avoir raconté d'affreux mensonges concernant les mauvais traitements qu'elle subissait et l'abandon moral dans lequel la laissait son mari, aurait alors obtenu la promesse qu'il l'en débarrasse. Von Goeben imagina donc de proposer au commandant, lors d'une chasse prévue pour Noël (et en braquant son pistolet contre lui), d'introduire une demande en divorce, sans quoi il le tuerait.

« La chasse prévue pour Noël 1907, hélas, n'eut pas lieu. Elle se transforma en fête de famille à laquelle participait von Goeben. Quand tout le monde fut couché, Phryné attira son amant dans sa chambre et sut le convaincre d'agir définitivement. Von Goeben estima qu'il était tenu par sa promesse. Avant de partir, il ouvrit de l'intérieur une fenêtre du corridor et la repoussa simplement sans tourner la poignée. Car il comptait passer par-là pour surprendre le commandant.

« Puis il acheta un loup noir pour ne pas être reconnu. Rentré chez lui, il ne put dormir sachant que le commandant dormait toujours avec une arme chargée à côté de lui. Il craignait qu'il n'y ait pas de discussion mais un « carnage ». Ensuite, il erra dans les rues et rencontra une patrouille militaire, ce qui le fit hésiter encore plus. Mais la perspective de paraître le lendemain devant les yeux de la femme adorée sans avoir tenu sa promesse lui donna du cran.

« A trois heures du matin, il essaya d'entrer par la fenêtre entrouverte, mais le gel l'avait coincée et il dut la pousser pour l'ouvrir, ce qui fit du bruit. Le mari se réveilla, alluma les lampes ; il parut en chemise de nuit et en pantoufles, le revolver dirigé contre l'intrus. Von Goeben l'interpella, « Commandant ! », en même temps qu'il tirait sur lui.

« Le lendemain, le capitaine revint à la maison du commandant en disant qu'il avait rendez-vous avec son supérieur pour une partie de chasse.

« Lorsqu'on lui apprit que ce dernier avait été tué par une arme à feu, il monta voir la femme du commandant en larmes, pour la consoler.

« Celle-ci fut ensuite recueillie par une famille d'officiers qui avait pitié d'elle. Von Goeben reçut l'ordre de son chef de ne pas se rendre chez la veuve puisqu'on connaissait ses relations intimes avec elle. Il y alla quand même, et fut sur-le-champ arrêté.

« Les charges contre von Goeben étant très fortes, il fit aussitôt des aveux complets. D'ailleurs sous le tapis de son logis, on trouva 1 300 marks qui devaient lui permettre de prendre la fuite, s'il n'avait pas été arrêté si vite. Il avait compris que sa vie était ratée pour de bon. Il avoua ensuite que la femme qu'il avait aimée passionnément l'avait incité au crime, qu'elle l'avait dominé en tout, qu'elle avait été terrible et serait arrivée à lui faire accomplir tout ce qu'elle voulait. Elle l'avait complètement envoûté.

« Le 2 mars 1908, il se suicida dans sa cellule. C'est alors qu'on fit arrêter sa maîtresse à Londres, ce que les familles du commandant et du capitaine réclamaient avec insistance. »

C'est ainsi qu'une partie de la presse allemande présente l'affaire sur laquelle le Dr Watson est chargé de faire la lumière, tandis que Phryné coule des jours heureux dans son sanatorium de Rhénanie. Hélas, si l'enquête du brave détective n'avance guère, par contre un député conservateur, outré que la police et la justice montrent une telle indulgence, réclame devant le Reichstag l'accélération de la procédure.

Le « prince de la chicorée » a beau se démener auprès de ses avocats, il ne peut empêcher que s'ouvre un procès sensationnel aux assises de Koenigsberg, en Prusse orientale. Nous sommes en 1908. Et ce sera un procès effarant.

Jusqu'aux assises et même pendant celles-ci, la sympathie chaleureuse des dames de la haute société ira à Phryné. Le panier à salade qui, chaque matin, la conduit de la prison au tribunal est suivi par des centaines de jeunes filles qui lui apportent des fleurs. Le brave Watson qui n'a malheureusement pu réunir de preuves certaines de son innocence mais quelques pièces et témoignages susceptibles de semer le doute, ne la rencontrera que deux fois.

La première fois, l'entrevue a lieu à la prison et il en a le souffle coupé. Dieu sait pourtant qu'il était prévenu. Elle est en robe de chambre et ne bouge pas de son siège lorsqu'il entre dans sa cellule. Elle se contente de lever lentement ses paupières, et de le regarder bien en face, de ses célèbres yeux immenses, limpides et verts. (Le Dr Watson en parlera jusqu'à la fin de ses jours : « Quand vous voyez la mer, par un beau temps ensoleillé et paisible, vous êtes obligé de l'aimer. Il faut être fou, masochiste, pour essayer de se la représenter à tout prix sous son plus mauvais aspect, noire, furieuse, écumante. Elle est belle, elle vous apaise, voilà tout ! »)

C'est donc dans un engourdissement divin que le brave Watson échange avec Phryné quelques mots où il n'est fait aucune allusion au procès dont elle paraît se soucier fort peu mais d'où il ressort qu'elle « souhaite vivement », qu'elle « serait heureuse », que son malheur « serait de beaucoup diminué », qu'elle serait « pleine d'une grande reconnaissance » s'il pouvait user de son influence pour lui permettre de recevoir son jeune beau-frère... le frère du « prince de la chicorée » qu'elle a connu à Londres et qui se trouve alors à Koenigsberg !

Complètement subjugué, le brave détective se retire en promettant d'intervenir.

Pour on ne sait quelle raison, peut-être pour ménager les nerfs de l'accusée, le procès aura lieu à huis clos, et même la presse en sera exclue.

A la surprise de tous, Phryné paraît fraîche et détendue, très élégamment vêtue, comme pour une fête. De toute évidence, elle compte sur sa beauté, son charme et son aisance pour envoûter les juges et surtout les jurés qui sont, en grande partie, des gens de la campagne.

Evidemment, le procureur, convaincu de la culpabilité de Phryné, va s'efforcer d'expliquer les mensonges, les silences, et les hésitations du capitaine von Goeben en les attribuant à la noirceur d'âme de l'accusée : si von Goeben fut arrêté, c'est en venant chercher une lettre dans laquelle Phryné lui expliquait comment il fallait répondre aux interrogatoires. Elle suggérait de faire croire que le commandant avait été tué par des voleurs qui voulaient prendre son argenterie.

Heureusement pour Phryné, et ce sera le seul élément probant de l'enquête du détective anglais, la défense peut exhiber la lettre qu'il a retrouvée. Elle est de la main de von Goeben et c'est lui qui l'apportait.

Alors le procureur poursuit en expliquant que dans l'asile psychiatrique où elle fut internée tout de suite après le crime pour y être observée, ainsi que le capitaine von Goeben, elle réussit à se mettre en rapport avec lui, grâce à la complicité du directeur de l'asile qu'elle avait subjugué. C'est là qu'elle sut convaincre von Goeben de défendre la thèse du duel « à l'américaine », thèse que le capitaine abandonna lorsqu'il cessa d'être envoûté par l'accusée.

Ce à quoi la défense réplique, selon la conclusion des experts psychiatriques de l'asile, que Phryné n'était pas consciente de ses actes au moment du crime.

Evidemment, le procureur se gausse de cette conclusion : « Les experts ne sont que des hommes et eux aussi ont été subjugués. » Et il commence à dresser l'inventaire, vrai ou faux, des actes odieux, des vilenies et de toutes les manies rebutantes que l'on prête à Phryné.

Chose étrange, cela ne paraît pas affecter l'accusée qui se tait. Elle est ce qu'elle est, et se contente de l'être. C'est d'ailleurs tout ce qu'elle dira :

— Je n'ai rien à dire car je ne demande rien. Je n'ai pas aidé à la mort de mon mari mais je n'ignore pas que je suis différente de la plupart des femmes. Je suis née ainsi et ne l'ai pas voulu. Si certains m'aiment parce que je suis belle, d'autres me détestent pour la même raison. Lorsque vous aurez tout entendu, vous me regarderez en face comme je vous regarde, et vous prendrez votre décision.

Pourtant, la veille de la dernière audience, lorsque le détective rencontre à nouveau Phryné, elle lui paraît plus abattue. Bien entendu, les larmes qui ruissellent sur le velours blanc de ses joues la rendent plus émouvante que jamais : aussi, quand elle lui renouvelle son désir de rencontrer son jeune beau-frère, Watson promet-il à nouveau.

A partir de ce moment-là, il lui fera donc rencontrer le jeune beau-frère avec qui — oh ! surprise — elle échangera des baisers passionnés. Puis, la nuit suivante, elle s'ouvrira les veines du poignet à l'aide du couteau que le jeune homme lui a apporté.

Le lendemain, la procédure sera interrompue et jamais reprise. L'accusée sera libérée sous le prétexte d'une santé chancelante que la procédure mettrait en danger.

A Londres, M. Weber refusera alors de verser ses honoraires au brave Watson et demandera le divorce. Et Phryné épousera, quelque temps après, le jeune beau-frère.

Mais — comme le dit un article de la presse allemande — ce ménage fit « long feu ». Phryné continua d'être le point de mire dans de nombreuses affaires se déroulant dans les quartiers huppés de Berlin... « jusqu'à ce que la mort mette un point final à cette vie de débauche ».

# LE FEU FOLLET

Jamais les pompiers de Miami n'ont connu de nuit aussi folle. Surtout en plein hiver. Les incendies en Floride se déclencheraient plutôt l'été. Mais en cette nuit de janvier, et par 4° en dessous de zéro, c'est une folie ! Un petit vent venu du nord-ouest, un diable de vent au ras du sol, fait de la moindre étincelle une gerbe de flammes en trente secondes.

Sept sorties, pour éteindre sept incendies en une seule nuit, dans le même quartier, c'est trop : cela veut dire qu'un pyromane est en liberté.

Qui dit pyromane, dit très souvent criminel à idée fixe. Or, celui-là semble s'attaquer à n'importe quoi.

Un hôtel, des maisons individuelles, un immeuble... c'est bizarre. Avec chaque fois une odeur d'essence épouvantable, et avec chaque fois un blessé. Un brûlé grave, saisi par les flammes comme en plein sommeil, dans son lit...

Le dernier, notamment, que l'ambulance emporte, roulé avec précaution, enduit de film protecteur, c'est Jason Barrow. Il a été brûlé dans son lit, de la tête aux pieds. Cheveux flambés, moustaches grillées, et toute la peau, du cou aux doigts de pieds comme passée au gril. D'ailleurs, il s'est évanoui.

Mais les adjoints du capitaine des pompiers ont tout de même remarqué une chose, le feu est parti de son lit.

Le capitaine trouve cela bizarre. Les six fois précédentes, ils n'ont pas eu le temps de déterminer le foyer de départ de manière précise. Cela sentait l'essence, c'était suffisant, et tout l'étage de l'immeuble brûlait. Mais cette fois, c'est bizarre. Il s'agit d'une petite maison, où le feu a pris à grande vitesse, car elle est en bois, mais lorsqu'on a retiré le corps de Jason Barrow évanoui, il y avait encore de l'essence sur son matelas.

S'agirait-il d'un suicidaire, genre bonze ? Possible, mais la similitude avec les six premiers incendies de la nuit, ne permet pas d'envisager sérieusement cette solution. Six bonzes de Floride, se suicidant la même nuit, c'est beaucoup. Beaucoup trop.

Le premier : quarante-trois ans, pompiste, célibataire

Le deuxième : vingt-sept ans, placier en assurances, divorcé.

Le troisième : trente-quatre ans, commerçant, marié

Le quatrième : cinquante ans, libraire, veuf.

Le cinquième : trente-deux ans, sans profession, marié.

Le sixième : trente-cinq ans, camionneur, marié.

Et le septième : quarante ans, chef de bureau, marié : Jason Barrow. Où est le point commun ? Nulle part. Ni dans l'âge, ni dans la profession, ni dans l'état social.

Tous ont déclaré être victimes d'un incendie dont ils ignorent l'origine, sauf le septième.

Plus exactement, le septième a déclaré la même chose, mais il avait l'air de mentir. Peut-être parce qu'il était le plus atteint ?

Enfilant sa pelisse, et reniflant de froid, un inspecteur de police fait les cent pas devant l'hôpital où sont soignés les blessés, car on craint malgré tout un attentat collectif. Un attentat venu on ne sait d'où, ni pourquoi.

Le second inspecteur visite les débris fumants de la dernière maison, la plus atteinte, et le troisième se penche avec sollicitude sur le visage tuméfié et rouge de Jason Barrow. Le médecin lui a recommandé de ne pas le fatiguer. Alors il attend que cette momie bourrée de calmants, placée sous une tente de plastique stérile, lui dise pourquoi il avait l'air de mentir en répondant : « Je vous jure que je ne sais rien de ce qui s'est passé ! »

Le rapport de la police sur les sept incendies de cette nuit d'hiver en Floride n'est pas le plus grave. Quelque part au coin d'une rue, il y a eu mort d'homme, une femme s'est suicidée, une autre a été violentée sur une plage... Bref, les sept incendies ne sont pas une catastrophe, le dernier mis à part. Chacun en sera quitte pour refaire une peinture, racheter un meuble ou deux, et attendre que la peau cicatrise...

Mais ce que n'aime pas le chef de la police, c'est le côté pyromane de cette série. Un pyromane en liberté coûte cher à la communauté et un jour ou l'autre fait mourir quelqu'un, ou quelques-uns.

C'est pourquoi Jason Barrow, à peine réveillé, est assailli de questions par l'inspecteur qui guettait son réveil.

— Vous dormiez vraiment, alors que votre maison brûlait ? Vous ne vous êtes rendu compte de rien ?...

— Je m'en suis rendu compte quand j'ai brûlé moi-même...

— Dites-moi, monsieur Jason, vous étiez seul dans cette maison ?

— Oui, ma femme et mes enfants sont en vacances à la montagne.

— Et dites-moi, monsieur Jason, à part votre femme et vos enfants, personne n'était avec vous ?

— Personne, je vous le jure. Je l'ai déjà dit, je dormais.

— Et ce n'est pas vous qui avez mis le feu à votre maison ?

— Monsieur l'inspecteur, je l'ai achetée à crédit, je n'ai pas fini de la payer, et vous voudriez que j'y mette le feu ? Il s'agit d'un accident. Je ne sais pas ce qui s'est passé, mais de toute façon l'assurance paiera !

— Vous m'avez bien dit que vous avez senti le feu, lorsque vous avez été brûlé ?

— C'est exact, je dormais. C'est la fumée et les flammes autour de mon lit qui m'ont réveillé !

— C'est ennuyeux !

— Comment ça, ennuyeux ? Pourquoi ennuyeux ? Je suis brûlé, partout, c'est moi la victime et vous me traitez comme si j'étais un criminel !

— C'est ennuyeux, monsieur Barrow, parce que c'est vous qui avez commencé à brûler et pas la maison...

— Co... comment ça ? C'est ridicule, voyons ! Je le saurais tout de même !

— Vous devriez. On a retrouvé de l'essence sur votre matelas, et il semble bien que le feu ait pris là. Vous vous êtes évanoui ailleurs que dans votre lit... On vous a retrouvé presque dehors, sous la véranda.

Jason Barrow est un petit homme musculeux, au teint légèrement olivâtre et aux cheveux déjà gris. Il n'a rien d'un Tarzan, il est chef de bureau dans une société d'informatique, c'est-à-dire qu'il est enfermé dans une petite cage de verre, et surveille à perte de vue un staff de quelque trente dactylos et programmatrices, bourdonnant sur des machines diverses. Il est marié depuis quinze ans, il a deux enfants de treize et neuf ans. L'inspecteur parierait sa chemise que Jason Barrow est terrifié par sa femme. D'ailleurs, ce que l'on aperçoit de son visage a l'air totalement terrifié. Ses yeux roulent dans ses orbites...

— Inspecteur, s'il s'agit d'un attentat, je ne sais pas, je ne peux pas savoir d'où il vient. Cherchez le fou qui a fait ça, et ne prenez pas les honnêtes citoyens pour des suspects. Je suis honorablement connu dans le quartier, ma maison est détruite. Je ne vois pas pourquoi je ne vous dirais pas la vérité ! Si le feu avait commencé sur mon lit, je vous l'aurais dit !

L'inspecteur regarde le petit homme dans le blanc des yeux.

— Vous mentez, monsieur Barrow, et si vous continuez, tout brûlé que vous êtes, vous vous retrouverez avec sept accusations sur le dos, pour incendies volontaires.

Il y a un silence, un petit hoquet de Jason Barrow, l'infirmière vient vérifier les pansements, puis s'éloigne. Et, derrière sa tente de plastique stérile transparente, Jason Barrow avoue :

— Je vais vous dire la vérité...

— S'agit-il du même pyromane qui a mis le feu à plusieurs habitations, dont la vôtre ?

— Je ne sais pas, dit Jason, du fond de son pansement. Mais je voudrais vous demander une chose, inspecteur, avant de vous raconter...

— Oui ?

— Est-ce qu'il est possible, enfin... peut-on éviter de dire tout cela à ma femme ?...

— Ça dépend, mon vieux, dites toujours. Si vous n'avez tué personne, ça doit pouvoir se faire.

— Et on ne le mettra pas dans les journaux ?

— Ah ça ! c'est une autre histoire, mais dépêchez-vous, mon vieux, si un sadique allume sept incendies en une nuit, c'est qu'il est en pleine crise, et qu'il peut recommencer...

— Ce n'est pas un sadique, c'est UNE sadique...

— Vous l'avez vue ? Vous pouvez la décrire ?

— Oh oui !...

Et Jason Barrow raconte enfin sa soirée de la veille, la vraie. Pas celle qu'il réservait à sa femme, aux voisins et à la cantonade. Une version qui le voulait homme sage et vertueux, ayant grignoté son steak à huit heures du soir et regardé la télévision avant de se coucher. Mais une autre version, bien plus scandaleuse celle-là...

Il se promenait sur un trottoir, et comme il faisait froid... n'est-ce pas, il est entré dans un bar, il n'a pas l'habitude d'aller dans les bars pourtant.

Dans ce bar, il y avait une femme. Ni laide ni belle, la quarantaine, mais l'air dévergondé. Elle a d'abord commencé par lui offrir un verre, à lui, Jason Barrow. Lui offrir un verre... c'était tellement étonnant qu'il a fini par accepter. Ensuite, ils en ont bu un autre, et puis un autre. Et c'est là qu'elle a proposé de le raccompagner chez lui...

Jason ne savait plus très bien où il en était, il a accepté. D'ailleurs, elle avait l'air gentil. Elle avait l'air si gentil qu'à peine arrivée chez Jason, elle s'est dirigée droit vers la chambre à coucher.

C'est à ce moment du récit de Jason Barrow que les choses deviennent non pas libertines mais terribles. Jason se met au lit sous l'injonction de sa compagne de rencontre, nu, toujours sur l'ordre de cette étrange femme. Laquelle lui annonce qu'elle va lui faire une surprise et retourne dans sa voiture une minute.

Elle réapparaît, souriante, les mains derrière le dos, et susurre à son séducteur séduit :

— Ferme les yeux une minute...

Puis avec la rapidité d'un diable, elle déverse sur le lit de la main droite une bouteille d'essence et jette de l'autre une allumette enflammée.

Cela fait, elle déguerpit, ferme la porte à clé, et laisse griller son gibier comme un vulgaire rôti.

Voilà ce qu'avoue le malheureux Jason Barrow, brûlé gravement par là même où il avait failli pécher...

L'inspecteur fait une drôle de tête. Les femmes pyromanes ou sadiques sont rares. Quelle curieuse idée a eu celle-ci de brûler un homme dans son lit ?

Non pas un homme, mais sept d'ailleurs ! Car, ils avouent enfin, les peureux, les honteux, les vexés, ceux qui avaient cru s'en tirer sans perdre la face.

Cette femme a attiré sept hommes chez eux, dans la même nuit, et sept fois, avec sept bouteilles d'essence et sept allumettes, elle a tenté d'en faire des petits tas de cendres.

L'enquête met bien un mois à établir les faits en détail, car l'un était marié, l'autre respectable, celui-là stupide, l'autre honteux tout simplement, bref...

L'homme est beaucoup plus pudique qu'on ne le croit généralement. Par contre, le signalement que les victimes donnent de la femme est à peu près identique, il n'y a aucun doute.

Blonde, la quarantaine, un air de fouine, avec des yeux de chat. A cette description dont un dessinateur habile fait un portrait robot remarquable... le shérif du district de Miami fronce les sourcils et appelle tous ses adjoints :

— Vous vous souvenez de cette fille qui voulait faire flamber Miami il y a quelques années ?

Les plus anciens se souviennent. Neuf incendies d'un coup dans la nuit. Au neuvième, deux sergents de ville avaient arrêté une jeune femme, qui dansait comme une folle sur le trottoir en battant des mains devant les flammes.

June Olson avait mis le feu partout où elle avait trouvé quelque chose qui voulût bien s'enflammer. Et lors de son interrogatoire, elle avait déclaré :

— Je ne voulais mettre le feu qu'à la moitié de Miami... Les hommes seulement.

Branle-bas de combat chez les policiers : où est June Olson ? Toujours en prison apparemment, où elle doit purger, outre ses incendies, quelques vols divers...

Hélas non. June vient d'être mise en liberté sur parole. Pour bonne conduite... Avec instruction de ne pas quitter Miami, et de pointer régulièrement auprès d'un fonctionnaire de la justice pénitenciaire.

Rafle dans tous les bars du quartier de Miami où un inspecteur de police a la chance de tomber sur June Olson, discutant avec un monsieur.

L'inspecteur pose la main sur l'épaule de June...

— June Olson ? Le shérif voudrait vous voir...

Le monsieur se lève alors d'un air indigné :

— Cette dame est une amie à moi, et si vous ne la laissez pas tranquille, je vous boxe !

— Boxez-moi, monsieur, et vous l'accompagnerez au commissariat... Qu'est-ce qu'elle vous a dit ? Qu'elle allait passer un petit moment avec vous ? C'est ça... et vous savez en quoi ça consiste ? Non ? Eh bien ! tant mieux pour vous, vous lirez ça dans les journaux.

Mais June Olson nie farouchement. Remise en prison sous le prétexte de racolage, elle y fera un temps relativement court, et ayant trouvé les cinq cents dollars nécessaires à sa remise en liberté provisoire pour ce chef d'inculpation, elle retrouvera sa liberté sous caution. La justice américaine, à force de liberté, est extrêmement compliquée.

Bref, June Olson est à nouveau libre. Elle pointe une semaine auprès d'un fonctionnaire, puis disparaît totalement jusqu'au 11 février 1966. Ce jour-là il fait toujours aussi froid, lorsque dans la nuit, éclatent quatre feux à peu de temps d'intervalle.

Le premier dans une pension de famille, et l'on a vu June danser et chanter comme une folle sur le trottoir, puis disparaître tel un feu follet. Il fallut une course poursuite pour remettre la main sur elle.

Et cette fois, en pleine crise, hurlant de rire et de plaisir, June a crié au shérif :

— J'adore faire brûler les hommes !

Le shérif, surpris, reposa la question, essayant de calmer la suspecte, la prévenant de ses droits, avocat, etc. mais June, tapant du poing sur la table, répète plus vulgairement cette fois, mais plus précisément aussi :

— J'adore foutre le feu aux mecs ! Compris ? J'avoue. J'aime ça ! J'en ai besoin. Je voudrais les coincer tous, les arroser d'essence et que ça flambe !

Pauvre June. Folle, dites-vous ?

Sûrement oui, mais à dix ans, une belle-mère entre dans sa vie, la claque à la main. A quinze ans, ballottée d'institution en pension, voleuse comme une pie, menteuse, elle se retrouve en prison. Accusée par sa belle-mère d'avoir racolé un homme dans la rue.

Or, c'est faux. L'homme l'avouera plus tard. Mais il est trop tard. June prend les hommes en horreur, et se comporte si mal que, cette fois, on l'enferme en hôpital psychiatrique. Comme son niveau d'intelligence est bon, on la relâche...

Elle vole, comme une pie, des diamants, des montres, tout ce qui brille...

## *Le feu follet*

A dix-huit ans, un homme — si on peut appeler ça un homme — achève de détruire June Olson.

Violée, June est traînée devant les tribunaux avec son violeur, qui ricane, et s'en tire faute de preuve... Comment croire une folle ? Il a la partie belle.

Et June hurle au tribunal :

— Je ferai griller votre cœur de cochon !

Elle a essayé. Par crises, elle racolait partout, elle ramenait les hommes chez eux, et quand ils étaient au lit... feu !

Elle le fit souvent. Et on l'a rarement prise sur le fait. Et rarement aussi les hommes osaient avouer l'incident. Soit à cause de l'assurance, qui ne couvre pas ce genre de risque, soit à cause de leur femme, qui ne le pardonne pas. Voilà.

Gratifiée d'un quotient d'intelligence de 138... qui, paraît-il, est une bonne note, June Olson a été récupérée par un psychanalyste à qui elle a échappé, par un hôpital psychiatrique dont elle a été libérée, et a trouvé de quoi payer sa caution pour être remise en liberté provisoire !

Moyennant quoi, elle attend d'être jugée... Mais, de quoi, grands dieux ? Par qui ? Et quand ?

# COMME DES MOUTONS

Il faut être une femme à poigne pour diriger une ferme en Australie, seule avec sept filles et un fils.

La veuve Moer est une femme à poigne. Elle est capable de soulever un mouton par le cou et de le tondre en neuf minutes. Chez elle, les tondeurs de moutons n'ont qu'à bien se tenir.

Chose étrange, la veuve Moer ne craint pas de mêler ses filles aux tondeurs de moutons, et tout aussi étrange, elle ne leur demande pas non plus de bien se tenir. Dans le ranch, il semble beaucoup plus important de bien faire son travail que de respecter l'honneur des filles de la maison. Elles ont de vingt-cinq à quarante ans, une santé de fer, un appétit d'ogre, et un charme bien particulier. Leurs ébats dans la prairie ne tracassent pas le moins du monde la veuve Moer qui, par contre, se montre d'une intransigeance quasi monacale avec son petit dernier, Julius, vingt et un ans, l'unique fils de la maison, né quelque temps avant la mort de son père, et qui ne ressemble pas du tout à ce père...

On a murmuré longtemps dans le ranch que la veuve Moer lasse de faire des filles, avait décidé de changer de mari, comme on change d'étalon. Bref, Julius est né, Julius est dorloté. Il grandit au milieu des femmes comme un petit roi, et c'est tout juste si les employés du ranch ne s'inclinent pas devant lui sur son passage.

De quoi faire de lui le garçon le plus odieux qui soit. Mais peu importe, la veuve Moer a un fils à qui tout est permis, sauf... sauf l'essentiel finalement.

Tête baissée, regard en dessous, Julius affronte sa mère :

— Je m'en fous, c'est ma femme.

— Petit crétin ! A ton âge ! Tu t'es laissé avoir, oui ! Qu'est-ce que c'est que cette fille ? Une traînée ? Tu l'as ramassée où ? Dans un hôtel ?

La traînée en question ne proteste pas. Elle n'a que dix-neuf ans, elle n'était que serveuse dans un snack-bar, et Julius Moer lui est apparu comme le sauveur. Ils se sont mariés en cachette, et la pauvre gosse a trouvé cela très romantique. A présent, elle trouve que c'était trop beau pour durer. Quant à affronter la veuve Moer, c'est l'affaire de Julius, qui s'en tire d'ailleurs très mal.

— J'ai le droit de me marier quand même !

— Non !

C'est clair, c'est net.

— Non, tu n'as pas le droit. Pas sans me demander mon avis. C'est moi qui commande ici, et tu n'es qu'un gamin...

— Je suis majeur tout de même...

— Tu seras majeur quand je le déciderai ! Emmène celle-là et rapporte-la où tu l'as prise. Si j'ai besoin d'une souillon pour la vaisselle, je l'engagerai moi-même. Divorce !

— Je peux pas.

— Comment tu ne peux pas ? Tu veux que je m'en occupe ?

— Je peux pas, elle attend un bébé !

La mère s'en étrangle de stupéfaction et de rage. Voilà le pire des sacrilèges ! Que son fils tourne autour d'une femme, c'était déjà insupportable. Qu'il l'épouse, c'était surhumain, mais qu'il lui fasse un enfant... c'est carrément impossible. La mère ne peut pas l'imaginer. Ce serait une trahison épouvantable. D'ailleurs, c'est inimaginable.

— Un enfant ? de toi ? Et tu l'as cru ? Mais mon pauvre Julius, tu es d'une naïveté ! Cette fille ne sait même pas de qui est cet enfant, si enfant il y a...

— Je te dis que c'est ma femme, maman, et c'est mon enfant. On s'est marié pour ça.

— En cachette !

— Je savais bien que tu crierais !

— Je ne crie pas, je hurle ! J'exige, tu m'entends, j'ordonne que cette fille disparaisse de ma vue...

— Bon, alors je pars avec elle !

— Tu ne vas pas faire ça, Julius... Je saurai bien t'en empêcher.

Au moins quatre des sept sœurs de Julius ont assisté sans mot dire à la discussion entre la mère et le fils. Personne ne défend la pauvre fille terrorisée, objet de ce drame familial. Personne ne lui donne un mot d'encouragement, une consolation, ou une marque d'intérêt quelconque. Elle n'existe pas. Ce visage encore enfantin aux yeux bleus, encadré de cheveux pâles et lisses, n'existe pas. Ce ventre déjà rond n'est qu'une illusion. Pour les sœurs de Julius, le spectacle est divertissant, sans plus. Il n'est pas courant que la mère s'en prenne à son fils, mais cette fois, le petit prince a fauté.

Puis, la colère de la mère se calme et s'éteint brutalement. Elle réfléchit. Une fois la première émotion passée, la situation lui apparaît dans toute son horreur.

Ce maudit garnement a balayé d'un coup tous ses projets d'avenir. Elle le voyait célibataire longtemps... Tout à *elle,* jusqu'à ce qu'*elle* lui trouve une donzelle obéissante et riche, qui lui obéirait à *elle.* Qui ferait des enfants si *elle* le permettait...

En somme, la veuve Moer est l'exemple exacerbé de la mère abusive. Son fils, c'est sa folie. Il ne peut exister que selon elle. Il n'est un homme que si elle le décide. Or, il a épousé cette chose pâle, triste et silencieuse, en cachette, exactement comme un gamin qui vole un pot de confiture, et casse le pot. L'ennui, c'est qu'il existe quelque part un papier officiel qui le prouve. Renvoyer la fille ne servirait à rien. Il faut la supprimer. La rayer, l'annuler complètement.

Changement de tactique :

— Julius, tu as fait une bêtise. N'en parlons plus. Où sont les parents de cette fille ?

— Elle n'en a pas...

— Bien. Elle restera ici, à condition de m'obéir et de travailler comme tout le monde. Comment s'appelle-t-elle ?

— Meg.

— Tu es sûr qu'elle est enceinte ?

Meg se croit autorisée à confirmer elle-même son état.

— De trois mois, madame.

Un regard courroucé lui intime l'ordre de se taire. Puis la veuve Moer fait sortir tout le monde. Ses filles et son fils. Elle garde auprès d'elle la jeune Meg, et cela dure longtemps, très, très longtemps. De quoi parlent-elles ? Personne ne sait. Personne ne saura jamais.

Meg a pleuré en sortant de cette entrevue, c'est certain, mais son mari ne s'en est pas inquiété. Il connaît tellement sa mère... du moins, il croit qu'il la connaît.

Quelques mois passent, une sorte de trêve s'est apparemment installée entre la veuve Moer et sa belle-fille. Puis une lettre arrive au bureau de la police locale de Perth. Pour une fois, ce n'est pas une lettre anonyme. Elle est signée : M^me^ Veuve Moer.

*Monsieur le chef de la police,*

*J'ai le devoir de vous informer que ma belle-fille a accouché clandestinement. Elle est allée jeter le cadavre de son bébé dans la rivière. J'ignore les raisons de son acte, mais j'ai tenu à ce que la justice soit saisie de l'affaire.*

La jeune Meg, pâle et en proie à une crise de nerfs, est emmenée de force par un inspecteur de police, vingt-quatre heures plus tard. Son mari a déclaré :

— Je crois qu'elle a été prise d'une crise de folie. Je ne sais pas exactement ce qui s'est passé.

La belle-mère a déclaré :

— Elle ne m'a pas prévenue qu'elle était dans les douleurs. Je l'ai trouvée sur la route presque inanimée, elle m'a dit qu'elle avait accouché seule, et que le bébé était noyé...

Ceci est le premier round d'une mise en scène diabolique. La veuve Moer utilise son intelligence et un sens remarquable de la psychologie pour arriver à ses fins : supprimer sa belle-fille.

Cette histoire ne se passe pas au Moyen-Age. Nous sommes en 1960, et l'Australie est un pays lointain mais civilisé. Pourtant, la veuve Moer agit comme au temps de l'Inquisition. Toutes ces diableries sont bonnes à utiliser contre cette hérétique qui a osé compromettre son fils en l'épousant.

L'enquête est difficile. La pauvre Meg refuse de parler pendant plusieurs jours. Elle semble très choquée. Un médecin, appelé à l'examiner, affirme qu'elle a bien accouché trois jours auparavant, dans des conditions d'hygiène discutables, car une fièvre infectieuse s'est déclarée. Meg est alors soignée à l'hôpital, calmée, et une semaine après son premier interrogatoire, elle accepte enfin de parler.

Pour dire des choses horribles :

Sa belle-mère aurait tout fait pour la faire accoucher prématurément. Pendant sept mois, elle a vécu enfermée dans une chambre, insultée et battue tous les jours. Les derniers temps, alors qu'elle était victime d'hémorragies, sa belle-mère ne l'a plus quittée, jusqu'au moment de l'accouchement. Meg a souffert le martyre, elle s'est évanouie, et n'a pas vu son enfant. Elle accuse sa belle-mère de l'avoir tué, et d'avoir fait disparaître le corps.

Dans la logique pure, c'est la parole de la belle-mère contre celle de la belle-fille. Car qui peut dire de combien de mois cette dernière était enceinte ? Qui peut dire si elle n'a pas avorté toute seule ? L'enquête de moralité ne lui est pas favorable, Dieu s'en faut. Pourtant, elle a l'air à bout de nerfs, malade, épuisée, déprimée même, et elle crie son innocence avec beaucoup de sincérité.

Autre point pour elle, les déclarations évasives du mari. Il savait que sa femme était enceinte, mais ne l'a appris que récemment. Le nombre de mois ? Ça, il n'en sait rien... trois ? quatre ?

L'inspecteur de police, lui-même père de quatre enfants, trouve cela bien étrange.

— Monsieur Moer, réfléchissez bien. Normalement, un mari dort avec sa femme ?

— Ma femme était malade, elle faisait chambre à part...

— Vous l'avez bien croisée quelquefois dans la journée, tout de même... Vous avez peut-être eu l'occasion d'observer sa silhouette, non ?...

— Bien sûr, mais elle n'était pas très grosse...

— Elle ne vous a jamais dit : « Le bébé est pour telle date ? »

— Non.

— Et vous ne lui avez jamais demandé ?

— Non...

— Pourquoi l'avez-vous épousée, monsieur Moer ?

— Je croyais l'aimer. Je m'étais trompé. C'est une fille qui n'en voulait qu'à mon argent. J'avais d'ailleurs l'intention de divorcer plus tard.

Les sept sœurs de Julius Moer sont d'une indifférence remarquable à l'égard du problème. Tout ce monde habite pourtant le même ranch.

Il reste que la belle-mère, la veuve Moer, dépose plainte contre sa belle-fille... Pourquoi elle et pas le mari ? Par contre, le mari, lui, demande qu'on relâche sa femme. Curieux drame familial.

En attendant le résultat des recherches dans la rivière, Meg se retrouve donc en liberté provisoire. Julius vient la chercher à l'hôpital pour la ramener au domicile conjugal. Personne, à part une infirmière, n'assiste aux retrouvailles, et c'est bien dommage. Car l'infirmière, elle, ne comprend pas pourquoi cette jeune dame ne veut pas rentrer chez elle. Pourquoi elle pleure et se débat, alors que son mari est si gentil avec elle.

La rivière n'a pas révélé son secret, et au bout de deux semaines de recherches, la police abandonne.

Persuadé qu'il s'agit d'une vengeance de la mère, ce en quoi il ne se trompe pas, l'inspecteur chargé de l'enquête dépose son rapport auprès du juge d'instruction. Sa conclusion est que la jeune Meg a avorté pour des raisons inconnues et que sa belle-mère a voulu en profiter pour se débarrasser d'elle, d'accord avec le mari. Les preuves matérielles manquent, et les témoignages sûrs manquent aussi. En effet, le ranch est isolé, et pas le moindre voisin ou ami ne peut apporter une lumière quelconque dans cette sombre affaire. Les employés, eux, n'ont rien vu.

Mais la veuve Moer et son fils sont tout de même accusés d'outrage à magistrat... et il semble que le second round soit en faveur de Meg...

C'est alors qu'une deuxième lettre arrive à la police locale. Celle-là non plus n'est pas anonyme. Elle est signée Meg Swanson : le nom de jeune fille de Meg Moer, relâchée depuis une semaine à peine.

*Tout ce qu'a dit ma belle-mère est vrai. J'ai réussi à faire disparaître le corps de l'enfant, mais je ne peux pas survivre à la honte. Maintenant que j'ai réalisé la gravité de mon acte, je vais me suicider. Inutile d'essayer de me retrouver. Meg Swanson.*

C'est le troisième round. En faveur de la veuve Moer et de son fils, selon toute vraisemblance. Car l'écriture est bien celle de Meg, sa signature également. La police peut le vérifier aisément ; comme elle peut vérifier que Meg a disparu. Où ? Quand ? Comment ? Personne ne sait. La veuve Moer n'était pas au ranch ce jour-là. Julius était avec sa mère, les sœurs éparpillées aux travaux de la ferme, et l'unique domestique dans ses cuisines.

Meg s'est-elle jetée dans la rivière ? C'est la première idée de la police. Mais les recherches ne donnent rien. Alors, pendue, revolvérisée, sous un train ? Morte dans une chambre d'hôtel ou au bord d'une route ? Jamais personne n'a disparu à ce point-là. Jamais suicidée ne fut plus difficile à trouver.

L'enquête sur la mort du bébé est donc suspendue en attendant de retrouver la mère. Et les mois passent. Puis les années. 1961, 1962, 1963... Les avis de recherche et la photo de Meg Swanson, épouse Moer, ont fait le tour du pays. On a fouillé chaque pouce de terrain du ranch, interrogé cent fois la veuve Moer et son fils. 1964, 1965 n'ont rien apporté de nouveau et cette disparition, irritante au début, a fini par lasser les enquêteurs.

Même le premier inspecteur, celui qui soupçonnait la mère et le fils d'une vengeance sordide, a abandonné. Avec le temps, il est presque certain pour tout le monde que la pauvre fille s'est noyée, et que son corps a disparu, emporté par un tourbillon, au même endroit que le bébé, très certainement.

Or, en 1966, la dernière des sept filles de la veuve Moer se marie. Chacune à son tour, elles ont quitté le ranch, passant des bras des tondeurs de moutons à ceux d'un mari définitif, et Julius reste avec sa mère.

Scylla est donc la dernière à partir. La cérémonie a lieu en juillet 1966, et en août l'époux de Scylla, un grand garçon fort et rude, débarque à la police locale, traînant sa femme par la main.

— Je viens vous parler de la disparition de Meg, la femme de mon beau-frère Julius. Il faut réouvrir l'enquête. Ma femme que voici a des choses à dire...

Il est évident que Scylla n'aurait rien à dire si son époux ne la tenait pas aussi fermement. Comme il est évident qu'elle n'aurait jamais rien dit si elle n'avait pas quitté le ranch.

Mais le mari l'installe sur une chaise devant l'inspecteur, et se plante debout derrière elle :

— Allez, vas-y, raconte à ce monsieur ce que tu m'as dit cette nuit.

Scylla ressemble à sa mère, en moins dur. Elle commence son récit par une supplication :

— Vous me ferez pas d'ennuis, hein ? Si j'ai rien dit, et mes sœurs non plus, c'est que la mère nous aurait tuées. C'est mon mari qui veut, il m'a promis qu'on me ferait rien si je disais la vérité. Alors voilà... la mère détestait la petite Meg, elle avait toujours beaucoup d'influence sur Julius, et ce mariage l'a mis hors d'elle. D'abord, Julius a résisté, mais pas longtemps. C'est un faible, et un lâche, rien d'un homme. Il a fini par retomber dans les griffes de la mère. En plus, la petite Meg était pas bien maligne. Tout ce que je sais à propos du bébé, c'est qu'elle était enceinte de trois mois quand elle est arrivée au ranch. Elle a dû accoucher vers six ou sept mois. Je ne me rappelle plus. La mère lui menait une vie d'enfer, et on n'avait pas le droit d'intervenir. Elle lui a fait avaler je ne sais quoi, des trucs qu'on donne aux bêtes pour les faire avorter. Je sais pas ce qu'est devenu le bébé, mais la mère s'en est chargée, ça c'est sûr.

— Et vous n'êtes pas intervenues ?

— C'était pas nos affaires. Et puis un avortement, c'est pas grave. On en avait vu d'autres, mes sœurs et moi...

— Et votre frère ?

— Il était d'accord... Ensuite, il a obéi à la mère point par point. Quand ma mère a été accusée, il a forcé Meg à écrire la lettre et à la signer. Puis, quand il a été sûr que la mère était relâchée et n'aurait plus d'ennuis, il a tué la petite.

— Vous l'avez vu ?

— Je l'ai vu. Ça s'est passé dans le parc à moutons, il a d'abord creusé un trou profond pendant la nuit, ensuite, il est allé chercher Meg, il l'a forcée à descendre dedans, et il l'a assommée à coups de barre de fer. Je l'ai vu cogner et cogner. La mère était près de la palissade, elle regardait.

— Et vous ?

— Eh bien, j'étais cachée dans l'étable.

— Qu'est-ce que vous faisiez là ?...

— J'avais rendez-vous avec un garçon, un tondeur de moutons. C'était bien avant qu'on soit fiancés, mon mari et moi... Heureusement le garçon était déjà parti, et moi je dormais dans l'étable, quand j'ai entendu du bruit.

— Continuez...

— C'est un peu difficile à dire, monsieur. C'était pas beau à voir. Julius a enterré la petite Meg, comme qui dirait, vivante. J'ai même vu sa main qui sortait de terre à un moment, et Julius l'a piétinée ! Un vrai sauvage ! Quand il a eu fini, la pauvre fille était au moins à deux mètres sous terre.

— On a fouillé le ranch, et on n'a rien remarqué de bizarre...

— C'est que le lendemain, il a lâché le troupeau dans l'enclos, comme d'habitude. La terre était bien piétinée. Et chaque fois que vous êtes venu, les bêtes étaient dedans. On a près de deux mille bêtes, vous savez.

— Vous vous souvenez de l'endroit précis ?

— Facile. J'ai tout vu de la fenêtre de l'étable, je me tromperai d'un ou deux mètres, pas plus...

C'est ainsi que l'on a retrouvé le corps de Meg. Et c'est ainsi que Julius a déclaré pour sa défense :

— J'ai fait ce que voulait ma mère, c'est sa faute, pas la mienne. D'ailleurs, c'est elle qui a fait brûler le bébé dans la chaudière...

Et la mère de rétorquer :

— Mon fils est un imbécile, c'est lui qui a tout fait. Je n'ai rien dit pour qu'il n'aille pas en prison.

Il y eut deux condamnés à la prison à vie... La mère et le fils ; plus sept condamnations pour complicité et non-dénonciation de criminels. Les sept sœurs de Julius, les sept filles de la veuve Moer. Une avait vu, toutes savaient. Aucune n'avait dit quoi que ce soit. Comme des moutons. Drôle de famille !

# MARTHA JOLIE

Martha est une jeune fille extrêmement bien élevée, née d'une manière extrêmement bien élevée en 1904, sans pousser trop de cris, hurlant juste ce qu'il faut pour affirmer son existence.

A dix ans, en 1914, Martha, qui est autrichienne, apprend à l'école pourquoi le Kaiser a raison de faire la guerre à la France, et comment il va gagner.

En 1919, elle a quinze ans et on lui apprend au pensionnat des orphelines de guerre, pourquoi le Kaiser a perdu la guerre, et comment il aurait pu la gagner.

A cette époque l'essentiel de l'éducation pour les jeunes orphelines allemandes de bonne famille se résume à trois phrases : la première orne le mur du réfectoire — « Se tenir droite est plus important que de manger » ; la seconde se déroule sur les murs de la salle de cours — « La jeune Allemande doit apprendre avant tout à servir son père, son frère, et son époux » ; le tout couronné par cette perle de l'humour goth, inscrite au fronton du parloir : « Faire plus et parler moins. »

En 1925, Martha a vingt et un ans, et l'orphelinat n'a plus rien à lui apprendre. Sa marraine de guerre, une sorte de comtesse guindée, lui trouve alors une situation de gouvernante chez un sien cousin fort décati, âgé de soixante-dix années.

Martha est une gouvernante adorable, si jolie, si gracieuse, si bien élevée aussi... Elle adoucit tellement les derniers jours dudit cousin, qu'elle se retrouve bientôt l'unique héritière présumée de son énorme fortune. Une héritière dont on ne sait plus si elle est la veuve, la fille, la gouvernante, ou l'infirmière un peu trop zélée du futur défunt.

Martha glisse entre les cierges funéraires, vérifie l'ordonnance du catafalque, jette un regard désolé sur le corps du vieillard qui repose sur les draps brodés et soupire.

Cette fois elle a gagné, c'est fini. Encore une dure journée d'enterrement et ce sera la lecture du testament, dans toute sa splendeur.

Ce bagne n'aura duré qu'un an. Une année de sourires et de grimaces intérieurs. Une année de douceur, et de dégoût rentré. Autour du corps, la famille lointaine est venue rendre les derniers devoirs. Martha les observe entre ses longs cils : Le cousin germain, soixante-cinq ans, avec sa verrue sur le nez, qui entretient une maîtresse à Vienne et espère payer ses dettes avec l'héritage. La nièce et ses deux horribles filles à marier, dont les doigts crochus ont du mal à se joindre en prière. Le neveu, joueur, buveur, totalement stupide, et homosexuel, est arrivé en retard, et n'ose pas regarder le cadavre. Il a trop peur...

Martha les regarde tous. Elle a mis un an pour les battre au poteau. C'est elle que le notaire regarde en coin en ouvrant le testament. Lui aussi, il sait que tous ces millions vont atterrir entre les jolies mains fines et blanches de la jeune Martha.

Dans un silence pesant, cousin, nièce et neveu observent cette inconnue qui se tient debout, droite près de son fauteuil, ravissante, ses deux yeux violets perdus dans une contemplation intérieure. Son joli nez droit, frémissant de triomphe contenu. Belle et milliardaire...

— C'est honteux !... dit la nièce en traînant dehors ses deux filles à marier qui selon toute évidence le resteront longtemps.

— C'est dégoûtant ! dit le neveu d'une voix si pointue qu'on le croirait en larmes.

Quant au cousin germain, à soixante-cinq ans, il changerait bien de maîtresse... S'il pouvait entretenir Martha à la place de la sienne, l'économie serait certaine.

Mais la douce et jolie Martha aux yeux violets, aux lèvres roses et au teint frais, n'a plus de temps à perdre :

— Dehors ! dit-elle...

Et elle reste seule propriétaire de la fortune et des biens de Moritz Frisch. Paix à son âme !

Vivre seule avec une grosse fortune dans les années 25, c'est dur pour une femme. Pour une jolie femme surtout. Et pour une jolie femme intelligente, c'est encore plus dur. Pendant des mois et des mois, il ne tourne autour de Martha qu'une bande de corbeaux stupides et sans envergure, uniquement à l'affût de sa richesse.

Et la jeune milliardaire fait une cruelle expérience. Que l'on soit laide ou que l'on soit jolie, du moment que l'on est riche, on est aimé pour son portefeuille ! C'est navrant mais c'est ainsi. Ayant compris ce principe de base, Martha prend alors une décision extrêmement logique.

Un jour de printemps 1926, elle examine le cheptel masculin mis à sa disposition. Il y a là un fils de famille désargenté, la quarantaine triste, un jeune homme ambitieux sans raison valable, un Don Juan séducteur de bas étage, dont les capacités ne sont pas à la mesure de ses désirs, un soi-disant admirateur, qui n'est là que pour lui vendre des mines d'or au Brésil qui n'existent pas... et un imbécile.

Le mot imbécile peut paraître dur lorsqu'il est décerné à un homme comme Emil Kristoch, ingénieur des eaux et forêts, cavalier émérite, et bien de sa personne. En réalité l'adjectif imbécile est le moindre que l'on puisse utiliser pour qualifier cet homme. Une expression court les rues, beaucoup mieux adaptée et en trois lettres, pour qualifier son état général.

Emil est donc un imbécile, et c'est pourtant lui que va choisir Martha. Dans un but bien précis, en fonction d'un plan soigneusement élaboré dont il faut apprécier toute la saveur.

Premièrement elle décide d'épouser Emil, l'imbécile en question. La première partie de ce plan est relativement simple, car épouser un imbécile est à la portée de la première imbécile venue justement.

Emil se trouve donc séduit en un quart de tour et, littéralement aveuglé par la chance qui lui tombe dessus, s'offre pieds et poings liés à la belle Martha.

Deuxièmement, l'ayant épousé (sous le régime de la séparation de biens), Martha décide d'instaurer dans son ménage le régime de la séparation de corps. L'époux ne partagera pas son lit, c'est ainsi, c'est comme ça. Il peut pleurer derrière la porte fermée, supplier qu'on lui accorde la faveur d'assister ne serait-ce qu'au petit coucher de sa reine... rien !

Pourquoi ? Chantage tout simplement. Martha veut obtenir de son époux quelque chose. Et pour obtenir ce quelque chose, il est certain que le sujet doit être conditionné. Cerveau lavé, volonté anéantie, prêt à manger par terre s'il le faut. Car ce que veut Martha, ce n'est pas la moindre des choses.

Au bout d'un an (il faut bien ça) de chasteté obligatoire et sévère, Martha entre dans la troisième phase de son plan, la séduction accélérée.

Cela consiste à promettre et à ne pas tenir, à rendre fou par tous les moyens. Un déshabillé qu'elle oublie de fermer. Un bain porte ouverte, un décolleté beaucoup trop profond, etc. Les femmes ont de ces subtilités démoniaques sur lesquelles il est inutile de s'étendre. Lorsque le malheureux Emil a les nerfs qui lâchent complètement, Martha le convoque dans ses appartements par un beau soir de printemps.

L'imbécile en est rouge de confusion et d'apoplexie, et Martha lui tient ce langage :

— Emil... Vous êtes prêt à tout pour moi, n'est-ce pas ?

Emil bégaie que oui, bien sûr...

— Emil, vous allez souscrire une assurance.

Une assurance ? Une douche froide aurait fait moins d'effet sur le malheureux.

— Vous exercez le métier d'ingénieur. Vous allez donc prendre une assurance qui vous garantisse le maximum en cas d'incapacité de travail, s'il vous plaît.

— Mais pour quoi faire ?

— Vous en aurez peut-être besoin un jour.

— Mais nous avons de quoi vivre.

— J'ai de quoi vivre, pas vous, ne l'oubliez pas. Ensuite, vous avez promis de faire tout ce que je voudrais, n'est-ce pas ?

— J'ai promis...

Et Emil souscrit une assurance qui lui promet une rente assez considérable en cas de perte de ses facultés de travail. Pour le moment, Martha lui accorde à la signature, une soirée dont le malheureux se souviendra longtemps ! Et il en a besoin, car il n'en aura pas d'autres avant d'avoir accepté la dernière phase du plan de Martha.

Nouvelle convocation, et nouvelle proposition :

— Emil, vous allez devoir vous séparer de l'une de vos jambes...

Il y a un silence. Le temps pour Emil d'avaler la nouvelle. Il va devoir se séparer de l'une de ses jambes, il faut la couper. Il n'y a pas moyen de faire autrement...

Emil proteste, mais Martha lui claque la porte au nez, et annonce :

— Je divorce, si vous n'obéissez pas !

Les jours passent et timidement, Emil reprend la conversation :

— Et si j'obéis ?

— Vous aurez la vie la plus merveilleuse qui soit. La fortune, et moi tout entière à votre disposition...

Emil demande à réfléchir et Martha reclaque la porte. On peut se demander pourquoi cette jeune femme agit de la sorte. Il est même urgent de se le demander, à ce stade de l'opération et pour la bonne compréhension du personnage.

En effet, si Martha exige la « suppression » de l'une des jambes de son mari, c'est dans l'intention de toucher le montant de l'assurance qu'il a souscrite en cas d'accident de ce genre. Or elle est riche comme Crésus, et n'a pas besoin d'argent. Alors ?

Alors il s'agit avant tout d'une vengeance, il faut bien l'admettre. Martha a trouvé le moyen de se venger des hommes en général, en maniant celui-là comme un pantin. Il faut croire que l'année passée auprès du vieillard dont elle a hérité a été l'année la plus dure de son existence, pour que son désir de vengeance soit aussi diabolique et malsain.

Et si elle a exigé l'assurance, et donné à Emil le prétexte qu'il toucherait de l'argent pour cette amputation, c'est qu'il fallait bien une raison officielle. La promesse de ses charmes pouvant ne pas être suffisante...

Mais il fallait quand même tomber sur Emil pour que le plan se réalise. Se couper une jambe est quand même un exploit que n'importe quel homme n'accepterait pas forcément de faire.

Or, Emil, après un temps de réflexion relativement court, accepte.

— D'accord, dit-il, mais vous me promettez de tenir votre parole... J'aurai l'argent et vous ?

Martha promet, jure même, d'un sourire de ses yeux violets, d'une moue de ses lèvres roses, et Emil subjugué, le cœur en bandoulière, s'en va courir les magasins de Vienne à la recherche d'une hache de bonne qualité.

Car il faut une hache. Et une scie éventuellement, en cas de complication... Mais Martha a décidé que la hache devrait faire l'affaire. C'est avec une hache que l'on coupe du bois ; dans son métier, Emil est amené à couper du bois, donc l'accident paraîtra logique...

Ensuite, si une hache est capable de couper un arbre, elle est capable de couper une jambe... Le seul problème est que l'outil n'est pas tout. L'art du bûcheron compte pour beaucoup dans la qualité et la propreté du travail effectué. N'importe quel coupeur de bois le dirait, or il ne peut y avoir qu'un seul coupeur de jambe, et c'est Martha. Emil ne peut pas faire cela lui-même. Ce n'est pas pratique et horriblement pénible à envisager, de surcroît.

C'est à l'aube qu'ils sont partis tous deux dans les bois en voiture comme pour une promenade d'amoureux. Emil est un peu pâle, un peu vert même, dans le soleil de ce printemps autrichien. Peu lui importent les bourgeons en fleur et le gazouillis des oiseaux... Il regarde ses jambes avec attention. Il n'est pas sûr d'avoir choisi la bonne. Comment savoir si la jambe gauche sert plus que la jambe droite ? De laquelle vaut-il mieux se séparer ? S'il s'agissait d'un bras, le problème ne se poserait pas... selon que l'on est droitier ou gaucher. Mais est-on droitier d'une jambe ? Emil choisit quand même la gauche, car l'heure est arrivée. Il s'asseoit au pied d'un arbre, préalablement entaillé de plusieurs coups de hache. L'arbre qu'il sera censé avoir voulu marquer à destination d'abattage.

Il allonge ses jambes dans la mousse tendre, et avale encore une gorgée de schnaps. Du schnaps, c'est tout ce que Martha a autorisé comme anesthésiant. Il ne faut pas, dit-elle, que les médecins s'aperçoivent de la supercherie.

Martha ôte sa capeline et son joli chapeau, assure le manche de bois dans ses mains délicates, et c'est un ange blond qui abat furieusement l'arme à hauteur du genou, juste en dessous...

Le Dieu des pauvres d'esprit, dans son infinie bonté, fait que Emil s'évanouit au premier coup, sous le choc. De peur et de douleur mêlées... Heureusement, car Martha doit recommencer trois fois avant d'arriver à ses fins.

C'est dur à trancher une jambe qui n'est pas encore du bois.

Cela fait, Martha court à la première maison, et raconte l'histoire inventée pour la circonstance... Elle suivait son mari dans son travail, et horreur ! l'accident...

Transporté à l'hôpital le plus proche, Emil souffre comme un damné.

Une semaine plus tard, toute l'affaire est dans l'eau. Emil a une jambe en moins pour rien ! Le chirurgien (pas fou) s'est aperçu que la blessure était bizarre, en zig-zag... pas franche, comme si quelqu'un s'y était pris à plusieurs reprises pour la scier, et notamment sur l'os...

Pas d'assurance pour Emil et condamnation pour escroquerie. Pire, le voilà incapable pendant des mois de réaliser l'autre désir, c'est-à-dire de bénéficier de sa femme. Emil se voit éconduit lorsqu'il rentre à cloche-pied de l'hôpital de la prison où il a croupi plus d'un an, alors que Martha n'a fait qu'y passer l'espace d'un mois, pour une vague complicité.

Selon elle, et les juges l'ont crue, son horrible mari l'avait obligée à lui couper la jambe !

Sa vengeance ainsi assouvie, Martha s'amuse quelque temps de son époux éclopé, comme le chat avec une souris, puis se laisse faire deux enfants (par qui, on ne sait pas). Et se lasse enfin.

Elle se lasse d'autant plus que sa fortune est malade. Emil meurt de tuberculose, officiellement en 1932. Sa fille (officiellement) meurt également de consomption quelque temps plus tard.

Martha n'a plus que son fils, un garnement qui lui ressemble. Et si on meurt beaucoup autour de Martha entre 1932 et 1937, c'est que les temps sont durs...

La vieille parente qui jadis l'avait confiée à l'orphelinat, meurt pieusement à quatre-vingts ans, en léguant ses biens à Martha qui a su recueillir ses derniers soupirs.

La vieille voisine de Martha meurt aussi, après avoir souscrit une assurance sur la vie, ce qui déplaît souverainement à sa famille, car seule Martha en est bénéficiaire.

Fortune refaite, Martha se regarde dans la glace. Elle a trente-trois ans, pas une ride. Il naît dans son pays un régime qu'elle apprécie car il est fait de rigueur et d'épouvante. Hitler a quarante-huit ans, il est au début de sa carrière et Martha se sent bien dans un pays qui selon elle, ira loin avec un pareil chef. Martha et l'Autriche se laissent annexer.

Puis Martha se dit qu'elle a de l'argent, à nouveau, mais pas toute sa liberté. Il reste un fils qui atteint l'âge de dix ans. Il s'appelle

Joseph. Il ressemble à sa mère. Blond comme elle, beau comme elle... Martha hésite à se séparer de lui. Elle n'hésite plus en janvier 38, quand la police de Hitler vient l'interroger, et l'on peut dire que le garnement est le seul être humain au monde à devoir son salut au Führer...

La famille de la dernière victime, la voisine, avait porté plainte. Et il fallut reprendre toute la vie de Martha à zéro. Le vieux protecteur, dont elle était gouvernante, son mari, sa fille, sa marraine, et sa voisine... tout le monde avait été empoisonné au thallium[1]... Y compris son fils Joseph, seul rescapé, l'enquête ayant interrompu le traitement que lui faisait ingurgiter sa mère dans sa compote le soir.

Au procès, ce gamin de dix ans a d'ailleurs déclaré :

— Je me doutais que ma mère faisait mourir les gens, mais je ne croyais pas qu'elle m'aurait fait mourir, moi, son fils !

Hitler avait fondé les Jeunesses hitlériennes, où Joseph trouva un refuge à la mesure de sa précocité intellectuelle...

Hitler avait également rétabli la peine de mort en Autriche, et le 6 décembre 1938, le joli cou de Martha fut tranché par la hache du bourreau.

C'était un spécialiste, il le trancha d'un coup.

1. Thallium : métal blanc, de n° atomique 81, qui existe dans certaines pyrites.

# NI DIEU, NI LES HOMMES

C'est un vendredi, il est cinq heures du soir, et pour ne pas se faire voir des gens du village, Anne-Lise traverse les champs en poussant sa bicyclette, jusqu'à gagner la route nationale.

Elle tremble de tous ses membres. Une vilaine marque bleue orne son front, près de la tempe ; elle a mal aux jambes, mal au dos, et un immense écœurement lui serre la gorge.

Les roues de la bicyclette sautent à travers les sillons de cette belle terre labourée de printemps, et Anne-Lise pousse l'engin avec la rage du désespoir.

Arrivée sur la route nationale, elle a encore sept kilomètres à faire à vélo jusqu'à la ville. Elle va téléphoner de la ville. Il ne faut pas qu'on la voie téléphoner au village… On sait déjà trop de choses sur sa vie, ses enfants, ses malheurs…

Anne-Lise n'a guère eu l'occasion de téléphoner dans les postes. Elle est essoufflée, elle montre sur un papier le numéro de téléphone de sa mère. L'employée déchiffre :

— C'est en France ? Mettez-vous là, dix minutes d'attente.

Dix minutes plus tard, Anne-Lise, enfermée dans une cabine, pleure dans le téléphone et sa mère ne trouve plus rien pour la consoler. Prier ne sert à rien. Mettre des cierges à l'église ne sert à rien…

— Maman, je vais le tuer !

— Anne-Lise, ma fille, tu ne feras pas cela.

— Maman, il m'a tellement battue aujourd'hui que je l'ai menacé d'un couteau, mais il me l'a arraché des mains, il l'a levé sur moi, devant les enfants !

— Anne-Lise, calme-toi ! Rentre à la maison, il ne faut pas dire des choses pareilles !

— Mais, maman, je n'en peux plus. Cette fois, je n'en peux plus ! Dieu n'a pas voulu cela, ce n'est pas possible !

Dieu ? Que vient faire Dieu dans cette histoire ?

Entre Anne-Lise et sa mère, il s'agit pourtant bien de Dieu. Elles sont croyantes toutes les deux. L'une a élevé l'autre dans le respect de la religion, sans bigoterie, ni exagération d'aucune sorte. Chez les Spiess, on croit en Dieu. Vraiment, simplement. Et l'on supporte les joies et les malheurs comme venant de lui dans son infinie bonté...

Mais l'infinie bonté à coups de couteau, cette fois, c'est trop.

Il est heureux (ou malheureux) que la dame des postes ait eu autre chose à faire ce jour-là que d'écouter la conversation de la cabine 5, entre une petite ville d'Allemagne et Mulhouse, en France, entre une mère et sa fille...

Heureux, parce que les dames des postes ne sont pas là pour espionner, et malheureux car la mère a dit :

— Calme-toi, je viens. Je viens tout de suite, n'aie pas peur.

Or, il y a cinq ans que sa fille a peur.

En mars 1960, Anne-Lise était jolie, elle avait dix-sept ans et un beau gars de vingt ans était venu la demander à sa mère. Norbert avait la bouche un peu veule mais, à son âge, cela pouvait passer pour un reste d'enfance. La mère d'Anne-Lise ne s'était pas méfiée. Ils avaient même attendu un an avant de se marier. Un an de fiançailles sages, des amoureux exemplaires...

A peine marié, Norbert avait fait sa première scène de jalousie, à propos d'un passant. Puis il avait décidé de reprendre son travail en Allemagne, et le couple était parti s'installer dans un petit village, dans la ferme des parents de Norbert, morts en lui laissant une belle exploitation.

Norbert avait déclaré à ce moment-là :

— Maintenant, nous allons être heureux.

Et Anne-Lise l'avait cru. Une ferme, un mari, et la promesse d'un enfant. Pourquoi ne pas y croire ? Pourquoi ne pas croire au bonheur d'un mariage béni par le curé, donc par Dieu ?

Norbert s'est mis à boire bien avant la naissance de l'enfant. Du vin exclusivement. Il s'est mis à rentrer ivre une fois le dimanche, puis deux fois dans la semaine, puis tous les soirs.

Ensuite, en même temps que les reproches de sa femme, est venue la brutalité : une gifle, un coup de poing, un coup de pied, les gentillesses habituelles des hommes ivres à qui l'on a appris, petits garçons, que les plus forts, c'étaient eux !

La jolie, la tendre Anne-Lise, en cinq ans, a tout vu. Elle a vu son mari ivre mort sur le pas de la porte. Elle l'a vu courir après elle en titubant dans la cuisine, une bouteille à la main.

L'enfant qui est né n'a rien changé. Sinon qu'il fallait l'enfermer dans une chambre à chaque scène... lorsque c'était possible. Et puis il y eut les cures de désintoxication, l'espoir, et les rechutes. Cinq ans ! Cinq ans de sordide, de coups, d'odeur de vinasse, ont fait de ce couple béni par Dieu, un homme et une femme épuisés de souffrances.

Lui, a le teint rougeaud, l'œil éteint et le menton lâche de l'individu qui « tient » ses trois litres par jour, sans compter les « apéros »... Elle, a le teint brouillé de fatigue et d'écœurement. A vingt-deux ans, elle a l'impression d'en avoir vécu le double.

Son seul recours : maman. La mère d'Anne-Lise a toujours su lui redonner du courage. C'est grâce à elle que Norbert a accepté la première cure de désintoxication, puis la seconde, et même toutes les autres... il en a tenté six, en cinq ans ! Six fois il est entré à l'hôpital, et six fois, il s'en est échappé avant la fin.

La ferme marche vaille que vaille. Anne-Lise fait ce qu'elle peut, mais les ouvriers agricoles n'aiment pas obéir à une femme, surtout si jeune. Et chaque fois qu'Anne-Lise est obligée de parler à l'un d'eux, son mari saute sur l'occasion pour faire une scène de jalousie.

A tout alcoolique il faut un prétexte pour battre sa femme. Norbert a trouvé le sien : Anne-Lise sourit trop aux ouvriers. C'est ce qui s'est passé ce soir :

— Tu as souri à ce gars ! Je t'ai vue ! On sourit pas à quelqu'un pour lui demander de rentrer le tracteur !

Et voilà : « Mais non, je n'ai pas souri », « Si, je t'ai vue », « Norbert, tu as encore bu », « Tu dis que j'ai bu parce que ça t'arrange »... etc.

Jusqu'aux coups, des gifles qui assomment, qui font mal autant au cœur qu'à la tête. Qui donnent envie de tuer. Voilà pourquoi ce soir Anne-Lise est partie téléphoner à sa mère. Une fois de plus... Mais, cette fois, ce n'était pas pour dire : Maman, console-moi ; cette fois, Anne-Lise a dit :

— Je suis à bout. Je veux le tuer...

Et sa mère, qui croit en Dieu et aux Dix commandements, sa mère qui lui a toujours dit : « espère »... cette fois, sa mère a dit, à bout d'argument :

— S'il faut le tuer... c'est moi qui le ferai !

Et elle prend le train de Mulhouse, elle montre sa carte d'identité à la douane, elle rejoint sa fille, et en silence, dans cette nuit de vendredi, en 1961, une belle nuit de printemps, la mère explique à sa fille ce qu'elles vont faire.

Marguerite, la mère d'Anne-Lise, a cinquante-trois ans. Elle est veuve. Son mari est mort pieusement. Et chaque année, à la Toussaint, Marguerite lui rend hommage. « C'était un homme bon et travailleur », voilà ce qu'Anne-Lise a toujours entendu dire de son père.

Mais sur le chemin de la ferme, en pleine nuit, la mère et la fille parlent d'un spécimen d'un autre genre. S'il n'était que paresseux et alcoolique, Norbert ferait simplement le désespoir de sa femme et de sa belle-mère. Mais il est lâche et il bat. Il se moque bien des hurlements de son fils de quatre ans, qui ne supporte pas d'entendre les cris de sa mère. Il cogne. Il ne s'arrêtera jamais de cogner. Anne-Lise a peur de lui, mais elle a encore plus peur de ce qu'elle va faire.

— Maman, je ne pourrai pas.

— Tu pourras. Tu le feras parce que je te demande de le faire. C'est moi qui m'accuserai de ce péché, parce que c'est moi qui tuerai. Pas toi. Je suis ta mère, je t'ai mise au monde, je t'ai mariée, je t'ai livrée à cette ignoble brute, c'est à moi de t'en délivrer. Tout ce que je te demande, c'est de lui faire avaler ses cachets. Il faut qu'il dorme, il ne faut pas qu'il souffre.

— Maman, tu n'y arriveras pas... Laisse-moi t'aider...

— Non. Je ne veux pas que tu portes le poids de ce crime.

— Maman, l'Evangile a dit que le péché était dans la pensée aussi bien que dans l'acte. Je l'ai déjà pensé, je le veux même, je suis coupable d'avance, laisse-moi t'aider...

— Non. Tu iras te confesser de tes pensées. Tu seras pardonnée. L'enfer c'est pour moi. C'est moi qui tuerai Norbert !

Quelle étrange conversation entre ces deux femmes pieuses et sincèrement croyantes...

La ferme est illuminée. Norbert s'est écroulé, ivre, dans un fauteuil dont il a cassé un accoudoir. Il tient le morceau de bois d'une main et de l'autre, une bouteille de vin presque vide. Il salue l'arrivée des deux femmes d'un grondement de chien malade, et les insultes pleuvent.

Anne-Lise, exécutant les ordres de sa mère, se dirige calmement vers la cuisine, et revient avec une bouteille de vin qu'elle pose sur la table... Elle sort deux verres du buffet, les remplit, et sans grimacer, avale le sien d'un trait, en tendant l'autre à son mari...

Il est si étonné qu'il en avale le contenu sans mot dire. Jamais sa femme n'a bu avec lui. Anne-Lise remplit alors une seconde fois les verres, et tend à son mari trois cachets. Trois petits cachets bleus. C'est le triple de la dose de tranquillisant indiquée par le médecin, à la place de l'alcool et non avec, bien entendu.

Norbert avale cachets et verre de vin avec la même docilité, étonné de voir sa femme boire elle-même un second verre... A petites gorgées cette fois, pour gagner du temps.

Normalement, dans dix minutes, un quart d'heure, Norbert doit s'écrouler, endormi. C'est tout le travail d'Anne-Lise. Sa mère attend patiemment dans la cuisine.

Le quart d'heure passe, et Norbert s'écroule. Il fait plus que dormir, il est dans un coma éthylique profond.

Alors la mère entre et dit à sa fille :

— Va te coucher. Ferme ta porte, surveille le petit. Je t'appellerai quand ce sera fini.

Norbert est affalé sur son fauteuil. La mère le tire, et le pousse jusqu'à hauteur de la porte d'entrée, qu'elle ferme à clé soigneusement.

Elle enfonce un mouchoir dans la bouche de son gendre, lui attache les poignets et les chevilles au fauteuil, pour plus de sécurité.

Ensuite, elle noue solidement une écharpe à la poignée de la porte, l'enroule autour du cou de l'homme et tire de son côté. Seule, elle n'aurait pas eu la force. C'est pourquoi elle a choisi la clenche bien résistante de la porte d'entrée.

Lorsqu'elle estime que la chose est faite, elle rappelle sa fille. Les deux femmes remettent le fauteuil en place, délient les poignets, les chevilles, et transportent le corps sur le lit de la chambre conjugale.

Il est mort. Il est rouge et violet, juste un peu plus que d'habitude. C'est fini. Et la mère dit à sa fille :

— Je m'en retourne à Mulhouse. Laisse-moi le temps d'arriver et appelle le médecin, dis-lui qu'il est tombé ivre mort sur le lit. Il y a une chance sur deux pour qu'il délivre le permis d'inhumer. Il connaît Norbert, il ne se méfiera pas. Remonte son col de chemise et laisse le foulard autour de son cou... Garde ton calme. Et si tout va bien, appelle-moi normalement du village pour me prévenir de sa mort.

— Et si le médecin s'aperçoit que tu l'as étranglé ?

— Tu diras que c'est moi et ne t'accuse de rien surtout. Tu me laisseras faire.

La mère et la fille s'embrassent.

— Au revoir, maman...

— Au revoir, ma fille...

Sur le grand lit, gît mort un mari de vingt-cinq ans, alcoolique et stupide. Dans la chambre voisine, dort sagement son fils de quatre ans.

La belle-mère s'en retourne, ayant accompli son devoir, son péché. Anne-Lise appelle le médecin. « Une chance sur deux », avait dit sa mère.

Anne-Lise regarde le médecin tâter le pouls, écouter le cœur, sonder l'œil, se redresser d'un air navré et bizarre, puis retirer le foulard pour y déceler les marques violettes d'étranglement...

— C'est vous, Anne-Lise ?

— Non... c'est maman. Je n'en pouvais plus, je n'aurais jamais eu le courage... mais je n'en pouvais plus. Je vous jure que je n'en pouvais plus.

Voilà. Ceci est la version de la mère au procès. Et celle de la fille. Elles n'en ont pas changé une virgule depuis l'instruction.

Certains, parmi les témoins et même les journalistes, ont pensé que la mère, catholique pratiquante, s'était dévouée en s'accusant à la place de sa fille. Anne-Lise avait un enfant à élever, elle était jeune, la mère prenait le crime sur elle, pour lui permettre de vivre et de rester avec son fils. Ils avaient tort. Et d'ailleurs, le jury, lui, a cru la mère, en la condamnant à la prison à vie pour meurtre avec préméditation.

Ils avaient tort, ceux qui pensaient que cette quinquagénaire honnête, croyante, au beau visage calme et aux mains blanches, à la voix sereine, ils avaient tort de croire qu'elle ne s'accusât que par sacrifice.

Elle a tenu le coup pendant l'instruction et au procès. Elle a encore tenu le coup quelque temps en prison, et puis elle a sombré dans la folie.

Cette femme, qui avait cru en Dieu toute sa vie, qui y croyait encore du fond de sa démence, n'avait pas pu supporter son crime, « son péché ». Elle avait tué par amour pourtant, pour délivrer sa fille du mal que ce Dieu lui avait envoyé dans son infinie bonté. Mais elle n'avait pas supporté.

Marguerite Spiess est morte folle, un an après sa condamnation, dans d'atroces souffrances, contre lesquelles ni Dieu ni les hommes ne pouvaient rien.

# L'AMOUR OU LA VIE !

Il en est des affaires policières et des grands procès comme du reste ; il y en a qui vieillissent plus vite que d'autres.

A tel point que ceux qui ont l'âge (hélas !) de se souvenir de cette affaire seront extraordinairement surpris. Ils auront l'impression que si ce procès était jugé aujourd'hui, il ne le serait pas de la même façon. Le juge, les avocats, et même les témoins, ne diraient plus les mêmes choses ; les journalistes n'utiliseraient plus les mêmes mots, la foule n'aurait probablement plus les mêmes réactions. En ce qui concerne la foule, ne disons pas que ce serait mieux, disons que ce serait différent...

Quelle est la cause de cette évolution ? Probablement la culture sans cesse plus grande des différentes couches de la société. Un exemple : certes, le gardien du palais de justice n'a pas lu Dostoïevski, mais il a lu Guy des Cars. Le greffier n'a pas lu Freud, mais il a lu Dostoïevski. Le juge n'a peut-être pas admis Freud, mais il l'a lu.

Or, lorsque l'analyse du comportement des individus est éclairée par la psychologie, même si celle-ci, embryonnaire, ne jette encore qu'une toute petite lumière, elle distingue des nuances qui, autrefois, n'apparaissaient pas. Grâce à quoi les magistrats ne peuvent plus se permettre de présenter dans des plaidoiries, d'une éloquence qui aujourd'hui ferait sourire, la victime parée de toutes les vertus, ayant poussé son sacrifice jusqu'au sublime, et le coupable comme un monstre hideux directement jailli des profondeurs de l'enfer.

Certes, ce souci de la nuance rendra bientôt la justice telle que nous la concevons tout à fait impossible, mais ceci est un autre problème.

Aujourd'hui, nous sommes bien obligés d'admettre que nous ne supporterions plus une justice telle qu'elle fut rendue aux assises de Reims le 7 novembre 1952.

Une voiture — une traction-avant sans doute — roule vers Orléans. Il est neuf heures du matin, et nous sommes le 13 août 1951. C'est un dimanche, et sur le parcours la vie ne s'éveille que lentement.

Dans cette voiture : un ministre ; un tout nouveau ministre, puisqu'en effet, il ne l'est que depuis quelques jours. Pourquoi est-il ministre ? Parce qu'il est, paraît-il, un homme remarquable : d'abord médecin à Orléans, où son cabinet est devenu avant la guerre le plus important de la ville ; puis soldat héroïque pendant la guerre, puis résistant, héroïque bien entendu. Enfin, maire d'Orléans, et là tout le monde s'accorde à dire qu'il fut un grand maire puisqu'il sut rebâtir la ville détruite par les bombardements de 1940-1943, de telle manière qu'on la cite à l'époque comme le plus remarquable succès de la reconstruction. Toute la population lui voue le plus grand respect, et il est unanimement aimé. Dans ces conditions, devenir député n'est qu'un jeu d'enfant, jeu d'enfant que de devenir ministre ! Et on dit déjà de lui : « Il a l'étoffe d'un Premier ministre. »

Seulement, il y a un grain de sable dans cette mécanique harmonieuse.

La voiture du nouveau ministre a quitté son appartement parisien ce matin à sept heures trente. Elle entre maintenant dans Orléans. Quelque part dans la ville, un petit garçon sort de son lit. Il est en pyjama, il a les yeux tout gonflés de sommeil ; c'est le petit Mathieu, le plus jeune fils du ministre. Il a six ans.

Une dame l'appelle depuis la cuisine : sa maman, la femme du ministre, Yvonne.

Yvonne, tailleur assez strict, est déjà prête. Ses cheveux noirs roulés sur le côté, aplatis devant : une coiffure à la mode de l'époque, mais que d'aucuns considéraient déjà comme « tristounette ».

Est-elle belle ? Difficile à dire. Elle doit l'être par moments : bien faite, brune aux yeux verts mais enfoncés, des pommettes saillantes, le visage plutôt long. Lorsque l'amour illumine de joie ce visage, alors oui, elle doit être belle. Par contre, dès qu'il est envahi par la tristesse, les traits sont mornes.

Enfin, la voiture ministérielle s'arrête devant la maison.

— Attendez-moi, je reviens dans un instant, dit le nouveau ministre au chauffeur que l'administration vient de mettre à sa disposition, et qu'il considère déjà comme son chauffeur personnel.

M. le ministre retrouve donc à l'entrée de son appartement sa femme Yvonne, dans son tailleur prince-de-Galles, et le petit Mathieu en pyjama qui lui saute au cou. Il lui saute au cou avec d'autant plus d'insistance que sa maman et lui reviennent des Sables d'Olonnes, où ils ont passé quatre semaines sans voir une seule fois le nouveau ministre, qui avait d'autres chats à fouetter.

Les comptes rendus sont muets sur l'attitude de ce dernier et de sa femme, mais on peut l'imaginer.

Elle doit être tendue, nerveuse, « collante », avec sans doute ce mélange d'humilité et d'agressivité qui a le don d'énerver les hommes.

Lui, par contre, est peut-être soit énervé, las et brutal, soit indifférent et glacial, voire légèrement méprisant. Elle estime être humiliée, trompée et frustrée par cet homme qu'elle aime.

Lui, non seulement ne l'aime plus, mais la déteste car il la juge bête, encombrante et envahissante.

Rien d'original. Mais c'est cela, le grain de sable dans la mécanique de cet homme remarquable.

Il se rend, paraît-il, directement dans la chambre pour se changer et revêtir un complet sombre, car il doit présider en fin de matinée les comices agricoles de Châtillon-sur-Loire et inaugurer le nouveau pont en compagnie du préfet.

Ce nouveau pont est son triomphe. C'est un symbole. Ceux qui connaissent les péripéties de la défaite de 40 savent dans quelles circonstances dramatiques il fut détruit, et pourquoi l'homme qui l'a reconstruit, et qui va l'inaugurer, devient par la force des choses un grand citoyen dans la cité.

Aussi, lorsque sa femme Yvonne vient le rejoindre dans la chambre, le nouveau ministre, pressé, doit se dire : « Mon Dieu, mon Dieu, pourvu qu'elle ne me parle pas de sa lettre ! »

La pauvre lui a en effet envoyé une lettre dont voici le texte :

*Mon petit Pierre chéri,*

*Je pense à toi, et en réfléchissant à tout ce qui m'arrive venant de toi, je me rends compte que je ne l'ai pas volé.*

*Si j'avais été plus gentille, plus aimable, plus compréhensive, je n'en serais pas là. Je t'ai laissé. A mon retour, quand tu seras prêt à m'entendre, je te raconterai tout ce qui s'est passé depuis six mois. Avec sincérité. Et tu te rendras compte que tu n'as pas à avoir autant de peine pour moi. Je ne te cacherai rien. Je te dirai tout. Je te confierai tout. Je te le promets. Et peut-être que tu ne me détesteras plus... Je te demande de vouloir bien me pardonner. J'ai assez souffert. Tu auras le bonheur que tu mérites. Et tous les égards auxquels tu as droit. Nos enfants seront heureux, moi aussi, et nous pourrons tous les deux leur préparer un avenir digne de toi. J'ai la ferme volonté de te rendre heureux. J'y réussirai par mon affection, ma tendresse pour toi et ma déférence pour ta supériorité ; je m'instruirai, j'apprendrai à recevoir, j'apprendrai tout et tu n'auras plus à rougir de moi. Tu m'y aideras par tes conseils, ta gentillesse, car tu n'es tout de même pas méchant.*

*Je suis prête à oublier tout ce qui s'est passé entre nous, et tu ne seras pas déçu. Je serai digne de toi et j'y réussirai... Yvonne.*

Aujourd'hui le psychologue le moins averti sait à quoi s'en tenir à la lecture d'une lettre semblable. Elle exprime une souffrance réelle certes, et un désir certain de reconquérir cet homme, mais l'humilité y est trop grande, exagérée. C'est en vérité la tentative désespérée d'un être fondamentalement agressif pour reprendre une situation en main. Une lettre de névrosée qui n'exprime aucune réalité.

Ce que le nouveau ministre craignait, en changeant de cravate, survient inévitablement. Yvonne demande :

— As-tu reçu ma lettre ?

« Oui » est la réponse un peu sèche.

— Je suis venue à Paris, dit enfin Yvonne... je t'ai demandé à la Chambre des députés. Tu n'as pas daigné répondre. Le soir, je suis rentrée chez toi, rue de Cambronne. Toute la nuit, je t'ai attendu. Je suis ta femme, tu parais l'oublier !

Que non ! M. le nouveau ministre ne l'oublie pas. Il n'oublie pas que c'est contre le consentement de ses parents qu'il a épousé Yvonne dans un élan généreux, pendant une permission, au début de la guerre. Il n'oublie pas qu'ils ont eu deux enfants, qu'ils ont été heureux, mais que le conte de fées n'a pas duré longtemps.

Yvonne n'a pas l'envergure de son mari. C'est une mère poule, une femme d'intérieur, beau titre qui pourrait tout aussi bien désigner dans son cas une femme de ménage. Elle est fière des succès de son mari mais, petit à petit, elle en est venue à regretter le temps où ils étaient l'un et l'autre toujours ensemble, « cœur à cœur », pour utiliser le langage de l'époque, mais surtout « peau à peau » car Yvonne est une grande amoureuse, manifestement perturbée par une sexualité débordante. Alors, toujours selon un processus d'une banalité exemplaire, plus elle s'accrochait, plus il décrochait.

Il est convaincu, lui, qu'il ne pouvait pas faire autrement. Par exemple : il ne pouvait pas l'emmener partout où l'on raillait sa gaucherie, ses lapsus, ses efforts puérils pour être à la page. N'allait-elle pas répétant qu'elle apprenait par cœur des « textes littéraires » dont elle pensait pouvoir orner la conversation ? Et là où un mari bien disposé voit les efforts touchants d'une amoureuse, un mari exaspéré ne voit plus qu'une entreprise ridicule.

— Ça ne peut plus durer, reprend Yvonne.

— Qu'est-ce qui ne peut plus durer ?

Le nouveau ministre pose cette question pour gagner du temps, car il sait très bien ce qui ne peut plus durer. Il a une maîtresse depuis plusieurs mois, et Yvonne a surpris une lettre dans laquelle cette maîtresse, elle-même mariée, parle de leurs divorces réciproques en vue d'un remariage. Il est donc évident que « ça » ne peut plus durer.

— Ça ne peut plus durer, dit une fois de plus Yvonne.

Que se passe-t-il réellement dans l'esprit du ministre ? Sans doute y a-t-il tellement de choses dans l'esprit d'un nouveau ministre que certaines ne sont pas claires ? Peut-être a-t-il l'intention de divorcer, peut-être ne l'a-t-il pas. L'attachement à ses enfants peut le conduire à accepter la situation telle qu'elle est. Ce statu quo peut lui convenir parfaitement.

Si, une fois de plus, les yeux fiévreux, les mains tremblantes et avec l'expression d'un désespoir insupportable, Yvonne ne répétait pas : « Ça ne peut plus durer », le nouveau ministre ne répondrait peut-être pas : « C'est bon, je divorcerai et tu resteras dans ta crotte ! »

Et il aurait, paraît-il, pour signifier que tout est fini, un geste parfaitement odieux et suggestif.

A l'époque, les journaux feront un « fromage » de ces propos et de l'attitude du mari. Aujourd'hui, cela n'étonnerait plus personne, ce ton moyen dans la discussion véhémente d'un couple désuni... même les coups échangés ne sont pas rares. Mais, pour la malheureuse

Yvonne, c'est beaucoup trop. Alors, elle va vers la table de nuit et en sort un revolver.

En chemise, son mari se dresse devant elle, au pied du lit. Elle appuie sur la gâchette, une fois... deux fois...

Touché en pleine poitrine, le ministre s'écroule. Une troisième balle, et la porte de la chambre s'ouvre. Mathieu accourt :

— Papa ! crie l'enfant.

— Viens ! dit sa mère.

Et, après avoir déposé l'arme sur la table de nuit, elle prend l'enfant par la main, traverse le couloir, ouvre la porte de la cour et frappe chez la concierge :

— Tenez, dit-elle, gardez l'enfant un instant.

— Mais que se passe-t-il ? demande la concierge.

— Rien, répond Yvonne qui retourne à sa chambre.

— Mais si, mais si, explique le petit Mathieu, papa a tiré maman par les cheveux, puis papa a eu la poitrine toute rouge !

A ce moment, dans la rue, le chauffeur entend un cinquième coup de feu.

Tel un chef de peloton d'exécution, Yvonne vient de donner le coup de grâce à son mari.

Lorsque la concierge frappe à la porte, elle l'entrebâille à peine :

— Mais... qu'avez-vous fait ? demande la concierge.

Sans une larme, Yvonne répond :

— J'ai tué mon mari.

Et, dans la chambre tendue de velours vert, la concierge découvre le cadavre.

— Pourquoi avez-vous fait cela ?

— Il avait une maîtresse depuis sept mois et il voulait me quitter.

Conservant tout son sang-froid, Yvonne décroche le téléphone et demande le commissariat de police.

D'extraordinaires précautions vont être prises pour juger la meurtrière. D'abord, on décide de ne pas la juger à Orléans où le maire était très aimé et apprécié et où l'opinion publique locale est dressée contre elle. Elle sera donc jugée à Reims où une organisation considérable est mise sur pied, tant pour assurer l'ordre, car on prévoit une affluence énorme, que pour permettre aux journalistes venus du monde entier, paraît-il (et on se demande bien pourquoi), d'assurer les communications téléphoniques avec leurs journaux.

Le procès s'ouvre le 6 novembre 1952. Le président est connu sous le nom familier de Grand juge, en raison de sa taille athlétique et de l'impression de force qui se dégage de lui. L'avocat général Lindon, l'accusateur, est une figure connue : un homme distingué qui possède une très grosse fortune personnelle et qui collectionne les tableaux de maîtres.

Les douze jurés sont tous des hommes, c'est un détail important.

Dès qu'Yvonne entre dans le prétoire, la foule est soulevée de compassion. La pauvre femme est déchirante... Pas une seconde on ne peut envisager de la juger au sens profond du terme. Elle semble ne pouvoir provoquer que la compassion. Et c'est là que le décalage du temps se fait sentir. Aujourd'hui, nul ne jugerait cette femme parce qu'on ne peut pas juger. Elle est, de toute évidence, malade nerveusement et psychiquement — une femme desséchée par le désespoir, écrasée par le remords, plus : écrasée tout simplement par le destin.

Elle a tué le seul homme qu'elle aimait et qu'elle aimera jamais. Alors elle est courbée en deux, ses yeux sont enfoncés, elle tremble et fait un effort terrible pour parler. Cette femme est une victime née, c'est pour cela qu'elle a tué.

Alors, qui diable va-t-on juger ? On ne peut pas juger son nouveau ministre de mari puisqu'il est mort ! Mais dans un procès, on trouve toujours quelqu'un à juger.

Dès les premiers instants, le tribunal a parfaitement compris qui est cette accusée : pas de tête, seulement un cœur. Intellectuellement, une fille assez simple. Sentimentalement, un univers. Un témoin dira : « C'est une bête d'amour ». Et le psychiatre : « Pour elle, avant tout comptait la chair, en dehors de cela : rien. »

Il suffit que le président évoque les refus successifs de son mari pour qu'une fièvre la saisisse comme des bouffées de souvenirs honteux.

Une des raisons qui lui ont fait perdre la tête est le fait que son mari lui ait dit vouloir faire chambre à part.

— Et alors, s'exclame le président, vous aviez commencé à faire chambre à part quand vous avez eu votre premier enfant !

— Oui, mais je comprenais que c'était fini, que jamais plus il ne me ferait de visite. Un jour, il a même voulu que j'aie un amant.

Lorsque le président évoque la scène ignoble, la dernière, où le nouveau ministre signifie à sa femme avec une clarté brutale que jamais plus il ne s'approchera d'elle, elle s'écroule dans le box.

A ce moment, on a l'impression que sa vie est finie, puisqu'il est mort, et peu importe que ce soit elle, finalement qui l'ait tué... De toute façon, elle est la première victime du crime qu'elle a commis, on ne voit pas très bien quel genre de punition pourrait lui être infligée... Et les jurés doivent être bien embarrassés.

Pourtant, il faut bien trouver un coupable. Alors, le président récapitule :

— Le 17 juin 1951, au cours d'une réception en l'honneur de l'élection triomphale de votre mari, à Orléans, vous voulez l'embrasser. Il vous repousse durement en disant : « Gardons nos effusions pour la maison. » Puis, il devient plus dur encore : il atteint la frontière de l'ignominie : « Prends un amant, tu me dégoûtes ! » Pourtant, des Sables d'Olonnes où vous étiez en vacances, vous lui écrivez : « Mon petit Pierre chéri, je me rends compte que je n'ai pas volé ce qui m'arrive. On m'a monté la tête. J'ai de la déférence pour ta supériorité. » Vous ne saviez donc pas, madame, que vous aviez tort de vous abaisser ainsi, que c'est un mauvais moyen de reconquérir un cœur ?

Yvonne a tenté de se suicider au gaz d'éclairage, puis en absorbant une dose massive de barbituriques : la pensée qu'une autre possédait l'homme adoré lui était intolérable. Le président continue :

— Vous ne pouviez supporter les jours clairs et sereins qui se levaient pour votre mari et sa maîtresse. Vous touchiez au délire.

— Il m'a dit que j'étais une ignoble femme, une salope.

Comme il faut trouver un coupable, la tentation est grande d'accuser la victime. Mais on ne peut aller trop loin, car un témoin vient donner un son de cloche différent : c'est un vieil ami du nouveau ministre, il a passé la dernière soirée avec lui.

— Nous avons parlé pendant deux heures, raconte cet homme, il était triste, malgré sa nomination. Il m'a parlé de ses enfants qu'il voulait mettre en pension pour les soustraire à la nervosité et à la surexcitation de leur mère.

— Pourquoi cette défiance ? demande le président.

— Yvonne était très difficile à vivre. Son caractère était très exclusif, s'il s'était laissé faire, il n'aurait jamais rien entrepris en dehors d'elle.

Mais la salle murmure... Ce témoin allait devenir le chef de cabinet du nouveau ministre, son témoignage n'est-il pas comme entaché de flagornerie ?...

Voici les coupables que l'on découvre enfin. Le premier est le mari de la maîtresse du ministre. Lorsque Yvonne est venue le voir, pour lui demander de faire quelque chose, il a essayé de la calmer.

Il dit au président :

— Je lui ai dit : « Calmez-vous et laissez faire ; dans six mois probablement, votre mari vous reviendra et ma femme me reviendra. »

La salle frémit d'horreur, en entendant ces paroles... qui, aujourd'hui, nous semblent exprimer cependant la plus élémentaire sagesse, et le malheureux est aussitôt traité de « mari complaisant ».

— Que voulez-vous, dit le mari, j'ai déjà eu l'occasion de pousser par les épaules un autre garçon qui avait été, quelques semaines, l'amant de ma femme. Ça s'est très bien passé, on n'en a plus jamais reparlé. Ce garçon, d'ailleurs, m'avait été très sympathique.

Cette fois, la salle hurle plus fort son indignation. Et le mari explique comment, constatant les fréquents voyages de sa femme, il lui a demandé si elle avait un amant : « Oui », a-t-elle répondu. « Qui ? — Le maire. » Je me suis dit : « Ça passera », mais j'ai eu un coup au cœur quand elle m'a dit qu'elle l'aimait et que c'était sérieux. Je n'ai pas désespéré mais j'ai été inquiet.

Alors, le président, indigné, déclare tout de go :

— En somme, vous vouliez bien être trompé, mais pas abandonné ?

— Mais enfin, monsieur le président, nous avons trois enfants...

Cette réplique pleine de bon sens a le don, une fois de plus, de faire hurler la salle. Le public ne comprend pas, en 1952, qu'un mari trompé puisse choisir une autre solution que tuer sa femme, la ramener à la maison par les cheveux, ou divorcer.

D'ailleurs, le président lui-même déclare :

— Si vous aviez été plus ferme avec votre femme... Yvonne ne serait pas là.

Ce à quoi le mari répond :

— Je ne pense pas qu'on puisse reconquérir sa femme par la violence, monsieur le président.

En sortant du tribunal, l'époux sera conspué et le vrai coupable pour le public, c'est lui.

Mais il est une autre coupable, c'est la maîtresse, bien entendu. Elle s'appelle Jeannette. Rien, au fond, ne l'obligeait à venir à ce procès. Elle savait qu'en venant là, elle allait devoir s'expliquer sur ses relations les plus intimes avec son mari et le nouveau ministre. Si elle n'était pas venue, elle aurait tout simplement payé une amende. Or, après avoir hésité, courageusement, orgueilleusement, elle est là. On devrait donc avoir pour elle quelques égards… mais pas du tout.

Le président lui demande si elle voulait divorcer pour épouser le nouveau ministre.

— Non, répond la jeune femme, je n'avais pas envie de divorcer… mon mari et moi avons trois enfants, monsieur le président.

— Alors, vous vouliez rompre ?

— Non, je reconnais que je n'en avais nulle envie, j'aimais cet homme très profondément.

— Mais enfin, il vous aurait fallu choisir un jour ou l'autre ?

— Oui, mais je retardais ce moment, j'essayais de gagner du temps.

— Mais enfin, madame, vous avez une grande responsabilité…

La jeune femme regarde autour d'elle tous ces visages hostiles. Elle est jolie, fraîche, elle a un visage gai, elle est vêtue avec élégance et porte crânement un petit béret vert.

— Monsieur le président, répond-elle, je veux bien admettre une certaine responsabilité, mais je ne pouvais tout de même pas prévoir que ça se terminerait comme ça.

Alors, l'avocat de la défense prend feu tout d'un coup, se dresse et, désignant du doigt le petit béret vert, s'indigne :

— Mais c'est vous qui devriez être à la place de cette malheureuse ! C'est vous la coupable ! Heureusement un autre tribunal vous jugera, celui d'En-Haut !

Et d'énormes applaudissements montent du public.

Le témoin, avec courage, et un petit sourire, laisse passer l'orage, puis se tourne vers le président :

— Est-ce que je peux répondre ? Oui ? Eh bien, je dirai ceci : je l'aimais et il m'aimait. Pour moi, ma conscience, c'est l'amour. Nous avons été heureux. Je ne vois pas pourquoi je me serais reproché d'avoir rendu cet homme heureux. C'est tout de même moins grave que de l'avoir tué.

A la sortie de la première audience, la foule scande :

— Acquittement ! Acquittement !

Par contre, la jeune maîtresse du nouveau ministre s'en va au milieu d'une foule hostile qui la conspue et paraît prête à la brutaliser.

Il reste aux jurés à répondre aux trois questions posées :

L'accusée est-elle coupable d'avoir porté des coups et fait des blessures ? Réponse : Non.

Ces coups ont-ils entraîné la mort sans intention de la donner ? Réponse : Non.

L'accusée a-t-elle donné volontairement la mort ? Réponse : Non.

Décidé à acquitter cette malheureuse Yvonne, le jury ne peut répondre autrement ; sinon, il aurait fallu lui infliger au moins les deux années de prison que réclame mollement dans un réquisitoire extrêmement indulgent l'avocat général Lindon — le même qui fera condamner avec une sévérité exemplaire la « très méchante », « très vilaine » Pauline Dubuisson, elle qui n'a pas fait autre chose que de tuer un amant, mais avait le tort d'être une femme trop fière et trop orgueilleuse.

C'est une formidable ovation qui s'élève dans la foule rassemblée autour de la salle des assises du palais de justice de Reims.

Quelques instants plus tard, Yvonne est libérée, c'est-à-dire… condamnée à vivre… car il lui a été certainement plus difficile, beaucoup plus difficile que cela ne l'avait été devant la cour d'assises, d'expliquer à ses enfants pourquoi elle avait tué leur père.

# LE CHRIST DE DÜSSELDORF

1947. Deux ans après la fin de la guerre, la ville de Düsseldorf est encore une gigantesque ruine. Un décor fantomatique, fait de murs écroulés, de toits en suspens, et de cheminées surplombant le vide. Un décor pour film d'horreur et de mort.

Parmi les rares maisons restées debout, la maison du sabotier. Miraculeusement épargnée, cernée par les éboulis, elle a conservé ses deux étages et la façade où grince un sabot métallique, enseigne de l'artisan qui vivait là. Le sabotier est mort. La maison est habitée au premier par un squatter, que les autorités ont bien du mal à déloger. Au second étage, vit une jeune femme seule.

Lors de la dernière commission d'hygiène, la destruction de la maison du sabotier a été décidée. Car si elle tient encore debout, elle menace de tomber d'un moment à l'autre. L'arrêté d'expulsion est affiché sur la porte. Les squatters n'ont plus qu'une semaine pour déguerpir.

Une semaine plus tard, un fonctionnaire vient constater leur départ. La maison du sabotier est vide. Vide d'humains. Car il reste des meubles. De pauvres meubles qui ne méritent même pas le déménagement.

Alors commence le grand spectacle de la démolition. Une grue énorme, armée d'une boule métallique suspendue à un filin, se met à cogner sur les murs... Ils s'écroulent avec empressement, laissant apparaître de larges blessures de papiers peints fanés, un escalier tout nu, une cheminée suspendue l'espace d'un instant entre ciel et terre... Trois coups de la boule monstrueuse achèvent de donner la mort à la maison du sabotier. Elle n'est plus qu'un tas de gravats anonymes, dans un désert nivelé par les pelles mécaniques...

Sous la maison du sabotier, il reste une cave voûtée, très belle, datant du XVIe siècle... et dont l'architecte en chef a dit :

— Nous reconstruirons dessus... l'immeuble neuf n'en aura que plus de valeur... dégagez-la des décombres.

M. l'architecte en chef, le promoteur et quelques ouvriers visitent la cave de la maison du sabotier. Il convient d'examiner l'état des voûtes, après le choc de la démolition, et l'architecte commente :

— Cette maison était l'une des plus anciennes de la ville. La cave se prolonge sous l'emplacement des autres maisons. Je l'ai visitée avant la démolition, elle est en deux niveaux, ce qui est exceptionnel. Si nous suivons mes plans, nous pouvons construire au rez-de-chaussée un établissement public, restaurant ou brasserie, et aménager le premier niveau de la cave en dancing... Vous le voyez, c'est immense... cet escalier mène à un autre niveau qui peut donc servir à entreposer des marchandises... Nous allons voir cela...

Le deuxième niveau de la cave du sabotier est fermé par une porte en bois munie d'un verrou. Les ouvriers s'y attaquent, tandis que l'architecte et le promoteur examinent des plans, à la lueur d'une lampe-torche... Le bois craque et se fend sous les coups de pioche. Et l'un des ouvriers recule... Une odeur épouvantable vient de l'assaillir.

Surpris, les autres reculent à leur tour. Dans le noir du petit escalier humide, les hommes se regardent, inquiets. Il y a quelque chose derrière cette porte. On rassemble les lumières et, sur l'ordre de l'architecte, les ouvriers s'acharnent sur les derniers morceaux de porte. L'un des hommes, prudemment, et en retenant sa respiration, s'engage dans l'ouverture et dirige le faisceau de sa lampe tout d'abord sur le sol. De la terre battue, nue et noire, apparaît. Puis le rayon de la lampe accroche un mur de pierre, doublé de poutres disposées en croix... L'odeur est si insoutenable que l'homme se cache le nez et la bouche dans son mouchoir.

Une seconde plus tard, il pousse un tel cri d'horreur que ses compagnons se précipitent derrière lui.

Brutalement inondée de lumière, la deuxième cave de la maison du sabotier révèle un spectacle effarant : un corps cloué au mur, tel un crucifié. Un visage torturé, des yeux morts, regardent les intrus, venus troubler l'étrange caveau du cadavre en croix.

C'est une vision insoutenable. Et le petit groupe d'hommes se précipite à l'extérieur. Certains remontent à la surface, terrorisés. Il leur semble avoir découvert l'antre du diable.

Resté seul avec son promoteur, l'architecte s'oblige à regarder une nouvelle fois l'incroyable spectacle. Aucun doute. Il y a là un homme — d'après ses vêtements — mort depuis longtemps. Mort comment ? Quel exécuteur, quel assassin démoniaque a réalisé ce travail affreux ? Le corps a été ficelé puis cloué sur les poutres de bois, par les mains et par les pieds... Le visage est maintenu par des cordes, comme si on avait voulu qu'il regarde la mort en face, jusqu'au bout, pour l'éternité.

Il y a de quoi s'enfuir. Et l'architecte s'enfuit, le promoteur aussi. De l'air, il leur faut de l'air, du ciel, pour réaliser plus calmement ce qu'ils viennent de découvrir.

La police est sur les lieux quelque temps plus tard, et compte tenu de l'horreur de l'affaire, il est vivement recommandé aux ouvriers de ne pas ébruiter leur découverte. La presse sera tenue momentanément à l'écart...

Car la première réaction des policiers est la suivante : ils pensent avoir sur les bras un reste des tortures de la guerre... qui sait quel affreux règlement de comptes a eu lieu dans cette cave ?

Mais le travail minutieux de trois médecins légistes annule complètement cette supposition car il s'agit d'un crime plus récent. Le personnage a été tout d'abord assommé, au niveau de la nuque, et crucifié ensuite. La mort est donc survenue après de longues souffrances, soit par hémorragie, soit, plus simplement, de faim, de soif et de douleur, selon sa capacité de résistance. Le décès remonte à environ six mois, grand maximum.

En dehors de l'affreuse torture que représente une crucifixion, le corps ne révèle pas d'autres sévices, autant qu'il soit possible d'en juger. Mais l'identification s'avère difficile. L'homme paraît âgé d'une soixantaine d'années.

C'est en consultant les dossiers du promoteur, sur les avis d'expulsion, que la police retrouve le nom du squatter et que le rapprochement est immédiatement fait.

Avant la démolition, l'homme habitait au premier. Il s'appelle Klauss Werner : un pauvre vieux sans travail, sans logement, vivant en marginal dans les débris de la guerre. C'est tout ce que l'on sait de lui. Car, malheureusement, les démolisseurs ont tout emporté avec les débris de la maison. Peut-être y avait-il dans les vieux meubles et sous la paillasse un peu plus de renseignements sur lui... trop tard.

Reste l'occupante du grenier. La squatter solitaire. Une femme. Seul le fonctionnaire chargé des expulsions se souvient d'elle. Il se souvient même qu'il n'a vu qu'elle la dernière fois qu'il est venu signifier l'avis de déguerpir.

— C'était une femme assez grande et forte, d'environ cinquante ans, brune, très désagréable. Elle vivait dans un taudis invraisemblable, je n'ai vu chez elle que des ordures et des vieilles chaises, elle devait dormir par terre. A ma connaissance, elle n'avait pas de moyens d'existence. Son nom : Marie-Thérèse Schullmann... Il m'a semblé qu'elle parlait allemand avec un accent étranger. Peut-être polonais... ou roumain...

Un policier américain faisant partie de l'armée d'occupation en Rhénanie, Stephen Hedge, est chargé de l'enquête, en collaboration avec un collègue allemand, bien trop jeune et inexpérimenté. Pour l'instant, ils ne possèdent dans leur dossier que le témoignage du fonctionnaire et quelques pièces à conviction : un énorme marteau, des clous répandus sur le sol de la cave — des clous de ferronnerie, larges d'une dizaine de centimètres —, une bonne douzaine d'empreintes digitales, et des morceaux de papier froissés, de papier à dessin.

Stephen Hedge décide qu'il est extrêmement important de retrouver Marie-Thérèse Schullmann. Méticuleusement, il établit un signalement basé sur les souvenirs du fonctionnaire. Puis un portrait-robot qu'il joint aux empreintes. Son jeune collègue allemand est chargé de l'enquête locale, tâche inhumaine et presque inutile.

Des décombres, des terrains vagues, des chantiers entourent l'emplacement de la maison du sabotier. Les squatters sont une population fluctuante et incontrôlable... Après plus de trois mois de recherche, le jeune policier allemand n'a appris que deux choses : Marie-Thérèse Schullmann n'est ni polonaise, ni roumaine, ni allemande, mais apparemment suisse. Toutefois, son accent n'est pas un accent, mais un défaut de langue. Et il semble qu'elle ait exercé la profession de sculpteur sur marbre, du moins avant la guerre...

Une femme sculpteur sur marbre, et désagréable, disparue après la crucifixion du vieux squatter, est-elle un simple témoin ou une criminelle en puissance ?

« Un témoin », dit le policer allemand ; « une criminelle », dit le policier américain.

La théorie de Stephen Hedge, à propos du crucifié de Düsseldorf, est basée sur deux éléments qui concernent Marie-Thérèse Schullmann. C'est une femme grande et forte. Pour être sculpteur sur marbre, il vaut mieux l'être. Le marteau retrouvé dans la cave n'a pu être manié que par quelqu'un de puissant. Ensuite, la femme a disparu, alors qu'apparemment le fonctionnaire avait eu du mal à lui faire admettre l'avis de déguerpir de la maison.

Après de longues recherches dues à la difficulté de rassembler les informations en cette période d'immédiat après-guerre, un espoir est né. Une Marie-Thérèse figure dans le dossier des criminels de droit commun. Elle s'appelle Felder, née Schullmann, née en 1893 à Berne. Mariée en Suisse en 1917. Condamnée en 1930 pour homicide sur la personne de son époux. Condamnée à vingt ans de réclusion, libérée en 1945 pour bonne conduite.

A l'époque, elle avait prétendu que son mari la trompait, et l'avait tout bonnement tué dans son lit pendant son sommeil, à l'aide d'un couteau de cuisine. Le dossier montre la photo d'une femme au visage fermé, maxillaire carré, petits yeux étirés vers les tempes, cheveux noirs et drus. Ni homme ni femme. Il se dégage d'elle une puissance terrible. Et il en fallait pour tuer un homme en pleine force de l'âge d'une bonne dizaine de coups de couteau.

C'est elle, la locataire du grenier. Les empreintes ne font aucun doute. Mais que faisait-elle à Düsseldorf, ville détruite, ville morte, hachée par des milliers de bombes ? Et pourquoi ce crime épouvantable, et apparemment sans autre mobile qu'un sadisme hors du commun ?

Cette femme bizarre, diplômée de dessin et de sculpture, est la fille d'un artisan sculpteur, un vieil homme spécialisé dans l'art mortuaire, et décédé récemment sans avoir revu sa fille.

Le policier américain se rend sur place. Dans un village des environs de Berne, il découvre une maison fermée, un atelier où traînent encore des blocs de marbre ébauchés, des pierres tombales, des outils. Le père Schullmann a passé sa vie à graver des noms et à tailler des croix dans la pierre. C'était lui l'artiste funéraire du coin. Il est mort à présent et sur sa tombe, une simple croix de bois, avec une date : 6 novembre 1945... Un mois avant la libération de sa fille unique, que personne n'a revue au village, sauf le gardien du cimetière.

— C'était vers le début de l'année, elle est arrivée un soir, il était six heures. Elle m'a demandé où était enterré son père, et elle est repartie un quart d'heure plus tard, sans rien dire. Ici on savait ce qu'elle avait fait, et personne ne l'aimait. Il est normal qu'elle n'ait pas eu envie de revenir habiter dans sa maison. Pourtant, elle aimait beaucoup son père...

Le notaire chargé de la succession n'a pas eu de nouvelles de Marie-Thérèse Schullmann, mais il donne au policier une indication précieuse. En recherchant les autres héritiers possibles, il a appris que la mère de Marie-Thérèse, morte elle aussi, était allemande, née à Düsseldorf où elle possédait une maison. L'adresse qu'il possède ne correspond plus à rien... rien qu'un tas de ruines, à proximité de la maison du sabotier... la maison du crucifié...

Voilà pourquoi Marie-Thérèse Schullmann, qui avait repris son nom de jeune fille, est venue à Düsseldorf. Probablement pour s'y installer, ignorant sans doute qu'elle n'y trouverait que des éboulis et des trous de bombes incendiaires...

Réfugiée en squatter dans l'unique maison restée debout, elle s'est vue mise à la porte. Mais ce crime ? Pourquoi ? Et où s'est-elle réfugiée ensuite ? Elle n'a nulle part où aller à présent... De quoi vit-elle ?...

Le policier américain réfléchit et arrive à la conclusion que la fugitive est encore quelque part dans les ruines de Düsseldorf... et il lui vient une idée. Une femme comme elle a besoin d'exercer son art... Un besoin peut-être maladif. Il imagine qu'elle a tué son voisin et l'a mis en croix pour lui servir de modèle... Ces papiers à dessin retrouvés dans la cave ne portent la trace d'aucune esquisse, mais pourquoi se trouvaient-ils là ? Cela veut dire qu'il y en avait peut-être d'autres. Malgré l'apparente folie de cette supposition, le policier s'y maintient, en attendant mieux, et il ordonne une rafle gigantesque dans les maisons abandonnées. Quelque chose lui dit que Marie-Thérèse Schullmann s'est réfugiée dans une autre ruine, une autre cave, peut-être pour y poursuivre son horrible travail d'art...

Et un mois plus tard, on lui amène l'artiste. Menottes aux poignets.

Une ronde de nuit l'a découverte dans la cave d'un immeuble lézardé, où elle se terrait depuis des mois.

Ses petits yeux froids et durs observent le policier américain. Les grandes mains fortes, croisées devant elle, ont l'air d'outils inutiles. Elle ne veut pas répondre aux questions. Affligée d'un défaut de langue qui l'oblige à chuinter légèrement sur les mots, Marie-Thérèse Schullmann se plaint seulement d'avoir été arrêtée sans motif. Elle est sale, vêtue d'un pantalon d'homme froissé et d'une vieille veste, les cheveux tordus en chignon sur la nuque. Dans ses poches, un peu d'argent, ses papiers d'identité, un couteau, du tabac et une pipe...

Devant son mutisme, le policier américain et son collègue allemand décident d'aller immédiatement perquisitionner dans son nouveau domaine. Silencieuse, butée, la bouche mauvaise, Marie-Thérèse Schullmann assiste à leur travail.

La cave est encombrée de boîtes de conserve et de bouteilles vides. Des bougies sont accrochées au mur, devant une sorte d'établi, fait d'une vieille porte posée sur des pierres. Sur l'établi, recouvert d'un linge humide, un bloc de terre glaise. C'est plus qu'une ébauche. Dans un carton à dessin, plusieurs esquisses...

C'est le crucifié, découvert dans la maison du sabotier. Si Marie-Thérèse Schullmann n'est pas douée d'un talent impérissable, elle a le mérite de savoir rendre la réalité. Ses dessins sont d'une rigueur académique. Pour la première fois, les policiers ont devant eux le visage de la victime.

— Alors ? Vous l'avez tué pour ça ? Pour faire une statue ? C'est pour avoir un modèle que vous avez crucifié ce vieillard ?

— Il était mort quand je l'ai disposé comme ça...

— Disposé ? Vous appelez ça disposé ?

— J'avais besoin de travailler d'après nature, et il était mort.

— Les experts ne sont pas d'accord. Cet homme a été assommé et il est mort torturé ! C'est vous qui avez fait ça... Pourquoi ? Pourquoi ? Est-ce que vous êtes folle ?

Marie-Thérèse se tait.

Son regard froid examine les dessins, effleure la statuette, elle contemple son œuvre avec tranquillité... Elle ne s'énerve que lorsque les policiers s'emparent du tout.

— Qu'est-ce que vous allez en faire ? Vous n'avez pas le droit de toucher à ça ! C'est à moi, c'est mon travail !

Aucun remords, dira le psychiatre. Absence totale de sentiments et de morale quelconque. Cette femme a torturé un homme pour disposer d'un modèle de Christ en croix. Son intention était de rendre une œuvre réaliste. Après les dessins et l'ébauche de terre glaise, il lui restait à sculpter le sujet dans le marbre. Ne disposant pas du matériau nécessaire, elle voulait se rendre ensuite dans l'atelier de son père pour y travailler. Car le marbre est cher et l'œuvre finale devait orner la tombe de son père.

Marie-Thérèse Schullmann a consenti plus tard, au procès, à apporter quelques précisions supplémentaires sur le crime lui-même.

Ayant appris la mort de son père, ayant visité la tombe misérable qu'il avait au cimetière, lui qui avait orné celles des autres, elle avait décidé d'y remédier. Pour cela, il lui fallait un modèle, car l'artiste qu'elle est n'a pas d'imagination. L'idée lui en était venue en croisant son voisin le squatter du premier.

Alors, un soir de novembre, elle l'attire dans la cave sous un prétexte quelconque et l'assomme. A la question : « Pourquoi ne lui avez-vous pas demandé de poser tout simplement ? », elle répond :

— Non. Il fallait qu'il soit mort. Un sujet qui pose ne reproduit pas la mort. C'est une question de muscles.

— Au moins, vous auriez pu éviter la torture !

— On ne l'a pas évitée au Christ. Comment voulez-vous reproduire la douleur de l'homme crucifié s'il ne l'est pas vraiment ? J'ai pu travailler quelques jours dans des conditions exceptionnelles de vérité. J'avais presque fini mes esquisses quand ils sont venus pour nous déloger. J'ai dû partir et m'installer ailleurs. Mais l'homme était mort, il ne m'intéressait plus.

C'est un monstre qu'on a pendu. Un monstre sans excuse, même en cherchant beaucoup. Un monstre qui aurait pu avoir sa place dans les camps d'extermination. Torturer et tuer pour faire de l'art une expérience sadique, sous le prétexte de rechercher la vérité et la pureté d'expression... Cela rappelle quelque chose.

L'art de Marie-Thérèse Schullmann aurait sûrement plu à quelques bourreaux SS, deux ou trois ans plus tôt... Au fond, la police n'avait pas tellement tort au début de l'enquête... Crime de guerre ou crime gratuit, ces crimes-là dépassent le crime lui-même. Il fut un temps où les monstres étaient parmi nous. Oublions. Mais restons sur nos gardes.

# CELLE QUE L'ON NE CROYAIT JAMAIS

Dans une chambre de la petite maison de Howland dans l'Ohio, il y a un cadavre. C'est celui de Paul Mac Closkey, trente-huit ans, ouvrier maçon, marié et père de deux enfants. Sur le seuil de la porte, le chef de la police David Harsock attend les conclusions du légiste.

Dans une autre chambre, le lieutenant Bill Kovac interroge la femme de la victime, Judith, vingt-huit ans.

Paul Mac Closkey était un colosse de cent vingt kilos, aux cheveux rares et au visage de boxeur. Le légiste déclare qu'il a été tué d'une balle de fusil de petit calibre, en pleine poitrine. La mort est survenue quelques minutes après cette blessure mortelle. L'homme a beaucoup saigné et il dormait lorsqu'on l'a attaqué.

Judith, son épouse, raconte au lieutenant, entre deux sanglots, qu'elle a entendu le chien aboyer, puis un bruit bizarre, et qu'elle a découvert son mari blessé, qui gémissait sur le sol. Il est mort tandis qu'elle téléphonait à la police. Judith est une petite femme maigre, presque chétive, aux cheveux roux et au physique de ménagère sans histoire. Elle est vêtue d'une chemise de nuit de pensionnaire, et tremble des pieds à la tête en faisant son récit.

Dehors, dans le jardin, les voitures de police ont attiré les voisins. Eux n'ont rien entendu de particulier, ni le chien ni le coup de fusil.

Le chef de la police fait retirer le corps, l'ambulance démarre, les voisins rentrent chez eux en marmonnant leur étonnement. Et Judith Mac Closkey reste seule avec les deux policiers, le lieutenant et son chef. C'est le lieutenant qui reprend l'interrogatoire :

— Vous faisiez chambre à part avec votre mari ?

— Oui, nous sommes divorcés depuis trois mois, mais il ne voulait pas quitter la maison.

Cette réponse étonnante ne surprend pas le lieutenant : dans cette petite ville où tout le monde se connaît, chacun savait que Paul et Judith avaient divorcé, et chacun, les voyant toujours ensemble, croyait qu'ils avaient changé d'avis sans plus, ou que Paul n'avait pas encore trouvé de logement.

— Où sont les enfants, madame Mac Closkey ?

Judith tamponne son maigre visage ingrat, et murmure avec effort :

— Dans la cave.

— Pourquoi dans la cave ? Depuis quand y sont-ils ?...

Il a pris un ton un peu sévère, mais s'attend à une réponse du genre : « Je ne voulais pas qu'ils voient leur père mort »... ce serait logique...

Or, la réponse ne vient pas tout de suite, Judith tremble de plus belle, se tord les mains, et enfin éclate en sanglots :

— Allons, madame Mac Closkey, calmez-vous... Pourquoi avez-vous descendu les enfants à la cave ?

Après les quelques secondes nécessaires à se moucher et à reprendre son souffle, Judith répond tout d'un trait :

— J'ai engagé deux hommes pour tuer mon mari ; quand ils sont arrivés, ils m'ont dit de mettre les gosses à la cave.

Et elle s'asseoit sur une chaise, en sanglotant de plus belle. Alors, les deux policiers se regardent, d'abord surpris, puis sceptiques. Quoi ! cette petite ménagère tristounette, en pantoufles, aurait passé un contrat avec des tueurs ? Pas croyable ! Et le chef de la police chuchote à l'oreille de son lieutenant :

— Elle dit n'importe quoi, c'est elle qui a tué, voilà tout... Faites sortir les gosses, confiez-les à des voisins, et filons au bureau, on ne va pas passer la nuit ici. Elle avouera en moins d'une heure, vous lui faites signer ses aveux, et tout le monde va se coucher... Okay ?

Il est donc deux heures du matin, et personne ne croit Judith Mac Closkey.

Dans le bureau du chef de la police, Judith, les yeux rouges, affronte l'interrogatoire avec difficulté. Le lieutenant est d'ailleurs mal à l'aise devant cette petite ménagère sans grâce, qui a revêtu pour le suivre une blouse à fleurs et gardé ses chaussons. Ses cheveux roux, dépeignés, recèlent quelques bigoudis oubliés, et elle torture un chiffon en guise de mouchoir. Lorsqu'elle se mouche et le déplie, il est visible qu'il s'agit d'un torchon de cuisine. Et cette femme vient de répéter au policier :

— J'ai engagé deux tueurs, je les ai payés.

Toujours sceptique, le lieutenant dirige néanmoins l'interrogatoire dans ce sens :

— Bon, disons que vous l'avez fait. Alors, dites-moi d'abord combien vous les avez payés ?

— Deux cent cinquante dollars.

— C'est tout ?

— J'avais promis de leur donner le reste quand je toucherais l'assurance-vie : 2 250 dollars...

— Et comment les avez-vous dénichés ces deux tueurs ?

Judith se lance dans un récit qui a l'air d'un commérage de cuisine :

— J'ai travaillé pour une maison qui employait des domestiques, et j'ai rencontré Larry. Il travaille comme plongeur, il a dix-sept ans... Quand j'ai compris que je pouvais lui faire confiance, je lui ai parlé de mon projet, et il m'a dit qu'il y réfléchirait.

— Comme ça ! Ça ne l'a pas choqué ? Il n'a pas été surpris, il n'a pas posé de questions ?

— Non, il était très gentil.

— Et ensuite, que s'est-il passé ?

— Quelques jours plus tard, il m'a dit qu'il ne voulait pas le faire, mais qu'il connaissait un couple de « gays » qui pouvait être intéressé.

— Des homosexuels ? Et vous avez dit oui ?

— Je ne les connaissais pas, mais j'avais confiance en Larry...

De plus en plus persuadé que cette femme lui raconte n'importe quoi, sûr qu'elle n'a pas la tête de l'emploi, le lieutenant tranche :

— Bon, allez-y, leurs noms, leurs adresses, en vitesse !

— Frederic Johnson et Marc Pero... Ils habitent dans Weatherfield...

— Et vous les avez rencontrés chez eux !

— Oui, on s'est mis d'accord sur l'argent et je leur ai dit que je leur donnerai le fusil de mon mari, avec des balles. C'est un calibre 45.

— Donc, vous vous êtes mis d'accord. C'était quand ?

— Le 16 juillet...

— Hier, donc... et le 17 juillet, vous dites qu'ils sont venus pour tuer votre mari et qu'ils l'ont fait ?

— Oui, mais quand ils sont arrivés, je leur ai dit que j'avais changé d'avis, et d'oublier tout ça... Mais ils ont répondu que c'était trop tard et m'ont demandé de descendre les enfants à la cave, avec le chien. J'ai obéi, j'ai entendu le coup de fusil, et quand je suis remontée dans la chambre, Paul était en train de tousser et de se plaindre. Après, il est mort.

— Et vos tueurs ?

— Je leur ai donné les deux cent cinquante dollars et ils sont partis... avec leur voiture.

Le lieutenant est accablé. Le chef de la police est accablé, l'agent qui enregistre les aveux est accablé. Personne dans cette pièce ne croit un mot de cette histoire... En soupirant, le lieutenant se lève :

— Bon, eh bien ! nous allons cueillir ces deux demoiselles déguisées en tueurs à gages... Mais je parierais ma paye qu'il n'y a personne au nid, ou que l'adresse n'existe pas... enfin, allons-y !

Dans la voiture de police, le lieutenant soupire encore, et ses hommes lui font écho.

— Vous avez vu sa tête ? On la connaît, Judith, ma sœur était à l'école avec elle, elle est tellement timide qu'elle n'oserait pas dire bonjour à un inconnu. C'est bien simple, on ne l'a jamais entendue parler aussi longtemps... On la voit mal discutant des détails d'un « contrat »... Qu'est-ce que ça cache tout ça, lieutenant ?

— Ça cache qu'elle a dû le tuer elle-même et ce qui m'ennuie c'est qu'on n'ait pas retrouvé le fusil. Il faudra fouiller le jardin demain matin, je suis sûr que, stupide comme elle est, elle n'a pas dû le cacher bien loin... juste pour nous faire croire à l'existence de ces fameux tueurs...

Une petite maison, à la sortie de la ville, coquettement fleurie, et une allée de petits graviers que les chaussures des policiers piétinent sans ménagement. Il est à présent quatre heures du matin, ce 17 juillet 1972. Le lieutenant tambourine à la porte, peinte en vert et ornée d'une fleur jaune et du slogan hippie bien connu : « Faites l'amour, pas la guerre. » Le lieutenant cogne plus fort en grognant :

— Ça commence bien...

On ouvre, c'est un jeune homme en chemise de nuit indienne. Des cheveux bouclés et longs, encadrent son visage. Sourcils bien noirs, nez puissant, il a l'air d'un homme, malgré sa tignasse et un menton sans consistance, fuyant vers le cou.

— C'est vous, Frederic Johnson ?

Une voix grave répond au policier :

— Non, c'est moi. Lui, c'est Marc...

Et sous le nez stupéfait du lieutenant, une autre silhouette masculine vient se placer à côté du dénommé Marc. Même tignasse, mêmes sourcils, même nez, même menton fuyant, les deux hommes se ressemblent curieusement. A tel point que le policier demande :

— Vous êtes son frère ?

— Non, non, c'est mon ami, que voulez-vous ?

— Police ! Vous êtes accusés de meurtre, ne bougez pas.

Mais les deux garçons ne bougent pas, c'est à peine s'ils ont pâli. Avec le mépris traditionnel du policier moyen pour les « gays » — surnom donné en Amérique aux homosexuels —, un agent leur passe les menottes. Ils ne résistent pas, et la chose est assez étonnante, car ils ont l'air violent et particulièrement costaud. En fait, ils se comportent exactement comme si l'arrivée de la police ne les avait pas surpris, non plus que l'accusation portée contre eux.

En les ramenant dans le bureau du chef de la police, le lieutenant se dit : « Quelque chose ne va pas... Je n'arrive pas à croire à cette histoire... Ou ils me mènent en bateau, ou ils sont dingues, mais qu'est-ce qu'il y a là-dessous ? »

Frederic Johnson reconnaît sans hésiter qu'il a tué Paul Mac Closkey pendant son sommeil. Il admet que Marc Pero est son complice, et qu'ils ont accepté le contrat pour deux cent cinquante dollars, le reste après le paiement de l'assurance. Ils ont rencontré Judith par l'intermédiaire du jeune Larry, dont ils donnent l'adresse, et indiquent également que le fusil confié par Judith est encore dans le coffre de leur voiture. Alors, le jeune Larry est cueilli dans son logement, il ne nie pas. Le fusil est trouvé à l'endroit indiqué. Tout semble concorder avec les déclarations de Judith.

Mais le chef de la police et son lieutenant se grattent la tête. Non, décidément, ils n'y croient pas. Ça ne colle pas. Cette femme qui avoue, ces deux types bizarres, presque jumeaux, qui avouent, et l'intermédiaire dans tout ça : un laveur de vaisselle de dix-sept ans ! C'est fou !

Le lieutenant s'enferme avec Judith Mac Closkey, le lendemain à dix heures du matin : il veut comprendre, et la meilleure manière de comprendre, c'est de décortiquer le mobile.

— Alors, vous faites tuer votre mari, pourquoi ?

— Je n'en pouvais plus, il avait menacé de me tuer le jour de son anniversaire, et c'était hier le jour de son anniversaire.

— Madame Mac Closkey, ce n'était pas une plaisanterie ?

— Une plaisanterie ? oh non, lieutenant ! il m'a dit ça le jour où nous avons divorcé. Il a dit : « Je m'en fiche, divorce, je te tuerai le jour de mon anniversaire, et j'emmènerai les gosses à l'orphelinat. »

— Pourquoi avez-vous divorcé ?

— Il me battait sans arrêt, une fois il a même essayé de me pendre dans la cave, devant les enfants...

— Pourquoi vous battait-il ?

— Je ne sais pas, il était comme ça, il n'aurait jamais changé, et il battait les enfants aussi. Je suis allée trois fois au Centre social, pour leur dire, ils ne m'ont pas crue.

— Pourquoi ça ?

— Je ne sais pas, lieutenant, ils ont regardé sur mon corps, et n'ont pas vu de traces de coups. Une autre fois, je suis allée dans une clinique pour me faire examiner, j'avais des marques sur tout le dos, mais ils m'ont dit que cela ne les regardait pas. Et puis je suis allée à la police locale aussi, j'ai vu un agent, je lui ai dit que mon mari me battait, et que j'avais peur qu'il me tue. Il a répondu que je me faisais des idées, et que j'avais qu'à divorcer si j'en avais assez. Personne ne me croit, lieutenant, même ma belle-mère, elle a toujours dit que son fils était incapable de battre sa femme et ses enfants. Je lui ai envoyé mes deux fils exprès pour un week-end, leur père les avait tellement fouettés qu'ils avaient des bleus partout, eh bien, elle n'a pas voulu me croire, elle a dit que ces bleus étaient dans mon imagination... Vous voyez, personne ne me croit jamais. Je n'en pouvais plus de supporter cette vie, j'en avais assez de dormir avec un fusil accroché au-dessus de ma tête, assez d'avoir peur. S'il m'avait laissée avec les enfants, il ne serait pas mort aujourd'hui, mais il est resté après le divorce, il faisait comme s'il ne s'était rien passé, il a pris une chambre pour lui tout seul, et les enfants ont dû dormir dans la salle à manger. Le soir il entrait et réclamait à manger, et souvent il disait : « Le 17 juillet j'aurai trente-huit ans, il faudra que je fête ça ! Je ne sais pas si j'irai dehors ou si je me saoulerai ici ! » Il avait dit qu'il me tuerait ce jour-là, lieutenant, alors, j'ai tout essayé pour trouver quelqu'un qui le tue, parce que moi je n'avais pas le courage, ni la force. J'ai proposé de l'argent à plusieurs hommes qui m'ont fait des promesses, et ne sont jamais venus. J'ai dépensé une fois trois cents dollars, et une autre fois trois cent cinquante, pour rien... Ils se moquaient de moi, ils ne me croyaient pas ! Comme vous ! Vous aussi vous ne me croyez pas. Pourtant, il faudra bien que vous croyiez quelque chose, Paul est mort, ces deux garçons l'ont tué pour moi, mais je jure qu'au dernier moment, je ne voulais plus, et que ce sont eux qui ont insisté.

Voilà. Le lieutenant connaît le mobile sous tous ses aspects. Alors, il le vérifie auprès de la belle-mère. Elle nie que son fils ait battu qui que ce soit, et n'a jamais constaté de marques de coups sur le corps des enfants.

— Pourtant, c'est moi qui les baignais le dimanche !

Les enfants ? Deux ans pour l'aîné, un an pour le second... des bébés, dont on ne peut rien tirer de valable.

Quant au Centre social, il ne se souvient pas de Judith : « Elle a peut-être été reçue par un stagiaire déplacé depuis ? » Le poste de police ne l'a jamais vue, ou ne s'en souvient pas... La clinique : jamais vu cette dame. Les deux tueurs :

— Elle n'a pas hésité, elle a même dit qu'on vole l'argent de son mari !

Devant le grand jury, réuni le 23 juillet 1972, Judith est accusée de complicité de meurtre en compagnie des deux étranges tueurs qui ont vingt et un et vingt-trois ans. L'intermédiaire, le jeune Larry, comparaît devant un tribunal pour enfants, car il n'en a que dix-sept.

En novembre, après six jours de procès, Judith Mac Closkey est condamnée à la prison à vie, ainsi que ses deux complices. Son avocat a tout tenté pour faire admettre les coups, la peur et sa légitime défense en quelque sorte, mais aucun témoignage n'est venu l'appuyer.

Alors le jury a admis que cette petite ménagère sans grâce et sans caractère avait bien passé un contrat de meurtre. Quant au mobile, il fut défini ainsi : « L'accusée a fait tuer parce qu'elle n'arrivait pas à se débarrasser de son mari, après le divorce. »

C'était peut-être une version simple des choses, mais elle prouvait encore une fois que personne n'avait cru Judith Mac Closkey...

— Avez-vous quelque chose à ajouter ? lui demanda le président, selon la formule habituelle.

Judith s'est levée, grise et maigre dans une robe noire chiffonnée, et elle a déclaré ce qu'elle avait sur le cœur, d'une petite voix misérable :

— Je l'ai tué pour qu'on me croie ! Personne ne me croyait ! Alors je l'ai tué, vous voyez bien que je l'ai tué !

C'était peut-être en effet le véritable mobile, mais il passa inaperçu dans le brouhaha du public qui quittait la salle. Décidément, Judith n'avait pas le physique de l'emploi.

# L'EXPLICATION LA PLUS MOCHE

Miki Sulton, shérif de Socorro, village perdu quelque part dans le sud du Nouveau-Mexique, se précipite tête baissée sous le robinet des lavabos. Il est minuit mais la chaleur est étouffante. Entre le bord du lavabo et le mur traîne le peigne crasseux de David Wildmark, son nouvel assistant aux longs cheveux gras, toujours las et désabusé, une recrue dont le shérif n'est pas très fier. Devant la glace douteuse Miki Sulton se refait donc une beauté qui consiste à rejeter en arrière ses cheveux noirs et à frotter énergiquement avec une serviette de papier son visage aux traits mexicains prononcés.

Lorsqu'il pénètre dans le bureau, son assistant éloigne brutalement le téléphone de son oreille.

— Ne criez pas comme cela, madame, grogne-t-il avec lassitude.

Tandis que la femme continue de hurler au téléphone le shérif entreprend de faire un cours au petit David :

— Ecoute, mon garçon, ce n'est pas comme cela que l'on répond à des gens qui ont besoin de nous et tu ne sais pas à qui tu as affaire... Donne-moi ça.

Il prend le combiné :

— Allô...

Et l'écarte aussitôt. La voix de la femme lui vrille les oreilles.

— Ici la police de Socorro, dit-il d'un ton aimable, qu'y a-t-il pour votre service ?

— Vous avez fini de faire le pitre ? hurle sa correspondante, on est en train d'assassiner mon mari !

— Où cela ?

— Dix Poliny Street ! Venez vite ! Mon mari vient d'être agressé par un homme, ils s'entretuent, l'homme a un masque, j'ai peur ! Vite !

A chaque extrémité de la rue Poliny surgissent des voitures : l'une est celle de la police, l'autre celle du médecin de service. Les deux voitures s'arrêtent presque en même temps devant le numéro 10. La maison comme toutes celles de la rue Poliny est plutôt luxueuse. Dans un même claquement de portières, le toubib et le shérif Miki Sulton bondissent vers le garage devant lequel ils entrevoient sur le sol de béton deux formes inertes.

Le médecin marche sur la pointe des pieds pour s'en approcher car il patauge dans le sang.

Le shérif se penche sur les corps inanimés. Il s'agit de deux hommes : l'un vêtu d'un costume clair en étoffe légère, l'autre d'un pantalon et d'une chemise. Ce dernier a masqué son visage en l'enfilant dans un bas de nylon. L'autre tient un couteau. En fait, il tenait un couteau car de sa main desserrée l'arme a glissé sur le ciment.

— Celui-là a son compte, remarque le toubib.

— Il est mort ?

— Plutôt deux fois qu'une, regardez cela, il a reçu je ne sais combien de coups, une vraie passoire.

— D'après l'appel qu'on a reçu ce doit être le mari et celui qui a le masque devrait être l'agresseur. Comment est-il ?

— Il est vivant, c'est tout ce que je peux dire.

Un regard autour d'eux pour constater qu'il n'y a d'autre arme que ce couteau. Il faut donc en déduire qu'au cours de la bagarre l'agresseur a été désarmé et que sa victime, avant de mourir, a réussi à le frapper plusieurs fois, notamment à la jambe qu'elle a transformée en bouillie.

Mais une voix se fait entendre, celle d'une femme qui court vers eux à travers la pelouse.

— Mon mari !... Comment est mon mari ?

Le shérif se redresse et marche vers la femme, essayant de lui masquer la scène.

— Il est vivant ? demande-t-elle encore.

Miki Sulton la prend par les épaules et la reconduit avec fermeté vers la maison.

— Le médecin est en train de l'examiner, mais je ne vous cache pas qu'il doit être en mauvais état.

Tandis qu'il monte lentement les trois marches du perron la femme fond en larmes :

— Quand vous êtes arrivés, j'appelais l'hôpital, dit-elle, vous croyez qu'ils vont le sortir de là ?

— Nous allons le savoir très vite.

Et le shérif la conduit doucement vers le canapé.

Mae Burton — tel est le nom de la jeune femme — n'a pas vingt-cinq ans. C'est une jolie brunette au visage rond un peu boudeur. Elle est vêtue — ce que le shérif suppose être la dernière mode — d'une sorte de pantalon de zouave en lamé argent si léger qu'il en est presque transparent.

— Racontez-moi ce qui s'est passé.

Mae Burton fait visiblement un grand effort pour ravaler ses larmes.

— Nous étions à une soirée chez des amis, explique-t-elle. C'était très gai et Jesse et moi nous amusions beaucoup. Je voulais rester encore mais Jesse a préféré partir parce qu'il a rendez-vous demain de bonne heure sur un chantier. Dire que si j'avais insisté pour rester tout cela ne serait pas arrivé.

A cette idée la jeune femme est secouée de sanglots.

— Et après ? demande le shérif.

— Comme toujours en rentrant, Jesse est descendu de voiture devant le garage pour ouvrir la porte. Tout à coup un homme masqué est sorti de l'obscurité un couteau à la main et l'a frappé. Il ne cessait de donner des coups de couteau à Jesse qui se défendait comme il pouvait. Jesse est même parvenu à arracher le couteau au gangster. Alors j'ai sauté de la voiture pour courir vers la maison et vous appeler.

— Bien, je vous remercie, madame. Je suis désolé de vous avoir imposé ce récit mais vous comprenez que c'était nécessaire. Qu'est-ce qui s'est passé ensuite ?

— Je ne sais pas. J'étais pendue au téléphone. Vous voyez, le téléphone est dans l'entrée, on ne voit pas ce qui se passe dehors.

— Je comprends, il semble que pendant que vous nous appeliez, votre mari ait réussi à blesser grièvement le gangster alors que lui-même était presque mourant.

Mae Burton regarde le shérif fixement. Malgré sa douleur elle a l'air forte. Alors Miki Sulton ajoute :

— Car il était mourant et maintenant, il est mort.

La malheureuse se redresse sur le canapé et promène un œil hagard autour d'elle. Tout doit devenir dérisoire : le téléviseur et le magnétoscope bien campés sur un petit meuble à roulettes, la chaîne hi-fi, le petit bar où ronronne une machine à fabriquer les cubes de glace et surtout son pantalon de zouave en lamé transparent.

— Il est mort ? Vous êtes sûr qu'il est mort ?

— Oui, madame.

A ce moment Mae Burton est pitoyable et le shérif, qui ressent pour elle une certaine compassion, conclut :

— La seule chose qu'on puisse faire c'est punir l'assassin... s'il s'en sort.

Il attrape son Stetson qu'il avait placé sur un meuble et l'enfonce sur sa tête d'un geste énergique.

Le lendemain matin le shérif de Sorocco hausse les épaules en voyant le petit David Wildmark déchirer une enveloppe pour en sortir le contenu.

— Non ! Non, David ! Pas comme cela. Tu les ouvres avec un coupe-papier et tu accroches l'enveloppe avec la lettre. On ne sait jamais, quelquefois l'enveloppe est importante.

Mais l'assistant semble n'attacher aucune importance à cette remarque. Avec insolence il continue de lire le rapport d'expertise du médecin légiste qui a pu examiner le cadavre de Jesse Burton et les blessures de son agresseur.

— Vous avez vu, chef, dit-il de sa voix éternellement fatiguée, le médecin légiste écrit que d'après la quantité de sang perdu les deux hommes sont restés longtemps étendus devant le garage, au moins une heure.

— Quoi ! Planque-moi ça dans un tiroir ! C'est complètement faux, je suis arrivé tout de suite et le toubib aussi. Si ça tombait entre les mains d'un journaliste, quel scandale !

Ce n'est pas sans un certain énervement que Miki Sulton observe depuis une heure son assistant tourner les pages de l'annuaire en mouillant son doigt et se coucher sur la table pour traîner gentiment dans la boue ses correspondants au téléphone.

Après quoi, enquête faite, il déclare que le mari de Mae Burton âgé de trente-quatre ans est co-propriétaire d'une entreprise de construction prospère et qu'il a des comptes importants dans plusieurs banques.

— L'assurance ? suggère alors le petit David du bout des lèvres.

Le shérif se remémore le désespoir de la pauvre Mae Burton en apprenant la mort de son mari.

— Quoi ? cette femme aurait fait tuer son mari pour toucher l'assurance ? Ce n'est pas le genre.

— Pourtant, grogne le petit David d'un air dégoûté, ce serait tellement logique.

Quelques coups de téléphone et il est établi que le mari de Mae Burton avait souscrit au profit de sa femme une assurance-vie d'un million de dollars.

— Ben voilà, chef, conclut sans lever la tête le petit David, vous avez le mobile du crime.

— Tu crois ? Mais alors l'agresseur qui est-ce ? Un malfrat engagé pour la circonstance ? Un vieil ami ?

— Bof ! ne cherchez pas midi à quatorze heures, shérif, un coquin avec qui elle voulait se « faire la malle ».

Encore quelques coups de téléphone et il s'avère que l'agresseur, un dénommé Elliot Bradley, vingt-quatre ans, est un ancien camarade d'études de Mae Burton. Les amis de celui-ci confirment en effet qu'il fut son amant et continuait de l'être malgré le mariage de la jeune femme.

David passe une main désabusée dans ses cheveux gras, et marmonne :

— Vous voyez, chef, qu'est-ce que je vous disais ? C'est une histoire minable.

Dans le hall de l'hôpital, Miki Sulton, qui vient interroger l'assassin de Jesse Burton, jette un regard en biais sur son assistant : le petit David Wildmark. Avec son air trop décontracté, sa voix éternellement fatiguée et son insolence à toute épreuve, il n'est pas l'adjoint idéal, cependant il a fait preuve apparemment dans cette affaire d'une étonnante clairvoyance.

L'agresseur de Jesse Burton est un garçon brun, affreusement pâle, au visage un peu osseux, grands yeux, grande bouche, et mèche en bataille sur le front. Il a fallu dans la nuit même de son crime l'amputer d'une jambe car sa victime, ayant réussi à lui arracher son couteau, s'était acharnée sur lui avant de mourir.

Il n'est pas question pour lui de proclamer son innocence et il reconnaît immédiatement les faits :

— Je suis amoureux de Mae depuis toujours. Elle a épousé Jesse Burton pour se venger, parce que je ne lui avais pas été fidèle et parce qu'il était riche, alors que moi je finissais seulement mes études. Mais je n'avais pas renoncé et je la voulais rien que pour moi. Voilà pourquoi j'ai tué son mari.

— Mae Burton était au courant de votre projet ?

L'assassin s'agite sur son oreiller et proteste avec véhémence :

— Jamais de la vie ! Elle n'a rien à voir là-dedans ! Elle ignorait tout.

— Vous ne lui en avez jamais parlé ?

— Jamais.

— Il y a des choses qu'on sait sans en avoir jamais parlé, remarque le shérif.

— Non ! Non ! je vous assure... Jamais une idée pareille n'aurait pu lui venir à l'esprit.

— Comment se fait-il qu'elle ne vous ait pas reconnu ?

— Elle ne pouvait pas puisque j'avais masqué mon visage avec un bas de nylon.

Miki Sulton se tourne alors vers le petit David :

— Eh bien, David, voilà une chose réglée. Mon garçon, tu vas me prendre en détail sa déclaration, et attention, je dis bien en détail... hein ?

Mais au moment où le shérif s'apprête à sortir de la chambre, David Wildmark passe une main douteuse dans ses cheveux gras et grogne :

— Chef...

— Oui... Qu'est-ce qu'il y a ?

— Je ne suis pas d'accord, chef.

— Comment cela, pas d'accord ?

— Non, chef, quand une nana est la maîtresse d'un type depuis des années, même avec un bas sur le visage, elle le reconnaît, parce qu'elle pense tout de suite à lui. Vous ne croyez pas ?

Miki Sulton s'apprête à interroger l'assassin, mais le petit David ne lui en laisse pas le temps.

— Et puis, chef, je crois qu'on a tort de le laisser mourir idiot

Cette fois, les deux autres interdits regardent David Wildmark. L'assistant a une véritable tête à claques lorsqu'il laisse tomber d'un air indifférent :

— Ben oui, quoi ! on devrait lui dire que c'est à cause de Mae Burton qu'il a fallu lui couper la jambe.

L'assassin lui jette un regard furieux.

— Qu'est-ce que vous chantez là ?

— Ben oui, elle a attendu une heure avant de nous appeler. Je suppose que Jesse Burton ne s'est pas battu avec vous pendant une heure. Donc, lorsqu'elle a décroché son téléphone, il y avait longtemps déjà que vous étiez allongé sur le ciment. Pendant tout ce temps, vous vous rendez compte du flot de sang que vous avez perdu ?

L'assassin se tourne vers le shérif :

— C'est vrai, cela ?

— Ce qui est vrai, explique le shérif, c'est que vous avez perdu votre sang pendant une heure et c'est la cause de votre amputation.

— Or, enchaîne David Wildmark, lorsque Mae Burton nous a appelés, vous étiez, paraît-il, en train de vous battre. Trente secondes après l'appel de Mae Burton, le shérif a pris la communication. Elle n'a pas duré plus d'une minute... Et deux minutes plus tard, le shérif était parti. Il lui a fallu cinq minutes pour se rendre au 10, Poliny Street où le toubib est arrivé en même temps. Voilà pourquoi je dis que si vous avez perdu votre sang pendant une heure, c'est que Mae Burton a attendu tout ce temps avant de nous appeler.

Le shérif a compris, mais l'assassin, lui, a du mal à se faire à cette idée. Il murmure :

— Pourquoi ? Mais pourquoi aurait-elle fait cela ?

— Dame ! explique froidement cette tête à claques de David, elle espérait sans doute que vous alliez mourir aussi...

— Ce n'est pas possible... mais enfin, ce n'est pas possible...

— Mettez-vous à sa place, c'était la solution idéale ; elle touchait l'assurance, elle était définitivement libre et l'assassin étant mort en même temps que son mari, elle était sûre de l'impunité. Car, évidemment, elle était dans le coup.

Le malheureux assassin se dresse presque dans son lit où il retombe avec un cri de douleur :

— La garce ! Oui, c'est vrai, c'est elle qui avait tout manigancé. C'est elle qui m'a poussé à tuer son mari sous prétexte qu'elle m'aimait et qu'elle voulait vivre avec moi. J'hésitais car je savais qu'il était très fort. Lorsque Jesse a été mort et moi grièvement blessé, j'ai supplié Mae d'aller appeler un docteur, et puis j'ai perdu connaissance...

Les trois hommes se taisent puisque, désormais, la vérité s'impose. La douce Mae Burton, voyant son amant sans connaissance, l'a donc laissé une heure sans secours espérant qu'il perdrait tout son sang et en mourrait.

Dans le couloir, Miki Sulton ne peut s'empêcher de s'arrêter tout net pour croiser les bras et s'exclamer :

— Dire que je me suis laissé attendrir, alors que c'est la pire garce que j'ai jamais rencontrée ! Mais toi, comment l'as-tu compris ?

— J'ai cherché l'explication la plus moche, chef.

— Pourquoi as-tu cherché l'explication la plus moche ?

— Parce que je ne suis pas comme vous, chef, je n'aime pas les femmes.

Elliot Bradley et Mae Burton furent condamnés chacun à vingt ans pour assassinat en commun, ce qui attirera à David Wildmark le commentaire suivant devant un journaliste :

— Ici, la loi protège les femmes. Chacun vingt ans de prison, je suis d'accord... Mais à cette garce, combien lui donne-t-on pour la jambe qu'Elliot a perdue ?

# LE LIBÉRATEUR DE CRÈVECŒUR

Sur le chemin qui monte à la maison du maire, pas un souffle d'air. Le soleil est rude, la terre sèche alentour, et les oiseaux se taisent.

Alfa marche la tête baissée. Sa jupe noire lui colle à la peau, et une fine transpiration perle au ras de son front blanc.

Elle longe le cimetière et s'arrête un instant. Cette fois elle se tient droite, comme à la messe, face au mur, et cherche des yeux l'inscription rouge sur le ciment. Elle est toujours là, à peine effacée, maladroitement tracée : « Boucher, souviens-toi, un jour je te tuerai. »

Alfa avait douze ans le jour où elle inscrivit cette étrange promesse sur le mur du cimetière. Douze ans et elle n'était qu'une petite fille hurlante de douleur.

Onze ans plus tard, la main d'Alfa serre au fond de sa poche un 7.65, dont le métal moite colle à sa peau.

« Boucher, souviens-toi, un jour je te tuerai. »

La maison du maire est accrochée à la colline, entourée d'arbres touffus, et à un quart d'heure du village de Crevacuore, dans le Piémont italien. Crevacuore... Alfa n'y est jamais revenue depuis la guerre, depuis ce jour terrible où elle inscrivit sur le mur du cimetière : « Souviens-toi, boucher... » Elle était petite alors, désespérée, étouffant de rage, de haine, de chagrin et de vengeance impossible.

Aujourd'hui, beau jour d'été 1955, elle marche à pas lents et souples sur le chemin, calme, parfaitement décidée.

Alfa a vingt et un ans. C'est une jeune femme longue et mince, au visage de madone et aux cheveux presque roux. Depuis onze ans, une image lui trotte dans la tête, une image terrible qui ne la quitte pas, qui l'empêche de dormir en paix, d'aimer en paix, de vivre. A seize ans, elle s'est mariée par amour pourtant, et son mari lui a toujours prouvé une tendresse indéfectible. C'est lui qui disait encore hier matin :

— Alfa... tu es sûre de vouloir aller là-bas ? Tu vas te faire du mal...

— Peut-être, mais j'ai besoin de revoir l'endroit, la place, le mur, la couleur des choses et les yeux des gens...

— Alors, laisse-moi t'accompagner !

— Non, Guido, c'est un pèlerinage... Tu ne dois pas être là, ça ne concerne que moi.

Alors Guido l'avait laissée partir, et quitter Venise pour Turin. A Turin, Alfa avait pris le train jusqu'à Vercelli, puis le car jusqu'à Crevacuore.

En approchant du bourg, elle avait senti son cœur se serrer et ses mains se glacer. Quelques têtes de villageois la dévisageaient avec curiosité, mais sans la reconnaître. Et Alfa se disait : « C'est vrai, je ne lui ressemble pas, je ressemble à mon père. Ma mère était belle, ma mère était brune, et c'était la plus belle... On disait qu'elle avait un regard de feu... »

« Ma mère... » C'est l'image de sa mère, tombant devant le mur du cimetière, corps déchiqueté par une mitraillette, qui hante la vie d'Alfa. Jamais elle n'a pu l'oublier. Il ne s'est pas passé un jour, ou une nuit, sans que l'image ne la transperce comme une aiguille douloureuse. Sans qu'elle entende la voix de sa mère crier : « Alfa... Sauve-toi ! Va-t'en ! ne me regarde pas ! »

C'est comme un écho perpétuel dans sa tête : « Sauve-toi ; va-t'en... ne regarde pas ! » Comment ne pas regarder mourir sa mère ?

Alfa grimpe lentement le chemin de la colline, à pas réguliers... Il est midi, le village est désert derrière elle.

Là-haut dans la maison, au milieu des arbres, Aurelio Bussi, le maire, se sert un verre de chianti. Sur la table, un plat de pâtes inachevé, des miettes de pain, des restes de viande.

Le maître de maison porte la quarantaine épaissie. Le visage est un peu flasque, les yeux ronds et petits disparaissent derrière un bourrelet de chair, et la chemise à rayures craque sur un estomac rebondi et ridicule.

Dans un coin de la salle à manger, une petite servante maigrichonne et boutonneuse range les chaises et entreprend de desservir la table.

Aurelio Bussi, devenu maire et presque riche après avoir été charpentier, a gardé de sa jeunesse aventureuse un comportement de soudard. Il met volontiers le pied sur la table, rote bruyamment et ne craint pas de claquer vigoureusement l'arrière-train de la petite servante maigrichonne. Venue d'un coin de la salle à manger, une voix traînante se plaint :

— Aurelio, ne fais pas ça devant moi, je suis ta femme !

Il ne répond même pas. Cet homme est le portrait vivant de l'autosatisfaction la plus grossière. Cette femme qu'il a épousée après la guerre ne l'intéressait que dans la mesure de sa dot. Lui, apportait la gloire du partisan et du libérateur ; elle, apportait l'argent.

Que reste-t-il aujourd'hui, onze ans plus tard, de tout cela ?

Au mur, richement encadrée, la médaille d'or que le gouvernement italien lui a octroyée en 1944, pour service rendu à la patrie. Avec son titre de maire, c'est là toute la gloire d'Aurelio Bussi.

Son épouse, une fois délestée de sa dot, n'a plus aucun charme pour lui ; d'ailleurs, elle n'a pu lui donner d'enfant et un homme comme lui considère mal une femme comme la sienne.

La signora Bussi se lève, et d'un pas aussi traînant que sa voix, demande :

— Tu viens faire la sieste ?

Aurelio claque des doigts d'un air agacé, ce qui veut dire : non. Plus que non, même : écartez-vous, disparaissez de ma vue... existez le moins possible. Charmant personnage !

Sa femme disparaît au premier étage, la petite servante à la cuisine, et il reste seul, les pieds sur la table, repu, devant son verre de chianti qu'il savoure à petits claquements de langue.

Sur le chemin où le soleil tombe tout droit, Alfa continue d'avancer. L'ombre portée de sa jupe noire avance en même temps qu'elle, et le silence l'environne.

Elle a pourtant tout essayé, avant d'en arriver là, avant de faire le voyage et d'acheter un revolver. Alfa s'est raconté toutes les histoires du monde. A coups de somnifères pour oublier, puis de médecins pour comprendre. Le dernier de ces médecins était un ami de son mari. Un vieil homme compréhensif, mais impuissant :

— Mon petit, si vous ne dormez pas, c'est que cette image vous hante, peut-être faudrait-il envisager une cure de sommeil...

— Je ne pourrai pas dormir tant que cet homme vivra.

— Allons, allons... il faut être raisonnable, et oublier qu'il existe.

— Jamais. Je n'ai jamais pu l'oublier depuis qu'il a tué ma mère. Si j'avais pu le tuer à mon tour, je serais soulagée. Mais le savoir vivant m'empoisonne la tête.

— La vengeance ne change rien, ce n'est pas une thérapeutique, et surtout cela ne fera pas revivre votre mère...

Il ne comprenait rien, ce brave médecin. Rien à rien. Alfa ne lui disait pas tout d'ailleurs, car la pudeur la retenait, et puis, à quoi bon ! Si elle lui avait dit, par exemple : « Je ne peux pas rester dans les bras de mon mari, la nuit. Je l'aime pourtant, mais l'image de cet assassin vient me glacer. » Qu'aurait-il répondu à cela ? Des pilules ? Une cure de sommeil ? Un séjour à la mer ?

Non, il n'y avait qu'une solution ; elle était devenue lumineuse tout à coup, évidente, inévitable : tuer cet homme comme un chien qu'il était. Alors, elle pourrait respirer. Alors elle pourrait dormir enfin, elle aurait fini de crier silencieusement sa peur, sa douleur et son besoin de vengeance. Le cri s'arrêterait avec la mort de cet homme.

Le portail de la maison n'est même pas fermé, comme si on attendait Alfa et sa vengeance. Personne ne l'arrête dans l'allée de gravier. Aucun chien ne hurle, aucune voix ne demande : qui est là ?

Alfa sonne à la porte vitrée. Elle ne tremble pas, n'a pas peur, ni envie de s'enfuir. Cette minute qui passe est inexorable. Quand Aurelio Bussi lui ouvre la porte, il a encore le coin de sa serviette enfoncé dans le col de sa chemise, et un peu de sauce tomate sur le menton. Il lui reste quelques secondes pour se souvenir, mais le passé est trop loin, il est oublié le temps où il traînait la mère de cette jeune femme par les cheveux, où il la précipitait dans le fossé, le long du mur du cimetière...

Ce visage de madone, aux cheveux roux, aux yeux immenses et aux lèvres pâles, lui dit vaguement quelque chose, mais quoi ?

— Vous désirez ?

Il est à deux mètres d'elle.

— Je suis Alfa Riciotti.

Le nom a tout juste résonné à ses oreilles, la minute se termine, Alfa tire. Il porte la main à son cœur, trébuche. Elle tire encore et encore, alors que le chargeur est vide des six balles qu'il contenait.

Le bruit des balles a résonné dans la maison, sur le chemin de la colline, et déjà on crie. On crie au premier étage, c'est l'épouse ; on crie à la cuisine, c'est la servante ; les minutes passent et Alfa ne voit rien, ne ressent rien ; elle reste plantée là dans l'embrasure de la porte, muette, comme anesthésiée.

Ils arrivent. Tous ceux du village, les carabiniers, les paysans, les commerçants, tous les administrés d'Aurelio Bussi. Ils le regardent, affalé sur le côté, la poitrine ensanglantée, avec sa serviette accrochée autour du cou, et ils ne protestent pas, ils ne crient pas au meurtre. Pourquoi ?

C'est qu'ils revoient un autre drame, en 1944. Ils revoient Aurelio Bussi, à la tête d'une bande de partisans, qui surgit armé, vengeur, pour libérer Crevacuore, son village natal, des troupes mussoliniennes.

Ce jour-là, les villageois font des arcs de triomphe avec des branches et des fleurs, et ils crient « Vive la liberté ! ».

Mais Aurelio Bussi, le charpentier, traverse le village en conquérant, et non en libérateur. Cet homme qui porte deux mitraillettes en bandoulière et un poignard à la ceinture a une étrange conception de la liberté. Liberté pour lui veut dire vengeance et conquête en ce village où il n'était rien jusqu'à présent. Ce jour-là il est tout : le roi.

Il commence par l'épuration. En huit jours, quatre-vingts habitants sont passés par les armes, après un jugement sommaire. Il y a des fascistes parmi eux, mais il y a aussi une gamine de seize ans et un vieillard.

Le village courbe le dos et commence à trembler de peur, mais il est trop tard, le processus est entamé. Ils ont un héros, ils devront le subir jusqu'à la fin.

Ce jour-là, le village est désert, mais toute la matinée on a fusillé le long du mur du cimetière. Les parents, les voisins, les amis, les vagues relations des fusillés se terrent dans leur maison. Où va s'arrêter cette fureur d'épuration qui frappe à tort et à travers, sur dénonciations pures et simples, pas toujours pures et pas toujours simples ?

Dans sa maison derrière la place, Margarita Riciotti compte les salves. Son mari est dans l'armée, quelque part en Afrique ; elle ne sait où et n'a plus de nouvelles depuis longtemps. Margarita a trente-deux ans, de splendides cheveux noirs, et elle est belle. Plus que belle, c'est *la* beauté du village. Près d'elle, serrée contre ses jupes, Alfa, la petite Alfa qui a dix ans, et qui demande pourquoi on tue, pourquoi la guerre n'est pas finie...

Bientôt Margarita entend les pas des hommes en armes devant sa porte. Le village épie derrière les fenêtres. Aurelio Bussi est en tête, caricature du partisan épurateur. Il mène sa petite troupe avec orgueil. Chacun peut le voir, déjà gros et laid, plisser ses lourdes paupières dans le soleil et désigner la maison d'Alfa, d'une main boudinée.

— Ramenez-la !

Tout le monde comprend. Il ne s'agit plus de héros, de libérateur, ni même d'épuration. Le village entier est au courant. En 1942, alors qu'on ignorait encore qu'Aurelio Bussi était un partisan, on le vit courtiser Margarita, et l'importuner à tel point qu'un dimanche, au sortir de la messe, devant tout le monde, elle l'a giflé.

Pour un homme comme lui, orgueilleux et vantard jusqu'à la folie, c'était la suprême humiliation.

Et voici la vengeance. C'est un 15 juillet, Aurelio entraîne ses hommes. Une pluie tiède inonde les rues et les chemins alentour. Margarita est amenée de force, bousculée, traînée vers le mur d'exécution. Dans ses jambes, une petite fille trébuche et ne veut pas la quitter.

— Va-t'en, Alfa... Va-t'en, cours... laisse-moi !

Mais l'enfant hurle de peur et s'accroche aux jambes de sa mère. Devant et derrière la mère et l'enfant, la petite troupe d'hommes armés joue les guerriers impassibles, mais des coups d'œil inquiets vont de la mère à l'enfant. Et Aurelio Bussi devine un certain désarroi.

Le matin même, il a fusillé le frère de Margarita et sa fiancée. Sans autre raison apparente que la décision qu'il a prise. Alors, pour conserver l'avantage, il crache :

— C'est une putain mussolinienne !

Injure totalement gratuite, les autres le savent, mais Bussi leur fait peur, et puis, à force de tirer, de tuer, d'exécuter, ils ne savent plus très bien où ils en sont.

Au loin, le village observe timidement, lâchement.

Au coin du cimetière, Bussi se plante au milieu du chemin, petit Napoléon ridicule, et fait signe qu'on lui amène la condamnée. Il faut arracher l'enfant à sa mère de force.

Margarita regarde « le purificateur du village » en pleurant, mais en silence, et il la gifle à toute volée, une fois, deux fois, trois fois, tandis que ses acolytes maintiennent la jeune femme. Pour compléter la scène à sa manière, le bourreau y va de sa réplique :

— C'est fini de crâner, ma chère !

Ridicule. Tragiquement et affreusement ridicule. Il y a là un petit homme vantard et vengeur, ivre de gloire mal acquise qui va faire assassiner une femme, en toute impunité. Personne ne bouge, nulle voix ne s'élève. Seule, l'enfant crie, en voyant le corps de sa mère glisser le long du mur du cimetière, déchiqueté par les balles...

C'est pourquoi, onze ans plus tard, devant le corps du bourreau, personne n'a vraiment envie de crier à l'assassin.

Depuis ce temps, Aurelio Bussi s'est montré pire que le pire des chefs de gang de la Mafia. Conscient d'avoir dépassé les bornes, le 15 juillet 1944, avec Margarita, il a menacé :

— Dites quelque chose et vous y passez tous !

Et il a continué à vivre de menaces. Plus exactement la menace s'est enracinée comme une mauvaise herbe, que plus personne n'osait arracher, et le village s'y est plié. Aurelio Bussi est devenu maire, presque riche, en épousant la fille d'un notable, et à présent il est mort, avec cette tache de sauce tomate au menton, et personne ne dit plus rien.

Au procès, devant le tribunal de Vercelli, Alfa a le regard clair et apaisé.

— Il était là, il ordonnait, les hommes me tenaient de force, ma mère criait : « Va-t'en, Alfa, ne regarde pas... Sauve-toi ! » Et puis elle est tombée, et ils m'ont lâchée. Ils m'ont laissée me jeter sur elle, me barbouiller de sang, ils m'ont laissée hurler et crier toute la journée, jusqu'à ce que les fossoyeurs viennent ramasser le corps. Ce jour-là, je me suis juré de le tuer un jour. Je l'ai écrit sur le mur du cimetière, avec de la peinture rouge : « Souviens-toi, boucher... un jour je te tuerai... » Et puis on m'a emmenée à Venise, une tante s'est occupée de moi, je me suis mariée, mais je ne dormais pas, je ne vivais pas, je n'étais qu'un fantôme ; il me manquait la vengeance, le monde ne pouvait pas être normal autour de moi tant que cet assassin vivait libre impunément.

On dit à Alfa :

— On ne fait pas justice soi-même.

Et elle répond :

— Dites-le à son cadavre, moi, je suis en paix.

Alfa a été condamnée à cinq ans de prison, et la foule a crié :

— Libérez-la !

Ce qui fut fait deux ans plus tard.

# LE SEL ROUGE

Vingt-cinq ans, c'est une génération, mais ce n'est pas si loin. En 1959, pourtant, il se passe en France, dans une campagne de la Sarthe, un drame digne du Moyen-Age.

En 1959, pendant ce temps, M. René Coty, président de la République, prend sa retraite au Havre. Il laisse la place au général de Gaulle et défile sur les Champs-Elysées à ses côtés.

La Chine n'a que 600 millions d'individus, mais un bel avenir, Mao s'en occupe.

Jacques Anquetil, enfant champion, se marie. Le pape Jean XXIII est élu. Avec lui naît un grand espoir de liberté pour les pays de l'Est, espoir qui ne sera qu'un souffle repris bien plus tard par son homologue polonais des années 80. En 1959, nous vivons la première année du franc lourd. L'Algérie est un sujet brûlant, on parle d'aller dans la lune, Marylin Monroe a inventé le monokini sur les calendriers américains, et en 1959 aussi, c'est le premier congrès officiel des guérisseurs venus de tous les coins du monde. La presse et tous les photographes sont là, curieux de leurs mystères, alors que dans une campagne de la Sarthe, hors du monde, la cour d'assises écoute une sorcière envoûtée, et un mage guérisseur.

Selon la formule souvent consacrée, il faut ignorer les lieux et les noms exacts.

Elle s'appellera Ada. C'est une paysanne de trente ans. Une forte femme, dont les bras manient avec la même rudesse son marmot de cinq ans ou le veau malade qui gémit dans l'étable. C'est la deuxième bête qui meurt en quelques jours. Le regard en dessous, Ada discute avec le vétérinaire.

— On est maudits, c'est sûr... On n'a rien fait pour mériter ça ! c'est pas juste...

— Ne dites pas de bêtises. Il faut désinfecter, et isoler les autres bêtes. Je lui ai fait une piqûre...

— C'est pas pour dire, mais vous êtes le troisième que je paye pour me dire la même chose. Qu'est-ce qu'elle a cette bête ?

— C'est difficile à dire, il faut faire des analyses...

— Vous savez pas, alors ?

— Je n'ai pas dit ça, madame, nous saurons peut-être, après les analyses. Mais je ne peux pas faire de miracle pour l'instant. Je reviendrai la semaine prochaine.

— C'est pas la peine ! Il va crever, comme les autres. Allez, le bonjour, et vous dérangez pas...

Ada n'est pas aimable. Elle n'a pas le temps. Entre le gosse, les bêtes malades et un mari sans muscles, elle a autre chose à faire. De toute façon, on ne lutte pas contre la fatalité.

— On est maudits, j' te dis, Marcel !

Marcel, le mari, est bien de cet avis.

En 1949, c'est le père, tué par un cheval emballé, en plein labourage. Après ça, le fils : une maladie « qu'on connaît pas » et en quelques semaines il meurt, à vingt ans. Et puis le beau-frère qui s'est suicidé, on n'a jamais su pourquoi.

Ah ! ça, oui, il l'a toujours dit Marcel, il est entré dans une famille maudite. Pas étonnant que les bêtes crèvent, l'une derrière l'autre.

— Marcel ? Ça peut plus durer, demain t' iras chercher le mage, y nous dira de quoi y retourne...

Marcel s'en est allé au petit matin, avec la vieille fourgonnette chercher le mage François, dans son antre, à vingt kilomètres. Il a fait la queue, au milieu des éclopés, des désespérés. Il s'est mêlé à la foule de ceux qui payent à l'aveuglette un baume mystérieux, une imposition des mains ou des incantations. De ceux qui espèrent guérir leur estomac, récupérer un mari perdu, obtenir le certificat d'études du gamin, se débarrasser de leurs verrues ou de leur cancer, en vrac. Il a expliqué, Marcel, comme il a pu :

— On est maudits chez nous, les gens meurent, les bêtes aussi, y' a quelque chose qui nous en veut... combien ça coûte ?...

Combien ça coûte ? Le mage verra plus tard, sur le tas :

— D'abord, il faut examiner les lieux. Je ne suis pas sorcier, je soigne, moi, monsieur ! Tout ce que je peux faire, c'est guérir vos bêtes, pour le reste on verra. Je vous dirai sur place... ça fera un déplacement bien sûr... et puis mes frais, vous comprenez, pendant que je ne suis pas là, des pauvres gens souffrent et m'attendent. Enfin ! je ne peux pas vous refuser ça...

Il s'est levé, le mage, avec componction. Et debout, il a encore l'air d'être assis. Un nain énorme, vieux, avec des yeux étranges, la seule chose mobile et vivante de ce corps informe.

Marcel l'a aidé à se hisser dans la fourgonnette. Mort de peur et de respect.

En arrivant à la ferme, le mage organise son cérémonial. C'est important le cérémonial. Sans cérémonial, pas de mage. D'abord, il examine tout le monde, sous le nez et en silence. Ada, son mari, son frère et le gamin. Rangés en cercle autour de lui, impressionnés, les patients respectent un garde-à-vous insolite. Enfin, le mage parle :

— Hum... oui... oui... oui... Bon !

— Qu'est-ce qu'il y a, monsieur ?

— Appelez-moi maître !

— Qu'est-ce que vous voyez, maître ?

— Des choses. Des choses troubles, des forces mauvaises...

— Alors ?

— Il faut que je trouve sur qui ces forces se concentrent !

Petit tour à nouveau, sous le nez de chacun. Le mage plante résolument ses yeux dans ceux du mari.

— Voyons... ne bougez pas ! Non !

Puis, dans ceux du frère apeuré, Etienne, dix-sept ans.

— Regardez-moi... il y a quelque chose ! oui, il y a quelque chose, mais tu es victime, ce n'est pas toi.

Puis, dans ceux de l'enfant qui pleurniche.

— Voyons... voyons... cet enfant aussi est victime, mais le sort n'est pas de lui.

Il reste Ada.

Ada. Le mage a tout de suite senti que c'était elle. Que c'était sur elle qu'il fallait jouer, pour gagner à coup sûr. Elle est figée, littéralement hypnotisée par ce gnome ridé qui tourne autour d'elle. Elle est prête à tout croire. A tout accepter. A tout subir...

— Ma fille, le mauvais sort est sur toi. Toi seule peux faire quelque chose. Tu sais d'où vient ce mauvais sort ! Non ! Ne le dis pas. Mais il est en toi, tu le sens ?

— Oui.

— Il t'envahit... il est entré en toi il y a longtemps... tu en ressens le poids... tu vois son visage... Non ! Ne dis pas qui c'est... Mais tu vois son visage, n'est-ce pas ?

— Oui...

— Alors c'est bien. C'est à toi que je vais donner les ordres. Suis-moi et montre-moi tes bêtes malades...

Comme un automate, Ada suit le mage jusqu'à l'étable. Devant la porte, il profère quelques mots incompréhensibles, fait des gestes mystérieux, puis ordonne :

— Qu'on ouvre la porte !

Ada ouvre la porte, religieusement.

Le mage se concentre. Il semble lutter contre des forces maléfiques sorties de l'étable. Encore quelques mots cabalistiques, un ou deux signes de croix, et il entre.

— Qu'on m'apporte une bassine...

On la dépose au pied du maître.

— Ada, approche-toi, ma fille. Je vais te confier le grand secret du sel rouge...

Du sel ? N'importe quoi ! Mais du sel rouge, s'il vous plaît. Rouge parce que ça fait bien. Ça impressionne le bon peuple. Le mage a sorti de sa valise une boîte de sel rouge. Du vulgaire sel gemme. On en trouve dans tous les gisements de Franche-Comté, il suffit de s'en procurer un bloc, et de le concasser. Il y en a du jaune, du gris, du bleu, du vert ou du rouge. Le mage a choisi le rouge, c'est une bonne couleur pour la magie. Il le verse lentement dans la bassine et entreprend de le « concasser ». Formule toujours incompréhensible, mais que le mage traduit aimablement pour Ada.

— A présent, le sel rouge possède les dix-sept dons de Dieu, comme je les possède moi-même. Mais je ne puis les révéler. Tu vas le faire manger aux bêtes. Ensuite, tu donneras à chacun un petit sachet. Ils devront le porter sur eux en permanence, contre la peau, et ne jamais s'en séparer. Rappelle-toi bien Ada : tu dois en faire manger aux bêtes. De force si nécessaire. Toi, ton mari, ton frère et ton fils, vous le porterez sur vous !

— Mais ça va faire quoi ?

— Je ne peux pas te le dire. Mais le sort s'en ira peut-être. Peut-être ! Sinon, je reviendrai. Il arrive que le mauvais sort résiste au sel rouge. Mais je reviendrai. Fais bien ce que je t'ai dit surtout. Et prends garde. Le sel rouge est dangereux. Il a des forces terribles qui lui viennent de Dieu.

Et allez donc ! Pourquoi pas Dieu dans tout ça ! On ne risque rien. Ayant touché le prix (élevé) de son intervention, le mage regagne ses pénates. Une longue file de malheureux l'y attend avec impatience, son temps est compté.

A pleines mains, et au coucher du soleil (c'est recommandé), Ada enfourne le sel rouge dans la gueule du veau malade, et dans celles des vaches. Opération délicate et difficile. Puis elle surveille elle-même l'emplacement des petits sachets. Qui sur la poitrine, qui dans le pantalon, et tout le monde va se coucher.

La nuit est mauvaise. Dans son lit, le gamin s'agite, il tourne et retourne son petit corps, comme si le diable s'y trouvait. Ada ne dort pas. Elle ne peut pas dormir. Les yeux du mage la poursuivent, sa voix la hante.

« Le mauvais sort est sur toi, tu connais son visage, le mauvais sort est sur toi, tu connais son visage... »

Le petit sachet de sel rouge lui brûle la peau. La bassine magique emplie de sel rouge danse devant elle une sarabande infernale, et au milieu de la bassine, un visage. Celui du mauvais sort... Un visage rouge, grimaçant, qui ricane, c'est celui de la voisine.

C'est elle, la jeteuse de sorts. Cette voisine qui ne les aime pas. Ada l'a toujours su. Elle en est certaine à présent.

Au petit matin, Ada est en transes. Elle court voir les bêtes. Dans l'étable , trois vaches amorphes, et le veau qui gémit... Tout le corps de l'animal est parcouru de frissons, il a les yeux fous. Les yeux d'une bête malade, tout simplement, mais pour Ada c'est un signe. Le diable ne partira pas, il a résisté au sel rouge. Il ne partira pas, à moins qu'elle, Ada, seule détentrice des ordres du mage, fasse quelque chose.

Qui est Ada ? Une robuste fermière de trente ans, apparemment pas plus bête qu'une autre, pas plus folle que n'importe qui. Alors, que se passe-t-il pour que la pauvre fille se retrouve devant un tribunal d'assises, accusée de meurtre ?

— Comment vous expliquer, monsieur le juge, ce qui m'est arrivé ? Je ne sais pas. J'ai pris une crise. Ça venait dans les jambes, et ça éclatait dans ma tête. C'était une force qui me prenait, je ne sais pas...

— D'où venait cette force ?

— De la voisine, de celle qui ne nous aimait pas !

— Qu'avez-vous fait ensuite ?

— J'ai fait entrer tout le monde dans la maison. Je leur ai dit : il faut se cacher sous les couvertures, et il faut manger du sel.

— Mais le mage vous a bien dit que c'était dangereux ?

— Il l'a dit. Mais je n'étais plus moi-même...

— Ensuite ?

— J'ai forcé mon fils à en avaler une gorgée... Il pleurait, il ne voulait pas, il recrachait tout. Il a eu la bouche brûlée, les lèvres aussi... Je n'ai pas réussi à lui faire tout manger, après j'ai essayé sur mon frère Etienne. Lui non plus ne voulait pas, je l'ai forcé. Il étouffait, il est devenu bleu, je ne me rendais pas compte que je lui appuyais la tête dans la bassine... J'appuyais, j'appuyais ! Je ne savais plus si je voulais qu'il avale ou qu'il recrache le sel rouge. Je n'y voyais plus, mes mains appuyaient toutes seules, ce n'était pas moi, je ne voulais pas le détruire, lui...

— Votre frère a eu le larynx écrasé contre le bord de la bassine métallique. Il était mort étouffé et vous le teniez encore, vous ne vous en êtes pas rendu compte ?

— Non. C'est le sort, monsieur le juge ! C'est le sort, c'est pas moi, c'est le sort ! Il n'avait qu'à se défendre, il s'est pas défendu ! Pourquoi il s'est pas défendu ?

C'est fini. Ada n'a plus rien à dire. Elle n'entend même pas la déposition du mage, cité comme témoin.

Témoin seulement. Un témoin à qui le président s'adresse avec prudence ; c'est qu'il n'est accusé de rien, le maître ! Personne ne l'accuse. Même pas l'accusée elle-même puisque c'est le sort le responsable, elle en est convaincue.

— Monsieur P..., le moins que l'on puisse dire, c'est que vous avez joué un bien vilain rôle dans cette affaire...

Le mage ne comprend pas. Il demande pardon au président, mais il est atteint d'une surdité qui l'empêche de suivre les débats convenablement. Mais que M. le président ne s'y trompe pas :

— Je ne suis pas sorcier. Je suis navré que la rumeur publique ait répandu ce bruit. Je ne suis que guérisseur. L'effet du sel rouge est indiscutable dans certains cas. Les bons résultats obtenus sur les animaux le prouvent. J'ai une liste d'attestations que je tiens à la disposition des jurés. Je ne comprends pas, j'avais prévenu cette femme...

L'énorme nain, vieux et difforme, transpire à la barre des témoins, mais son audition sera courte. Il a pris la précaution de fournir à la cour un certificat médical précisant qu'il souffre depuis des années d'une incontinence de vessie.

Personne ne lui demandera pourquoi il n'a jamais pu se guérir lui-même. Et il s'en va. Il regagne ses pénates où le flot des clients n'est même pas tari par le scandale, au contraire.

Il s'en va, laissant derrière lui une femme à demi folle de chagrin, et de terreur, qui parle de suicide et qui fera cinq ans de prison d'abord.

Laissant derrière lui le cadavre d'un jeune homme de dix-sept ans... et, pour faire bonne mesure, la mort d'une vieille dame : la mère de l'accusée. Veuve, ayant perdu mari, fils aîné, gendre, fils cadet... il ne lui restait qu'Ada, la seule vivante de cette famille maudite.

La veille du procès, la vieille mère est allée donner à manger aux poules, et dix minutes plus tard, elle s'est pendue dans le grenier. Avec son tablier, son gilet de laine, et son fichu sur la tête.

A l'aide d'une épingle à nourrice, elle avait accroché un petit papier sur sa robe. Une petite lettre, écrite au crayon :

*Je suis lasse, j'ai connu trop d'épreuves. Il ne fallait pas me demander l'impossible. Je ne veux pas revoir ma fille devant les juges.*

Voilà ce qu'il a laissé derrière lui, le petit mage, le témoin qui n'était responsable de rien : une vieille femme pendue, et sa fille meurtrière, grâce à la magie noire du sel rouge. Mais il était vieux, le mage, et aujourd'hui, en 1983, il n'est plus, car les mauvais sorts ont toujours une fin, grâce au diable.

# UNE FEMME SURMENÉE

Le détective William Dedner porte une gabardine froissée, un chapeau mou un peu crasseux vissé sur le crâne, et le mégot à la commissure des lèvres. Il entre dans une maisonnette comme il y en a des centaines de milliers en Angleterre.

La femme qui lui a ouvert la porte n'est, à première vue, pas plus originale que la maison. Une tête de ménagère ou de mère de famille un peu surmenée. Mais une bonne tête charmante : mi-souriante, mi-inquiète. Si le sourire est sans doute forcé, l'inquiétude est naturelle. Elle est vêtue d'une robe décolletée légère et simplette, bleue avec des petits carreaux blancs, qui n'est plus de la dernière mode. Il est clair que la coquetterie n'est pas son plus grand souci. Pourtant, il a bien fallu un jour qu'elle choisisse cette robe parmi d'autres. Alors, sans doute a-t-elle dû, durant ce bref instant, s'y intéresser. Elle a dû penser que les deux petites bretelles laisseraient voir ses belles épaules carrées.

Le mari aussi a des bretelles, ce qui ne l'empêche pas de porter une ceinture. Ce doit être un homme prudent. Visage jovial et rondouillard, il s'assombrit en comprenant que les hommes qui viennent d'entrer sont des policiers.

William Dedner est accompagné d'un grand escogriffe d'adjoint, dont le chapeau clair ne parvient pas à égayer le visage maigre et le sinistre manteau noir.

La famille Lederhom s'apprêtait à dîner. La mère de M. Lederhom est donc là, soixante-douze ans, tassée dans sa chaise roulante. Et puis les cinq enfants, tous blonds, avec des yeux bleus, sauf l'aînée Barbara, qui a seize ans, une tignasse châtain et des yeux qui observent le détective avec tant d'acuité que celui-ci en est presque gêné.

— Il y a deux jours, vous avez signalé la disparition de votre sœur Clara, monsieur Lederhom.

— Oui.

— Elle habitait chez vous ?

— Oui.

— Eh bien, nous l'avons retrouvée dans un champ à trois kilomètres d'ici. Elle est morte... probablement assassinée.

L'ahurissement des huit membres de la famille Lederhom est unanime.

Sans perdre de temps, le détective William Dedner demande à quatre des membres de la famille où ils étaient l'avant-veille à l'heure présumée de la mort, établie par le médecin-légiste. Cette mort, due à un choc violent sur la tempe droite, ayant été instantanée, le médecin-légiste la situe vers dix-huit heures.

Tous ont un alibi. Le détective ordonne à son adjoint de vérifier en usant du téléphone qui se trouve dans l'entrée ; puis, il se tourne vers M. Lederhom :

— Je suis désolé de retarder votre repas, monsieur Lederhom, mais nous gagnerions du temps si je pouvais, dès maintenant, vous poser quelques questions.

— A moi ?

— A vous tous.

M$^{me}$ Lederhom demande d'une voix douce un peu rauque :

— Les enfants aussi ?

— Non, sauf mademoiselle, peut-être.

Et le détective désigne la jeune Barbara qui ne cesse de le fixer d'un regard peu amène.

— Bien, monsieur, je vais les faire dîner.

Pendant que M$^{me}$ Lederhom conduit les quatre autres enfants dans la cuisine, William Dedner sort un petit carnet et un crayon à bille crasseux :

— Donc, monsieur Lederhom, vous êtes plombier... dans quelle entreprise ?

— La compagnie Chobb.

— Est-il indiscret de vous demander ce que vous gagnez ?

— Cent cinquante livres.

Le détective hoche la tête et jette un coup d'œil sur la maison. Certes ce n'est pas un palais, mais elle est tout de même coquette, bien tenue et assez vaste pour que puissent y vivre neuf personnes. Tout cela avec cent cinquante livres...

Il en est là de ses réflexions lorsque son sinistre adjoint se glisse dans la pièce, comme une anguille, pour lui chuchoter dans l'oreille que l'alibi de la grand-mère Lederhom est confirmé. Des amis certifient être venus la chercher l'avant-veille en voiture, au début de l'après-midi pour jouer aux cartes et l'avoir reconduite vers dix-neuf heures. Avec rudesse et un brin de muflerie, William Dedner lui répond tout haut :

— Merci, Frederic, de toute façon je ne vois pas Mme Lederhom frapper sa fille à mort et transporter son corps à trois kilomètres d'ici ! Dépêchez-vous de vérifier les autres alibis... Maintenant, revenons-en à votre salaire, monsieur Lederhom. Comment peut-on faire vivre neuf personnes avec cent cinquante livres ?

La vieille Mme Lederhom, sans doute vexée de voir les capacités de son fils ainsi dépréciées, intervient :

— Mais ma fille aînée gagnait bien sa vie ! En larmoyant, elle ajoute : elle est secrétaire de direction et touche deux cents livres par mois.

— Ah bon... Qui est-ce qui tient les comptes du ménage ?

Mme Lederhom, revenue de la cuisine, assise presque timidement sur le bord d'une chaise, l'oreille aux aguets car les enfants peuvent faire des bêtises, se croit obligée de répondre :

— C'est moi, monsieur.

— Et combien vous donnait votre belle-sœur ?

— Trente livres.

— Par mois ?...

Trente livres par mois sur deux cents, ce n'est pas beaucoup, et l'imagination du détective travaille : la belle-sœur en question est peut-être avare, elle s'est peut-être constituée un magot, c'est peut-être pour cela qu'on l'a tuée.

— Qu'est-ce qu'elle faisait des cent soixante-dix livres qui lui restaient ?

— Mais elle les dépensait, répond la vieille Mme Lederhom. Il fallait bien qu'elle vive, n'est-ce pas ?

— D'accord, mais je ne vois pas comment madame peut boucler son budget avec cent quatre-vingts livres.

Toujours assise sur le bord de sa chaise, ses mains de ménagère posées bien à plat sur sa petite robe bleue sagement rabattue, Mme Lederhom lui explique :

— Je travaille aussi, monsieur ! Je suis garde de nuit à l'hôpital, je gagne cent livres.

— Eh bien ! cela doit vous faire de rudes journées, ne peut s'empêcher de murmurer le détective en se tournant vers son sinistre adjoint qui lui glisse de nouveau dans le creux de l'oreille :

— La compagnie Chobb confirme que M. Lederhom était bien sur un chantier avant-hier et qu'il ne l'a quitté que vers dix-huit heures trente. Il ne pouvait donc pas être ici avant dix-neuf heures.

— Merci, Frederic, continuez. Nous disions... ah oui ! Donc vous êtes garde de nuit, madame Lederhom. Vous commencez à quelle heure ?

— De huit heures du soir à huit heures du matin.

— Tous les jours ?

— Non, monsieur, quatre fois par semaine.

M. Lederhom venant de lui offrir un jus d'orange, le policier, après avoir bu, se lève pour reposer le verre et en profite pour faire quelques pas dans la pièce. Il avise quelques romans d'amour :

— C'est vous, madame Lederhom, qui lisez ces livres ?

La nuit tombant, Dedner ne voit plus de la femme qu'une ombre en contre-jour, un reflet sur un front bombé, un autre sur une pommette assez marquée et la petite auréole de ses cheveux blonds coupés court qui s'agitent un bref instant dans le soleil couchant. Il ajoute :

— Non, évidemment, vous n'auriez pas le temps.

— C'est ma fille Clara, dit la vieille Mme Lederhom en fondant en larmes. Elle lisait beaucoup.

— Et ces romans policiers ?

— C'est à elle aussi.

Dedner s'adresse à M. Lederhom :

— Vous pouvez me montrer un peu la maison, s'il vous plaît ?

— Mais certainement.

Les quatre plus jeunes enfants Lederhom se figent en voyant entrer les deux hommes dans la cuisine. Evidemment, la table est dans un désordre indescriptible. Le plus jeune, qui a quatre ans, a dû se battre avec l'une de ses sœurs car celle-ci a de la bouillie jusque sur ses lunettes. Mais il y a une toile cirée sur la table, il suffira d'un coup de serpillière... mais un coup de serpillière par-ci, un coup de serpillière par-là... cela fait beaucoup. Le reste de la cuisine est tout de même impeccable.

— C'est votre femme qui entretient la maison ?

— Oui, monsieur l'inspecteur, répond M. Lederhom.

— Votre fille aînée ne l'aide pas ?

— Si... un peu maintenant qu'elle va avoir seize ans, mais elle a ses cours. Quant à ma mère, vous avez vu, elle est impotente.

— Et votre sœur ?

— Oh ! ma sœur...

Dedner s'aperçoit alors avec étonnement qu'il y a dans la cuisine deux réfrigérateurs : un grand et un petit. Comme il regarde l'homme avec étonnement, celui-ci s'explique :

— Le petit, c'est celui de ma sœur.

— Elle ne mange pas comme vous ?

— C'est-à-dire, elle est plus délicate.

— Oui... je comprends.

Et Dedner avisant quelques bouteilles de vin français soigneusement alignées :

— Et cela, c'est à elle aussi, peut-être ?

— Oui, monsieur l'inspecteur.

— Est-ce que je pourrais voir les chambres ?

— Mais bien sûr.

Comme il s'y attendait, il y a une différence marquée dans l'ameublement de la chambre de Clara et des autres. Ces dernières sont d'une sobriété spartiate ; dans celle de Clara, s'entassent des poupées de porcelaine aux robes somptueuses, des objets exotiques d'un goût douteux, des souvenirs de voyage sans doute :

— Vous avez voyagé, M. Lederhom ?

— J'ai fait la guerre... depuis, je n'ai pas quitté l'Angleterre.

— Votre femme non plus, je suppose ? Par contre votre sœur...

— Clara est seule, vous comprenez, c'est plus facile pour elle.

Evidemment, la garde-robe aussi traduit la différence : bourrée de vêtements relativement onéreux dans la chambre de Clara ; pour les autres, réduite à quelques pièces bien rangées sur leurs cintres, bien à l'aise dans des armoires trop grandes.

D'ailleurs, les photos accrochées au mur ou posées sur les meubles sont éloquentes : M^me^ Lederhom apparaît ici dans un petit manteau de laine sombre, un foulard noué hâtivement autour du cou ; là, dans une robe réduite à sa plus simple expression, le même foulard autour de la tête. Par contre, la belle-sœur Clara apparaît comme une grande dame élégante, essayant d'écraser le charme timide de sa belle-sœur par des manteaux de fourrure et des robes de soie.

Tandis qu'il redescend l'escalier, le sinistre adjoint de William Dedner vient encore une fois lui murmurer à l'oreille :

— Il y a un hic avec la jeune Barbara. Elle était bien au collège l'après-midi du crime, mais elle en est partie à dix-huit heures. Elle avait largement le temps d'être sur les lieux à l'heure du crime.

— Merci, Frederic.

Là-dessus, Dedner laisse entrer M. Lederhom dans le salon et appelle la jeune Barbara :

— Mademoiselle, je voudrais vous dire quelques mots en particulier.

Lorsque Barbara est seule avec lui dans la salle à manger :

— Mademoiselle, vous avez quitté le collège à dix-huit heures et vous dites n'être arrivée ici qu'à dix-neuf heures. Qu'avez-vous fait pendant ce temps-là ?

Le regard peu amène de Barbara se durcit encore :

— Je suis venue et je suis aussitôt repartie.

— Pourquoi ?

— Parce que, dès la porte ouverte, j'ai entendu que tante Clara était en train de disputer maman et je ne supporte pas.

— A quel sujet ?

— Oh ! je n'ai pas voulu le savoir. Tante Clara était odieuse avec maman, elle la traitait comme une domestique.

— Expliquez-moi cela.

— Tante Clara passait son temps vautrée sur le canapé à lire des livres idiots pendant que maman faisait le ménage et devait la servir comme une princesse.

— Pourquoi est-ce qu'elle vivait ici, votre tante Clara ?

— Tiens ! parce qu'elle avait une vie de coq en pâte.

— Et depuis combien de temps ?

— Depuis plus de six ans. Il paraît qu'elle est arrivée un jour pour passer le week-end et qu'elle n'est jamais repartie.

Nouvelle apparition de l'adjoint sinistre qui sussure dans l'oreille de l'inspecteur :

— L'alibi de M$^{me}$ Lederhom ne tient pas, mais le docteur veut vous parler.

Lorsque le détective a le docteur au téléphone, celui-ci explique qu'il n'a pas vu M$^{me}$ Lederhom avant-hier, mais trois jours plus tôt. Il est très inquiet pour sa santé. Il l'a trouvée, comme d'habitude, affreusement surmenée, le cœur très fatigué. Il insiste : très, très fatigué. Quoi qu'il arrive, elle doit être ménagée.

— Je lui ai dit, rapporte le docteur, qu'elle risquait d'avoir un accident cardiaque. Je crois que toute la vie de cette femme peut se résumer dans la réponse qu'elle m'a faite : « J'espère que mon cœur ne cessera pas de battre avant que les enfants soient grands »...

— Madame Lederhom, demande quelques instants plus tard l'inspecteur Dedner, vous êtes sûre d'être allée chez le docteur avant-hier à dix-huit heures ? Il ne s'en souvient pas.

La pauvre femme pâlit et répond d'une voix légèrement tremblante :

— Alors, c'est que j'ai dû passer à l'hôpital.

— Bien. Je vais vérifier.

D'après l'infirmière-chef, M$^{me}$ Lederhom n'est pas venue à l'hôpital l'avant-veille à dix-huit heures. Mais dès que le policier explique la raison de sa question, l'infirmière explose :

— Quoi ! J'espère que vous n'allez pas faire d'ennuis à cette malheureuse, ça ce serait le comble !

— Pourquoi ?

Pourquoi ? L'infirmière-chef en a gros sur le cœur. Sans reprendre haleine, elle dépeint cette femme comme un ange dévoué que tout le monde adore à l'hôpital, alors qu'elle entretient une famille de neuf personnes, dort quatre heures par nuit et va finir par en « crever ».

— Vous entendez, en crever... elle va en crever !

Pour l'inspecteur pourtant, il ne fait pas de doute que le suspect numéro un, c'est elle. Elle seule n'a pas d'alibi et elle a menti. Mais comment diable, et sous quel prétexte, aurait-elle pu entraîner Clara dans un champ à trois kilomètres d'ici ? Et puis ce serait un crime prémédité, ce qui ne coïncide pas avec le mobile possible : la lassitude, l'exaspération, la colère.

C'est alors que l'inspecteur Dedner a une idée. Devant la famille Lederhom médusée, il s'adresse à Mme Lederhom :

— Je suis désolé, madame, mais je vous soupçonne très fortement d'avoir tué votre belle-sœur. Pourquoi ? Parce que la patience humaine a des limites, la résistance physique aussi et que la vie que vous faisaient mener Clara et votre famille n'était plus supportable. Cela devait aboutir un jour à une grande colère. Comment vous l'avez tuée ? Je ne le sais pas, mais je pense que cela s'est passé ici, dans cette maison. Bien sûr, il a fallu la transporter dans le champ où on l'a retrouvée, à trois kilomètres... ce serait impossible à une femme, même assez forte... seulement, vous disposiez pour cela d'un moyen idéal.

Et l'inspecteur Dedner montre la chaise roulante de la vieille Mme Lederhom :

— Des amis étaient venus chercher votre belle-mère cet après-midi-là. Comme sa chaise n'entre pas dans leur voiture, elle avait pris ses béquilles. La chaise était donc restée là... C'est avec elle que vous avez transporté le cadavre de Clara. Est-ce exact ?

La malheureuse Madame Lederhom avoue : c'est exact en effet. Mais, selon elle, il ne s'agit pas d'un crime.

Cette fin d'après-midi, comme elle le faisait si souvent, l'odieuse virago qu'était Clara s'en est pris à sa belle-sœur. Arrogante, cinglante, elle a dépassé la mesure. Mme Lederhom qui descendait l'escalier devant elle a vu rouge. Elle s'est retournée et a saisi le col de la robe de Clara pour l'attirer vers elle et la gifler.

C'est alors que sa belle-sœur, perdant l'équilibre, est tombée. Sa tempe a heurté la marche de pierre au bas de l'escalier. Elle est morte presque sur le coup.

Mme Lederhom se retrouvait donc avec un cadavre sur les bras. Persuadée, avec juste raison d'ailleurs, qu'on allait l'accuser du meurtre, elle s'est affolée, et a voulu se débarrasser du corps à tout prix.

Le reste s'est passé exactement comme l'avait deviné l'inspecteur Dedner.

Au procès, des témoignages innombrables dépeignent l'accusée comme une véritable sainte et martyre domestique ; si bien que la presse et l'opinion publique prennent fait et cause pour elle.

Le tribunal, renonçant à l'accuser d'assassinat intentionnel, ne la condamne qu'à quatre ans de prison, sachant d'avance qu'elle en fera seize mois de moins. Mais cela ne suffit pas aux Anglais.

Ceux-ci n'ont pas l'habitude pourtant de discuter l'application des lois. Certes, il y a déjà, à l'époque, des partisans de la peine de mort et d'autres, partisans de son abolition. Mais il s'agit de modifier la loi, ce qui n'exclut pas d'appliquer celle qui existe. Certes, les Anglais sont convaincus d'avoir de bons juges, que Scotland Yard est la meilleure police du monde et que les débats respectent toujours scrupuleusement la procédure ; mais dans ce cas, l'affaire leur paraît tellement exceptionnelle qu'ils protestent.

Quatre-vingt dix-neuf fois sur cent, disent-ils, il faut plaindre la victime et condamner le coupable. Mais une fois sur cent, il arrive que la victime soit plus coupable que le coupable. Dans la situation de Mme Lederhom, n'importe quelle femme aurait eu un jour envie de tuer. Et si ce meurtre n'est pas volontaire, quatre ans de prison pour avoir transporté un cadavre sur un fauteuil roulant, c'est trop.

Sous la pression du Parlement, des média et de l'opinion publique, Mme Lederhom sera donc libérée le Noël suivant.

# LA VENGEANCE DE CARMEN

Le bureau d'Assistance sociale est d'un modernisme agressif. L'épaisseur des dossiers est toutefois supérieure à celle des murs, et la décoration plus gaie que les misères qui la frôlent.

Emilio Rodriguez attend son tour, son béret à la main, assis, raide sur un banc de bois. Emilio est un ouvrier méritant. Il a cinquante ans, et en voilà quarante qu'il travaille dans la même fabrique de chaussures. Il découpe des semelles et encore des semelles. Sa seule distraction est d'imaginer les pieds qui les chausseront. Des pieds de pauvres, de riches, de femmes, d'enfants, d'instituteurs, de bouchers, de notaires...

Il est probable qu'Emilio en a plus qu'assez de découper des semelles depuis quarante ans, mais il ne le dit pas.

D'abord parce que personne ne le lui demande. Ensuite parce qu'il faut bien manger, même mal. Avec moins de 10 000 pesetas, on ne peut espérer mieux quand on a huit enfants.

Ils sont tous là. Tous les huit, échelonnés de deux à quinze ans, et le neuvième attend dans le ventre de la mère. Ils sont beaux, maigres et un peu sales, et ils regardent autour d'eux en chuchotant des bêtises. La pauvreté ne les affecte pas vraiment. Vivre dans un taudis, c'est la liberté. La honte est pour le père. Car Emilio Rodriguez a honte. Honte d'être là pour quémander ce qu'il n'est pas capable de construire seul : une maison.

C'est l'arrivée prochaine du neuvième enfant qui a fait déborder le vase. Une assistante sociale a mis dans la tête de sa femme un rêve jusque-là inaccessible. Un appartement, un vrai, avec une vraie cuisine, et de l'eau chaude. De la place pour les lits de tout le monde et un nom sur la porte : « Monsieur et Madame Rodriguez ». Et un paillasson.

Emilio n'a jamais connu cela. Son nom ne figure sur aucune porte. D'ailleurs on ne peut pas appeler porte ce qui ferme l'entrée de son baraquement, mi-roulotte, mi-cabane.

Et on ne met pas de paillasson dans une flaque de boue.

A l'appel de son numéro de passage, Emilio Rodriguez se lève, en triturant son béret. Il range ses enfants derrière lui par ordre de taille. Le plus petit accroché à ses basques, le dernier fermant la marche...

— Bonjour, monsieur, dit-il au guichet n° 3.

Et il s'efforce de remplir les conditions nécessaires à l'obtention d'une habitation à loyer modéré, dont on ne lui dit même pas où elle se trouve.

Emilio Rodriguez et son futur appartement ne sont qu'un dossier. Mais il y a des dossiers qui tuent, parfois même à retardement.

Question : comment le dossier d'Emilio Rodriguez, simple demande de H.L.M. modèle sud-américain, peut-il devenir une affaire d'Etat ?

Réponse : la bêtise est une espèce de bombe atomique silencieuse dont on maîtrise mal les retombées mortelles.

Un guichet est une chose bête. Tout dépend donc du cerveau qui se trouve derrière. Et malheureusement, il arrive que le cerveau soit plus petit que le guichet, donc plus bête.

Emilio, lui, est un simple. Non pas d'esprit, mais de logique.

Dans un premier temps, le guichet lui fait remplir des tas de papiers. Il a dû fournir une attestation de salaire pour qu'on le juge misérable. Un certificat de bonne conduite pour qu'on le juge méritant. Un extrait de naissance de chaque enfant pour qu'on le juge prolifique. Un certificat de grossesse pour qu'on le juge père de famille nombreuse ayant dépassé le quota social réservé au taudis. Un rapport de l'assistante sociale sur la superficie dudit taudit. Le tout augmenté de divers documents aussi inutiles que nécessaires à l'engraissement d'un dossier qui se respecte.

Emilio a tout donné. Y compris son temps, se privant ainsi des quelques heures supplémentaires qui fournissent la viande pour la soupe du soir. Et cela a duré un an. Son dixième enfant est né, lui laissant une femme épuisée et malade. A l'hôpital, un médecin bien intentionné lui a fait honte, en le traitant de lapin inconscient. Pour le punir, on lui a proposé la stérilisation. Emilio, qui ne connaissait rien au problème de la contraception, a fui devant ce sacrifice barbare lui retirant la seule chose qui faisait de lui un homme digne de ce nom ! La seule chose dont il ne se croyait pas esclave. Comment pourrait-il continuer d'aimer sa femme ?

Alors on lui a rendu une femme infirme, en lui disant :

— C'est elle que l'on a opérée. C'est de votre faute. Elle ne pourra plus jamais avoir d'enfant.

Et Emilio a pleuré. Sa femme aussi. Non qu'ils voulaient à tout prix augmenter la famille, au contraire. Mais dans leur grande simplicité, les enfants leur tombaient du ciel, chaque fois que Dieu en décidait ainsi. C'est donc un homme et une femme tristes, qui attendent devant ce guichet, au bout d'un an, l'espoir d'une vie meilleure.

— Non, dit le guichet. Il y a des priorités. Vous êtes sur la liste, il faut attendre.

Attendre c'est l'espoir, et l'espoir fait vivre. Les Rodriguez vivent donc, à douze dans leur taudis de soixante-quinze mètres carrés.

Pendant ce temps, autour d'eux, la république qui les gouverne change de mains, les chars et les mitraillettes défilent dans les rues. Le monde entier s'occupe de leur politique intérieure. On en discute sur toutes les radios et les télévisions, on condamne ou on applaudit.

Emilio Rodriguez qui ne lit pas les journaux, retourne à son guichet, et le guichet répond :

— Non... les dossiers sont bloqués. Le projet de construction de la cité est retardé, il faut attendre...

Un an passe encore. Et le guichet a une autre réponse :

— Votre demande est périmée. L'âge des enfants ne correspond plus, il faut tout recommencer.

Emilio recommence. Angelo a dix-sept ans, Carmen quinze, Stefano quatorze, Clarissa douze, Teresa onze, Sylvio neuf, Salvador huit, Maria six, Soledad quatre, et Ricardo deux ans...

Salaire, attestation, certificat, extrait de ci ou de ça, le guichet avale tout et répond :

— Trois des enfants sont trop grands. Nous ne les prenons en considération qu'en dessous de douze ans... les autres peuvent travailler... donc vous n'êtes plus dans les normes de priorité, il faut attendre.

Angelo, l'aîné, demande à son père :

— C'est quoi, papa, la priorité ? L'autre fois, il n'avait pas dit qu'on était prioritaire ? Il y en avait d'autres d'après eux... Maintenant ils disent qu'on ne l'est plus. Donc on l'était ?... Alors c'est quoi, Papa, la priorité ?

Emilio Rodriguez retourne au guichet et demande :

— C'est quoi la priorité ?

Et le guichet répond :

— Ça dépend...

Le fils aîné veut savoir de quoi ça dépend. Mais le guichet lui répond, en quelque sorte, que ça dépend de plein de choses et qu'en tout cas, ça ne le regarde pas...

Angelo réfléchit, puis dit à son père :

— J'ai trouvé de quoi ça dépend. Regarde la famille Alvarez. Ils gagnent plus que nous, ils ne sont que six et ils ont eu un logement l'année dernière, et tu sais comment ? En donnant de l'argent au guichet. C'est le fils qui me l'a dit. Il faut donner de l'argent au fonctionnaire...

Emilio Rodriguez secoue la tête avec désespoir.

— Fils, je n'ai pas d'argent, tu le sais, et toi non plus, tu n'es qu'un apprenti ; les autres vont à l'école, et ta mère est trop fatiguée pour travailler. Et puis ce n'est pas honnête. On t'a sûrement raconté des histoires. Un fonctionnaire est payé par l'Etat, il a une bonne situation, il ne prend pas d'argent à des gens comme nous. C'est défendu.

Mais Angelo, qui n'a pas la naïveté de son père, retourne au guichet tout seul... Désormais, c'est lui qui prend la situation en mains. Il a compris. Son pays est un morceau de gruyère où se battent des milliers de souris. Il faut se battre aussi... Le guichet consent à recevoir l'équivalent de cinq cents dollars pour mettre sur le dossier une inscription en rouge : PRIORITÉ...

Il faut gagner ces cinq cents dollars. Presque un an de paye... Et comme son père n'y arrivera pas, Angelo va s'y consacrer. Avec l'aide de Carmen, sa sœur de quinze ans...

Carmen est jolie, Angelo est costaud. Carmen va se prostituer, et Angelo la protègera des mauvais coups.

Leur tactique est simple. Mais pour que l'honneur soit sauf, elle est risquée. Carmen rabat le client, l'entraîne dans une cabane, prend l'argent, et avant même que le client l'ait touchée, Angelo surgit, en frère vengeur, le couteau à la main, pour mettre en fuite l'ignoble individu qui a osé entraîner sa sœur.

Quelques mois de ce rodéo ne se passent pas sans plaies ni bosses, sans pleurs ni sans mal. Mais les cinq cents dollars sont là. Dans une enveloppe crasseuse, devant le guichet. Deux mains crochues les font disparaître et l'espoir renaît.

C'est ainsi que le simple dossier d'Emilio Rodriguez va passer en priorité, dans des classeurs qui ne s'en doutent même pas.

***

La bombe était placée sous un fauteuil, et dissimulée dans un vieux sac de plage. La terrasse du Grand-hôtel a volé en éclats, heureusement peu meurtriers, car l'engin était artisanal.

La police songe immédiatement à un attentat politique. Une bombe dans un palace est forcément destinée à quelqu'un... De plus, cette bombe a une odeur de révolution en début de carrière...

Sur la liste des gros clients de l'hôtel, on trouve un industriel étranger, une vedette de cinéma et un diplomate de troisième classe, absolument inconnu.

Alors on décide qu'il s'agit de l'œuvre d'un fou, sans se préoccuper du reste. Nul ne songe à un tueur. Un tueur est un homme qui tue avec précision, pas dans le désordre. Nul ne songe non plus que la victime pouvait être un simple client de la terrasse, car la terrasse était vide, à part un serveur. Cette bombe ne fait donc guère de bruit dans l'agitation générale, car une fois de plus, cette république sud-américaine est en proie à quelque changement de pouvoir violent, et les prisons sont pleines...

Une bombe semblable explosera dans un pays voisin, cette fois sur le paillasson d'une chambre d'hôtel, un mois plus tard.

La chambre est occupée par un touriste étranger, arrivé dans la nuit, et qui s'empresse de quitter ce palace peu accueillant...

Mais là, on réfléchit. L'attentat était dirigé sur cette chambre précisément. Le touriste étant un Anglais bien tranquille, à la retraite, on songe au client précédent, et c'est l'impasse.

C'est un client anonyme. Un Sud-Américain, sans relief particulier, qui ne se connaît pas d'ennemis, ne fait pas de politique, a une fortune personnelle et voyage pour son plaisir. C'est, en tout cas, sa déclaration.

Trois mois plus tard, une autre bombe explose dans un autre pays voisin. Cette fois, l'engin a été placé dans une bijouterie récemment ouverte, à Mexico et, oh ! surprise, le propriétaire est le même que précédemment.

Il faut la collaboration des polices des deux pays pour s'en rendre compte, car l'homme, lui, n'a rien dit. Son silence est d'autant plus curieux que dans son pays d'origine, un premier attentat, celui à la terrasse d'un palace, a révélé exactement les mêmes caractéristiques. La bombe est fabriquée par un novice. C'est le même engin trois fois de suite. Cet homme est donc visé. Pourquoi ?

Il est laid, il a le teint jaune, la cinquantaine chauve, et le regard en dessous. Il prétend n'avoir rien à se reprocher, mais la police n'est pas d'accord avec lui. Elle trouve notamment curieux que cet homme ait une maîtresse si jeune et si jolie... ne serait-elle pas mineure ?

L'homme, Carlo Albaniz, affirme le contraire et exhibe des papiers, qui se révèlent faux au premier examen approfondi. La jeune femme a l'air d'une enfant. Mince, de magnifiques cheveux noirs, des traits fins, elle parle peu et a l'air emprunté dans des vêtements trop riches pour elle. Elle dit s'appeler Carmen Felices.

Le policier qui l'interroge est un brave homme. Elle finit par lui avouer que son amant l'a recueillie alors qu'elle était prostituée, orpheline et sans argent. Il a été bon pour elle, et c'est lui qui lui a procuré des papiers pour quitter son pays, et le suivre jusqu'au Mexique. Elle supplie le policier de ne pas lui faire d'ennuis pour cela. Où irait-elle ? Que deviendrait-elle sans la protection de cet homme ?... D'autre part, elle ignore qui peut lui en vouloir, et pourquoi...

Perplexe, le policier se rabat sur Carlo Albaniz. Il prétend ne pas avoir d'ennemis, et il affirme qu'il ne peut s'agir que d'une coïncidence...

On les laisse donc tranquilles... en leur recommandant de ne pas quitter le pays, et de faire régulariser la situation de la jeune fille.

Une semaine après ce dernier attentat à la bombe, Carlo Albaniz est découvert ficelé sur une chaise, égorgé comme un porc, et la jeune fille a disparu avec l'argent.

La police se met aussitôt en chasse, et Carmen est arrêtée quelques jours plus tard, alors qu'elle tentait de passer la frontière des Etats-Unis avec un jeune homme.

Il s'appelle Angelo Rodriguez... Il a dix-huit ans, et se débat comme un diable.

— Je suis venu chercher ma sœur pour l'arracher à cette vie immonde... elle n'a rien fait.

Angelo et Carmen Rodriguez — les aînés d'Emilio Rodriguez — sont soupçonnés de meurtre sur la personne de Carlo Albaniz, bijoutier à Mexico... Le policier mexicain les regarde... deux gosses.

— Alors, si j'ai bien compris, tu ne supportais pas que ta sœur soit la maîtresse de cet homme, et tu l'as tué ?

— Non ! Je voulais seulement l'emmener avec moi...

— Alors c'est toi, Carmen, qui as tué ton amant pour lui prendre son argent ?

— Non !...

— Vous vous moquez de moi. J'en ai vu d'autres comme vous, vous savez... On prostitue la sœur, et quand le pigeon est bien pris au piège, on le plume... Où l'avez-vous connu ?

Les deux adolescents se taisent.

— Parfait ! Carmen, ce sera toi la coupable, jusqu'à preuve du contraire. Faux papiers, prostitution et assassinat ! Quant à toi, le frère, je te laisse en liberté provisoire, pour l'instant tu n'es que complice...

Angelo lève des yeux épouvantés sur le policier.

— Vous n'allez pas la mettre en prison ? Elle n'a rien fait ! Je le jure, elle n'a rien fait ! Non, non ! Je ne veux pas ! Pas à cause de ce salaud ! Ne faites pas ça ! C'est moi, c'est moi qui l'ai tué, c'est moi qui ai mis les bombes. Elle n'a rien fait ! Je vais vous raconter, monsieur, vous allez voir ! Elle n'a rien fait.

Et Angelo raconte. Comme un gosse qu'il est encore, la vengeance qui les a menés jusque-là, à la poursuite de leur victime. et la victime se transforme peu à peu en bourreau.

Carlo Albaniz, avant d'être bijoutier à Mexico, était un petit fonctionnaire derrière un guichet, dans leur pays.

— Un jour, j'ai compris comment il travaillait, c'est lui qui décidait de l'attribution des logements. Mon père avait fait une demande...

On connaît la suite... Pour que le dossier de son père devienne prioritaire, Albaniz exigeait cinq cents dollars... Le frère et la sœur les avaient trouvés.

Faire le trottoir, c'était le seul moyen d'acquérir en peu de temps une somme aussi considérable pour eux. Et le fonctionnaire avait mis dans sa poche le prix de tant de peine et de honte... et il n'avait rien fait... rien. Il avait assez dépouillé de pauvres gens, sa fortune était faite, il ne voulait plus prendre de risques... Un jour, on ne le trouva plus derrière son guichet.

C'est Carmen qui le retrouva... et pour ne pas le perdre, elle fit avec ce porc ce qu'elle n'avait jamais fait : se prostituer. Il ignorait son identité, il était trop heureux d'avoir mis la main sur une jeunesse aussi fraîche. A lui l'argent, l'amour et les voyages !

Carmen supporta cette vie. Il fallait voler de l'argent à son amant pour que son frère puisse la rejoindre... car la première bombe avait raté son but.

Elle le suivait dans les palaces, et son frère dormait dans la rue ou logeait dans des taudis. Il fabriqua ses deux dernières bombes comme les premières, avec un vieux bidon enveloppé dans un vieux sac... Et lorsque la police découvrit Carmen et ses faux papiers, ils eurent peur.

L'autre s'était douté de quelque chose. Un soir, il faillit tuer Carmen à force de lui taper dessus. Il avait découvert sa haine, il voulait savoir pourquoi, et de quoi il était menacé. Jamais il n'aurait imaginé être la victime d'une vengeance enfantine.

Ce soir-là, Carmen s'était enfuie en pleurant pour rejoindre son frère. Il ne savait plus que faire. Désormais, la police allait protéger Albaniz, on allait les priver de leur vengeance...

Après des mois de patience, d'horreur et de honte, il fallait en finir. Alors, ils osèrent devenir de vrais assassins... Albaniz fut pris au lit comme un rat, assommé, ficelé, égorgé... Il ne restait plus qu'à fuir... et à se faire prendre comme deux gosses pas très futés.

C'est ainsi que le père, Emilio Rodriguez, apprit ce qu'étaient devenus ses deux aînés. Des assassins. Des justiciers, mais des assassins...

Quand Angelo et Carmen furent condamnés à la prison à vie au Mexique, dans le taudis sans nom sur la porte et sans paillasson, l'espoir de vivre mieux s'était envolé depuis longtemps. Le dossier était aux oubliettes. L'assistante sociale était devenue méfiante... Une famille qui compte deux assassins n'est pas une famille méritante.

Il reste Stefano quinze ans, Clarissa treize ans, Teresa onze ans, Silvio dix ans, Salvador neuf ans, Maria sept ans, Soledad cinq ans, et Ricardo trois ans... avec papa qui travaille à l'usine de chaussures, et maman qui fait cuire la soupe aux haricots avec un peu de viande quand la paye est augmentée de quelques heures supplémentaires... dans soixante-quinze mètres carrés de taudis.

Prison pour prison...

# X + Y = ... ARSENIC

James Maybrick est un homme dont chaque femme connaît sûrement un exemplaire.

Son épouse Florence ressemble aux femmes de milliers d'hommes. La gouvernante, Alice, a été reproduite à des centaines d'exemplaires aussi bien dans les romans et les pièces de théâtre que dans la vie. Quant à la maîtresse de James et à l'amant de Florence, ils jouent dans le drame qui va se nouer un rôle bien connu, celui de catalyseurs.

Il serait trop simple cependant de dire, dès le départ, que le crime qui va être commis va l'être à cause d'eux. Ils n'ont fait qu'accélérer une chose qui, de toute façon, devait se produire un jour.

Un homme, une femme qui se trompent mutuellement ; l'un d'eux va mourir ; affaire banale et même ordinaire, sauf extraordinaire dans l'ordinaire : par exemple, que la victime soit... non pas consentante, mais aide beaucoup son assassin, au point qu'on ne sache plus très bien, en fin de compte, si X a tué Y, si Y s'est tué tout seul, ou si X et Y faisaient la même chose en même temps.

Au début de notre siècle, près de Liverpool, il est un endroit où tout se passe, tout se voit et tout se dit entre bourgeois bon teint. C'est le champ de course, cette petite merveille de gazon dont les Britanniques gardent jalousement le secret. De nos jours, les champs de course, même anglais, ont bien changé.

Un gentleman fort élégant y a déclaré un jour : « Voilà qu'on y mange des cacahuètes et des saucisses ! » Alfred Brierly (c'est l'amant) aurait pu dire cela, et sur le même ton, s'il avait connu cette décadence.

Pour l'heure, il promène son parapluie au pesage avec une distinction qui n'appartient qu'à lui. Qu'à lui et à une bonne centaine de gentlemen amateur de courses qui l'entourent.

Mais Alfred a quelque chose en plus. Il est très beau. Et il ne l'ignore pas, bien entendu. Quelque part dans la foule, deux yeux féminins lui vrillent la nuque. C'est une sensation bien connue, et il ne met que le temps honorablement nécessaire à se retourner.

Diable ! Les yeux sont violets, le visage qui garde encore la rondeur de l'enfance est pâle, les cheveux sont une cascade de boucles brunes, le nez est impertinent, et la moue, boudeuse mais ravissante. Le tout fait environ un mètre soixante de reliefs agréables... Alfred s'incline, flatté, et la jeune personne le gratifie d'un sourire éblouissant. Tout a commencé comme cela. Pour Alfred, c'est une chose assez habituelle, et peu importe le sombre et noir mari qui accompagne la dame.

Mais pour Florence, c'est tout à fait nouveau. Il y a quelques mois encore, jamais elle ne se serait permis de regarder un autre homme que son mari avec autant d'insistance.

Aujourd'hui, non seulement elle l'a fait exprès, mais elle avait décidé de le faire exprès. Il suffisait de trouver quelqu'un à regarder. Florence aurait pu mal tomber, car elle était prête à faire du charme à n'importe qui. Pourvu qu'il soit plus jeune que son mari et qu'il accepte le jeu. Mais la conquête est inespérée...

Le résultat, lui, devrait être banal : voici une jeune dame qui, manifestement, a l'intention de tromper son mari. Nous voyons ça tous les jours ! Or, justement, non ! on ne le voit pas, les dames qui ont l'intention de tromper leur mari le font généralement en se cachant. Or, celle-ci le fait ouvertement. En tout cas, elle commence... La voilà qui se dirige négligemment vers sa proie, sous une ombrelle désinvolte, et qui l'aborde, sous le nez du mari.

James Maybrick, le mari, doit avoir à ce moment-là le même air que sur la photo qui trône dans son salon. Un air indescriptible, coincé depuis quarante-sept ans. L'œil sombre, la moustache austère, le nez droit ! Un bel homme à vrai dire. Mais complètement lugubre.

Il a suivi sa femme à quelques pas, pour l'entendre avec stupéfaction susurrer au Don Juan :

— J'ai dû vous rencontrer quelque part ? Chez les Jones probablement ?

Un galant homme n'oserait jamais dire non dans ce cas. Même s'il n'a jamais rencontré la dame de sa vie, ce qui est le cas.

— Venez donc demain soir chez nous. Nous donnons une petite réception...

Si le Don Juan est un peu estomaqué, il ne le montre pas. Si le mari est furieux, il ne le montre pas non plus. Ça ne se fait pas. Et l'invitation est acceptée.

Florence et son mari assistent à la course. Elle, jouant de la jumelle dans les tribunes, cherchant sans équivoque possible à distinguer un certain chapeau. Lui, glacial. Selon toute apparence, cet homme, ce mari est jaloux. Mais selon toute apparence seulement. En réalité, il n'est que furieux.

Et, de retour au domicile conjugal, cette fureur se déchaîne. Il se trouve qu'elle a largement la place de le faire dans une vingtaine de pièces superbement meublées, des salons en enfilade, aussi victoriens que possible.

— C'est une humiliation publique ! Qu'est-ce qui t'a pris ?

— J'ai le droit de m'intéresser à un homme puisque tu fais la même chose !

— Tu n'as aucun droit ! Et surtout pas celui de créer un tel scandale. Demain, toute la ville sera au courant !

— Eh bien, c'est parfait ! Je ne serai plus seule à être humiliée. Chacun son tour !

Si l'on connaît exactement les termes de cet affrontement conjugal, c'est que les vénérables murs victoriens ont des oreilles. Une seule, mais combien attentive : la gouvernante des enfants, Alice.

Elle est là, courbée derrière la porte. Son maigre et laid visage tendu de satisfaction... Alice adore qu'il se passe quelque chose dans la vie des autres — il ne se passe jamais rien dans la sienne. Elle adore fureter dans les tiroirs, écouter aux portes, examiner les lettres en les passant devant une bouilloire d'eau chaude.

Alice est un bon spécimen de femme ratée.

Bien entendu, elle est amoureuse de son patron, en silence. Et, bien entendu, cet amour est sans espoir. Elle est affreusement jalouse de sa patronne, jalousie sans effet sur une femme aussi sûre de sa beauté.

Alors, elle surveille, rase les murs, avec une douloureuse satisfaction. Elle est à l'aise dans le mépris et trouve délectable l'indifférence où on la maintient. On dirait maintenant d'Alice qu'elle est masochiste et heureuse de l'être.

Pour l'instant, elle est courbée.

James, fou furieux, s'est jeté sur Florence et la gifle à tour de bras, il déchire sa robe en hurlant des insultes. C'est la première fois qu'une telle chose arrive...

Le lendemain, Florence a bien du mal à cacher un œil au beurre noir violet. Ce qui ne l'empêche pas de valser outrageusement avec son Don Juan, sous le nez du mari, au vu et au su de toute la bonne société.

Les Maybrick donnent souvent ce genre de réceptions dansantes. Au début de leur mariage, James était si fier de sa jeune épouse ! Elle représentait l'idéal pour un homme d'affaires ambitieux... Ils s'étaient rencontrés sur un bateau, au cours d'un voyage qui ramenait James des Etats-Unis. A quarante-deux ans, c'était un célibataire taciturne, uniquement préoccupé de son commerce de coton entre la Virginie et l'Angleterre. Florence avec ses dix-huit ans l'avait charmé, fraîche et désinvolte, Américaine bon teint.

James avait fait d'elle le symbole de sa réussite sociale. Ainsi qu'il convenait, une fois passée la lune de miel, James lui avait fait deux enfants, et avait pris une maîtresse.

Son aventure durait depuis longtemps, mais Florence venait seulement de s'en apercevoir ! De l'avis de James, sa réaction était plus américaine qu'anglaise. A Liverpool, une épouse trompée ne se serait jamais conduite de cette façon !

Ce soir de bal, James en est malade... et coinçant sa femme au détour d'une valse, il la prévient :

— Florence, arrête ce jeu stupide, tu me rends malade !

— Malade ? Mais tu l'es sans moi, malade ! Tout le monde le sait... Alors, ne te prive pas ! Va... une petite dose d'arsenic, pour te consoler, pour te rassurer, et tout ira bien, tu verras...

De l'arsenic ? Comme ça, dans la conversation ? Comme s'il s'agissait d'une coupe de champagne ? Intéressant. C'est pourtant vrai que James a l'air malade. Son teint est jaune cireux, tout à coup. Il se tient l'estomac d'un geste habituel et crispé.

Le voilà qui s'approche du buffet, demande un verre d'eau et sort de sa poche un petit sachet.

Un léger filet de poudre blanche se mélange à l'eau et James l'avale sans faire la grimace, sous l'œil de sa femme, sous l'œil de ses invités. Comme si un verre d'arsenic en guise d'apéritif était la chose la plus normale du monde !

Tout le monde sait ce qu'est l'arsenic : un corps simple de couleur gris fer qui, chauffé à 450°, répand une odeur d'ail. L'oxyde obtenu, appelé arsenic blanc, est extrêmement toxique. Et tout dépend des doses administrées. Mais que se passe-t-il entre James Maybrick et l'arsenic ? Une histoire d'amour...

Pour bien comprendre, il faut connaître un peu mieux cet amoureux de l'arsenic. Bien avant de rencontrer Florence, sur le bateau qui les ramenait des Etats-Unis, James la trompait déjà... avec de l'arsenic !

La rencontre de l'homme et du poison s'était faite en Virginie où James était tombé malade, atteint de malaria. La malaria est l'ancien nom du paludisme. Le médecin avait prescrit à ce moment-là un traitement à base d'arsenic et de strychnine. Mais James, bien que guéri à la suite de ce traitement, avait fait sur lui-même une étrange découverte.

Etre malade est un état extraordinaire. Tout à coup, on devient le nombril du monde. Des hommes savants se penchent sur votre corps, l'examinent minutieusement, vous racontent ce qui s'y passe, vous expliquent (à peu près) ce qui ne marche pas, et vous ordonnent d'avaler des choses pour y remédier... des choses dangereuses, mystérieuses, magiques, qui réconfortent. Alors, on se sent malheureux, mais heureux d'être malheureux en quelque sorte.

Bien entendu, James est incapable d'expliquer ce qui se passe en lui depuis ce jour-là, mais pour un observateur un peu psychologue, c'est simple : c'est un hypocondriaque.

L'hypocondrie est une maladie nerveuse — on dirait maintenant psychosomatique — qui rend le sujet capricieux, angoissé et perpétuellement inquiet au sujet de sa santé.

Chacun connaît sûrement une bonne demi-douzaine de cas autour de lui. Surtout à notre époque, où pleuvent les médicaments et où les pharmacies regorgent de produits aussi nécessaires qu'inutiles... et où la Sécurité sociale rembourse le moindre rhume avec une régularité suicidaire pour l'état de ses finances.

Mais au début de ce siècle, il est assez rare de rencontrer un homme comme James. Tous les médicaments possibles et imaginables l'entourent. Dans ses poches, dans sa serviette, dans le tiroir de son bureau, dans sa salle de bains, sur sa table de chevet... Il achète tout. Tout ce dont on lui parle, à condition qu'il y ait de l'arsenic dedans.

Il a un bon prétexte pour cela : la malaria lui a légué des brûlures d'estomac. La malaria ou l'arsenic... si bien qu'au moment où chacun le voit avaler sa petite poudre blanche, au milieu de ses invités, il est bien difficile de dire où il en est exactement, côté empoisonnement.

Son médecin personnel n'en sait guère plus, et continue de lui octroyer largement les ordonnances qu'il réclame. Sa femme s'en est aperçue depuis longtemps, et elle a eu beau tenter de le raisonner, James continue, lentement mais sûrement, à s'empoisonner.

Récemment, Florence s'en est inquiétée auprès de son propre médecin — le sien... car ils n'ont pas le même. Et ce dernier lui a répondu :

— Ma chère, s'il arrive qu'un jour votre mari meure brusquement, appelez-moi. Je témoignerai que nous avons parlé de cela ensemble...

Pour l'instant, à chacun ses amours. James et son verre d'arsenic, Florence au bras de son Don Juan.

A partir de ce moment, tout va se dérouler avec une surprenante simplicité. A croire que Florence fait tout ce qu'elle peut pour mettre la terre entière au courant de ses projets. Des projets sentimentaux tout d'abord.

Quelques jours après cette soirée, Florence déclare à son mari :

— Je vais soigner une tante malade à Londres... Je serai absente deux ou trois jours...

Quel est le mari normalement constitué qui croirait à cette histoire de tante malade ? D'autant plus que Florence expédie un télégramme (par l'intermédiaire de la gouvernante...) pour retenir une chambre dans un hôtel de Londres pour deux personnes ! C'est presque trop beau.

Ce qui l'est moins, c'est l'aventure amoureuse.

Au retour de son escapade, Florence confie à une amie :

— Décevant... Je m'attendais à plus de satisfactions... Je croyais que ce serait extraordinaire de tromper James, mais finalement, c'est assez banal...

Ah ! les Don Juan ne sont pas toujours des héros !

Ceci se passe au mois de mars, et il faut noter simplement que l'œil violet et charmant de Florence s'est à nouveau orné à cette occasion d'un magnifique coquard du plus beau noir. Alice, la gouvernante, en a jubilé longtemps.

Au début d'avril, l'atmosphère quelque peu tendue redevient normale. Florence est en froid avec son amant, et avec son mari c'est le statu quo.

Vers le 20 avril, elle se rend dans un magasin de Liverpool et achète une douzaine de papiers tue-mouches ! Deux jours plus tard, dans un autre magasin, elle en achète deux douzaines supplémentaires....

Le papier tue-mouches, à l'époque, est bourré d'arsenic, et son emploi inconsidéré a fait les beaux jours des tribunaux d'assises, ce qui n'est plus le cas, heureusement.

A la femme de chambre qui découvre ce stock de papier, mis à tremper dans une cuvette d'eau, Florence déclare :

— Je l'utilise comme lotion faciale... C'est merveilleux pour le teint ! je m'en servais souvent aux Etats-Unis...

Le 27 avril au matin, James se plaint d'être malade. Il a les jambes engourdies et l'estomac révulsé. Il se rend toutefois aux courses et — ô coïncidence — un énorme orage le surprend. Il rentre complètement trempé et se met à geindre qu'il a pris froid.

Le lendemain, il est bien mal.

Florence fait venir SON médecin, lequel diagnostique une dyspepsie chronique...

Avec un à-propos remarquable, la jeune femme lui rappelle que son mari se sert abusivement de la fameuse poudre blanche... Mais, lorsque le docteur s'adresse à James, il reçoit une réponse bizarre :

— Je ne supporte absolument pas ce genre de choses, ni la strychnine, dit la voix ironique de l'époux.

Curieux, non ?

Le 29 avril, il va mieux. Et le lendemain, se rend à son bureau. Le soir, il dîne avec sa femme. C'est Florence qui a préparé le repas. Les jours suivants, son état s'aggrave nettement... et il appelle son médecin personnel, lequel, comme d'habitude, prescrit à nouveau de l'acide arsénieux et du carbonate de potasse.

Dès lors, James est incapable de se lever, vomissements et douleurs d'estomac le clouent au lit.

Le 8 mai, Florence confie à la gouvernante une lettre à poster « à Monsieur Alfred Brierly... Londres ».

Immédiatement, la bouilloire d'Alice fait son office. Le pli est soigneusement décacheté et, avec des mines gourmandes, la vilaine espionne déchiffre le message :

*Mon chéri,*

*Votre lettre est une petite merveille. Je voulais vous répondre plus tôt, mais depuis lundi j'ai beaucoup à faire. James est malade. Malade à en mourir...*

Le reste est sans importance.

Ce que retient Alice, c'est le « malade à en mourir... » Et la voilà qui court prévenir à Londres les deux frères de James, qui se précipitent au chevet de leur frère.

Et que font-ils ? Que fait toute la maisonnée ? Frères, gouvernante, domestiques, au lieu de prévenir la police ou d'emmener James à l'hôpital ? Ils surveillent, ils espionnent Florence, pour voir... L'un des frères la voit transvaser un médicament d'un flacon dans un autre. L'autre entend le malade murmurer :

— Il se passe des choses bizarres dans cette maison... On ne me donne pas mes médicaments comme il faudrait...

L'infirmière surprend une conversation entre le mari et sa femme :

— Mon lapin, comment peux-tu me faire ça ? Je ne pensais pas cela de toi !

— Gros sot !... Ne te tourmente pas en te mettant ce genre de choses en tête !

De quoi parlait-on ? D'amour ou d'arsenic ? De toute façon, il est trop tard.

Le 11 mai au matin, il est clair que James va mourir... Florence écrit à SON médecin : « Je suis très malheureuse et à bout de nerfs. Mes beaux-frères ont pris les choses en mains. Tout le monde m'en veut. Parce que j'ai fauté une fois, ils me jugent mal... j'ai grand besoin d'un ami et d'un soutien... »

Elle n'a pas le temps de poster la lettre. En sortant de sa chambre, elle s'écroule, évanouie, à bout de résistance nerveuse et son coma durera vingt-quatre heures.

Pendant ces vingt-quatre heures, les choses se précipitent. D'abord, James rend le dernier soupir. Ses deux frères fouillent la maison de fond en comble... et trouvent :

1) les lettres de l'amant,

2) un paquet marqué : « Arsenic, poison pour chats »,

3) une quantité incroyable de décoction de papier tue-mouches, de quoi tuer cinquante personnes (deux grains suffisant à en tuer une),

4) les enfants, terrorisés par la gouvernante. Alice leur racontait par le menu toutes les « atrocités » que leur mère commettait dans l'intention d'assassiner leur père...

Et c'est seulement après tout ce remue-ménage que les deux frères se décident à appeler la police, Florence étant toujours inconsciente au fond de son lit.

Ayant repris ses esprits, elle ne dira rien. Pas un mot, pas une réponse aux accusations formulées contre elle.

L'autopsie révèle une dose d'arsenic importante dans le corps de son mari, évidemment, et que les experts considèrent comme fatale, à condition qu'elle ait été prise en une seule fois...

L'enquête effectuée dans l'entourage de James apporte la preuve qu'il avalait quotidiennement et de son plein gré un tiers de grain d'arsenic.

Mais les preuves contre Florence sont si énormes qu'en trente-huit minutes, le jury la condamne à mort, sans qu'elle ait avoué quoi que ce soit, sans qu'un témoin ne plaide en sa faveur, même pas son médecin.

Comme dans toutes les histoires de ce genre, on parle très vite d'erreur judiciaire, et les pétitions demandant sa grâce s'amoncellent sur le bureau du ministre de l'Intérieur.

La reine Victoria refusera d'accorder la grâce royale, et l'on sait qu'elle a dit de Florence Maybrick :

— C'est une femme dangereuse, terriblement dangereuse à mon avis.

Mais, trois jours avant son exécution, le ministre se laissera attendrir : Florence fera de la prison à vie. En fait elle sortira au bout de quinze ans, regagnera son Amérique natale, où elle vivra jusqu'à l'âge de soixante-seize ans, en donnant des interviews aux journalistes.

Son livre *Mes quinze années perdues* ne fut jamais un best-seller, mais suffit à nourrir les douzaines de chats dont elle avait fait ses seuls compagnons. Des douzaines et des douzaines de chats, jusqu'au jour de sa mort, le 23 octobre 1941...

C'est curieux pour une femme qui cachait dans ses tiroirs une boîte d'arsenic « poison pour chats », non ?

X a tué Y ? Il y a des chances que la réponse soit oui... Et, qui sait, qui saura jamais d'où est venue la dernière dose...

Alors, ajustons l'équation. Disons que X a tué Y, lequel finalement ne demandait que ça !

# DRAME CLASSIQUE

Soleil de plomb sur un petit village italien. Un tout petit village aux maisons accrochées sur un rocher, en dégringolade, et dont on aperçoit seulement les toits de tuiles rouges.

Dans une ruelle, une ombre passe en rasant les murs du côté de l'ombre. C'est une femme habillée de noir, qui courbe le front et cache le bas de son visage dans un mouchoir.

L'ombre disparaît dans l'église, dont l'ancienne porte de bois, toujours entrouverte, laisse discrètement passer un rayon de lumière blanche sur les dalles de pierre.

La voix de la femme chuchote :

— Monsieur le curé...

— Je suis là... Qu'est-ce qu'il y a, Proserpina ?

— Je voudrais vous parler...

— Ce n'est pas l'heure des confessions, Proserpina...

Le vieux curé du village de Gugliano soupire. Lorsqu'une femme vient le voir, c'est toujours pour une histoire de jalousie ou de cancan. A la messe le matin, il ne voit que des fronts sereins et des regards en prière. Mais le reste du temps il est le récepteur de tous les petits problèmes sociaux.

— Je t'écoute, Proserpina... Mais je te mets en garde, je ne suis ni le maire, ni le juge, ni le médecin ; je ne peux que te donner un conseil, en accord avec les règles de notre sainte mère l'Eglise...

— Monsieur le curé, c'est grave. Il s'agit de ma fille Nunzia.

— Quel âge a ta fille maintenant, Proserpina ?

— Dix-huit ans, monsieur le curé, depuis la Pentecôte...

— C'est une grande fille en effet, tu vas devoir la marier bientôt...

— Justement, monsieur le curé, son père ne veut pas...

— Proserpina, l'autorité d'un père est souveraine...

— C'est grave, monsieur le curé, je vous dis ! Il lui a donné un revolver et il est en train de lui apprendre à tirer... Il veut qu'elle aille tuer Giacomo.

— Giacomo ? Quel Giacomo ?

— L'apprenti du boulanger. J'ai peur, monsieur le curé, il a dessiné la silhouette de Giacomo sur le mur de la cour, et il apprend à Nunzia à tirer sur le cœur.

— Encore cette maudite coutume ! J'irai parler à ton mari, Proserpina...

— Oh non, je vous en supplie ! Il me tuerait s'il savait que je vous en ai parlé...

— Alors que veux-tu ?

— C'est à Giacomo qu'il faut parler, monsieur le curé, il faut qu'il se tienne sur ses gardes.

— Pourquoi ne pas le faire toi-même, Proserpina ? Ou aller voir le chef des carabiniers.

— Mon mari le saurait, je ne peux pas ! Je n'ai pas le droit d'aller contre la loi. Et les carabiniers ne m'écouteront pas...

*La loi !* Existerait-il une loi dans ce village d'Italie qui permette le meurtre ? Une loi qui ne regarde pas la police ? Une loi au-dessus des autres lois ?

M. le curé croise les mains et hoche la tête d'un air découragé.

— Très bien, Proserpina, j'irai voir Giacomo et je lui conseillerai de quitter le village...

— Il faut faire vite, monsieur le curé, sinon ma fille ira au tribunal et en prison, elle est fragile... je ne veux pas.

— Rentre chez toi, Proserpina, je vais parler à Giacomo ce soir-même...

L'ombre de Proserpina Falardini glisse à nouveau sur les dalles de pierre, franchit la vieille porte de bois et rase les murs de la ruelle. Elle prie, Proserpina, en cachant son visage, elle prie pour que personne ne la voie à cette heure de la sieste, pour que personne n'aille dire à Cino Falardini, son mari : « Ton épouse est allée voir le curé aujourd'hui... » Car Cino Falardini ne plaisante pas sur l'obéissance et le respect qui lui est dû.

Cino Falardini est un géant. Dans ce pays où la moyenne des hommes ne dépasse pas le mètre soixante-dix, il mesure un mètre quatre-vingts, et a toujours la tête au-dessus des autres. Une tête carrée, au front et à la mâchoire larges, à la bouche longue et mince, au regard dur, sous des sourcils perpétuellement froncés.

Il y a un mois environ, il a convoqué sa fille cadette, Nunzia, à l'heure du petit déjeuner.

— Assieds-toi, et réponds sans mentir ou je t'enferme dans ta chambre jusqu'à ta majorité, et même après si je le veux !

Nunzia ne ressemble pas physiquement à son père. Des yeux en amande, un visage triangulaire, entouré d'une masse de cheveux courts et bouclés, elle a le charme des filles du Sud. D'apparence fragile, comme le dit sa mère, elle a toujours obéi sans révolte. Nunzia s'assied en face de son père, les mains croisées sur les genoux, le regard grave.

— Je ne mentirai pas.

— J'espère bien. On me dit que tu continues à parler à Giacomo ?

— Oui, père.

— Il t'a obligée ?

— Non, père.

— Je t'avais prévenue, Nunzia...

— Il est mon fiancé, père, il me l'a dit la semaine dernière...

— S'il est ton fiancé, il doit t'offrir un pistolet...

— Il n'a pas les moyens, père, et puis il dit que cette coutume est trop ancienne, et qu'elle ne sert à rien. Il veut m'épouser.

— C'est une loi ici, Nunzia, tu le sais ! Un fiancé doit offrir un revolver ou un fusil à la femme qu'il a choisie. C'est une question d'honneur. Si par la suite il te trompait, tu dois avoir les moyens de le tuer. C'est ainsi !

— Mais Giacomo n'a pas d'argent, père, et il ne peut pas se procurer une arme. D'ailleurs il ne me trompera jamais, et je ne désire pas le tuer...

— Tais-toi ! Ce garçon n'est pas assez bien pour toi ! Je n'en veux pas pour gendre, il n'a pas de situation et ne respecte pas les lois de chez nous ! Je t'interdis de le voir et de lui parler, c'est compris ?

— Oui, père.

Cette conversation, tenue au mois de juillet 1960, devait normalement, dans l'esprit du père, régler définitivement le problème... Or, ce matin du 27 août 1960, le père s'est fâché.

— Nunzia, assieds-toi ! J'ai à te parler ! Tu m'as menti !

Nunzia tente de répondre, mais sous le regard affolé de sa mère, elle choisit d'incliner la tête.

— Tu m'as menti ! Lorsque je t'ai ordonné de ne plus fréquenter Giacomo, tu as promis d'obéir et j'apprends que non seulement tu l'as vu, mais qu'il se promène dans le village en disant qu'il t'épousera un jour ou l'autre ! Donc, il est ton fiancé ?

— Oui, père...

— Et je parie qu'il ne t'a toujours pas donné de revolver ?

— Non, père...

— Tu seras battue ! Je veux que tu obéisses !

— Je ne peux pas, il m'aime et moi aussi je l'aime... C'est plus fort que nous...

— Ce garçon n'est pas ton fiancé. Je ne l'y ai pas autorisé, et il n'a pas d'honneur ! Tu ne peux pas l'aimer !

— Ce n'est pas de ma faute... père...

Deux gifles ont résonné dans la cuisine et, sur le visage de Nunzia, les larmes se sont mêlées au sang qui coulait de sa lèvre, fendue par la terrible poigne de son père. La mère a bien tenté de protester, mais c'était inutile.

Cino Falardini a entraîné sa fille dans la salle à manger. Il a ouvert un tiroir avec une clé tirée de son gilet. Dans sa main, une arme noire qu'il promène sous les yeux de sa fille :

— Voilà une arme, c'est ton père qui te la donne, c'est un Beretta 7,65. Je vais t'expliquer comment on le charge et comment on tire... Viens !

Ainsi que la mère l'a raconté au curé du village, Cino Falardini a traîné sa fille dans la cour de la maison. Là, il a dessiné une silhouette d'homme sur le mur crépi, et marqué la place du cœur par une cible.

— Tire !

Nunzia a tiré plusieurs fois. Autant de fois qu'il y avait de balles dans le chargeur. La cible a tressailli sous chaque balle. Puis le père est allé la décrocher.

— C'est bien. Tu vises convenablement. Maintenant, charge-le !

Les petites mains de Nunzia ont rechargé l'arme. Son visage était fermé, elle ne tremblait pas. Seuls ses yeux en amande, noirs et désespérés, se levaient parfois vers son père.

— Maintenant, ma fille, tu sais ce que tu dois faire... Donne-lui rendez-vous, tu as jusqu'à dimanche. Tu dois le tuer de ta main.

— Pourquoi, père ?

— Parce que je te le dis ! Parce qu'il ne t'épousera jamais, et que j'ai beaucoup mieux pour toi...

— Mais je serai condamnée !

— Le jury t'acquittera, parce que tu diras que l'arme était à lui, qu'il te l'avait donnée selon notre coutume, et qu'il t'a trompée. Tu seras libre, c'est la loi de chez nous. Aucun jury ne peut l'enfreindre ! Tu obéiras ?

— Oui, père.

Dans l'Italie moderne de 1960, entendre ce langage tenu par un père à sa fille de dix-huit ans ! Et Nunzia a répondu « Oui, père », et la mère affolée qui guettait derrière la porte de la cour a couru chez le prêtre. Et le prêtre, à la nuit, court chez Giacomo, l'apprenti boulanger, pour le prévenir.

— Ouvre, Giacomo, ouvre !...

Giacomo habite une petite chambre au rez-de-chaussée, attenante à la boulangerie. Chaque nuit, il se réveille à quatre heures du matin pour la première fournée. Or, il n'est que minuit. Son visage ensommeillé apparaît à la fenêtre...

— Vous, monsieur le curé ? Qu'est-ce qu'il y a ?

— Chut... ch... ouvre-moi, ne fais pas de bruit...

Une minute plus tard le jeune Giacomo en pyjama, effondré sur son lit, écoutait parler le curé.

— Il faut partir Giacomo ! Tu n'as que dix-huit ans, tu es bien jeune et tu ne peux pas lutter contre Cino Falardini. Il est assez riche, il est fort, les hommes l'écoutent. Jamais il ne te donnera sa fille.

— J'attendrai le temps qu'il faudra ! Un jour, Nunzia sera majeure et on partira ensemble...

— Mais elle va te tuer si son père l'exige !

— Je n'y crois pas. Nunzia est ma fiancée, nous nous sommes juré de nous marier, elle ne peut pas me tuer, c'est ridicule...

— Son père l'y obligera. Tout est préparé d'avance, Nunzia n'aura qu'à dire que tu lui as donné l'arme, et que tu l'as trompée...

— Mais c'est ridicule ! Cette coutume ne veut rien dire...

— Si, Giacomo, malheureusement. Pour ces gens-là, et malgré leurs prières à l'église, cette coutume est presque une loi. Le tribunal l'a admis plus d'une fois en acquittant des femmes qui avaient tué de la sorte...

— Mais Nunzia ne fera pas ça ! Elle m'aime, d'ailleurs nous nous sommes mariés secrètement...

— Comment ça ? Qui vous a mariés ?

— Nous. Personne d'autre. En attendant de pouvoir le faire vraiment, on s'aimait trop, monsieur le curé...

— Ça s'est passé quand ?

— Il y a deux mois, derrière le château.

— Petit malheureux ! Tu l'as déshonorée ! Jamais elle ne pourra avouer cela à son père, il la tuerait ! Ou l'enfermerait ! Giacomo, il faut que tu partes, prends tes affaires, nous sommes vendredi, tu dois filer cette nuit, sinon dimanche tu seras mort !

— Je ne veux pas m'en aller. J'irai voir les carabiniers, s'il le faut.

— C'est ton droit, Giacomo, mais pense à elle, tu l'as déshonorée. Si la police s'en mêle, vous aurez perdu tous les deux, quoi qu'il arrive.

— Merci, monsieur le curé, je vais réfléchir.

Le prêtre regarde le garçon qui le pousse vers la porte avec fermeté. Dix-huit ans ! Comme sa fiancée, presque un gosse, malgré ses épaules solides et son air décidé. Un gosse qui ressemblerait un peu aux anges peints sur les murs de la vieille église. Des traits réguliers, mais un peu flous encore dans leur expression, et des yeux noirs trop tendres, bien trop tendres...

— Prends garde à toi, Giacomo...

Et la porte se referme. Le village dort. Nul n'ira prévenir les carabiniers, à part monsieur le curé, le lendemain matin. Le chef le reçoit, l'écoute, et lui tape sur l'épaule :

— Ne craignez rien, monsieur le curé, des voisins nous ont avertis. Ce vieux salopard de Cino a voulu faire peur à sa fille, c'est tout. Allez, au revoir, monsieur le curé.

Le samedi passe. Giacomo est à la boulangerie, comme d'habitude. Cino Falardini joue aux cartes avec des amis dans la salle du café. Nunzia n'est pas sortie depuis deux jours.

Dimanche matin, onze heures. Nunzia entre à la boulangerie. Tout haut, elle demande :

— Un pain blanc d'une livre, s'il vous plaît.

Et tout bas, dans l'oreille de Giacomo :

— Viens ce soir derrière le champ d'oliviers, près de la source... à neuf heures.

Giacomo hoche la tête discrètement, et regarde Nunzia traverser la place pour aller rejoindre sa mère et son père en conversation avec le notaire.

Cino Falardini prend le bras de sa fille d'un geste autoritaire, et peu après, la famille s'éloigne. On peut encore entendre le notaire dire en soulevant son chapeau :

— A bientôt, Cino, nous reparlerons de tes affaires.

Dimanche soir, vingt heures : Giacomo sort de chez lui, revêtu de son costume bleu, il a ciré ses chaussures, et mis une cravate. Il passe un moment au café, puis s'éloigne vers son rendez-vous.

Au même instant ou presque, Nunzia glisse l'arme dans la poche de sa blouse. Son père lui ouvre la porte.

— Passe devant, je te suis.

Ils sont donc trois à marcher dans la nuit vers le champ d'oliviers et la source, à un kilomètre du village. C'est une source où jadis les paysans s'approvisionnaient en eau. Les bords en sont empierrés et il y fait frais les nuits d'été. Endroit idéal pour un rendez-vous d'amoureux.

Vers vingt et une heures, heure du rendez-vous, Giacomo est debout près de la source, il regarde arriver Nunzia et devine l'ombre du père derrière elle. La jeune fille s'approche. Le père ralentit sa marche, et va s'appuyer contre un arbre. Il fait sombre, mais la lune éclaire suffisamment la scène. Personne ne parle.

Nunzia sort l'arme de sa poche, et la tenant à deux mains, dirige le canon vers une cible invisible, située entre Giacomo et l'arbre où son père attend.

Giacomo est à gauche de la cible, le père est à droite. Lentement Nunzia dirige son arme, et tire les huit balles, sans s'arrêter. Elle vient de tuer son père. Aucune des balles ne l'a manqué.

Le tribunal aura du mal à prononcer un jugement équitable. Nunzia a-t-elle commis un crime ? Ou a-t-elle agi en état de légitime défense ?

Ce sera la légitime défense. Car l'avocat de Nunzia fait valoir au procès que Cino Falardini avait déjà tué, en 1945, son ami et voisin, pour une divergence d'opinion. Condamné à dix ans de prison, il n'en avait fait que huit. Grossier, brutal et autoritaire, le village ne le regrettera vraiment pas. Seule Nunzia déclara :

— Il a voulu m'apprendre à tuer et à me venger, en son nom. J'ai obéi à sa volonté en me vengeant sur lui. Je ne me le pardonnerai jamais.

# HISTOIRE D'UN ÉTAT CIVIL

Il y a des gens contre lesquels un jury ne demandera jamais la peine de mort. On leur trouvera toujours des circonstances atténuantes. On en trouvera toujours, parce que leur crime est trop horrible pour être admis sans cela. Ce sont les gens qui tuent ceux qu'ils aiment. Et pourtant ils tuent. Comme les autres criminels, ils décident de prendre la vie d'un être, de la supprimer pour raison personnelle. Mais dans ces cas-là, l'orgueil, la passion, la vengeance, la jalousie, toute la panoplie des sentiments humains servent de paravent à la guillotine.

Bien que ce soit admis par toutes les justices du monde, tout à coup dans le cas de ce dossier, on se pose la question : Est-ce logique ? Pourquoi n'est-on pas puni de la même façon quand on tue par amour et quand on tue par cupidité ?

Tenez ! entre une femme bafouée qui tue son mari et une voleuse qui étrangle un caissier... la différence est énorme. Et nous sommes, vous et moi, les premiers à dire : attention ! ce n'est pas pareil. D'un côté c'est passionnel, de l'autre c'est sordide.

Il n'empêche qu'il y a deux victimes, pour qui ces discriminations importent peu.

A cette question, je n'ai pas trouvé de conclusion logique. Aucune. Et le plus extraordinaire, c'est que l'assassin de cette histoire, lui non plus, n'en a pas trouvée.

En 1898, il y a donc quatre-vingt-cinq ans... vous prenez un industriel marié, belge et père de famille.

Vous prenez ensuite une couturière de vingt ans, pauvre et célibataire. Vous mélangez le tout au mois de décembre, et au mois d'août, vous pouvez inscrire à l'état-civil : Yvonne Follet, née le 9 août 1898, à Paris, de Marie Follet couturière, et de père inconnu.

Ça peut faire sourire. Mais on ne devient pas la même femme, selon qu'on s'appelle Yvonne Follet ou Yvonne Van quelque chose.

D'abord, une Yvonne Follet naît en catimini dans un hôpital. Elle a droit à une concierge comme nourrice, et à trois ans on la met en pension. On ne la récupère que lorsqu'elle peut faire chauffer sa soupe toute seule, à sept ans.

A treize ans, une Yvonne Follet se place comme apprentie couturière. Pour faire comme maman et, plus que chauffer sa soupe, pour la gagner aussi.

Voilà ce que ça devient, une Yvonne Follet. Petite vie minable toute tracée d'avance. Une victime. Elle a donc treize ans, en cet an de grâce 1911. A quinze ans, elle est encore apprentie ; c'est alors que le destin lui propose de changer tout ça !

Monsieur Van quelque chose, quinze ans plus tard, se souvenant Dieu sait pourquoi d'une Marie Follet, s'en vient à Paris en voiture dorée. Il s'en vient, le brave homme, animé par l'envie de voir ce qu'a donné sa petite idylle...

C'est piquant. Qu'est donc devenue cette petite couturière si jolie ? Et le bébé ? Dieu, que ce serait passionnant de voir un enfant qui a poussé tout seul, sans vous, dans un autre milieu. A-t-il ou n'a-t-il pas un air de famille ? celui des Van quelque chose ?

Elle a un air de famille. Cette petite est indiscutablement une Van quelque chose ! Jolie comme sa mère, bien sûr, mais une allure... qui ne trompe pas. Petite scène mélodramatique, du style « Les deux orphelines ».

Un vieux monsieur est tapi sous le porche d'un immeuble du huitième arrondissement. Il surveille la sortie des petites cousettes. A-t-il de mauvaises intentions ? Non... L'habile détective à ses côtés, lui montre une jeune fille du doigt...

— La voilà, c'est votre fille... voici l'acte de naissance, ça fait cinq cents francs.

« Petite Yvonne Follet, je suis ton père, le grand monsieur Van quelque chose... J'ai une grande maison en Belgique, avec plein d'enfants, tes frères et sœurs, je suis riche... veux-tu venir avec moi ? Veux-tu devenir Yvonne Van quelque chose ? »

C'est malin ! Bien sûr qu'elle veut Yvonne... Elle court Yvonne, elle vole ! Un père ! Vous vous rendez compte ? Et riche en plus ! Qui vous emmène en Belgique ! Des frères, des sœurs, tout ça d'un coup ! Tout ça en échange d'une petite pièce mal meublée, d'une mère fatiguée et d'un avenir morose...

Et voilà notre Yvonne Follet qui se jette à corps perdu dans un apprentissage bien plus dur que le premier : devenir quelqu'un d'autre.

La belle-mère est accueillante. Froide, mais accueillante. Glacée, mais accueillante.

— Yvonne, mon petit, vous êtes ici comme chez vous. Je suis large d'esprit. Mon mari m'a tout expliqué...

Une façon comme une autre de dire : « Les enfants de mon mari sont mes enfants, que voulez-vous, je n'y peux rien. »

Les frères, les sœurs (ils sont quatre) sont sympathiques. Curieux, mais sympathiques. Méfiants, mais sympathiques :

— Comment elle est, ta mère ? Tu la regrettes ? Papa nous a tout raconté, tu sais... n'aie pas honte.

Ce qu'Yvonne Follet ne peut pas savoir, c'est qu'il est pratiquement impossible de devenir quelqu'un d'autre sans un coup de baguette magique. N'ayant écouté que son petit égoïsme, Monsieur Van quelque chose ne le sait pas non plus. Il est ravi de son beau geste.

Seulement, Yvonne n'est plus rien. Ni Follet ni Van... On l'a mise dans un bureau. On en fera une employée de cette petite, c'est déjà mieux qu'une couturière. Les vrais enfants, eux, ne travaillent pas. Elle a un père bien sûr, mais pas le droit d'en faire état en public. Il ne faut rien exagérer. Les gens ne comprendraient pas.

C'est ça, un conte de fée ?

Yvonne Rien du Tout sait bien que non. La voilà qui a dix-huit ans, la voilà jolie, et la voilà qui se laisse séduire par un n'importe qui. Pourquoi pas quand on n'est rien soi-même ! Lui, c'est un Grec. Un immigré venu avec toute sa famille faire fortune ailleurs que dans son île. Il est comptable.

En 1916, vous prenez un jeune homme malin qui ne fait pas la guerre, puisqu'il est étranger... Vous prenez une jeune fille née de père inconnu et déboussolée. Vous mélangez le tout et vous inscrivez à l'état civil : Simone Follet, née le 24 mars 1917, de Yvonne Follet, employée aux écritures, et de père inconnu.

Ça recommence.

On dirait un tableau, toujours le même, sur lequel de génération en génération, on se contente de raviver les couleurs sans changer la scène. Première couche, Marie Follet et M. Van quelque chose, égale : Yvonne. Deuxième couche, Yvonne Follet et M. Machin-Nios... égale : Simone.

La seule nouveauté, c'est l'affrontement des deux pères inconnus. Le vieux et le jeune.

— Monsieur, vous devez épouser ma fille.

— Monsieur, elle n'est pas votre fille, je ne vous connais pas.

— Monsieur, vous êtes un lâche.

— Monsieur, vous en êtes un autre...

— Vous lui aviez promis le mariage !

— On n'épouse pas sa maîtresse, vous le savez bien !

— Mais il y a l'enfant, elle est de vous !

— Je paierai pour son éducation, ce que vous n'avez pas fait vous-même.

— Combien ?

— Deux cent cinquante francs.

— Marché conclu.

Si le père n'a pas dit « bon débarras », il n'en pense pas moins. Ayant ainsi accompli son destin, fille-mère à son tour, Yvonne Follet et son héritière, Simone, regagnent Paris, l'anonymat, les chambres meublées, les concierges-nourrices, la pension. Mais que va faire la troisième génération ?

Yvonne Follet a maintenant quarante ans, et Simone Follet quinze. Depuis quinze ans, la mère et la fille vivent autour d'une idée fixe. Faire comme si on avait un mari et un père.

A la première communion de la petite Simone, la mère avait fait imprimer un double jeu d'images. Les unes avec le nom de Simone Follet, les autres avec un nom en Nios... Follet c'est pour les camarades de classe de la petite fille. Nios c'est pour les collègues de travail de la mère... Il ne faut pas qu'on sache. Même lorsqu'il s'agit de remplir un papier administratif, Yvonne Follet se cache. Seul, le chef du bureau est au courant.

Quant à la gamine, elle l'a nourrie de pieux mensonges. Son père est obligé de travailler au loin, il reviendra un jour quand il aura gagné beaucoup d'argent. En attendant, la mère se tue pour donner à sa fille une éducation brillante. Le but est évident. A aucun prix, la jeune Simone ne doit retomber dans le piège qui s'est refermé sur la grand-mère et sur la mère. Pour trouver un mari, il faut se hisser le plus haut possible dans l'échelle sociale.

Simone va dans un cours privé. Simone apprend la musique. Dans la chambre minuscule où elles vivent toutes les deux, Simone a toute la place. Ses livres, ses robes, son piano, son bureau envahissent les combles de la rue Martel à Paris.

La mère gagne 1 100 francs par moi. Elle reçoit 250 francs du père lointain. Elle paye 800 francs de loyer. Voyez ce qui reste. Peu. Mais tout est pour l'enfant.

Simone à quinze ans, donc. Et voilà qu'un matin, à la sortie de l'école, la petite, jolie comme sa mère, voit arriver vers elle un monsieur élégant, nanti d'un énorme cigare.

« Petite Simone, je suis ton père, M. Machin-Nios. Je suis riche. Veux-tu venir dans ma famille en Belgique ? Là-bas, tu as un grand-père, une grand-mère, des oncles et des tantes, une belle maison... » On croit rêver. Ça recommence !

M. Machin-Nios a fait fortune. Le voilà qui vient voir *de visu* si cette petite n'a pas un air de famille et à qui elle ressemble !

Mais qu'est-ce qu'ils ont tous ? Qu'est-ce qu'ils ont tous à faire des enfants et à s'en rendre compte quinze ans plus tard, quand la malheureuse mère a fait le gros du travail ? Quand il n'y a plus de scarlatine à soigner, de nourrice à payer, de cauchemars à calmer ? Ah ! c'est trop facile !

— Maman, je veux aller en Belgique avec papa !

— Non !

— Mais enfin, c'est ma famille ! Je veux la connaître !

— Non et non !

— Mais il est riche, il a une grande maison, je suis sa fille !

— Non, tu n'est pas sa fille... tu es la mienne, tu entends ? La mienne ! Tu t'appelles Follet... et rien d'autre !

On n'empêche pas une gamine de quinze ans de vouloir vivre un conte de fée. Yvonne devrait le savoir. Elle ne le sait que trop, et finit par céder. Juste pour les vacances de Pâques... et à condition d'accompagner l'enfant... juste le temps de connaître le luxe, la vie facile, les promenades en voiture, les belles histoires que raconte papa sur son pays natal...

Le retour sous les combles est difficile : « Avec papa, on va au cinéma... Papa, lui, il me l'achèterait cette robe... Avec papa on ne se couche pas si tôt ! Si papa était là, on irait au théâtre le dimanche... »

Et voilà. Il leur suffit de paraître et ils flanquent tout par terre. Au fur et à mesure que les disputes s'enchaînent, Yvonne se revoit au même âge, laissant tomber froidement sa propre mère pour suivre son Van quelque chose de père... on connaît la suite.

— Papa m'a invitée pour les grandes vacances, nous irons à la mer.

— Tu ne sortiras pas d'ici, je te l'interdis !

— Si je ne viens pas, il a dit qu'il ne paierait plus la pension, et que tu seras bien obligée de me laisser partir.

— Ton père est un salaud !

Elle a dit « Ton père est un salaud » le 15 juillet 1932 à huit heures du soir.

Le 16 juillet à huit heures du matin, le lit de la petite Simone Follet est vide. Elle a pris l'argent de sa mère, fait sa valise et elle a disparu.

Pendant trois jours, la mère tourne en rond devant un petit mot griffonné sur un cahier d'écolier :

*Tu veux m'empêcher d'être heureuse avec papa. Tu es jalouse. Je te déteste. Je vais vivre avec lui. C'est ma vraie famille.*

Au bout de trois jours, la mort dans l'âme, la rage au cœur, Yvonne Follet prend le train gare du Nord. Elle la ramènera de force cette gamine qui n'a rien compris. Elle la remettra dans le droit chemin, cette troisième génération qui veut tout changer.

Bruxelles... la grande maison des Machin-Nios.

— Je viens chercher ma fille.

— Du calme, voyons, je te la rendrai après les vacances. J'ai le droit d'en profiter un peu, je suis son père après tout.

Tiens ! Un petit espoir qui pointe à l'horizon...

— Si tu veux être son père, épouse-moi, et donne-lui ton nom.

— Ne nous affolons pas. Puisque je te dis que je te la rendrai après les vacances. Sois raisonnable... Je t'aiderai. Mais dans ma situation, je ne peux pas faire plus... tu comprends ? Inutile d'ameuter la terre entière...

— Tu n'as aucun droit. Je l'emmène.

— Méfie-toi... elle te déteste. Elle est heureuse ici... si tu l'emmènes de force, ça ira mal.

— C'est ce qu'on verra.

Allez, trop petite Simone. Dans le rang, et au trot ! Quand on est une Follet, on ne devient ni une Van quelque chose, ni une Machin-Nios, on reste une Follet, mieux vaut le savoir tout de suite.

Paris : la gare du Nord, la rue Martel, le cinquième étage sous les combles. Une gamine silencieuse, butée, mauvaise et inconsciente. Une mère à bout de force. Le voyage a été épuisant.

— Couche-toi, Simone, et ne pense plus à tout ça. Plus tard tu comprendras...

— C'est toi qui n'as rien compris ! Quand je serai grande je m'en irai, j'irai vivre là-bas avec mon père. Il va se marier, il aura des enfants, j'aurai des frères et des sœurs, je m'appellerai comme lui, je serai comme lui, pas comme toi.

Il a de ces moments étranges, difficiles à raconter... Comme celui-là.

La gosse est en larmes, la mère au bout du rouleau. Machinalement, la voilà qui prend un verre d'eau et un calmant. Du véronal. Il faut calmer l'enfant.

Un comprimé, et la cuillère qui tourne au fond du verre... pourquoi pas deux... trois, pourquoi pas le tube entier ? Pourquoi ne pas en finir une fois pour toutes ?

— Bois ça... il faut dormir. Allez, bois, nous en reparlerons demain, je te le promets... Bois, voilà...

Voilà. Tu ne seras pas déçue comme moi... tu n'auras pas cette vie idiote qui ne mène à rien...

Yvonne Follet regarde sa fille dormir. Elle écrit : « J'attends qu'elle meure. Je me suiciderai après. C'est plus simple. »

La nuit s'écoule lentement, au rythme d'une respiration qui devient de plus en plus saccadée. L'enfant souffre. Elle lutte inconsciemment, l'agonie est épouvantable. Longue, si longue. Voilà l'aube. Et avec la lumière revenue, l'affolement.

Yvonne Follet fait chauffer du lait, du contre-poison. « Il n'est peut-être pas trop tard... Je vais la soigner, la sauver... mais qu'est-ce que j'ai fait ? Mais si, il est trop tard. Elle va mourir, et elle souffre... il faut en finir... Mais qu'est-ce que je peux faire ? Qu'est-ce que je peux faire ? »

Yvonne prend le revolver, l'arme qu'elle gardait pour elle. Pour ne pas voir le visage de sa fille, elle le couvre d'un linge et tire.

Cette fois, c'est fini : Yvonne retourne le canon, l'appuie au milieu de son front, tire à nouveau, et tombe au pied du lit.

Fin de la lignée des Follet ?

Non. On ne meurt pas forcément d'une balle en plein front. Après des heures de coma, Yvonne se réveille, en sang. Elle a encore la force de reprendre l'arme. Cette fois, elle cherche l'emplacement du cœur, tire à nouveau.

Elle se réveillera à l'hôpital de la Petite-Roquette. Quand on n'a pas de chance, on n'a pas de chance. La première balle a ouvert la tête sans toucher le cerveau, la seconde a traversé les poumons sans toucher le cœur. On a enterré la petite Simone Follet toute seule.

Simone Follet, née le 24 mars 1917 à Paris, de Yvonne Follet, employée aux écritures, et de père inconnu. Décédée à Paris le 18 août 1932.

Il reste à juger, un an après, en juillet 1933.

On ne réclame pas la peine de mort pour Yvonne Follet. On ne réclame pas la peine de mort pour un crime comme celui-là, pour une morte-vivante, « saine d'esprit » ont dit les psychiatres, consciente de ses actes. Même si elle la réclame.

On comprend. Ce sera cinq ans de réclusion et la compassion du jury.

— Mais elle est morte ! Ma fille est morte, et je vis... Je ne peux pas vivre si elle est morte !

Chut !... Ce sera cinq ans de réclusion et la compassion du jury. Débrouillez-vous. Au fait, Yvonne Follet... vous vous souvenez de votre père, M. Van quelque chose ?... Il est mort. Il s'est suicidé en mars 1933 ; on en ignore la raison.

Mais c'est curieux l'atavisme.

# MADAME HORTENSE

Une grosse dame au bord d'un carrefour hésite à traverser, et de loin l'agent de la circulation la repère. Le flot des voitures sur cette grande avenue de Lucerne, en Suisse, est impressionnant et l'agent prend la grosse dame en pitié. Voilà bien deux minutes qu'elle danse un drôle de petit ballet sur le trottoir, avançant et reculant sans cesse.

L'agent se décide à siffler pour stopper les voitures et avance légèrement sur l'avenue, levant déjà un bras. Mais, avant même qu'il ait porté le sifflet à sa bouche et alors qu'une voiture arrive en trombe, Dieu sait pourquoi, la grosse dame s'élance sur la chaussée. Peut-être a-t-elle cru que l'agent la protégeait ? Peut-être en a-t-elle eu assez d'attendre, tout simplement. Quoi qu'il en soit, la scène se déroule en dix secondes, et, sous les yeux de l'agent impuissant, c'est l'accident inévitable.

La voiture freine à mort, dérape, se met en travers, et l'aile arrière projette violemment la grosse dame qui courait comme une poule affolée, en se dandinant pour éviter le choc. Ses quatre-vingts kilos font un bond spectaculaire, et le bruit du corps retombant sur la chaussée est insupportable. L'agent en a fermé les yeux d'horreur. Dans un concert de freins, le véhicule s'immobilise enfin, et le chauffeur, blanc d'émotion, passe une tête épouvantée par la portière.

Tout à coup, c'est le silence. Là-bas, le corps de la grosse dame fait un petit tas au milieu du carrefour. Puis l'agent s'élance, des voitures s'arrêtent, des passants accourent, et c'est le traditionnel attroupement que le policier s'efforce de disperser sans résultat.

— Allons... allons, reculez, il n'y a rien à voir...

Un autre policier, au-delà du carrefour, se précipite déjà sur une borne d'appel, et quelque part dans Lucerne, une ambulance démarre en trombe.

Penché sur le corps de la grosse dame, l'agent de la circulation dégage doucement le sac à provisions et le parapluie qu'elle tenait dans ses bras, et qu'elle n'a pas lâché, curieusement, malgré l'incroyable violence du choc. Et ce faisant, il entend une petite voix douce murmurer :

— Qu'est-ce que vous faites ?

Le visage de l'accidentée est à moitié visible. On aperçoit seulement une joue rebondie, et un œil bleu perçant écarquillé au niveau du bitume. Elle a probablement la colonne vertébrale brisée, l'une de ses jambes est presque arrachée, et le sang coule le long de la nuque, annonçant une vilaine fracture du crâne. Mais elle vit, elle parle, et elle répète :

— Qu'est-ce que vous faites ?

— Ne vous inquiétez pas, madame, ne bougez surtout pas, une ambulance va venir... restez calme...

— Mon sac... attention à mon sac...

— N'ayez pas peur, madame, vous allez l'emporter avec vous. Vous souffrez ?

La grosse dame ne répond pas, mais fixe toujours son sac au ras du bitume. Il est probable d'ailleurs qu'elle ne souffre pas, pas encore, tant qu'on ne la bougera pas. Sa seule préoccupation : son sac. Penché sur elle, l'agent entend à nouveau la voix douce, étonnante dans ce corps imposant :

— J'ai de l'argent là, il est à moi. J'ai de l'argent !

— Mais oui, madame, ne vous tracassez pas...

L'œil bleu vacille légèrement, mais la voix douce continue :

— J'en ai eu du mal à l'avoir cet argent...

— Ne vous agitez pas, madame... restez calme...

La sirène de l'ambulance se fait entendre au loin, tandis que la voix douce continue :

— Je les ai tués... tous...

L'agent croit avoir mal compris et s'étonne :

— Vous n'avez tué personne, madame, c'est une voiture qui vous a renversée, vous courriez pour traverser...

— Je les ai tués tous. Franck, Johann et Isabel... et l'argent est à moi... à moi toute seule...

Cette fois, l'agent a parfaitement saisi le sens de la phrase ; la grosse dame délire-t-elle ?

Déjà, le médecin et les infirmiers s'activent autour d'elle, on prépare le brancard, le transport s'annonce délicat. Il s'agit de bouger la blessée le moins possible. Après un rapide examen, le médecin fait la moue :

— Si elle n'est pas morte, c'est un miracle, mais elle ne vaut guère mieux. Je ne sais pas si elle résistera au voyage... allez-y doucement, les gars, glissez-la sur le flanc. Surtout ne bougez pas le dos, elle a les reins disloqués, la nuque est touchée, le moindre faux mouvement peut la tuer.

L'agent de la circulation attrape le médecin par le bras :

— Docteur... elle m'a dit quelque chose de bizarre tout à l'heure ; vous croyez qu'elle est lucide ?

— Plus ou moins, pourquoi ? Qu'est-ce qu'elle a dit ?

L'agent répète consciencieusement ce qu'il a entendu, et le médecin hoche la tête :

— Elle est sous le choc, elle parle dans un rêve...

— Oui, mais le sac ? Elle a peur qu'on lui prenne son sac, elle dit qu'il y a de l'argent. Elle a l'air de dire que cet argent est à elle parce qu'elle a tué des gens, Franck, Johann et Isabel...

— Ecoutez, mon vieux, pour l'instant il faut s'occuper d'elle, pas de son sac. Faites votre rapport, moi je l'emmène sur le billard en vitesse. Si elle en sort, elle aura de la veine. A moins que les graisses aient amorti le choc, elle pèse son poids, la dame, et elle tourne de l'œil... Allons-y les gars, dépêchons-nous...

Tout cela n'a duré que deux minutes, et l'agent fait comme les infirmiers, il saute dans l'ambulance avec le sac et le parapluie de la victime. La foule s'écarte sur le passage de l'ambulance, qui emmène Mme Hortense Crayer, ce personnage extraordinaire.

Sur le registre de l'hôpital, aux urgences, l'employé inscrit l'identité de la victime, que l'agent de police Muller lui dicte lentement. Il a ouvert le sac et trouvé les papiers dans un portefeuille en plastique noir :

— Crayer Hortense, née le 2 décembre 1902 (elle a cinquante-deux ans)... à Berne, veuve, sans profession, domiciliée à Lucerne, 27, rue du Lac.

Puis il dicte le mémoire :

— Accidentée sur la voie publique, le 16 août 1954, à onze heures dix du matin, au carrefour de Bellefontaine et de l'avenue du Parc. Témoin : agent Muller Alfred, matricule 2604.

L'employé change de registre et demande :

— L'inventaire des affaires personnelles, s'il vous plaît.

L'agent fouille dans le grand sac à provisions en moleskine noire, et annonce :

— Un parapluie bleu, un portefeuille contenant des papiers d'identité, un trousseau de clés, un petit canif, une boîte d'allumettes, et une enveloppe non cachetée contenant...

Il s'arrête un instant, pour ouvrir une grande enveloppe de papier kraft, maintenue par un élastique. Puis reste bouche bée, et l'employé impatient lève le nez :

— Alors ?

— C'est de l'argent...

— Bon... Eh bien ! dites-moi combien, et ne vous trompez pas, on a toujours des problèmes avec l'argent des malades, surtout quand ils ne peuvent pas signer le reçu...

— Il y en a beaucoup... vraiment beaucoup... des millions, ma parole !

— Oh ?

L'étonnement de l'employé enfle au fur et à mesure que l'agent compte. L'enveloppe contient l'équivalent en francs suisses de quatre-vingts millions d'anciens francs et quelques poussières, le tout en liasses de billets neufs et provenant certainement d'une banque.

Cette fois, l'agent Muller Alfred se dit qu'il doit faire un rapport à ses supérieurs. Tout cet argent dans le sac d'une grosse dame, et la phrase qu'elle a prononcée après l'accident, c'est trop, beaucoup trop pour un simple agent de la circulation.

Ayant signé le registre, remis l'argent à l'employé, et constaté qu'il était à l'abri dans le coffre de l'hôpital, l'agent Muller regagne son carrefour, le temps de faire avec son collègue le relevé de l'accident, et de noter la déclaration du conducteur de la voiture. Ce dernier, toujours hébété, contemple son véhicule qui n'a pas grand mal, en répétant :

— Ma parole, elle voulait se tuer ! Elle a couru vers moi... elle est folle !

L'agent Muller, lui, sait bien que la grosse dame n'a pas voulu se suicider, il l'a vue hésiter pour traverser, comme quelqu'un de pressé, pas comme une personne qui a décidé de se jeter sous les roues d'une voiture. Et puis il y a le reste, l'argent... et la petite phrase : « Je les ai tués tous... Franck, Johann et Isabel... l'argent est à moi toute seule... »

Alors il raconte l'histoire à son collègue, et file au commissariat, impatient de faire son rapport.

Pendant ce temps, sur un chariot que l'on pousse lentement, Hortense Crayer, dans le coma à présent, roule vers la salle de radio. Son cœur bat faiblement et elle a perdu beaucoup de sang. Les médecins s'activent déjà, et leur pronostic est plus que réservé. Si la grosse dame meurt, saura-t-on la vérité sur les quatre-vingts millions et la petite phrase mystérieuse ?

Ce même 16 août 1954, à Lucerne, il est six heures du soir dans le bureau du commissaire Vehren, de la police judiciaire, à qui l'agent Alfred Muller répète une nouvelle fois son histoire.

Le commissaire, un homme calme, mince et élégant, ressemble plus à un diplomate qu'à un policier. D'une voix mesurée, il interroge le gardien en uniforme :

— Avez-vous eu le sentiment que cette femme était lucide en disant cela ?

— Moi oui, monsieur le commissaire, j'ai même été étonné, vu la gravité de ses blessures. Elle semblait attacher une importance terrible à son sac. Il y avait de quoi d'ailleurs. Mais le médecin a dit qu'elle était plus ou moins lucide et qu'elle parlait peut-être en rêve.

— Y a-t-il une banque à proximité du lieu de l'accident ?

— Trois, monsieur le commissaire, mais je n'ai pas vu de quelle direction venait cette dame, je ne l'ai aperçue que sur le trottoir avant qu'elle traverse, j'ai voulu arrêter la circulation, je vous l'ai dit, mais elle a été plus vite que moi, elle avait l'air pressé, et puis elle n'a pas lâché son sac, elle le tenait serré contre elle, pourtant elle a été projetée à plus de trois mètres...

— Et vous dites qu'il n'y a personne à son domicile ?

— Personne, monsieur le commissaire, les voisins m'ont confirmé que cette dame était veuve, mais qu'elle habitait l'appartement depuis un mois seulement.

— Les clés ?

— A l'hôpital, monsieur le commissaire, avec le reste.

A sept heures du soir, le commissaire Vehren dispose d'un mandat de perquisition, et récupère les clés de M^me^ Hortense Crayer au greffe de l'hôpital. Ce faisant, il apprend du médecin que la grosse dame est toujours dans le coma, et que le bilan est sérieux : deux fractures de la colonne vertébrale, dont une très dangereuse, une jambe amputée, et diverses lésions internes impossibles à apprécier pour le moment. A part l'amputation, aucune opération n'a été tentée, vu l'état de la victime.

A dix-neuf heures trente, le commissaire Vehren ouvre la porte d'un petit appartement meublé d'un quartier populaire, que trois inspecteurs se mettent à fouiller méthodiquement.

Deux heures plus tard, le commissaire a la conviction que Hortense Crayer était de passage ici. Une valise contenant deux robes et un peu de lingerie, quelques provisions dans la cuisine, et pratiquement pas d'objets personnels dans la salle de bains. Seule trouvaille intéressante : un petit album de poche, contenant des photos d'amateur, et montrant une maison devant laquelle pose un homme seul, âgé d'une soixantaine d'années, puis un couple beaucoup plus jeune et souriant. Aucune indication cependant au dos des photographies.

S'agit-il de Franck, de Johann et d'Isabel ? Et que représentent ces trois personnages pour Hortense Crayer ? Sa famille ?

La logeuse n'en sait rien. La grosse dame est arrivée il y a un mois avec sa valise, elle a loué, payé, et ne s'est guère confiée.

D'où vient-elle ? Mystère. Que faisait-elle toute la journée ? Mystère. Il lui arrivait de sortir de temps en temps, mais elle ne disait jamais où elle allait. Une locataire tranquille.

— A-t-elle reçu du courrier ?

— Oui, quelques lettres, des enveloppes tapées à la machine...

— Avez-vous vu d'où cela venait ?

D'un air un peu gêné, la logeuse avoue :

— Un notaire de Berne... mais je ne me rappelle pas du nom...

— Toutes les lettres venaient de lui ?

— Toutes, trois, je crois...

— Et c'est tout ?

— C'est tout...

— Pas de coups de téléphone ? Pas de messages ? Pas de visites ?

— Non, monsieur le commissaire...

Le puzzle est intéressant : un notaire, des lettres reçues qu'on ne retrouve pas, et qui ont dû être détruites, puisque Hortense Crayer ne les avait pas sur elle... Quatre-vingts millions d'anciens francs, mais suisses... quelques photos, trois personnages inconnus, et une petite phrase : « Je les ai tués tous, Franck, Johann et Isabel, l'argent est à moi... à moi seule... »

Le commissaire et les trois inspecteurs abandonnent l'appartement, intrigués par le peu de renseignements obtenus. En général, l'endroit où vit quelqu'un est plus ou moins révélateur. Celui-ci n'apprend rien, sinon que Mme Hortense Crayer adore la confiture, et se nourrit de boîtes de choucroute, de petits pois en conserve et de pain d'épice.

Du provisoire tout ça, pense le commissaire.

Le lendemain matin, la grosse dame n'ayant toujours pas repris conscience, et les médecins ne pouvant pas se déclarer à son sujet, le commissaire Vehren entame une petite enquête à Berne, par téléphone.

A midi, il apprend que Franck Crayer était l'époux d'Hortense jusqu'à la date de sa mort, le 3 juin 1947. L'homme était imprimeur, fortune moyenne, maison bourgeoise. Veuf d'un premier mariage, il avait un fils, Johann, lui-même marié à une Isabel. Toute la famille vivait ensemble. A la mort de Franck, le fils a vendu l'imprimerie qui ne l'intéressait pas, il est lui-même décédé à l'âge de trente ans, en avril 1949, et sa jeune femme l'a suivi trois ans plus tard, en 1952. Ils n'avaient pas d'enfant. Le notaire chargé de la succession, est identifié dans l'après-midi, il s'agit de Me B., nouvellement installé à Berne. Sa conversation téléphonique avec le commissaire Vehren est courtoise mais environnée du secret professionnel.

— Mme Crayer est devenue l'unique héritière légitime, après une recherche négative d'héritiers potentiels, c'est tout ce que je peux vous dire. D'ailleurs, je connais peu cette famille, j'ai moi-même pris la succession de ce cabinet il y a un an à peine...

— Comment sont morts les autres ?

— Je l'ignore, monsieur le commissaire, de mort naturelle sans doute, je n'ai pas eu connaissance d'une enquête ou d'une difficulté quelconque à ce sujet. Mes respects, monsieur le commissaire...

— Attendez... attendez, il s'agit peut-être d'une affaire criminelle. Quand avez-vous remis l'héritage ?

— La somme a été déposée dans une banque de Lucerne, à la demande de ma cliente.

— Le chiffre, maître ?

— Désolé, monsieur le commissaire... à moins que ce ne soit indispensable, je n'ai pas à le divulguer. Si un juge d'instruction est nommé, je témoignerai bien sûr, mais pas avant, vous me comprenez ? Ma cliente est dans l'impossibilité de m'y autoriser pour l'instant d'ailleurs...

Oh ! le commissaire a compris, on ne tire rien d'un notaire à moins d'être nanti d'un mandat officiel, et pour l'instant l'enquête ne fait que démarrer, sur le seul témoignage d'un agent de la circulation, et à partir d'aveux recueillis auprès d'une mourante, dans des conditions exceptionnelles, voire douteuses quant à leur véracité. Alors ?

Alors, si la grosse dame voulait bien reprendre connaissance et confirmer ses aveux insolites...

Durant deux jours, le commissaire attend patiemment que les médecins se prononcent. Il a la ferme conviction, lui, que cette grosse dame a hérité volontairement des quatre-vingts millions, d'une manière ou d'une autre. L'autopsie des corps lui donnerait peut-être raison, mais le juge d'instruction estime qu'une telle initiative est prématurée :

— Mon cher commissaire, cette femme était choquée... elle a pu dire n'importe quoi, ou être mal comprise de votre agent... Il faut être prudent pour l'instant, même s'il n'y a pas de famille, car il n'y a pas de famille ?

— Aucune, monsieur le juge. Hortense Crayer était orpheline, et le notaire n'a trouvé personne d'autre...

— Alors, patientons, commissaire...

Deux jours ont donc passé, lorsque le commissaire apprend enfin que Hortense Crayer est sortie du coma, et qu'une opération délicate est envisagée pour la sauver. Il obtient l'autorisation de lui rendre visite.

Mais cette visite est bien étrange. La grosse dame est dans une chambre isolée, où plusieurs appareils l'assistent dans son existence végétative. Elle est paralysée, seul son regard bleu étonnamment perçant semble conserver une parcelle de vie, bien faible d'ailleurs. Ce regard bleu, perdu dans la lourde graisse des paupières, gêne le commissaire. Le médecin l'avertit :

— Doucement, s'il vous plaît... elle est en sursis, il y a une grave lésion de la rate, nous venons de le découvrir, et le chirurgien hésite à opérer, on ne sait pas si elle tiendra l'anesthésie... le cœur est en mauvais état.

Le commissaire acquiesce silencieusement et s'assoit près du lit entre les tuyaux de transfusion. La grosse dame respire faiblement, à petits coups oppressés. Le commissaire chuchote :

— Madame Crayer... votre argent est à l'abri, ne vous faites aucun souci...

Le regard bleu le transperce littéralement, comme furieux soudain... mais la malade ne parle pas.

— Madame Crayer, vous vous souvenez de l'accident ?

Pas de réponse.

— Vous avez dit...

Le commissaire hésite. C'est terriblement difficile d'accuser cette femme mourante qui le fixe avec une telle intensité... alors il inverse la phrase :

— Vous avez dit... l'argent est à moi. Il est à vous, madame Crayer ? C'est bien vrai ?

Cette fois, la petite voix douce répète :

— C'est bien vrai...

— Vous avez dit autre chose, madame Crayer... vous vous en souvenez ?

Pas de réponse.

— Vous avez parlé de Franck, de Johann et d'Isabel...

La voix douce répète :

— Franck... Johann... Isabel...

Et le commissaire enchaîne :

— Franck, Johann et Isabel, je les ai tués tous, l'argent est à moi... rien qu'à moi...

Le regard bleu ne vacille pas, et la voix douce répète encore :

— Rien qu'à moi...

Le médecin intervient :

— N'insistez pas, commissaire... vous voyez bien qu'elle n'est pas en état. Attendez qu'elle soit lucide, vous n'obtiendrez rien en ce moment, elle répète ce que vous dites, c'est évident...

Pas lucide, ce regard bleu ? Le commissaire jurerait le contraire... Mais il est obligé de se retirer à regret.

— Elle s'en sortira, docteur ?

— Rien n'est moins sûr, commissaire. Au revoir... On vous tiendra au courant...

Le commissaire fut tenu au courant, en effet : le lendemain à l'aube, Hortense Crayer mourait sur la table d'opération, sans avoir dit autre chose.

Deux mois plus tard, à force d'obstination, le commissaire obtenait la direction de l'enquête, et l'autopsie du corps d'Isabel Crayer, femme de Johann, et belle-fille de Franck Crayer, révélait qu'elle était morte empoisonnée à la mort-aux-rats. Les autopsies de Johann son époux et celle de Franck, le père, donnaient des résultats douteux, vu l'ancienneté des décès. Tous trois étaient morts officiellement : Franck, d'une crise d'urée, Johann d'une hépatite, et Isabel d'une tumeur à l'intestin.

Où courait la grosse M^me^ Hortense ce jour d'août 1954, avec les quatre-vingts millions de l'héritage dans son cabas ? Vers un autre pays, d'autres soleils ? Une autre vie de rentière de palaces, environnée de choucroute et de confiture...

Un beau rêve bien mal acquis, mais réel... si elle n'avait pas traversé trop vite... avant le coup de sifflet de l'agent de police Muller Alfred, matricule 2604, qui s'en souvient encore.

# ENQUÊTE A VIF

Gertrude Bayer, une grosse femme rouge et furieuse, concierge de son état, crie dans l'escalier de l'immeuble.

— C'est fini, là-haut ? Vous n'allez pas sonner comme ça pendant des heures !

Dégringolade dans l'escalier, et un couple de jeunes gens affronte la mégère.

— On avait rendez-vous chez le docteur à dix heures !

— Eh ben ! il est pas là le docteur... puisque ça répond pas !

— C'est pas normal.

— Pourquoi ça, c'est pas normal ?

— Un cabinet de médecin, c'est toujours ouvert ! Sauf quand le docteur met une pancarte « fermé » sur la porte. Et il y a pas de pancarte !

La concierge fronce les sourcils, ce qui a pour effet de plisser un front large et de faire disparaître deux petits yeux minuscules sous d'énormes sourcils. Ah çà ! ces freluquets voudraient peut-être lui apprendre son métier ? Qui, mieux qu'elle-même, serait en mesure de savoir si oui ou non il y a quelqu'un dans les appartements ?

— Je vous dis que le docteur est pas là. Elle est sortie ce matin de bonne heure !

— Elle ? Mais c'est pas une femme qu'on vient voir... Le docteur, c'est un homme !

— Y'a pas d'homme docteur ici. Vous vous trompez. Le docteur, c'est M^me^ Meyer. Et elle est sortie.

Les deux jeunes gens se regardent en hésitant. Se seraient-ils trompés d'immeuble ? Impossible. Il y a bien marqué sur la porte : *Docteur Meyer, généraliste.* Et, en dessous : *Médecine naturelle.* La jeune fille conclut en haussant les épaules :

— Ils sont peut-être deux. Un homme et une femme... En tout cas, nous, c'est un homme qu'on a vu. Vous ne savez pas quand il sera là ?

La concierge a l'air de réfléchir profondément. Quelque chose la tracasse. Voilà ce que c'est que de ne plus monter les escaliers depuis des mois. Les informations se perdent. Comment ? Le Dr Meyer, Mme Elsa Meyer, a inscrit sur sa plaque : médecine naturelle ?

— Vous avez dit : médecine naturelle ?

— Oui ! C'est pour ça qu'on vient. Il est formidable ce médecin, pas un médicament, rien que des passes magnétiques ! Moi, il m'a presque guérie !

Cette fois, la concierge écarquille autant qu'elle le peut ses petits yeux ronds. Des passes magnétiques ? Mais qu'est-ce qui se passe là-haut ? Depuis cinq ans que le Dr Meyer a ouvert son cabinet, la concierge n'a jamais entendu parler de ça ! Bizarre...

Les deux jeunes gens insistent :

— Vous ne savez pas quand le cabinet sera ouvert ? C'est qu'on avait rendez-vous...

— Non, je ne sais pas ! On ne m'a rien dit à moi ! Et je ne suis pas un bureau de renseignements !

Econduits, les deux jeunes s'éloignent en grommelant, et Gertrude Bayer attend qu'ils se soient suffisamment éloignés pour entamer une ascension périlleuse. Trois étages dans cet escalier étroit sont pour elle une véritable épreuve. Plus de cent kilos à hisser marche par marche, en s'essoufflant. Ses énormes jambes difformes ne peuvent plus la porter. Voilà pourquoi elle est devenue une sorte de concierge-araignée, coincée dans sa loge comme dans une toile, se bornant à distribuer le courrier au passage. Combien de fois le Dr Elsa Meyer ne lui a-t-il pas dit : « Gertrude, il faut vous soigner, un jour votre cœur étouffera dans les graisses. »

Le souffle court, la concierge s'accroche à la rambarde. Elle y arrivera, il faut qu'elle aille vérifier. D'ailleurs, le docteur a bien changé depuis son mariage. Elle qui était si souriante, si aimable, ne dit plus bonjour à personne. Et sa clientèle aussi a changé, dirait-on. Ils ont parfois de drôles de têtes, les gens qui passent devant la loge.

Elle est partie ce matin de bonne heure, c'est un fait. Gertrude l'a vue passer vers six heures du matin. Mais elle était seule. Donc, là-haut, il doit y avoir son mari et le bébé. Pourquoi n'a-t-il pas ouvert ? Il n'est pas sorti, ça, Gertrude en est sûre. Un bel homme comme lui ne passe pas inaperçu. A moins qu'il soit passé devant la loge au moment où Gertrude étendait son linge dans la cour ? Comment savoir... Il ne dit jamais rien, cet homme-là. Séduisant, d'accord, mais hautain !

Au deuxième palier, Gertrude Bayer est au bord de l'asphyxie. Pourquoi s'est-elle lancée dans une expédition pareille ? Mais en se tordant le cou pour apercevoir la porte du troisième étage, elle distingue en effet deux plaques sur la porte. Voilà qui lui redonne du courage pour terminer son ascension.

Les policiers sont là. La grosse Gertrude Bayer, pâle, la main sur son énorme poitrine, cesse de hoqueter pour raconter sa découverte.

— Alors, j'ai sonné moi aussi, et personne ne répondait ; j'ai tambouriné à la porte, et tout à coup j'ai entendu la petite fille pleurer. Ça m'a inquiétée, vous pensez. Je me suis décidée à utiliser le double de la clé de l'appartement. En entrant, je n'ai rien vu, tout était noir, puis je suis allée dans la chambre de la petite. La pauvre gosse était enfermée à clé de l'extérieur. Je l'ai prise avec moi, elle pleurait sans arrêt, elle appelait sa mère et son père... Vous parlez d'un choc ! quand j'ai vu le père allongé sur le tapis du salon ! J'espère que la pauvre gosse ne s'est rendu compte de rien. Mais moi, j'ai cru m'évanouir. De quoi est-ce qu'il est mort ?

Penché sur le cadavre, le médecin grogne :

— Empoisonnement... ça m'en a tout l'air... Cet homme a dû souffrir pendant des heures...

— Mon Dieu ! Il s'est suicidé ?

Un des policiers repousse la grosse dame :

— On verra ça plus tard... Pour l'instant, l'inspecteur va vous interroger.

— Et l'enfant ? Qu'est-ce que vous allez faire de l'enfant ? Sa mère est partie ce matin de bonne heure, mais elle va sûrement revenir !...

— L'enfant va être prise en charge par une assistante sociale, l'inspecteur a déjà téléphoné.

L'inspecteur a déjà téléphoné en effet. Devant les grands yeux noirs et effrayés de ce petit bout de quatre ans, il a compris très vite.

Premièrement : la mère a empoisonné le père et elle n'est partie qu'une fois certaine qu'il était mort. L'agonie a dû être longue, le visage torturé de l'homme en est la preuve.

Deuxièmement : elle a enfermé l'enfant, probablement pour éviter qu'elle ne voie son père.

Troisièmement : elle a filé sans emporter de bagages. Les armoires sont pleines, et aucun désordre ne règne.

Effectivement, le médecin confirme après un rapide examen que le père est mort depuis deux ou trois heures, guère plus. Qu'il a dû absorber un poison la veille et souffrir assez longtemps, avant de mourir. Le poison devait être un médicament du genre de ceux utilisé pour les cardiaques et qui, à forte dose, provoquent la mort. L'analyse en dira un peu plus long, mais cela ne change rien à la situation. De même, le suicide est improbable. L'homme était dans son lit, et, sur la table de chevet, aucune trace de l'absorption d'un produit quelconque. Il a voulu se lever, certainement au moment où les douleurs sont devenues insupportables, pour s'écrouler finalement sur le tapis.

L'inspecteur ne tire guère d'informations de la grosse concierge. Elle ignorait même que le Dr Elsa Meyer avait fait apposer sur sa porte une plaque indiquant : « Médecine naturelle ».

C'est finalement à un client du cabinet qui avait rendez-vous à onze heures que la police doit une première explication. Il venait consulter non pas M$^{me}$ le docteur Meyer, mais « Monsieur » le docteur Meyer, l'homme qui est mort. Il affirme que cet homme était médecin, et qu'il le soignait lui-même depuis plusieurs semaines, pour un trouble nerveux. Sans médicament. Le traitement consistait uniquement à écouter parler le docteur, à recevoir de ses mains un fluide particulier, et à payer pour cela des honoraires confortables, dignes d'un spécialiste. Le client déclare d'ailleurs avec regret :

— Grâce à lui, je n'avais plus d'insomnie... C'est dommage qu'il soit mort, sa clientèle était considérable !

Or, le Dr Meyer, prénom Gregor, quarante ans, brun, joli garçon d'un mètre quatre-vingt-cinq, né à Budapest mais vivant à Berlin depuis son enfance... ne figure pas sur la liste de l'Ordre des médecins. Sa femme y figure bien sûr, mais pas lui. Et il est facile de comprendre qu'il pratiquait la médecine, enfin une sorte de médecine, sans autorisation ni diplôme légal. La plaque sur la porte est d'ailleurs bien plus neuve que celle de sa femme. Et l'astuce est habile. Il se trouvait ainsi à l'abri, dans le cabinet d'un vrai médecin, et rencontrait sa clientèle sans danger.

Le problème est de savoir s'il exerçait avec l'accord de sa femme, mais surtout pourquoi il est mort. M^me^ le docteur Meyer aurait-elle assassiné son mari ?

Les policiers sont encore en train de fouiller la maison et l'inspecteur a bien du mal à se débarrasser de l'énorme concierge, lorsque le téléphone sonne dans l'appartement.

L'inspecteur se précipite, décroche et entend une voix d'homme, grave et posée, dire :

— Elsa ? Allô !... Elsa ?

L'inspecteur se dépêche de répondre : « Ici la police, ne raccrochez pas ! » A l'autre bout du fil, la voix grave et posée marque un temps de réflexion, puis répète :

— La police ?...

— Inspecteur Dirher à l'appareil, 3^e^ brigade...

— Mais je suis bien chez le Dr Meyer ? Elsa Meyer ?

— En effet, déclinez votre identité, monsieur, s'il vous plaît, il y a eu un meurtre et nous enquêtons...

— Un meurtre ? Elsa ? Où est-elle ?

— Elle a disparu ce matin, monsieur, son mari est mort. Il a été empoisonné, voulez-vous décliner votre identité ?

— Bodgan, médecin psychiatre, je suis un ami d'Elsa depuis longtemps...

— Savez-vous où elle est actuellement ?

— Je n'en ai pas la moindre idée, mais que s'est-il passé ? Elle l'a tué ?

— Vous avez l'air de trouver ça presque normal ?

— Bien sûr que non, mais... enfin, j'étais sûr qu'un drame se produirait un jour ou l'autre. J'ai vu Elsa hier encore. Elle est venue me voir à l'hôpital.

— En consultation ?

— Non, en amie. Elle ne veut pas que je la soigne.

— Elle est malade ?

— Ecoutez, inspecteur, si c'est un interrogatoire...

— C'en est un ! D'ailleurs, je vais vous demander de vous présenter à la police dans une heure. Et si vous avez la moindre information sur l'endroit où pourrait se trouver Elsa Meyer, donnez-la tout de suite !

Le médecin semble réfléchir un moment, puis :

— Vous êtes sûr qu'elle l'a empoisonné ?

— Moi oui, et vous ?

— Je ne sais pas, inspecteur, mais il est évident que ce type n'avait pas du tout le tempérament d'un suicidaire. Ecoutez... il existe un endroit où Elsa aime à se promener, quand ça va mal. Elle y va souvent avec son chien.

— Il y a un chien ? Personne ne m'en a parlé. Il est donc avec elle, allez-y... où est-ce ?

— Le petit bois à la sortie de la ville, sur la route de l'Est...

— Pourquoi y serait-elle aujourd'hui ? A onze heures du matin ?

— Si elle est responsable de ce drame, inspecteur, et si elle ne s'est pas suicidée chez elle, c'est qu'elle a décidé de le faire ailleurs. Et je ne vois pas où.

— Se suicider ? Vous croyez ?

— J'arrive, inspecteur, mais envoyez du monde là-bas. S'il y a une petite chance de l'empêcher de mourir, c'est celle-là. Je n'ai pas d'autre idée. J'arrive.

Et le psychiatre raccroche. L'inspecteur se gratte la tête, il ne comprend rien. Cette affaire n'a rien à voir avec les règlements de compte et les assassinats minables auxquels il est habitué. Il est en colère tout à coup et houspille ses adjoints, car il vient d'apercevoir la petite fille, assise sur les marches de l'escalier, à côté d'un policier en uniforme qui la tient fermement par la main. L'enfant a l'air terrorisée !

— Mais, nom d'une pipe ! j'avais dit d'emmener cette enfant ! Où est l'assistante sociale ?

— Elle est partie, chef ! on l'attend.

— Alors ne restez pas là ! Vous ne voyez pas que cette gosse a peur ?

Le policier en uniforme prend l'enfant dans ses bras, et bougonne :

— Allez, viens, toi... On va aller promener !

L'inspecteur regarde descendre l'homme et l'enfant qui, le menton appuyé sur l'épaule du policier, écarquille les yeux de tristesse. Elle n'a rien demandé, n'a réclamé ni son père ni sa mère. Une enfant autiste, effrayée, voilà le résultat de la folie des parents.

Puis, l'inspecteur s'attaque à la concierge qui reprend son souffle sur le palier du premier étage. L'énorme femme est presque violette d'effort et d'émotion. L'inspecteur aboie :

— Il y avait un chien ici ? Où est-il ?

— Elle a dû l'emmener avec elle. Qu'est-ce que j'en sais, moi ?

— Vous ne savez rien, en somme ? Il y a un escroc de la médecine dans cet immeuble, et vous l'ignorez ? Qu'est-ce que vous ignorez d'autre ?

A ce moment, une voiture fait grincer ses freins devant la porte de l'immeuble, une portière claque et un homme vêtu d'un jean et d'un blouson pénètre dans l'immeuble au pas de course, en criant :

— Où est l'inspecteur ?

— Je suis là, hurle le policier.

— Bodgan... C'est moi que vous avez eu au téléphone, venez vite !

L'inspecteur dégringole l'escalier à son tour, croise le policier et la petite fille, puis la concierge, et arrive essoufflé dans le hall minuscule.

— Qu'est-ce qu'il y a ?

— Il y avait un message dans ma boîte aux lettres, signé Elsa. Je ne sais pas depuis quand.

— Que disait-il ?

— Regardez...

Le médecin tend à l'inspecteur un petit bout de papier — la page arrachée d'un agenda — et lit : « Occupe-toi de ma fille, je t'en supplie. Je n'ai jamais su être une mère. Adieu. Elsa. »

— Qu'est-ce que ça veut dire ?

— Ça veut dire, inspecteur, qu'elle a décidé de se suicider. Il faut aller là-bas, elle y est sûrement. A quelle heure est-elle partie ?

— La concierge dit vers six heures du matin... Mais elle est tellement stupide, cette femme...

— Venez avec moi.

— Où ?

— Dans le petit bois...

L'inspecteur se laisse guider, dépassé par le ton autoritaire de cet homme. Il donne un ordre pour qu'une patrouille les suive, et prend le temps de donner le signalement d'Elsa par radio, avec l'aide du médecin qui résume très vite :

— Un mètre soixante-huit, blonde, yeux noirs, âge trente-deux ans. Le chien est un bâtard blanc et noir, à poils ras, de petite taille.

Et les voilà partis dans la voiture du médecin. Bodgan a le visage énergique et les traits réguliers d'un quinquagénaire. Il n'est pas rasé, et il parle vite mais avec précision :

— En deux mots, inspecteur : Elsa était une fille formidable, excellente généraliste, pas très jolie mais beaucoup de charme. On l'aimait beaucoup et on attendait qu'elle se marie. Un jour elle a rencontré ce type, Gregor Meyer. Il était venu à l'hôpital pour une entorse. Elsa était encore interne à ce moment-là. Elle s'est laissée séduire avec une facilité déconcertante. Elle qui refusait toujours les aventures ! A tel point que je me suis demandé si ce type ne l'avait pas un peu hypnotisée !

— Vous êtes sérieux ? Ça n'existe pas ce genre de chose !

— Oh si ! inspecteur. Il était même très doué. Convaincant, remarquablement psychologue. Un jour, Elsa est venue me voir, désespérée. Elle attendait un enfant, et pour elle c'était un handicap. Elle venait de monter son cabinet, vous comprenez. Elle aurait eu toutes les possibilités d'avorter dans de bonnes conditions si elle l'avait voulu. Entre nous, il n'y a pas de problème. Mais elle n'a pas voulu. Meyer voulait l'épouser. Elle était déjà prisonnière de ce type. Ils se sont mariés, elle a accouché, mais elle n'était pas heureuse. Ça se voyait. Au fil des mois, j'ai compris. Ce type s'est servi d'elle, uniquement pour s'installer dans un cabinet de médecin et pratiquer ses petites affaires. Il a mis une plaque sur la porte et, peu à peu, les gens sont venus. D'après Elsa, il jouait les guérisseurs. Il a dû également pratiquer quelques séances d'hypnose. Ses honoraires étaient fabuleux. Elsa avait peur que le Conseil de l'Ordre s'en aperçoive, mais elle ne faisait rien pour l'en empêcher. Il la tenait. Je ne sais pas comment, mais c'est une fille faible et douce, elle a commencé à se détruire lentement. Des pilules pour dormir d'abord, puis des pilules pour oublier, pour tenir le coup, et ces derniers temps, la drogue, carrément. C'était simple pour elle. Elle me l'a dit d'ailleurs. Elle se faisait elle-même une ordonnance et changeait de pharmacie régulièrement. J'ai tout fait pour la convaincre d'arrêter et d'entrer en clinique, mais elle résistait. Je crois que la haine grandissait en elle, je crois qu'elle allait inexorablement vers le meurtre. Elle a dû l'empoisonner hier soir. Mais au fond, elle est irresponsable. C'est lui qui l'a rendue comme ça. Une vraie loque, incapable d'aimer sa fille, incapable de s'occuper de sa clientèle, c'est lui qui avait mis la main sur tout, sur l'argent, les clients, sur elle. Hier, quand elle est venue me voir à l'hôpital, elle était dans un état épouvantable, droguée complètement, presque incapable de parler. Je lui ai dit : « Elsa, cette fois, c'est fini. Je vais t'hospitaliser d'office ! » J'ai téléphoné au mari — il me fallait son accord — et il m'a insulté, menacé d'avertir la police pour internement arbitraire. Ce salaud ne voulait qu'une chose, qu'elle reste dans cet état pour profiter de sa couverture de médecin. Il fallait qu'au moindre contrôle, il puisse se réfugier derrière les diplômes de sa femme.

— Pourquoi ne l'avez-vous pas dénoncé ?

— Elsa ne voulait pas. D'ailleurs c'était difficile, elle était complice. Dénoncer ce salaud, c'était la dénoncer, elle, et briser son avenir. J'espérais qu'elle tiendrait le choc, que je pourrais la soigner et l'amener jusqu'au divorce...

La voiture du médecin est entrée dans le bois, suivie par le fourgon des policiers. Les hommes s'éparpillent et la battue commence. Le médecin entraîne l'inspecteur vers une petite clairière où se trouve un banc et une table de pierre à la disposition des promeneurs.

— Elle venait souvent là, elle disait que les arbres la calmaient.

Mais la clairière est vide, et en ce jour de semaine, il n'y a pas de promeneurs. Alors le médecin se met à appeler et à siffler. Il crie le nom du chien : « Mitzi ! Mitzi... »

Et le policier fait comme lui. Le nom de Mitzi est repris par tous les hommes. Quelques longues minutes s'écoulent, puis l'un des hommes crie : « J'ai le chien ! »

Mitzi, petite chienne bâtarde — un œil noir, un œil blanc, une oreille en bas, une oreille en haut et la queue basse — se tenait à distance respectable. Mais elle a reconnu le médecin.

— Alors, Mitzi, où est ta maîtresse, hein ? Cherche... le chien, cherche...

*Enquête à vif*

C'est en suivant Mitzi à petits pas que les policiers ont découvert le corps d'Elsa, derrière les fourrés. Près d'elle, une bouteille de cognac et un tube de verre marqué d'une étiquette blanche et rouge. Il était trop tard. Elle était morte depuis moins d'une heure.

# MORT D'UN JOUEUR

Il n'y a plus de Mormons à Las Vegas. Pendant deux ans, une petite colonie s'était accrochée dans la vallée, au croisement de la piste de Santa Fe et de la Californie. Ils voulaient exploiter les mines. Ils crevèrent de faim et de maladie ; ceux qui tenaient encore debout reprirent les chariots et disparurent de cet enfer qu'ils avaient pourtant appelé Las Vegas, c'est-à-dire la terre des jardins irrigués. C'était en 1857.

Cent ans plus tard exactement, en 1957, à l'endroit précis où se tenait jadis le saloon, havre d'accueil pour les aventuriers de tout poil, voici Michel Kortoff, homme d'affaires de son état, et son épouse, jolie femme de son état. Ils sortent du Flamingo Palace, quatre étoiles. Il est habillé d'un smoking bleu marine et son visage extrêmement pâle est à moitié dissimulé par d'énormes lunettes de soleil. La cinquantaine, les cheveux gris, la silhouette mince et nerveuse, il trépigne en attendant que le chasseur avance la voiture. Elle, est plus calme, presque indifférente, bien que ce soit son premier séjour à Las Vegas. Rien ne semble l'impressionner, ni les lumières, ni le luxe, ni l'agitation. Mais elle est belle. Pour que les employés blasés du palace se retournent sur elle, il faut qu'elle le soit. Car, eux, ils ont déjà tout vu ici. Tous les grands noms du Gotha international de la finance et de la beauté. Ici, on marche sur les dollars et les jolies filles avec facilité.

Sur Melina Kortoff, on se retourne. On se demande qui elle est. Car ici, il faut être quelqu'un : star de cinéma, magnat du pétrole, gangster chevronné, n'importe quoi, mais quelqu'un. Or, on ne connaît pas les Kortoff à Las Vegas. Ce sont des inconnus, des touristes, fichés nulle part, dans aucune des salles de jeux du Casino Center.

Le seul à avoir fait leur connaissance, le matin même, est un petit bonhomme chauve et gras, installé dans un bureau sans âme au dernier étage d'un building, comme une araignée dans sa toile.

Sam Copitt est usurier. L'entretien qu'il a eu avec Michel Kortoff a duré un quart d'heure. L'usurier finaud, le client hautain :

— Quelqu'un m'a recommandé de m'adresser à vous. J'ai des bijoux que je voudrais négocier.

— Provenance ? Je préfère savoir, vous comprenez.

— Ceci ne vous regarde pas.

— C'est ce qui vous trompe, monsieur. Admettons que ces bijoux fassent partie d'une liste que le F.B.I. possède, avec description, photos, origine, etc... J'aurai du mal à les négocier. Vous me comprenez ?

— Ce n'est pas le cas ! Pour qui me prenez-vous ?

— Pour un inconnu, cher monsieur. Et dans mon métier, on ne prend pas de risques avec des inconnus. Ma demande est tout à fait normale, c'est la règle.

— Parfait. Ces bijoux font partie d'un héritage, celui de mon père, mort il y a quelques mois à Miami.

— Je suis obligé de vous demander d'autres précisions, monsieur. L'héritage, c'est la formule classique, vous comprenez... Invérifiable !

— Décidément, monsieur, vous me prenez pour un gangster !

— Ne vous fâchez pas, c'est la règle, je vous le dis ! Si vous désirez vous adresser ailleurs...

— Inutile. Voici l'acte notarié. Mon père était le comte Michel Kortoff, officier de la garde du Tsar, réfugié en France, puis aux Etats-Unis. Il a échappé aux Bolcheviks et sauvé tous les bijoux de notre famille. En 1920, il y en avait pour deux millions de francs-or.

Le petit homme gras et chauve n'a pu s'empêcher de sursauter :

— Pourquoi vous adresser à moi ? Ces bijoux représentent une fortune fabuleuse ! Un bijoutier officiel ferait tout aussi bien l'affaire. Je vous rappelle que ma commission est de trente pour cent...

— Je désire que ma femme ignore cette première transaction. D'ailleurs je ne veux négocier que quelques bijoux, les voici.

Emeraudes et diamants en pendentifs, boucles d'oreilles et bracelet. Le petit usurier transpire de convoitise devant ces joyaux d'une autre époque. Cinq milliards de dollars au bas mot... il s'en étrangle !

— Je ne peux pas vous prendre le tout. Disons un million de dollars pour le collier, et encore, je suis généreux.

— Vous m'étonneriez, monsieur... Permettez-moi de ne pas croire à cette générosité-là...

— Un million, c'est mon dernier mot. Pour le reste, je peux trouver quelqu'un d'autre, mais il me faut du temps.

— D'accord. Quand aurai-je l'argent ?

— Demain, en liquide. A votre hôtel, vers dix-huit heures. Soyez en bas, seul.

— Quelle garantie ai-je de votre part ?

— Monsieur Kortoff, un usurier qui ne respecte pas un marché à Las Vegas est un homme mort. C'est la règle. A demain.

Le petit homme chauve et gras a respecté la règle. A dix-huit heures, en bas du Flamingo Palace, dans une ombre propice et discrète, il remettait à M. Kortoff un million de dollars en billets de cinq mille. Cela faisait un étrange petit paquet rectangulaire.

Une partie de ce paquet de dollars est maintenant dans la poche du smoking bleu de Michel Kortoff. Sur le ton parfaitement neutre qui est le sien, sa femme demande :

— Où allons-nous ?

— Au casino.

Décembre 1957. Entre la nuit de Noël et celle du jour de l'An 1958, Michel Kortoff a passé le plus clair de ses soirées à la table de roulette. On ne le connaissait pas avant son arrivée. A présent, tous les professionnels du jeu parlent de lui. Jamais personne n'a perdu autant d'argent en si peu de temps, avec une telle régularité.

Michel Kortoff s'est rendu chez le petit usurier gros et chauve à deux reprises. Il a négocié le reste de la parure d'émeraudes, puis cédé à vil prix une bague portant un diamant de huit carats et une ceinture d'or fin ornée de perles et de rubis, merveille de la joaillerie autrichienne du dix-huitième siècle. Enfin, il est venu se débarrasser d'une parure de perles fines et d'un diadème pour un montant d'un million et demi de dollars. Le petit usurier a fait intervenir dans le marché une demi-douzaine d'acheteurs et l'affaire a pris du temps.

Le 4 janvier 1958, à dix-huit heures, Michel Kortoff est à nouveau assis au bar du Flamingo Palace. Le barman lui a servi un cocktail et se précipite à nouveau en voyant arriver sa femme.

— Un cocktail, madame ?

Michel Kortoff intervient aussitôt à voix haute :

— Merci, non, madame ne prendra rien.

Puis, plus bas :

— Remonte dans l'appartement, j'ai un rendez-vous important.

L'air de rien, en essuyant ses verres, le barman suit la conversation du coin de son bar. L'épouse est surprise, voire mécontente.

— Je ne sais pas ce qui t'arrive, Michel, mais nous ferions mieux d'en parler.

— Parler ne sert à rien.

— Alors il faut partir d'ici. Tu vas nous ruiner.

— Ceci ne te regarde pas !

— Je suis ta femme, il me semble que j'aurais le droit à la parole.

— Il te semble mal !

— Arrête de jouer, Michel.

— Non.

— Mais pourquoi fais-tu ça ? C'est un suicide ?

— Je suis joueur, tu le savais. C'est la première fois que je peux jouer gros. La première fois que le plaisir est vraiment là.

— Mais quel plaisir ? Tu perds sans arrêt.

— Tu ne peux pas comprendre.

— Tu as raison. Et après tout, ça m'est égal. Mais n'espère pas me cacher que tu as tout vendu.

— Tout quoi ?

— Michel, je ne suis pas stupide ! Les bijoux de ton père ne sont plus dans le coffre et je me doutais bien de ce que tu voulais en faire en les amenant jusqu'ici.

— Possible. Ça me regarde.

— En effet ! Tu veux le dernier collier ? Il est autour de mon cou, mais après tout c'est ridicule, il ferait beaucoup plus d'effet sur le tapis vert !...

— Arrête ! Tu vas nous faire remarquer !

— C'est déjà fait mon cher. D'ailleurs voici ton marchand. Il apporte ta nourriture, des billets, que tu vas transformer en plaquettes, puis en courant d'air. Bonne chance, Michel ! Je serai là pour la mise à mort. A tout à l'heure.

Le barman a parfaitement entendu la réponse du mari et aperçu le geste. La main de l'homme a agrippé le bras nu, méchamment, et il a soufflé entre ses dents serrées :

— Tu n'es qu'une putain ramassée dans la rue, ne te mêle pas du destin des Kortoff !

Pourtant, elle n'a pas réagi. Belle toujours, cheveux noirs, yeux noirs, visage de statue grecque, elle s'est dégagée avec souplesse, les lèvres à peine crispées. Et le barman a regardé s'éloigner la silhouette de rêve en robe du soir en se disant : « Quel imbécile, ce type, une femme pareille ! »

Michel Kortoff joue. Il joue sans relâche, mécaniquement, avec une sorte d'obstination désespérée. Assis à la table de la roulette, il est le point de mire de tous les habitués. On chuchote parmi les curieux et le croupier lui-même observe avec une certaine inquiétude les piles de jetons qui diminuent inexorablement devant le smoking bleu.

Kortoff ne transpire même pas. Ses lèvres minces trahissent à peine sa rage d'encaisser des pertes aussi régulières qu'impressionnantes. A quelques mètres de lui, Melina observe depuis onze heures du soir l'invraisemblable déconfiture de son mari. Elle n'a pas prononcé une parole, ne s'est pas approchée de lui et ne répond même pas aux sourires que lui décochent des admirateurs avides de faire sa connaissance.

Vers une heure du matin, Michel Kortoff est au bout de ses réserves et il parle à voix basse avec le directeur de l'établissement. Melina l'observe toujours, lorsqu'un homme s'approche d'elle.

— Eric Exester, vous vous souvenez ? Nous avons dîné ensemble l'autre soir…

Melina sourit légèrement, avec indifférence, mais ne refuse pas la compagnie de l'homme. Effectivement, au casino où Michel l'entraîne toutes les nuits, ils ont fait la connaissance de cet Exester, joueur lui aussi, mais beaucoup plus raisonnable que Michel. Plus heureux au jeu surtout.

De l'autre côté de la table, Michel Kortoff, l'air dépité, se lève et quitte son interlocuteur avec brusquerie. Il a certainement demandé un prêt qui lui a été refusé. On ne prête pas à un perdant aussi remarquable que lui, qui vient de laisser au casino quelque chose comme deux millions de dollars en quinze jours ! Il n'est pas besoin d'être aussi malin qu'un directeur de casino pour se rendre compte que l'homme est à court.

Le teint plus pâle encore que d'habitude, son regard toujours dissimulé par des lunettes noires, Michel Kortoff s'approche de sa femme et d'Eric Exester. La conversation paraît banale à première vue. Exester, un homme assez fort d'une soixantaine d'années, au visage un peu vulgaire, serre la main de Kortoff et l'accueille d'une plaisanterie douteuse :

— Alors, mon cher, on continue de perdre ? Avec une femme comme la vôtre, c'est la moindre des choses...

Michel Kortoff accueille l'allusion avec froideur. Il s'efforce tout d'abord de parler de choses et d'autres, puis se tait, laissant l'autre entretenir la conversation avec sa femme.

A quel moment l'idée lui est-elle venue ? Etait-ce prémédité ? Avait-il réellement le pouvoir de disposer ainsi de sa femme ? La considérait-il vraiment comme une putain de quartier, ainsi qu'il l'avait laissé échapper au bar de l'hôtel quelques jours auparavant ? Melina Kortoff, de son vrai nom de jeune fille Vilesco, venait-elle du trottoir ?

Quoi qu'il en soit, ils furent plusieurs joueurs ce soir-là à remarquer que Michel Kortoff et Eric Exester parlaient ensemble et à l'écart. Puis, qu'ils s'absentaient tous les deux, laissant la jeune femme devant une coupe de champagne. Et enfin que les deux hommes revenaient, toujours ensemble, dans la salle de la roulette. Michel Kortoff s'asseyait alors à nouveau devant le tapis vert, tandis que son compagnon rejoignait la jeune femme.

A quatre heures du matin, Michel Kortoff quittait la table. Selon le croupier, il avait définitivement perdu cent mille dollars après en avoir gagné puis reperdu le double.

Selon le portier, il quittait seul le Casino Center de Las Vegas. Et selon le barman, la belle M$^{me}$ Kortoff, vêtue d'une robe noire au décolleté somptueux, s'en allait en compagnie du dénommé Eric Exester.

Réflexion commune du croupier, du barman et du directeur de l'établissement, le lendemain devant la police :

— Ce type a proposé sa femme en échange d'un paquet de billets pour pouvoir continuer à jouer.

Car, le lendemain, dans l'après-midi, M^me^ Michel Kortoff était découverte à l'hôtel Sands, dans l'appartement de Eric Exester, à demi morte. Elle avait absorbé une quantité impressionnante de somnifères. C'est la femme de service qui l'avait découverte, croyant l'appartement vide à cette heure tardive.

Devant la police, Eric Exester déclare le 5 janvier 1958 :

— J'ai offert l'hospitalité à M^me^ Kortoff. Elle se sentait déprimée, son mari jouait beaucoup trop. Ce matin, je l'ai laissée dormir et je me suis rendu à la piscine, puis au restaurant. J'ignorais totalement qu'elle avait l'intention de se suicider.

Cette déclaration est facilement confirmée par le personnel de l'hôtel Sands. Michel Kortoff, lui, paraît plus embarrassé. Il a l'air malade d'un homme qui a bu plus que de raison et n'a pas dormi depuis longtemps.

— Ma femme et moi vivons librement. Je savais qu'elle avait passé la fin de la nuit avec cet homme, nous l'avions rencontré au casino, mais je ne le connais pas personnellement.

Question : « Votre femme avait-elle donné des signes de dépression ? Pensait-elle au suicide ? »

Réponse : « Ma femme a un caractère étrange, son geste ne m'étonne pas. Elle a toujours eu du mal à s'adapter à mon genre de vie. De plus, je suis d'une famille noble, exilée, et elle n'a aucune éducation. Nos relations étaient assez difficiles. »

Pendant ce temps, à l'Hôpital central de Lake Avenue, Melina ne mourait pas facilement. Après un premier arrêt cardiaque, les médecins réussissaient à la maintenir en vie. Trois jours plus tard, elle émergeait d'un coma profond, et recevait la police avec indifférence :

— J'ai préféré mourir, cela ne regardait que moi.

Point à la ligne. Melina n'ajoute pas un mot de plus.

Quinze jours après sa tentative de suicide manqué, elle sortait de l'hôpital pour aller se réfugier dans une chambre d'hôtel de troisième ordre.

Histoire finie ? Non. Un an et trois mois passent.

Le 17 avril 1959, une patrouille découvre le corps d'un homme à environ cent trente miles de Las Vegas, dans la Vallée de la mort. Il a été tué d'une balle de revolver en plein visage et son corps n'est guère beau à voir, par 50° en plein soleil, dans ce désert de roches et de sable. La mort remonte à une semaine environ.

Il s'appelle Michel Kortoff. La police recherche sa femme Melina Kortoff et la découvre sans peine, morte elle aussi, dans sa chambre d'hôtel de troisième ordre. Cette fois, le suicide est réussi. C'est la même arme qui a servi. La mort remonte à une semaine environ. Le mari a été tué le premier.

C'est en interrogeant le troisième témoin et seul survivant de cette curieuse histoire, que la police découvrira l'explication définitive du drame.

Eric Exester fut en effet contraint de remettre à la police une lettre reçue le 10 avril précédent, probablement la veille ou le jour même du drame.

*Monsieur,*

*Je tiens à vous dire que vous êtes responsable autant que mon mari. Une femme comme moi ne devait pas exister autrement qu'en fonction de l'argent. C'est ce que vous avez cru, Michel et vous ; lui, en me vendant pour une nuit, et vous, en m'achetant. Vous me dégoûtez. Vous avez perdu vous aussi, comme Michel. Lui ne jouera plus et vous, vous n'aurez eu dans votre lit qu'une putain. Puisque je n'étais que ça ! J'espère que vous aurez des comptes à rendre un jour à quelqu'un. Votre fric me dégoûte. Le fric du monde entier me dégoûte.*

Hélas, Eric Exester n'eut de comptes à rendre à personne, finalement. Il prétendit que Melina avait inventé cette histoire de toutes pièces et qu'elle était malade du cerveau, ni plus ni moins...

Et tout cela n'était ni plus ni moins sordide, finalement.

# LA MÈRE SILENCIEUSE

Dans le petit matin de juillet, la scène a quelque chose de fantastique. Comme un tableau figé, peint par un surréaliste. Le léger brouillard de Londres prend des teintes roses et grenat en flottant sur ce jardin. Les murs sont blancs, quelques rosiers aux allures de fantômes, et sur le minuscule carré de gazon brillant de rosée, trois silhouettes immobiles devant le cadavre calciné d'une femme. Personne ne bouge, car la vision est horrible.

Au pied du cadavre, un homme jeune, d'une trentaine d'années, le visage crispé par une douleur infernale. Ce cadavre noirci et torturé fut son épouse pendant douze ans.

A côté de lui, la tête penchée, comme s'il réfléchissait à un détail invisible, un homme corpulent, au teint rose et frais, coiffé d'un chapeau informe, et vêtu d'un gigantesque imperméable. Ce cadavre est pour lui un crime de plus dans une carrière déjà longue à Scotland Yard.

Enfin, légèrement en retrait, comme si elle était arrivée la dernière, une femme en noir, sans âge, au regard fixe et dérangeant. Ce cadavre fut sa belle-fille.

Cette morte est fascinante. Elle s'appelait Hella Christolfi, elle était belle, Allemande, épouse et mère de famille. Et la voilà victime d'une tragédie grecque qui, en juillet 1953, fit frémir d'horreur l'Angleterre.

Le policier est le premier à bouger, pour accueillir sur les lieux du drame le médecin légiste et deux hommes de sa brigade, chargés d'interroger les locataires de l'immeuble. Le rapport des deux hommes est bref. Personne n'a rien entendu de spécial durant la nuit Seule une voisine a distingué la lueur d'un petit incendie qu'elle n'a pas signalé, croyant qu'il s'agissait d'un jardinier brûlant du bois mort.

Dans ce quartier de Londres, les maisons ne comptent guère plus de quatre ou cinq appartements donnant sur la rue, avec un petit jardinet derrière, auquel on accède par un couloir du rez-de-chaussée.

Le commissaire du Yard note que la voisine a aperçu les lueurs d'un feu dans ce jardin, aux environs d'une heure du matin, puis renvoie les deux hommes, et s'approche du légiste :

— Votre impression ?

— Jamais vu ça... A première vue, on l'a tuée trois fois, et de trois manières différentes, mais je dois attendre l'autopsie pour vous le confirmer. En dernier lieu, le corps a été recouvert de paraffine, et incendié. Mais avant cela, je crois bien qu'on l'a étranglée, et avant cela encore, elle a reçu un coup mortel sur le crâne, avec un objet lourd. Je me résume : assommée, étranglée et brûlée. Il est probable qu'elle était morte au premier stade. La paraffine a brûlé superficiellement, les traces de strangulation sont visibles pour un œil averti. Vous voulez constater ?

— Non, merci, docteur. Un spectacle pareil à l'aube, c'est déjà suffisant.

Le policier fait signe au médecin : le cadavre est à sa disposition. Puis il s'approche du mari et l'entraîne, un peu de force, loin du cadavre.

— Ne restez pas là, on va l'emmener.

Les deux hommes s'assoient sur un banc de pierre adossé au mur de la maison, et le commissaire sort un petit carnet de notes de son vaste imperméable.

— Alors vous vous appelez Christolfi, c'est ça ? Christ Christolfi, c'est un nom grec, ça ?

— Chypriote, commissaire, on m'appelle Criss à présent.

— Il y a longtemps que vous avez émigré chez nous ?

— Quinze ans, avant la guerre. Je suis venu à Londres avec ma mère, pour faire des études, et trouver du travail. Mon père est resté chez nous avec mes plus jeunes frères.

Le commissaire hoche la tête. Il a compris. C'est le scénario classique de l'émigration chez les Grecs. Le fils aîné tente de faire fortune à l'étranger ; s'il réussit, il fait venir le reste de la famille. Mais celui-là ne semble pas avoir fait fortune, du moins pas suffisamment pour prendre en charge le reste du clan.

— Vous travaillez toujours de nuit ?

— Pratiquement, je suis barman au *Café de Paris,* je commence mon service à sept heures du soir, et je rentre vers cinq heures du matin.

— Comment se fait-il que vous ayez découvert le cadavre en rentrant ? Vous passez par le jardin ?

— Toujours. Il y a une porte là-bas qui donne sur une petite rue, cela m'évite de faire le tour du pâté de maisons, quand je reviens du centre-ville.

— Quelle est votre idée sur la mort de votre femme, monsieur Christolfi ? Avait-elle des ennemis ? Aviez-vous des difficultés dans votre mariage ?

Le jeune Grec ne répond pas. Il pleure, dents serrées sur son chagrin, et le policier remarque que, là-bas sur le gazon, la mère vêtue de noir n'a toujours pas bougé. Elle regarde les infirmiers envelopper le corps, le mettre sur une civière, s'éloigner dans le jardin, franchir le couloir... Puis elle reporte son regard sur la marque noircie dans l'herbe, qui indique l'emplacement du corps incendié. Christolfi, le fils, lui aussi regarde sa mère, en essayant vainement de retenir ses larmes. Enfin il se calme un peu :

— Ma femme avait décidé d'aller passer quelques jours en Allemagne, pour y retrouver un peu de sa famille. Les enfants devaient partir avec elle. C'étaient des vacances.

— Elle est Allemande ?

— Oui. Réfugiée en 1939 en Angleterre. Je l'ai connue en 41, et nous nous sommes mariés très vite. Nous étions heureux, monsieur, ma femme était merveilleuse.

— Et votre mère vit avec vous ?

— Elle a toujours vécu avec moi... Mais justement, enfin ces derniers temps, c'était un peu difficile. Ma mère se croit toujours à Chypre, c'est une paysanne, et elle ne parle pas anglais.

— Ça n'allait pas entre votre femme et elle ?

— Des petites frictions... sans importance, du moins je le croyais.

— Pourquoi dites-vous « je le croyais » ?

Christolfi lève un regard effrayé sur le commissaire.

— Ça n'a rien à voir avec la mort de ma femme ! Simplement, je me dis que si je l'avais écoutée plus tôt, elle aurait vécu plus heureuse. Hella souhaitait que ma mère rentre au pays, pour que nous vivions seuls avec les enfants. Leurs mentalités étaient trop différentes vous comprenez ? Ma femme était moderne, ma mère ne l'acceptait pas vraiment...

— Il y a eu des conflits graves entre elles ?

— Non, monsieur, des détails... l'éternelle bagarre entre une belle-mère et une belle-fille. Je n'y assistais pas, car je dormais beaucoup dans la journée, mais ma femme m'en parlait souvent. Oui... souvent... et elle avait tellement envie de partir en vacances avec les enfants... Hier encore, sur le palier, elle m'a embrassé et elle m'a dit : « Tâche de convaincre ta mère de rentrer à Chypre, pendant mon absence... Nous avons besoin d'une lune de miel, rien que pour nous deux. »

Christolfi a la gorge serrée, et le commissaire a l'impression qu'une idée chemine dans sa tête, lentement. Encore sous le choc, il est incapable de l'exprimer clairement, et le commissaire met le doigt dessus, sans le savoir, en posant la question brutale :

— Qui a tué votre femme, Christolfi ?

Le visage de l'homme se fige à l'instant même, et il passe une main tremblante sur ses cheveux noirs et bouclés. Il secoue la tête négativement, il ne sait pas, il ne sait pas.

A ce moment, l'un des policiers s'approche du commissaire, et lui montre deux objets : un tisonnier et un bas de nylon chiffonné.

— On a trouvé ça dans la chambre de la victime. Il y a des cheveux et du sang sur le tisonnier. Le bas était près du lit, il a servi à étrangler, très certainement. Le corps a été traîné du lit à travers l'appartement, sur le palier, dans les escaliers, le couloir, et jusqu'à la porte du jardin. On peut suivre les traces sans aucun doute. Cette femme a été tuée dans son lit, et on a transporté le corps ici pour le brûler.

— Rien d'autre ?

— Non, commissaire. Une assistante est venue chercher les enfants, il faudrait l'accord du père pour les emmener dans un foyer, du moins tant que nous aurons besoin de l'appartement.

Christolfi se lève d'un bond :

— Mes enfants ! Vous ne leur avez rien dit !

— Non, monsieur, mais ils se sont réveillés, il a fallu les garder dans la cuisine, l'assistante s'en occupe.

— J'y vais.

Le commissaire pose sa main sur le bras du père :

— Revenez le plus vite possible, j'ai besoin d'interroger votre mère...

Christolfi pâlit :

— Vous ne pouvez pas le faire sans moi ?

— Non.

La réponse est brutale. Ce « non » veut dire : Vous savez bien qu'il faut affronter la situation, quelle qu'elle soit. Et le commissaire ajoute :

— Je vous attends. Vous pouvez confier les enfants à l'assistante. Ne craignez rien, ils seront plus tranquilles hors de cette maison, du moins pour la journée. N'est-ce pas ?

Les yeux noirs de Christ Christolfi glissent rapidement sur la silhouette de sa mère, toujours immobile et silencieuse dans le jardin, à quelques mètres de lui. Il frissonne un peu, et acquiesce.

— Le temps de les embrasser, et je reviens.

A présent ils sont seuls. Le gros policier assis sur le banc de pierre, avec son chapeau informe et son imperméable flottant, son teint rose et frais, ses petits yeux intelligents... Et la mère. Noire de la tête aux pieds. Visage fermé, regard dur, nez busqué, petite, mince, mais solide d'une force invisible.

Entre eux, un dessin tragique dans l'herbe noircie, et autour d'eux, les flocons d'un brouillard léger, aspirés par le soleil de ce matin de juillet. Il est huit heures, quelque part un carillon se charge de l'épeler à petits coups tranquilles.

Puis le silence revient dans le petit jardin entouré de hauts murs. Le commissaire du Yard s'est levé. Il va de la petite porte, par où est entré Christolfi à cinq heures du matin, au carré de gazon où fut immolée sa femme, et il pense : « On a brûlé le corps ici, comme une offrande destinée au mari. » A présent le policier est à un mètre de la mère. Il la regarde bien en face, et demande en articulant bien :

— Quel âge avez-vous ?

Elle ne répond pas, mais son regard ne se dérobe pas.

— Vous ne parlez pas du tout anglais ?

Cette fois, il obtient une réponse. La voix est rocailleuse, basse, l'accent très prononcé.

— Mon fils parle.

Et le silence retombe. Quelques minutes passent, exaspérantes pour le policier, devant cette femme muette et hautaine. Il trompe son énervement en faisant quelques pas vers la maison. Mais le fils apparaît à cet instant. Il a encore pleuré, c'est visible.

— Je n'ai rien pu leur dire, mais ils ont compris, je crois. A leur âge, c'est terrible. Ils voulaient savoir où on emmenait leur mère, ils voulaient la voir... Vous vous rendez compte ? La voir...

— Reprenez votre calme, Christolfi, je comprends, c'est un sale moment pour vous, mais il faut aller jusqu'au bout. Nous allons procéder à un premier interrogatoire de votre mère. Vous me servirez provisoirement d'interprète, ce n'est pas très légal, car vous êtes tous deux témoins, mais je m'en contenterai pour l'instant. Son état civil d'abord ?

— Ma mère se nomme Styllou Christolfi ; elle a cinquante ans, elle est née à Chypre en 1902.

— Vous n'avez pas d'autre famille en Angleterre ?

— Non.

— Bon, allons-y. Demandez-lui si elle sait quelque chose.

La mère lève les yeux vers son fils et attend. Elle a compris que le policier voulait l'interroger, et elle attend que son fils répète la question. Comme il se tait, au bout de quelques secondes, c'est elle qui parle : quelques mots brefs. Le commissaire demande :

— Qu'est-ce qu'elle dit ?

— Elle me dit de lui poser la question.

— Eh bien, faites-le !

— J'ai peur.

— Peur ?

— Oui, j'ai peur de ce qu'elle va répondre ! Vous n'avez donc pas compris ? Vous ne voyez pas qu'elle me défie ? Et c'est ma mère ! Je la respecte, je dois la respecter... Je n'ose pas lui poser la question.

— Eh bien, il le faut ! Je pourrais faire venir un interprète, je le ferai plus tard, mais pour le moment je veux que ce soit vous.

— Pourquoi moi ?

— Parce que c'est à vous qu'elle a quelque chose à dire ! Vous le savez mieux que moi ! Alors je vais vous simplifier la tâche : demandez-lui si elle a tué votre femme ! Allez !

Le fils est devenu si pâle qu'un moment, le policier a honte de lui-même.

— Excusez-moi, je n'aurais pas dû dire ça.

— Vous le croyez, commissaire ? Vous croyez qu'elle l'a fait ?

— Je le crois comme vous. Parce qu'elle le porte sur son visage. Je n'en connais pas les raisons profondes, mais je dirai simplement ceci : une belle-mère qui tue sa belle-fille dans de telles conditions est une mère abusive, qui aime trop son fils, et a cru bon de le débarrasser d'une femme dont elle-même est jalouse. A moins que votre femme ait commis quelque péché grave à ses yeux, qu'elle vous ait trompé par exemple...

Christolfi secoue la tête.

— Ma femme m'adorait, et moi aussi je l'aimais. Je vous l'ai dit, il n'y avait entre elles deux que des divergences de caractère, de culture...

— Et de jalousie, Christolfi...

La mère parle à nouveau, interrompant le dialogue.

— Qu'est-ce qu'elle a dit ?

— Elle me demande de poser la question.

— Quelle question ?

— Je ne sais pas... elle devine quelques mots parfois, elle a dû comprendre votre accusation.

— Faites comme vous l'entendez. Si vous n'avez pas le courage, je comprendrai. Mais dites-le-moi maintenant. Et n'oubliez pas que si je l'emmène, si je l'éloigne de vous, elle est capable de se taire, et de compliquer ma tâche...

— Vous êtes sûr de vous, commissaire ? Vous croyez qu'elle a fait ça ?

Christolfi a posé la question en regardant sa mère, les yeux pleins de larmes, les mains croisées sous son menton comme une prière. Il donnerait cher pour que le policier réponde non... Il donnerait cher pour ne pas le croire lui aussi.

Mais le commissaire dit d'une voix nette :

— Vous y avez pensé avant moi.

Alors le fils recule un peu, comme s'il avait peur physiquement de cette mince silhouette noire au regard fixe, et il pose la question, lentement, et la réponse lui arrive.

Il reste figé un instant, puis parle à nouveau, et la mère répond, et le dialogue se poursuit devant le commissaire, qui ne peut que suivre, sur les visages de la mère et du fils, l'intensité du drame qui se joue devant lui. Enfin la mère se tait. Et le fils, d'une voix morne, traduit :

— Ma mère a compris que nous voulions l'éloigner : depuis douze ans, elle croit que ma femme essaie de me détourner d'elle. Elle lui reproche de s'habiller avec trop d'élégance, et de parler à des inconnus. Elle a décidé de la tuer hier soir. Elle dit qu'il le fallait, car elle allait m'éloigner de ma mère et que personne n'a le droit d'éloigner une mère de son fils. Elle dit qu'elle s'est vengée, parce que ma femme avait réussi à me convaincre. Je lui avais proposé de payer son voyage à Chypre, de payer aussi une vieille dette, pour un champ qu'elle n'avait pas fini d'acquérir. Je lui ai dit que son devoir était de retourner auprès de mon père et de ses autres enfants. Elle a compris que je ne voulais plus d'elle, mais que c'était la faute de ma femme. Alors elle a pris le tisonnier, elle l'a frappée pendant qu'elle dormait, elle l'a étranglée avec le bas que vous avez trouvé, et elle a voulu brûler son corps, pour purifier sa mort.

Le commissaire est tout de même sidéré par ces aveux, que la mère a prononcés sans colère, froidement, comme s'il s'agissait d'un acte logique de sa part.

Et le fils murmure après un silence :

— Rien de pire ne pouvait m'arriver. C'est ma mère qui a tué ma femme, et elle ne me demande pas pardon. Elle dit que c'est justice, commissaire. Et vous savez à quoi je pense ? Il s'en est fallu de peu pour que cette horrible chose n'ait pas lieu. Au début, quand j'ai émigré en Angleterre, j'ai retardé de plusieurs mois sa venue, je racontais qu'il y avait des difficultés avec les autorisations, mais elle voulait me rejoindre, et je ne pouvais pas retarder indéfiniment. Quelque chose me disait pourtant qu'il ne fallait pas qu'elle vienne. Plus tard, j'ai compris qu'elle ne se ferait jamais à notre nouvelle vie. Elle se conduisait comme à Chypre, elle lavait le linge dans la baignoire et l'étendait partout aux fenêtres, elle ne pensait pas qu'il n'y avait pas de soleil. Ma femme essayait de lui faire comprendre beaucoup de choses, mais c'était impossible. Tout les opposait. Une fois, j'ai réussi à l'éloigner quelque temps, elle a vécu dans un studio à elle et a trouvé du travail. Mais elle est tombée malade, elle a perdu son emploi, et c'est ma femme elle-même qui a insisté pour qu'elle revienne à la maison où nous pourrions la soigner..

Le fils hoche la tête et courbe les épaules, il n'ose pas tourner le dos à sa mère, silencieuse à nouveau, et qui ne détache pas une seconde son regard de lui... Il continue, la voix étranglée :

— Il y a huit jours à peine, le médecin m'a dit : « Votre mère est fatiguée. Pour votre tranquillité, prenez une chambre séparée pour elle, en dehors de chez vous, mais ne la gardez pas... » Il a dit : « Ne la gardez pas », mais il ne voulait pas en dire plus... et je n'ai pas voulu comprendre... Pourtant, j'avais trouvé un studio dans l'immeuble, au-dessus de chez nous... On devait me donner les clés demain...

Le commissaire interrompt ce monologue douloureux :

— Je dois l'emmener maintenant, monsieur Christolfi, voulez-vous lui expliquer ce qui l'attend ? Elle aura un interprète.

Une dernière fois le fils s'adresse à sa mère, pour lui expliquer qu'elle est arrêtée et qu'on l'emmène en prison.

La mère redresse la tête et dit quelques mots que le fils traduit pour le commissaire.

— Elle veut me dire quelque chose, mais pas ici, pas devant vous.

Le commissaire acquiesce et s'éloigne de quelques pas. Deux minutes plus tard, Christolfi le rejoint, il a les yeux fous.

— Qu'est-ce qu'elle vous a dit ?

— Elle m'a regardé bien dans les yeux, je croyais qu'elle allait demander pardon, mais au lieu de ça, elle a dit : « Je te pardonne ce que tu m'as fait. »

Au cours du procès qui eut lieu en octobre 1954, on apprit que la vieille Styllou Christolfi, la terrible paysanne chypriote, avait été soupçonnée, vingt-neuf ans plus tôt, à Chypre, d'avoir assassiné sa propre belle-mère, en lui enfonçant des braises ardentes dans la bouche. L'affaire n'avait pas eu de suite pour elle : mystères de la justice chypriote.

A cette époque, en Angleterre, aucune femme n'avait été pendue depuis 1923. Chaque fois, le recours en grâce avait été accordé.

Mais le 30 octobre 1954, dans le bureau de la prison de Holloway, à Londres, un interprète traduisait en grec à l'intention de la condamnée les paroles d'un fonctionnaire de la justice. Contrairement à la tradition, son recours en grâce était rejeté. Elle serait pendue.

Commentaire de la presse sur cet événement que l'Angleterre n'avait pas vécu depuis longtemps : « Le crime de cette paysanne témoigne d'une passion si barbare et si atrocement glacée, qu'il a fait passer sur la justice de notre pays un frisson d'horreur. »

Le mardi après-midi précédant l'exécution, Criss se résigna à aller voir sa mère, convaincu par un prêtre que c'était là son devoir.

Dans l'antichambre de la cellule des condamnés à mort, ils se faisaient face à nouveau. Et elle répéta :

— Je te pardonne ce que tu m'as fait.

« C'est moi qu'elle condamne jusqu'au bout », fut la triste réflexion du fils.

Le lendemain, mercredi, à l'aube, on pendait sa mère. Et un journaliste lui demanda au cours d'une interview :

— Que faisiez-vous à l'heure de l'exécution ?

— Je dormais, fut la réponse.

# LA RIDICULE ET LAMENTABLE HISTOIRE D'ANN KELLINGTON

Ann Kellington pénètre dans l'amphithéâtre d'Histoire de l'université du New Jersey, et le murmure des étudiants s'éteint progressivement.

La silhouette de la jeune femme, vue de face, de dos ou de profil, suffit en général à faire taire l'assemblée des quatre-vingt-quinze étudiants qui suivent ses cours depuis la rentrée. Longue et mince, d'une remarquable beauté, Ann Kellington, à vingt-six ans, est licenciée ès-lettres et sciences sociales, professeur de lettres et d'histoire, et le point de mire de l'université.

Derrière son pupitre, le jeune professeur examine son public d'un air glacial. C'est là son seul défaut. Comment peut-on être si belle et si glaciale ? A ses collègues trop entreprenants, Ann Kellington répond simplement :

— Si je souriais, ne serait-ce qu'une seconde, vous vous croiriez tout permis...

C'est donc vainement que ses admirateurs guettent le moindre sourire sur les jolies lèvres d'Ann Kellington. Son visage parfait, front pur, petit nez droit, pommettes hautes, reste de glace, ainsi que le regard bleu d'une rare intensité.

— Mesdemoiselles, messieurs... Nous reprenons le cours de civilisation égyptienne.

La voix est musicale, ferme, et atteint sans problème les derniers gradins. Le cours se déroule sans incident, sans bruit autre que celui des feuilles que l'on tourne et des stylos qui courent sur le papier.

Pourtant, un étudiant chuchote à sa voisine :

— Tu as vu ? Elle recommence...

— Quoi ?

— Regarde...

— Quoi ? Elle s'est gratté la joue, qu'est-ce que ça a d'extraordinaire ?

— C'est un tic, elle fait ça tout le temps depuis quelques jours, tiens regarde, elle recommence !

L'étudiante hausse les épaules avec une indifférence voulue :

— Oh ! vous, les garçons, vous passez votre temps à la décortiquer. Elle se gratte ? Et alors ? Elle a le droit d'avoir de l'urticaire ! Préviens-moi quand elle aura éternué, ça m'ennuierait qu'elle s'enrhume !

Mais les garçons ne sont pas les seuls à avoir remarqué ce petit geste saccadé et nerveux de la main sur la joue du professeur Ann Kellington... A la cafétéria, Ed Murray, trente-cinq ans, professeur de philosophie, observe tendrement sa jolie collègue, et la taquine un peu.

— Qu'est-ce qui vous démange, Ann ? L'amour que vous avez pour moi ?

La gifle l'a surpris, et la tasse de café qu'il tenait à la main s'est répandue sur la table. Il ne sourit plus :

— Qu'est-ce qui vous prend ?

— Mêlez-vous de vos affaires ! J'en ai assez d'être espionnée sous toutes les coutures, vous m'entendez ?

— Mais, Ann, c'était une plaisanterie... voyons...

— Eh bien, gardez-les pour vous, vos plaisanteries !

Le bureau du président de l'Université grouille de monde. Les petits fours ont envahi les tables de travail, le champagne fait le tour des verres, chacun souhaite à chacun une bonne année 1961.

Le président est un homme d'une soixantaine d'années, assez laid, mais au visage sympathique, et très aimé des étudiants comme des professeurs. C'est l'un des rares hommes de son âge qui ne combatte pas le rock-and-roll, et n'accuse pas cette nouvelle musique d'être sauvage et indécente.

Le président John Forester surgit près d'Ann Kellington, le sourire aux lèvres, et un verre à la main.

— Que se passe-t-il, ma chère, vous ne buvez pas ?

— Merci, non...

— Vous avez l'air inquiète...

— Je suis un peu fatiguée ce soir.

— Eh bien, vous avez de la chance, nous sommes justement en vacances pour deux semaines.

Ann Kellington a l'air embarrassée. Elle tient ses deux mains enfoncées dans les poches de son tailleur, et son ravissant visage est pâle. Un observateur attentif remarquerait qu'une légère plaque rosâtre marque sa joue droite, habilement atténuée par le maquillage. Le président Forester est un observateur attentif.

— Vous avez des ennuis de santé ?

— Pas du tout, pourquoi dites-vous cela ?

— Ma chère, je suis un vieux bonhomme. Inutile de mentir, à moins que vous préfériez ne pas en parler. Si c'est le cas, vous voudrez bien excuser mon indiscrétion...

Ann Kellington a l'air traqué tout à coup, et ses grands yeux bleus sont au bord des larmes. Elle porte brusquement la main à sa joue droite et ses doigts se crispent à travers le gant. Il semble au président Forester que la jeune femme fait un effort surhumain pour remettre sa main dans sa poche. Mais il ne dit rien, il attend. Ann reprend peu à peu le contrôle d'elle-même et dit d'une voix sourde :

— Après tout, mieux vaut en parler effectivement. J'ai besoin de repos, rien de grave, mais on m'a conseillé une maison où je vais passer quelque temps.

— Est-il indiscret de vous demander qui est « on » ?

— Le professeur Labert. Je l'ai consulté il y a quelques temps... simplement parce que je le connaissais, bien sûr, et qu'il a été l'un de mes maîtres.

— Dites-moi, Ann, pourquoi consulter un psychiatre expert en criminologie plutôt qu'un médecin généraliste ? Vos ennuis ne relèvent pas de sa spécialité que je sache ?

— Qui vous a parlé de ma maladie ?

— Personne, rassurez-vous. Ou plutôt tout le monde. Et comme tout le monde, j'ai remarqué que vous souffriez d'eczéma ; rien de méchant, pourquoi en faire un tel mystère ? Tenez, ma femme a connu cela elle aussi, je suis sûr qu'elle vous donnerait l'adresse du spécialiste qui l'a soignée, remarquablement d'ailleurs.

— Taisez-vous ! Vous n'avez rien compris !

— Ann, voyons !

Mais Ann a déjà filé comme si elle avait le diable à ses trousses. Ed Murray, le professeur de philosophie, qui observait la scène de loin, s'approche alors du président Forester.

— Elle vous a envoyé promener ?

— Exactement, mon garçon ! Cette jeune femme est d'une susceptibilité incroyable, ou alors elle est très affectée par sa maladie. D'ailleurs, c'est compréhensible, une si jolie femme...

— Elle vous a dit de quoi elle souffrait ?

— Non. J'ai parlé d'eczéma, un peu stupidement, j'espère que ce n'est pas plus grave.

— Ça n'a rien à voir en tout cas. Je l'observe depuis plusieurs semaines. La première fois, je croyais qu'il s'agissait d'un tic sans gravité, mais ça n'a fait qu'empirer, et à présent, elle porte des gants sans arrêt ; j'ai l'impression que si elle pouvait s'attacher les mains, elle le ferait, mais ça la rend folle...

— Quoi ?

— Ce tic !

— Vous voulez dire qu'elle se gratte la joue uniquement par nervosité ?

— Oui. C'est plus fort qu'elle, c'est une manie...

— Ah, je comprends ! Elle a consulté Labert, son ancien professeur, le psychiatre. Dieu sait quelle conclusion il a dû tirer de cette petite manie, le connaissant comme je le connais, Ann est bonne pour une psychanalyse en règle.

Ed Murray hoche la tête avec tristesse.

— Il ne s'agit pas d'une petite manie. C'est beaucoup plus grave. Ann a terriblement changé cette année, on ne peut plus lui parler.

— Elle a toujours été glaciale, ses camarades de promotion l'appelaient déjà « Iceberg » il y a des années. Seriez-vous amoureux par hasard ?

En effet, Ed Murray est amoureux. Depuis l'année dernière, il est littéralement subjugué par la beauté de sa jeune collègue. Et après de longs mois de siège, il avait enfin l'impression qu'Ann allait lui tomber dans les bras. À la fin de l'année scolaire précédente, tout était rose. Promenades et sourires, bras dessus, bras dessous, petits rendez-vous, parties de tennis. Les yeux d'Ann, froids comme des lacs de montagne se réchauffaient. Un soir, elle avait même dit :

— Ed, j'ai l'impression, pour la première fois de ma vie, d'oublier que je suis belle. Grâce à vous, alors ne changez jamais...

Et il avait ravalé tous ses compliments. Il lui était interdit, comme à la plupart des amoureux, de s'extasier. Ann voulait être aimée pour autre chose que son visage, autre chose que son corps... pour ce qui est, disait-elle, « mon for intérieur ».

Et puis brusquement... Ed Murray avait pris une gifle à la cafétéria devant tout le monde. Et Ann le fuyait maintenant, comme elle fuyait les autres.

Les racontars allaient bon train à l'université. Elle devait s'en douter. Qu'y a-t-il de plus ridicule que d'être affublé d'un tic nerveux comme le sien !

Le psychiatre, son ancien professeur, grand expert en criminologie à New York, n'avait pas trouvé cela ridicule, lui. Son diagnostic était clair :

— Mon petit, c'est le résultat d'un choc psychologique, qui a mis du temps à se matérialiser. Au fond, c'est votre beauté que vous cherchez à détruire. Cette beauté qui a dû vous attirer des ennuis dans le passé, est-ce que je me trompe ?

Il ne se trompait pas. Vers l'âge de quinze ans, Ann, victime d'une simple tentative de viol par un de ses camarades, était devenue glaciale. Depuis, elle ne pouvait supporter qu'on lui parle de sa beauté. Et, au moment de tomber amoureuse à son tour, au moment de se laisser aller dans les bras d'Ed Murray, il lui arrivait cette chose stupide, ce tic insupportable, le besoin perpétuel de se gratter la joue, maladivement, de manière tellement obsessionnelle qu'elle arrivait à se faire saigner.

Au début, Ann n'avait pas très bien compris. Elle avait cru, elle aussi, à une histoire bête de maladie de la peau. Mais il n'en était rien, et les médecins consultés avaient souri : « Quelques tranquillisants, et ça passera. »

Le psychiatre, lui, après avoir décortiqué le cas de son ancienne élève, avait conseillé un séjour en maison de repos :

— Eloignez-vous de ce garçon et de votre travail. Je vous envoie chez un collègue qui va vous remettre sur pied en moins de deux... Vous verrez, nous passerons au travers de la névrose...

Voilà pourquoi Ann fuyait vers une clinique ouatée pour citadins surmenés, alcooliques du beau monde et dépressifs en tout genre.

Mais personne ne pouvait deviner, en ce début d'année 1961, ce que serait l'avenir d'Ann Kellington. Pas même son psychiatre.

Que dire des six semaines passées par Ann en maison de repos ? pas grand-chose. Thérapies diverses, sommeil obligatoire, abrutissement léger. Ann avait l'impression de flotter.

Elle flotte encore agréablement le jour de sa sortie et de son retour à l'université, pour y reprendre son poste. Ed Murray l'attend timidement dans un coin du parking réservé aux professeurs. Il fait mine de fouiller dans sa serviette, et dit d'un air surpris :

— Tiens, Ann ! Comment ça va... Bonnes vacances ?

— Ça va, merci.

Elle a l'air indifférent et il n'ose pas pousser plus loin l'avantage. Elle a répondu, c'est déjà beaucoup.

Et la vie reprend. Amphithéâtre, cours, conférences. Ann traverse l'existence comme un fantôme pendant quelques temps. Un soir, elle accepte même d'aller au cinéma avec Ed, qui en tremble de joie. Ils font la queue tous les deux pour prendre les billets, et parlent de la pluie et du beau temps, lorsque soudain Ann a le regard fixe. Elle ne quitte pas des yeux l'homme qui les précède dans la file d'attente.

— Qu'est-ce qu'il y a, Ann ?

— Regardez... regardez ce qu'il fait...

L'homme se gratte machinalement la nuque, puis réajuste son chapeau. Ann est pâle d'émotion, elle parle comme pour elle-même :

— Il lui a dit, il lui a dit mon secret ! il se moque de moi !

Ed Murray se rend compte que la jeune femme n'est pas dans son état normal ; il l'entraîne à l'écart rapidement, et la prenant par les épaules, la secoue fermement :

— Ann ! Du calme bon sang, qu'est-ce qui se passe ! Ce type ne vous a rien fait, qu'est-ce que vous racontez ?...

— Il sait ! Il se moque de moi !

— Mais il sait quoi ?...

— C'est Labert, il lui a raconté, il l'a raconté à plein de gens, il m'a trahie !

— Labert ? Votre psychiatre ? Voyons, Ann, c'est ridicule !

— Regardez cet homme, il se gratte... vous voyez bien ? Et ce n'est pas la première fois, hier déjà j'en ai rencontré un qui savait...

— Mais qui savait quoi ?

Ann secoue la tête violemment comme pour chasser quelque chose, et puis murmure :

— Je deviens folle, Ed, je deviens folle ! Je me croyais guérie pourtant, mais tout recommence.

Ed Murray n'en saura pas plus ce soir-là, mais ils n'iront plus au cinéma.

Ann n'accepte même pas qu'il la raccompagne chez elle, et le pauvre garçon transi regarde s'éloigner la femme qu'il aime, les bras ballants d'impuissance. Le tic est revenu — Ann se frotte la joue droite avec nervosité, par gestes saccadés — et Ed a une vision terrible.

Un jour, il a visité un asile psychiatrique, et il a vu certains malades, le regard vide, comme Ann, exécuter des gestes mécaniques, comme elle. Certains se balançaient, ou hochaient la tête inlassablement. D'autres se grattaient la tête, d'autres encore se frottaient le nez...

Ann... Ann est folle, elle en est consciente. Ann, si belle et si intelligente, va retomber dans la misère morale, elle fuit à nouveau, persuadée que le psychiatre a révélé son secret, et que tous les gens qu'elle rencontre, pour peu qu'ils se passent la main sur le visage ou se grattent la nuque ou le nez, savent son secret.

Quelques jours plus tard, Ed Murray apprend que la jeune femme a renoncé à son emploi. Il ne la reverra plus. Il dit d'elle :

— C'était une fille trop compliquée.

Un an passe. Ed Murray s'efforce d'oublier et il n'y arrive guère. Parfois, quelques échos lui parviennent. On parle d'Ann comme d'une malade mentale à présent. Son père qui a voulu s'occuper d'elle a renoncé. Elle ne veut plus aller en maison de repos, elle ne veut plus écouter personne, elle vit comme un gibier traqué dans son appartement, sortant à peine, et les rares personnes qui l'ont croisée ne l'ont pas reconnue. Elle parle toute seule dans la rue, mais ses cheveux décoiffés, son allure négligée ne peuvent pas la priver totalement de sa beauté. Et si un homme la siffle ou jette une plaisanterie sur son passage, c'est la fuite éperdue.

Peut-être faudrait-il la faire interner. Sûrement même, mais le père a démissionné. Sur les conseils mêmes du psychiatre, le docteur Labert de New York :

— Votre fille ne mérite pas d'être enfermée avec les fous. Il faut la convaincre de se faire analyser. N'ayez pas peur, un jour elle reviendra me voir, j'en suis sûr...

Il en était sûr le docteur Labert, psychiatre éminent et criminologue éminent. Trop sûr. Mais il n'avait pas prévu comment se passerait cette rencontre.

Le 31 août 1961, Ann Kellington est au sommet de la crise. Elle achète un revolver et se rend à New York. Elle marche sur la Cinquième Avenue comme un automate. Elle s'arrête devant l'élégant immeuble où vit le Dr Labert, quarante ans, avec sa femme et leurs trois enfants. Elle attend patiemment. Vers quatre heures de l'après-midi, M^me^ Labert, trente-trois ans, revient de Central Park avec ses enfants. Tout l'après-midi, ils ont joué au cerceau, et traînent des patins à roulettes derrière eux.

Ann s'approche de la mère et sort son revolver. La pauvre femme, horrifiée, court vers l'ascenseur, sa petite fille dans les bras. Un coup de feu résonne. Terrorisée, M^me^ Labert lâche l'enfant et se retourne pour faire face à la mort. Elle reçoit la deuxième balle en pleine poitrine.

Ann Kellington disparaît aussitôt, mais elle ne fuit pas cette fois. Alors que sa victime meurt à l'hôpital de Mount Sinaï, Ann pénètre dans le commissariat de police de la Cinquième Avenue, dépose son revolver devant le policier de garde, et s'asseoit d'un air las, en disant :

— J'ai tué sa femme, j'espère qu'il va me guérir maintenant.

Et elle raconte son histoire aux policiers, avec une telle lucidité qu'il faudra plusieurs expertises et contre-expertises pour persuader les juges de la folie sincère d'Ann Kellington.

Ed Murray, appelé comme témoin, ainsi que le président de l'université du New Jersey, ainsi que le père de la criminelle, ainsi que le psychiatre et criminologue distingué, le Dr Labert, durent reconnaître leur erreur commune. Il ne suffit pas d'aimer ou d'estimer un être pour sa beauté et son intelligence, encore faut-il l'aimer bien, et c'est la chose la plus difficile au monde.

# PAYÉ D'AVANCE

Dans le brouillard des quais et le remue-ménage habituel des grands ports marchands, une grande fille pâle et blonde, emmitouflée d'un châle de laine rouge, court à perdre haleine.

Elle est en retard. Chaque matin elle doit se rendre à l'usine de conserves qui l'emploie, enfiler une blouse grise et un bonnet de toile, et le travail commence. Les mains dans le poisson toute la journée, à trier les petits corps poisseux qui défilent sur un tapis roulant.

Ulla Kilpilen est trieuse de menu fretin. Un peu plus loin, une autre ouvrière reçoit, comme une pluie gluante et lisse, le résultat de ce travail et le guide vers un autre tapis roulant, vers une autre ouvrière, qui entasse avec une dextérité étonnante les petits poissons dans les boîtes.

De six heures du matin à six heures du soir, dans l'odeur saline, les ouvrières ne voient même pas le jour. Elles arrivent à la nuit, repartent à la nuit, l'odeur du poisson collé à leurs peaux, à leurs chaussures, à leurs cheveux.

A Hangö, ce port de Finlande situé à l'entrée du golfe, c'est le lot de presque toutes les filles entre seize et vingt-cinq ans.

Ulla est en retard ce matin, et elle court dans le brouillard en faisant claquer sur le pavé ses bottes de cuir tressé. Au pointage, elle va perdre une demi-heure de salaire.

Le contremaître la regarde passer en ricanant :

— Tu as fait la fête ? T'en as une figure...

Ulla ne répond pas, car elle ne répond jamais aux plaisanteries des pêcheurs et des hommes en général. Arrivée à son poste, ses joues pâles à peine rosées par le froid et la course, elle attaque immédiatement son travail. Une ouvrière, qui la remplaçait momentanément, s'éloigne en maugréant :

— Tu finiras par te faire jeter dehors !

Ulla ne répond pas non plus à la femme. C'est une silencieuse, Ulla, une renfermée. Un visage un peu plat, venu de lointains ancêtres lapons, des pommettes hautes, des yeux bleus et pâles comme le ciel d'été en Finlande, elle tord ses longs cheveux blonds d'un geste rapide et sûr. Les longues mèches disparaissent sous le bonnet de toile grise, les mains rudes et gercées plongent dans le ruisseau frétillant des poissons.

La journée d'Ulla Kilpinen, qui aura vingt ans au solstice d'hiver, commence. C'est une journée de novembre 1936 et, le soir, Ulla Kilpinen fait comme toutes les ouvrières de la conserverie qui les emploie : elle va remettre sa blouse et son bonnet à la lingerie, et tandis que ces dernières disparaissent dans une énorme bassine d'eau chaude et de lessive, Ulla va se doucher dans les vestiaires. Mais l'eau chaude et le savon noir n'entraînent jamais complètement l'odeur du poisson. En rentrant chez elle, tout à l'heure, Ulla se rendra au sauna du quartier. Là, dans la vapeur, nue et lasse, elle attendra que le moindre de ses pores ait exhalé le parfum fétide ; elle rincera longuement ses cheveux immenses qui la couvrent jusqu'à la taille, comme un châle soyeux. Puis elle plongera dans la piscine d'eau glacée, et enfin lisse et propre, elle revêtira des vêtements frais.

Ce soir est un samedi, et le samedi Ulla a rendez-vous avec son amant.

Arrivée chez elle, dans le petit appartement qu'elle partage avec sa mère, couturière en chambre, Ulla ne prête pas attention aux regards des voisins. Elle comprend vite, cependant, qu'il règne dans l'immeuble une tension inhabituelle. Un homme en civil coiffé d'un bonnet de fourrure l'interpelle.

— Vous êtes Ulla Kilpinen ?

Ulla secoue la tête en silence et demeure immobile dans le couloir. La porte de l'appartement est ouverte. Il y a du monde à l'intérieur, mais elle ne pose pas de questions. C'est l'homme qui parle à nouveau et se présente :

— Je suis Jacob Runeberg, officier de police. Où est votre mère ?

Ulla promène son regard pâle sur la scène et les gens. Elle ne semble pas comprendre.

— Vous êtes muette ? Je vous demande où est votre mère ?

— Je ne sais pas, monsieur.

Elle a répondu d'un ton neutre et calme, et ne demande même pas ce qui se passe. Le policier s'énerve :

— Où étiez-vous ? A quelle heure êtes-vous partie de chez vous ? Quand avez-vous vu votre mère pour la dernière fois ?

Ulla avance lentement et pénètre dans l'appartement. Un grand désordre y règne. Comme si une bagarre avait eu lieu. La table de la cuisine est renversée, des objets traînent par terre, et dans la chambre au lit défait, une femme parle précipitamment. Ulla la reconnaît, c'est une cliente de sa mère.

— Vous comprenez, la porte était toujours ouverte, j'avais l'habitude d'entrer et de crier : « Bonjour madame Kilpinen, c'est moi Ingrid ! » Et elle, elle répondait : « Entrez donc... c'est ouvert »... vous comprenez ? Alors je suis entrée, et j'ai trouvé ça bizarre, c'est toujours bien rangé chez M^me^ Kilpinen d'habitude. Et puis j'ai vu le sang, partout ! Sur le lit, sur les rideaux, vous comprenez ? Ça m'a fait un choc, j'ai couru dans l'immeuble, j'ai demandé au voisin, et on m'a dit que Ulla était partie en courant ce matin pour travailler, M^me^ Berfolst l'a vue, et puis M^me^ Berfolst a entendu du bruit hier soir, une dispute qu'elle a dit, vous comprenez ?...

De toute évidence, cette femme ne peut pas terminer une phrase sans ajouter : « Vous comprenez ? » et de toute évidence, la police a compris.

La mère d'Ulla a disparu, il y a du sang partout, elle a donc été assassinée, et on a fait disparaître son corps.

Ulla contemple le désordre et les taches de sang d'un drôle d'air hébété, puis se décide enfin à parler :

— Ma mère était couchée quand je suis partie...

Le policier enchaîne :

— Seule ?

— Oui, monsieur.

— Une voisine nous a dit que son amant était venu hier soir, et qu'elle avait entendu une dispute.

— Une dispute ? Oh ! non, Eric avait bu.

— Et que fait-il quand il a bu ?

— Il parle fort.
— Ça lui arrive souvent ?
— Non.
— Alors pourquoi hier soir ?
— Je ne sais pas, monsieur.
— Mademoiselle Ulla, cet homme, Eric Schildt, on dit qu'il est aussi votre amant...

Ulla recule lentement et s'appuie contre le mur de la chambre, considérant le lit défait, le sang, les vêtements éparpillés, elle semble comprendre tout à coup ce que le policier veut dire. Ce que tous les regards qui la suivent veulent dire...

— Je... je ne désire pas parler de cette chose...
— Ah oui ? Alors où est votre mère ? Et où est Eric Schildt ?
— Je ne sais pas.
— Vous le rencontrez tous les samedis soir paraît-il ? Vous allez danser, vous le retrouvez chez lui, et le reste de la semaine, il vient ici voir votre mère... c'est ça ?

Les voisines ont tout raconté. Les voisines savent toujours tout dans ces cas-là. Elles épient, guettent derrière les murs et les portes, laissent traîner leurs oreilles dans les escaliers. Les voisines accusent, car ce n'est pas normal, une mère de trente-huit ans et sa fille de vingt, qui ont le même amant !

Ulla la silencieuse, la réservée, choisit de ne pas répondre. A-t-elle honte ? Se sent-elle coupable ? Devant tous ces gens qui s'arrachent une vie privée qu'elle croyait discrète, Ulla baisse la tête, et brusquement essaie de s'enfuir. Deux hommes l'en empêchent, et elle se débat, sans un mot, toujours fermée. Elle est forte, et les deux hommes ont bien du mal à maîtriser ce grand corps solide.

Enfin, les cheveux épars, noyée dans sa blondeur, Ulla se met à sangloter. Le policier dit :

— Vous étiez jalouse de votre mère ? N'est-ce pas ? Qu'est-ce qui s'est passé ? Vous l'avez tuée ? Vous les avez tués tous les deux ?

La jeune fille hurle :

— Non ! Non !
— Alors où sont-ils ?
— Je ne sais pas, monsieur ! Je ne sais pas !

Ce dialogue va durer longtemps. Et la conviction du policier va se consolider au fur et à mesure des témoignages reçus, d'autant que la mère et l'amant restent introuvables.

Puis Ulla ne répond plus aux questions. Elle avait nié une fois pour toutes, elle s'en tient là. Et le procès est fixé, au bout d'un an d'enquête.

Nous sommes en 1937, Ulla a vingt et un ans, et si elle ne vit plus dans l'odeur du poisson, elle en supporte une autre. Celle de la prison des femmes de Hangö, où les détenues vivent par cinq ou six dans quinze mètres carrés, sans lumière, et n'en sortent que pour laver les couloirs interminables, où rôdent des gardiennes brutales, vêtues de noir, un fouet court et meurtrier à la ceinture.

Ce sont les voisins qui l'ont envoyée là. Ils ont vu partir Ulla en courant ce matin-là, et dans la nuit ont entendu une dispute. Selon eux, Ulla se disputait avec sa mère à propos de leur amant commun. Toujours selon eux, l'amant a quitté l'immeuble dans la nuit, vers trois heures du matin. A ce moment-là, M^me^ Kilpinen mère était bien vivante, puisqu'ils ont entendu sa voix crier par la fenêtre : « Ne reviens pas trop tôt demain », ce à quoi l'homme a répondu par une plaisanterie d'un goût douteux à propos des charmes qu'il venait d'abandonner.

Cette nuit de 1936, Ulla est donc restée seule avec sa mère, l'a tuée à coup de couteau probablement, et a fait disparaître le corps. Comment ? Mystère. Sur ce sujet, les voisins sont muets, sauf une femme acharnée après Ulla et qui considère que c'est elle qui a volé l'amant de sa mère, que c'est elle qui est condamnable selon la morale et la justice, et qui ajoute :

— Ulla est assez forte pour pouvoir transporter sa pauvre mère jusqu'au port et pour l'avoir noyée. Elle connaît toutes les cachettes.

Dernier point exposé au procès, le plus important, le sang retrouvé est bien du sang humain, et les vêtements tachés sont bien ceux de M^me^ Kilpinen.

Le juge a exposé l'affaire, les jurés attendent maintenant la déclaration de l'accusée. A-t-elle ou non un sursaut de repentir ? Va-t-elle avouer enfin ? Saura-t-on où est le corps de sa mère, et l'arme du crime ? Va-t-elle enfin avouer qu'elle couvre la fuite de son amant complice, ou bien qu'elle l'a également supprimé et fait disparaître ?

Ulla a toujours le teint et les yeux pâles et ses immenses cheveux tressés dans la nuque. Si elle est condamnée, on lui rasera la tête, elle passera du secteur préventif au quartier des condamnés. Il lui faudra vivre seule dans un cagibi, face aux murs, avec pour toute distraction, le claquement des serrures matin, midi et soir.

Elle se lève, grande, les épaules rondes, la poitrine forte, la taille fine. C'est une belle jeune fille, un corps que les peintres flamands auraient aimé reproduire.

Elle se lève, croise ses mains inutiles sur son ventre, et dit :

— Je n'ai rien fait.

Et les jurés grimacent. Ils ne la croient pas. Comment peut-on croire une fille dévergondée, capable de partager le même amant que sa mère ? A vingt ans, comment est-ce possible ? Quand on lui a posé la question, Ulla a répondu simplement :

— Parce qu'il était toujours là, et que c'est lui qui a voulu.

Elle n'a pas dit qu'il était beau, ou qu'il l'avait battue, forcée, elle n'a pas étalé devant ce jury de petits commerçants et de bourgeois de la ville, les turpitudes qu'ils escomptaient. Et ce silence fait plus contre elle, peut-être, que les preuves établies. Ulla est condamnée à la prison à vie. Et les années passent. 1938, 1939, la Deuxième Guerre mondiale. La ville, cédée aux Soviétiques en 1940, est rendue par eux en 1941. Ulla vieillit à l'abri des murs de l'épaisse prison des femmes, sans bien comprendre ce qui se passe à l'extérieur. Sans parler ou presque, repliée sur elle-même, ne frayant avec personne, ignorant les détenues comme les gardiennes. Elle vit ainsi durant dix-huit ans.

Et puis, en 1955, sans d'ailleurs qu'elle l'ait demandé, la voilà grâciée. On a pris son mutisme et son apparente indifférence pour de la bonne conduite, certainement.

En 1955, le monde a changé ; la ville est devenue station balnéaire à la mode. Ulla a presque quarante ans, c'est une femme qui ne ressemble plus à la plantureuse jeune fille qu'elle était. Elle est maigre, ses cheveux courts ont blanchi, ses épaules rondes sont devenues pointues, son grand corps flotte dans la robe de laine et le châle rouge de 1936. Personne ne l'attend, elle n'a ni maison, ni argent, ni bagage, rien qu'un pécule misérable, fruit de dix-huit années de réclusion, passées à filer du chanvre pour les cordages des bateaux.

Et la voilà sur le port justement, respirant l'air du golfe et frissonnant sous la pluie d'hiver. Plusieurs jours de suite, Ulla se promène ainsi. Comme un fantôme, mangeant à peine, étourdie par l'air du large et de la liberté. Puis elle se met à chercher du travail. Mais le travail a bien changé. Les machines trient les poissons, les ouvrières ont déserté les conserveries et les yachts font place aux bateaux de pêche. Alors elle ose entrer dans le cœur de la ville, longer les trottoirs, regarder les vitrines, et faire la queue longuement devant les bureaux d'embauche. On lui offre une place de serveuse, elle l'accepte sans un mot. On la lui reprend au vu de son casier judiciaire, elle s'en va toujours sans un mot. Ni rancune, ni violence, ni agressivité. Ulla se comporte comme si on l'avait anesthésiée définitivement. Comme si elle n'avait plus ni cerveau ni réaction. Juste un grand corps maigre, et deux yeux pâles, qui errent à travers la vie des autres.

Au bout de quelques mois d'errance et de pauvreté, un hôtel accepte de la faire travailler comme femme de chambre. Ulla retrouve le rythme des aubes noires, les serpillières, les genoux qui font mal, et les éternels couloirs à laver.

Vers quatre heures de l'après-midi, elle est libre. Mais libre de quoi ? D'acheter un plat de pommes de terre, un morceau de poisson, de se nourrir et d'aller dormir...

Ce jour de 1956, Ulla marche sur un trottoir de la ville, un cabas à la main. Il est dix-sept heures trente. Elle serre dans sa main un portefeuille de plastique, contenant son salaire de la semaine.

Soudain, elle s'immobilise. Là, devant elle, à quelques mètres, sa mère ! Elle vient de voir sa mère, sa propre mère, celle qu'elle a assassinée vingt ans plus tôt !

C'est elle ! Elle a vieilli, ses cheveux gris sont ternes, elle porte un tailleur de lainage et un drôle de bonnet de laine. C'est une vieille femme, mais c'est SA MÈRE ! Comment ne pas reconnaître le visage triangulaire, les yeux bleus, le nez un peu large, la bouche, la démarche !

Ulla se met à courir, lâchant cabas et portefeuille, elle court à grandes enjambées, et l'autre femme là-bas, qui la voit foncer sur elle, se met à faire des gestes et à crier des choses incompréhensibles, puis à reculer, et à se mettre à courir, elle aussi.

Alors, sous le regard étonné des passants, va se dérouler une scène incroyable. Ulla rattrape sa mère, qui lui échappe une première fois et tente d'ameuter les passants, en vain. Elle traverse une rue, affolée, se réfugie dans un magasin, tente d'expliquer que cette folle qui court là-bas est sa fille et qu'elle veut la tuer sûrement ! Mais les gens ne comprennent pas, alors la mère ressort, et court à nouveau, se cognant partout, affolée comme un animal qui sent la fin de la chasse. Au coin d'une rue, derrière un kiosque à journaux, la vieille femme s'aplatit, se fait minuscule, comme si elle voulait entrer dans le mur et y disparaître.

Ulla, qui venait de la dépasser sans la voir, se retourne tout à coup... comme si elle avait senti l'odeur du gibier. Et c'est bien un fauve qui bondit.

Ulla Kilpinen étrangle sa mère de ses mains nues, en pleine rue, vingt ans après avoir été condamnée pour l'avoir tuée !

M^me^ Kilpinen, en 1936, avait bien préparé sa mise en scène, pour fuir avec son amant et le garder pour elle seule. Se débarrasser d'une rivale, c'était simple. De sa fille Ulla, c'était plus difficile, car celle-ci aimait cet homme. Le plan machiavélique avait réussi : Ulla était censée avoir tué sa mère et condamné à vie, l'affaire était ainsi réglée.

Cette femme morte sur un trottoir n'avait plus d'amant depuis longtemps. L'homme responsable de ce beau gâchis l'avait quittée cinq ans après. Il affirma qu'il n'était pas au courant de la machination. Selon lui, M^me^ Kilpinen lui avait simplement proposé de fuir la ville, et comme elle joignait ses économies à la proposition, il avait accepté.

Ulla était donc innocente en 1936.

Mais en 1956, elle était réellement coupable de meurtre, et le tribunal se trouvait devant un cas difficile à juger. Comment juger une fille qui a tué la mère qu'elle avait déjà tuée, crime pour lequel elle a déjà expié d'ailleurs ? Impossible de la condamner une deuxième fois, pour le même crime !

Alors on eut recours à une astuce judiciaire, qui peut paraître ridicule. Ulla fut condamnée à payer une amende. Une simple amende pour le motif de « violation de cadavre ». Car, juridiquement, sa mère était un cadavre depuis vingt ans, et on ne tue pas un cadavre.

Ulla disparut de l'actualité, après sa terrible vengeance. Toujours silencieuse, elle ne donna pas tellement d'explications à ce second procès. Au fond, ce n'était guère nécessaire, quand on a payé son crime d'avance, que dire de plus à ses juges ?

# A PROPOS D'UNE BLONDE

Le policier de garde devant le poste de police de ce quartier nord de Miami aurait bien sifflé l'apparition : deux jambes lisses, émergeant d'une jupe blanche un peu étroite, le tout sortant d'une décapotable noire... Il n'a vu que cela tout d'abord. Mais les jambes s'immobilisent, droites sur le bitume, dans leurs chaussures à talons. Alors le regard du policier monte vers le visage et, par réflexe professionnel, il se demande ce qu'une femme vient faire devant un poste de police, si elle n'y entre pas. Le visage est à peine visible, car les yeux sont protégés par d'énormes lunettes noires, genre star de Hollywood qui veut garder l'anonymat. Mais la femme est belle, sans aucun doute. La peau est bronzée, l'allure élégante, le tout sent les dollars et la vie facile.

Une semaine plus tard, le 11 septembre 1968, le planton frappe à la porte du bureau de son chef, le capitaine Connors. Connors n'est pas un homme facile. Il a même si mauvais caractère que ses propres lieutenants choisissent le moment de faire leur rapport. Grand, fort, bâti à l'emporte-pièce, moustachu, deux petits yeux noirs, nez énorme, c'est Connors que le planton affronte avec circonspection :

— Capitaine... est-ce que je peux vous parler ?

— Tu peux, mais très vite ! Qu'est-ce que c'est ? La machine à café est détraquée ? Tu t'es fait avoir d'une heure supplémentaire ? Ta femme accouche encore, ou tu t'es cassé une dent au base-ball ?

Le plus dur avec Connors est cette manie qu'il a de dérouter son interlocuteur par un flot de paroles, dites sur un ton désabusé. Il a toujours l'air de faire comprendre aux autres qu'il a mieux à faire que de les écouter. C'est terriblement efficace pour les suspects, mais agaçant pour ses hommes.

— Ça ne fait rien chef, je reviendrai...

— Ah non ! Butsy, non, raconte ta salade et fais vite !

— C'est à propos d'une blonde. Enfin, elle serait plutôt châtain clair, doré quoi... Un mètre soixante-dix environ, la trentaine, beau gabarit, elle traîne devant le poste, presque tous les soirs depuis une semaine.

— Et alors ? Elle attend quelqu'un !

— Quelqu'un qui sortirait à n'importe quelle heure alors ? A dix heures du matin, à trois heures, ou même la nuit ? Sheffield était de garde dimanche soir, il l'a vue vers minuit.

— Qui l'a rejointe ?

— Personne. Elle arrive en voiture, elle descend, ou elle reste dans la voiture, elle allume une cigarette, elle reste là cinq minutes ou un quart d'heure, ça dépend, et elle file.

— Tu ne lui as pas demandé ce qu'elle voulait ?

— Si, tout à l'heure, elle était là debout près de la voiture, je lui ai dit : « Vous cherchez quelqu'un ? ». Elle m'a regardé comme si j'étais le dernier des clochards et elle est remontée dans sa voiture.

— Numéro ?

— J'ai noté, chef : 8643, une plaque de Miami !

— Eh ben, qu'est-ce que tu attends ? Trouve-moi à qui appartient cette voiture, et débrouille-toi !

— Vous la connaissez, chef ?

— Qui, moi ? Une grande blonde en décapotable ? Tu te fous de moi ? Ma paye ne suffirait pas à lui offrir son porte-clés. Allez... du vent ! A quoi est-ce que tu crois ? Aux histoires d'amour entre flic et belle pépée ? A la prostituée au grand cœur, bourrelée de remords, qui viendrait me livrer toute la Maffia du coin ? A la veuve d'un assassin qui voudrait me remercier de l'avoir bouclé ? File, je te dis ! Et rapporte-moi un nom, c'est tout ce qu'on te demande.

Ce nom, c'est Rosalind Perrycorp, domiciliée à Miami, villa *Sharks* (« Les Requins »), permis de conduite en règle, assurance en règle ; profession : peintre-sculpteur.

Quelque temps plus tard, le capitaine Connors observe la rue derrière les stores à demi baissés et le planton commente ·

— Depuis que je lui ai parlé la semaine dernière, elle n'était pas revenue. Maintenant elle gare sa voiture plus loin.

— Elle vient peut-être pour un type des bureaux d'en face.

— Jamais vu personne la rejoindre, chef.

— Alors elle guette un type des bureaux d'en face.

— Jamais vu qu'elle suivait quelqu'un, chef.

Le capitaine se décide :

— Je vais voir ce qu'elle veut. Si je ne suis pas rentré dans dix minutes, faites sonner la charge !

Et il éclate de rire.

Tous les hommes présents dans le bureau le regardent sortir avec étonnement. Normalement, le capitaine Connors, fidèle à sa réputation, aurait dû gueuler : « Qu'on m'amène la donzelle, j'ai pas que ça à faire ! » ou quelque chose d'approchant. Au lieu de cela, il lisse ses cheveux rares, ajuste sa casquette, et sort. Il traverse la rue ensoleillée, se dirige d'un pas nonchalant vers la voiture garée à l'ombre des palmiers, ouvre la portière, et s'installe aux côtés de la dame.

Ses hommes, le nez collé aux fenêtres, n'en reviennent pas.

— Tu vois qu'il l'a connaît ! Je te l'avais dit !

— C'est pas la femme du sénateur ?

— Penses-tu... Elle est bien plus vieille.

— Alors c'est une entraîneuse qui vient lui filer des tuyaux.

— Mais non, c'est pas le genre, t'as vu l'allure ? C'est de la bourgeoise de luxe.

— A quoi tu vois ça ? Y'a pas plus traîte qu'une femme : tout dans le costume.

— Le diamant qu'elle a au doigt, c'est pas du toc, et il est juste assez gros pour ne pas faire bouchon de carafe. Ça, c'est le style...

— Alors il nous a caché ça, le capitaine ?

Mais tandis que les plaisanteries et les à-peu-près vont bon train à l'intérieur, les hommes ne peuvent pas imaginer une seconde l'étrange conversation qui s'engage à l'extérieur entre la jeune femme et le capitaine Connors...

Il vient d'ouvrir la portière d'une décapotable de marque étrangère, grand luxe, intérieur de cuir ambré, et s'asseoit avec désinvolture :

— Salut, miss... J'ai l'impression que je peux faire quelque chose pour vous ?

— Ne vous gênez pas surtout ! Faites comme chez vous, vous voulez le volant ?

— Les anglaises ne m'attirent pas. Qu'est-ce qui vous amène ici, miss Perrycorp ? Vous vous ennuyez chez vous ? L'inspiration ne va pas ? Vous voulez un de mes hommes pour le transformer en statue ? Ou bien c'est l'architecture délicate de mon établissement qui a séduit votre âme d'artiste ?

— Vous avez fait une enquête sur moi ? Félicitations. De quel droit ?

— Une semaine de planque devant chez moi, ça me paraît valable pour savoir qui vous êtes, et ce que vous voulez. Alors qui vous êtes, je sais à peu près. Reste à savoir ce que vous voulez...

— Je ne suis pas sûre d'avoir envie de le dire.

— Alors je vais vous aider. Voyons : votre petit ami vous a laissé tomber ? Votre père vous a coupé les vivres ? Votre banquier vous fait des escroqueries ? Vous avez perdu votre chien ? On vous fait chanter ?

— Je n'ai ni petit ami, ni chien, mon banquier est un inconnu, et si on me faisait chanter je ne serais sûrement pas là.

— Pourquoi ?

— Parce que, d'habitude, je règle mes problèmes moi-même.

— Donc, nous nous trouvons dans une situation qui ne vous est pas habituelle. Et vous ne parvenez pas à résoudre seule les problèmes qui en découlent. Eh ben ! voilà, on avance. Vous avez tué quelqu'un ?

La brutalité de la question fait sursauter la jeune femme qui ôte ses lunettes noires, et darde sur le capitaine un regard bleu, ou vert — peut-être bleu, il ne sait pas — tout à fait intimidant. Il baisse le ton :

— Je plaisantais...

— Vous croyez ? Est-ce que j'ai l'air de quelqu'un qui peut tuer ?

— Absolument. Tout le monde peut tuer, donc tout le monde en a l'air...

— C'est une déformation professionnelle, cette théorie, je suppose ?

— Pas du tout. Mais si vous partez du principe que dix secondes avant, quelqu'un n'a pas l'air d'un assassin et que dix secondes après, il en est un... pour simplifier, je dis que tout le monde se ressemble.

— C'est drôle ce que vous dites là.

— Quoi ?

— Les secondes. Dix secondes avant, et dix secondes après. C'est drôle.

— Donc vous avez eu un problème de secondes. Vous avez écrasé quelqu'un, vous avez pris peur et vous vous êtes enfuie ?

— Mais non ! Pourquoi cherchez-vous à m'attribuer une action quelconque ?

— Parce que vous êtes venue pour en parler.

— Ridicule ! Je ne parle de rien, je ne fais que vous écouter.

— Faux ! vous seriez déjà partie si je ne frôlais pas la vérité. Ou alors j'aurais pris une claque, ou bien vous m'auriez expliqué que cet endroit est un lieu de méditation pour vous, depuis votre enfance, ou bien quelqu'un serait arrivé, que vous attendiez, et c'est moi qui serais parti.

— Vous en déduisez ?

— Que c'est moi que vous veniez voir.

— Vous ? Je ne vous connais même pas.

— Aucune importance. Je me présente : capitaine Connors. Si vous en préférez un autre, c'est facile, j'ai un ou deux lieutenants tout à fait beaux garçons qui ne demanderaient qu'à vous interroger.

— Parce que vous m'interrogez ?

— C'est ce que je fais depuis dix bonnes minutes, mais comme j'ai du travail, des monceaux de crimes à élucider, des tas d'escrocs à épingler, et je ne sais combien de rapports à lire, il va falloir que je m'en aille.

— Pourquoi êtes-vous venu alors ? Pourquoi vous ?

— Une idée comme ça. Je me suis dit : si la jolie fille qui fait le pied de grue devant ton poste de police à toi a quelque chose à dire, c'est à toi qu'elle le dira.

— Vous êtes bien sûr de vous, non ?

— Métier oblige. Et puis vous êtes belle, ça énerve mes hommes, c'est pas souvent que je rencontre une jolie femme venue la première à un rendez-vous que je n'ai pas donné.

— Vous avez un moment ?

— Pour quoi faire ? Boire un café ? Vous accompagner à l'église, ou rendre visite à votre vieille tante ?

— Je voudrais vous montrer quelque chose.

— Et après ?

— Je ne sais pas. Je vous dirai peut-être, ou peut-être pas.

— Votre tête n'est plus ce qu'elle était, hein ?

— Non. Nous y allons ?

Médusés, les hommes du capitaine Connors regardent de loin démarrer la voiture décapotable.

— Ah ben, ça alors !

— Tu vois bien qu'il la connaissait !

— Mais non, la souris a un problème, c'est sûr.

— Qu'est-ce qu'on fait ? On les suit ?

— S'il avait voulu qu'on le suive, il aurait fait un signe.

— Et si c'est un coup fourré ?

— Il a son signal sur lui, on le rejoindra en quelques minutes. Fichons-lui la paix, sinon ça pourrait se retourner contre nous.

Dans la voiture décapotable, la jeune femme et le capitaine Connors se taisent. Ils longent la côte un moment, puis la conductrice tourne dans un petit chemin dallé de pierres et gare la voiture devant une luxueuse villa. Le capitaine descend et suit la jeune femme. Tous deux contournent la maison, pénètrent dans un jardin exotique, et arrivent devant un immense bassin d'eau de mer.

Rosalind Perrycorp s'installe dans un fauteuil d'osier, tandis que le capitaine fait le tour du bassin.

— L'eau est trouble, qu'est-ce que vous faites avec une piscine pareille ?

— Ce n'est pas une piscine.

— C'est ça que vous vouliez me montrer ?

— Oui.

Le capitaine se penche sur l'eau, la frôle de la main, l'essuie après son pantalon, et revient s'asseoir à côté de son étrange compagne. Il se tait un long moment. C'est elle qui reprend la parole.

— Vous ne devinez rien, n'est-ce pas ?

— Difficilement. Sauf qu'il y a là-dedans un genre de poisson que je n'aime pas fréquenter. C'est pour ça que la villa s'appelle *Les Requins ?*

— C'est pour ça. Mon père aimait beaucoup les observer. Il voulait écrire un livre sur eux. Il n'en a pas eu le temps, il est mort l'année dernière.

— Les requins l'ont mangé ?

Rosalind se lève brusquement de son fauteuil, tendue, et la voix sèche :

— Il est mort au cours d'une crise d'éthylisme. Ça a été horrible. On l'a retrouvé au bord du bassin, à l'endroit même où vous êtes.

— Ah ? Et sa mort vous a rendu malade ?

— Malade de honte, oui. J'adorais mon père, je ne comprenais pas le danger. Le fait qu'il boive du matin au soir, faisait partie de son personnage, et de son talent. C'était un homme merveilleux, du moins je le pensais.

— Ça n'est pas pour me parler de la mort de votre père, que vous m'avez emmené jusqu'ici ?

— Non.

— Tout à l'heure, vous m'avez dit : « Je parlerai peut-être » ... Alors, j'écoute. Je suis dans le lieu que vous vouliez me montrer. Il s'est passé quelque chose ici, dois-je vous aider ? Je peux imaginer n'importe quoi. La chose la plus simple et la plus logique étant que le bassin aux requins a servi.

— Taisez-vous. C'était il y a un mois. J'ai rencontré dans une boîte un jeune serveur italien très beau. Je lui ai proposé de le payer pour des séances de pose. Il a accepté. Au bout de la cinquième séance, j'ai eu envie de le pousser dans le bassin. Ça m'a pris comme une folie, une idée fixe. J'imaginais son corps parfait dévoré par les deux monstres...

— Et vous l'avez fait ?

— Oui. En quelques secondes.

— Dites-moi, ce n'est pas si facile de pousser un homme à l'eau ! Il se débat, il sait nager, le requin n'attaque pas immédiatement, surtout ceux-là, ils sont bien nourris, non ?

— Pendant qu'il nageait et se débattait, j'ai jeté une caisse de viande dans l'eau. Elle était prête pour leur nourriture du soir. L'un des requins, en voulant attraper la nourriture, lui a arraché une jambe. Après je n'ai vu qu'un tourbillon effrayant de mâchoires, et des jaillissements d'eau. C'est le spectacle le plus affreux qui soit. Ils n'ont pas tout dévoré, ils se sont battus un peu, puis chacun ayant une partie de la proie, ils se sont calmés. L'eau était rouge, sale, c'était écœurant. Je suis retournée à mon atelier et j'ai cassé l'ébauche. Vous voulez voir les morceaux ?

— Est-ce que vous êtes malade, miss ?

— Je n'en sais rien. C'est la question que je me pose depuis que j'ai fait ça.

— Y a-t-il eu quelque chose entre vous et ce garçon ?

— Non. Je voulais le sculpter dans la pierre, comme j'ai eu envie que les requins le dévorent. Sur le moment, ça n'était pas plus important que ça. Mais dix secondes après... j'étais une criminelle. Ça m'a donné la nausée.

— Vous vivez seule ici ?

— Oui, depuis la mort de mon père.

— Pas de domestique ?

— J'ai horreur de ça. Une femme de ménage vient le matin, le reste du temps, je tiens à être seule.

— Vous avez une preuve du crime dont vous vous accusez ?

— Une preuve ? S'il y en a une, elle est dans l'estomac des requins.

— Et les vêtements de l'homme ? Il posait nu, je suppose ?

— Ah oui... ses vêtements sont dans l'atelier.

Le capitaine fait quelques pas et entre dans un atelier immense dont les baies vitrées donnent sur le bassin aux requins et sur le jardin exotique. Il remarque des toiles alignées contre les murs, des ébauches de terre, des dessins et deux blocs de marbre. Dans un coin, des morceaux épars, qui furent la statue du garçon italien. La jeune femme se dirige vers un rideau, qu'elle tire, et le policier aperçoit un pantalon de toile, une chemise et des espadrilles... Il les prend tranquillement et se retourne vers la jeune femme.

— Vous avez un avocat ? Appelez-le.

— Vous m'arrêtez ?

— Il le faut bien. C'est ce que vous vouliez n'est-ce pas ?

— Oui.

— Le remords, hein ? L'envie de parler à quelqu'un, le besoin de s'accuser, d'être punie, de payer, eh bien ! voilà, c'est fait. Je vous embarque, mais attention, à partir de maintenant, l'enquête commence. Tout ce que vous direz pourra être retenu contre vous. Vous connaissez vos droits. Appelez votre avocat, et allons-y.

Rosalind passe une main hésitante dans ses cheveux dorés puis s'empare du téléphone. Sa conversation est rapide, précise. Elle donne même à l'avocat l'adresse du poste de police, et le nom du capitaine, puis termine :

— Je vous attends là-bas. Au revoir !

Enfin, d'une voix lasse :

— Vous me décevez, capitaine. J'espérais que nous aurions une conversation intéressante.

— A quel propos ?

— Pourquoi ai-je fait ça ? Pourquoi cette envie de faire dévorer un être humain par des requins que je vois tous les jours ou presque depuis des années ?

— Peut-être à cause de ça, justement. Ou alors vous aviez bu, ou alors vous vous droguez, ou alors vous avez un grain, ou alors vous vous êtes vengée de la mort de votre père que vous auriez voulu jeter aux requins, le jour où il s'est écroulé là, ivre mort. Ne vous faites pas de soucis, les experts vont s'amuser avec vous, et vous en aurez des conversations intelligentes avec les psychiatres. Seulement moi, voyez-vous, les crimes intellectuels, ça me rase, au fond. Et j'ai du boulot par-dessus la tête : une histoire d'élections truquées, un règlement de comptes sur le port, une bande de voyous qui violent à perdre haleine dans la banlieue nord, un sadique en liberté, et une armée de fous qui se prétendent envoyés par je ne sais quel dieu et occupent une usine désaffectée... Sans compter la drogue, les enfants délinquants, les maris qui tapent sur leurs femmes, et les femmes sur leurs gosses, plus un hold-up par semaine. Alors, j'ai assez perdu de temps comme ça. En route !

Rosalind Perrycorp est revenue au poste de police avec le capitaine Connors, qui l'a confiée à un de ses lieutenants.

— Prends sa déposition, dès que l'avocat sera là. Il va pas tarder. Elle a poussé un gus dans une piscine à requins.

Rosalind Perrycorp a prétendu ensuite, et jusqu'au procès, qu'elle n'avait tué personne et qu'il s'agissait d'un accident stupide. Ce à quoi le capitaine a rétorqué à son lieutenant :

— Ça ne m'étonne pas qu'elle se rétracte, j'ai dû la bousculer un peu ; elle se venge. Elle parlera au procès, ne t'en fais pas.

— Pourquoi dites-vous ça ?

— Parce qu'elle aime bien parler, et que tous ces gens venus exprès pour l'écouter ce jour-là, ça lui plaira beaucoup, tu verras. Allez, au boulot ! on n'a pas que ça à faire !

En effet, Rosalind raconta bien consciencieusement son étrange histoire au procès.

Les hommes du capitaine Connors ont raison de dire de lui : « Il est énervant, c'est M. Je-sais-tout ! »

# LA VIEILLE DAME INDIGNE

Qu'est-ce qu'un gentleman ? Un homme qui détourne courtoisement les yeux, lorsqu'une dame invitée par lui à prendre le thé se débarrasse brutalement et sans complexe d'une partie de ses vêtements. Ce que fait présentement une dame devant Spencer Hautesforme :

— Vous m'excuserez, n'est-ce pas ? Mes bas sont trempés ! Vous n'avez pas remarqué comme la pluie est effrayante dans les cimetières ? On dirait qu'elle s'acharne à vous tremper davantage.

Spencer Hautesforme est un gentleman, il excuse et détourne les yeux. Le fait de détourner les yeux, en ce cas précis, n'a d'ailleurs peut-être rien à voir avec le fait qu'il soit un gentleman, car la dame invitée par lui à prendre le thé n'est plus de la première jeunesse, ni de la seconde. On aurait même tendance à utiliser à son endroit le terme de troisième âge.

Spencer Hautesforme a lui-même soixante-quinze ans, il a croisé plus d'une dame dans sa vie, mais aucune n'a ôté ses bas avec autant de naturel un quart d'heure après leur première rencontre. La pluie y est pour quelque chose, évidemment.

— Votre thé est excellent... Vous n'auriez pas une robe de chambre ? Si je ne me change pas dans cinq minutes, je crains bien d'attraper un rhume. Vous n'avez pas remarqué que l'on s'enrhume par le bas ?

Craignant que son invitée ne se débarrasse brutalement de sa jupe de tweed dont l'ourlet est effectivement humide, Spencer Hautesforme se précipite dans la chambre à coucher de son appartement, et fouille dans une penderie avec maladresse.

— Dieu, que c'est joli ici ! J'adore le Chippendale ! Vous n'avez pas remarqué que l'on ne se lasse jamais du Chippendale ?

Spencer Hautesforme a sursauté involontairement. Son invitée l'a suivi silencieusement sur ses pieds nus et fouille avec autorité dans la garde-robe. Elle en extirpe une robe de chambre en laine bleue, et la renifle avec précaution.

— Vous devriez remettre de l'anti-mites ! Vous n'avez pas remarqué comme les mites adorent l'angora ?

Spencer Hautesforme s'aperçoit qu'il ne remarque pas beaucoup de choses, s'il en croit son invitée, et tente de placer un mot :

— Je n'ai pas mis le nez dans toutes ces affaires depuis longtemps, vous savez... Ma femme m'a quitté il y a cinq ans, et un homme seul n'entend rien à ce genre de choses.

Cela dit, Spencer Hautesforme s'empresse de quitter la chambre, car la dame vient de laisser tomber sa jupe sur le sol avec un naturel époustouflant. Du salon, où il plonge le nez dans sa tasse de thé, le vieux gentleman entend son invitée poursuivre la conversation en élevant le ton.

— C'est très aimable à vous de me dépanner pour ce soir, après tout, vous ne me connaissez pas ! Vous n'avez pas remarqué comme les gens sont de moins en moins serviables ?

Dieu, qu'elle est agaçante avec sa formule ! Spencer Hautesforme a beau être un gentleman, une vilaine pensée intérieure l'envahit : « Je suppose que son mari est beaucoup plus tranquille dans sa tombe, j'imagine qu'elle devait l'assommer à longueur de temps en lui demandant s'il n'avait pas remarqué ceci ou cela... » Puis il se morigène : « Cette pauvre femme est veuve seulement depuis la veille, sans famille et perdue à Londres, sans argent. Il est normal qu'elle dise n'importe quoi. »

Et Spencer Hautesforme, ancien scout britannique, ancien de l'armée des Indes et gentleman depuis son premier biberon, décide d'aller courageusement au bout de sa bonne action de la journée :

— Si vous avez besoin de prendre un bain, ne vous gênez pas !

Il était temps qu'il le dise, le bruit du robinet d'eau chaude, au sifflement caractéristique lui parvient déjà.

La suite se passe le 26 septembre 1964. Il règne dans le commissariat du quartier de Regent Street une certaine animation, car le 8 août précédent, un individu mal intentionné s'est emparé d'un million de livres sterling en attaquant le train postal Glasgow-Londres. La police est encore sur les dents dans tous les commissariats, la chose est visible à l'œil nu.

Spencer Hautesforme est donc un peu bousculé par le fonctionnaire chargé de prendre sa déposition :

— Alors, elle vous a volé quoi, cette vieille dame ?

— Un manteau, une robe de laine, une paire de bas, des sous-vêtements, un chapeau, un parapluie, une robe, une veste en mouton...

— Et... Oh... c'est tout ?

— Non, monsieur, cette dame m'a également volé de l'argent et des bijoux, et j'affirme qu'elle a tenté de m'assassiner avant de s'enfuir.

L'employé de police lève un regard bizarre vers son interlocuteur :

— Vous assassiner ? Vous m'avez dit qu'elle avait au moins quatre-vingts ans !

— Absolument !

— Mais vous n'êtes pas mort à ce que je vois...

— Dieu merci, non, jeune homme ! Mais si vous daignez examiner la bosse que je porte au crâne, vous vous rendrez compte de la violence de l'attaque !

Spencer Hautesforme se penche cérémonieusement vers l'employé, écarte quelques cheveux blancs et marmonne :

— Je vous prie de croire que c'est très douloureux, et mon médecin personnel m'a affirmé que si je n'avais pas eu l'habitude de dormir avec un bonnet de laine, je ne serais peut-être pas là. Vous comprenez, c'est le pompon qui a amorti le choc...

La bosse est bien vilaine en effet. Bleue sur le crâne rose et blanc de ce distingué vieux monsieur, dont les traits sont par ailleurs tirés de fatigue. Réprimant son impatience, et une vague envie de plaisanter à propos du pompon et du bonnet de nuit, l'employé précipite les choses :

— Bon, allons-y, racontez-moi depuis le début. S'il s'agit d'une tentative d'assassinat, je dois faire un rapport pour le commissaire, et vous serez convoqué.

— Eh bien ! voilà... je me suis rendu hier sur la tombe de ma pauvre femme, décédée il y a cinq ans, et je m'apprêtais à partir, car il pleuvait beaucoup, lorsque j'ai entendu une voix de femme qui m'appelait : « Monsieur... »

— Décrivez-la précisément...

— Un chapeau de feutre plat, un tailleur de tweed, un chemisier noir, elle ne portait pas de parapluie, c'est pour cela qu'elle m'appelait...

L'employé s'impatiente :

— Son visage, voyons !

— Eh bien... une vieille dame, c'est difficile à décrire, voyez-vous. Les yeux bleus, je crois, légèrement tombants, un nez assez, comment dire... assez ridicule, long et pointu. Ah, j'ai remarqué qu'elle avait de bonnes dents !

— Un dentier, je suppose ?

— Pas du tout, pas du tout ! De bonnes dents bien solides, et bien à elle, un peu jaunes cependant.

— Oui, bon, quelle taille ?

— Du 44 ! La même que ma défunte épouse... C'est pour cela qu'elle a volé des vêtements, comprenez-vous...

— Monsieur, je vous demande la taille en hauteur ! Grande comment ?

— Environ un mètre soixante-dix, je la dépassais à peine.

— Bien. Donc, elle vous appelle, vous l'abritez sous votre parapluie, et qu'est-ce qu'elle vous raconte ?

— Que son mari est mort la veille. Qu'elle est venue de Brighton pour l'enterrement, car ils ne vivaient plus ensemble, qu'elle devait rencontrer son homme d'affaires, qui n'est pas venu et dont elle a perdu l'adresse, et — qui plus est — on lui a volé sa valise à la gare. Elle n'a plus d'argent sur elle, ayant commis l'imprudence de laisser son portefeuille dans la valise. Alors je me suis permis de lui offrir l'hospitalité chez moi. Je croyais, bien sûr, qu'elle était en peine. Nous avons pris le thé, elle s'est changée, avec une certaine désinvolture, je dois le dire ; ensuite, nous avons bavardé, du moins c'est elle qui parlait tout le temps, avec une manie agaçante...

— Laquelle ?

— Elle ne peut pas terminer une phrase sans dire : « Vous n'avez pas remarqué que... »

— Remarqué quoi ?

— N'importe quoi ! Que le beurre est meilleur dans le Sussex, ou autre constatation sans intérêt...

— Bref, que s'est-il passé ensuite ?

— Je lui ai offert de prendre la chambre à coucher et d'y dormir jusqu'au lendemain, pour lui permettre de se reposer, et d'aviser ensuite. C'était la moindre des choses, son mari venait de mourir.

— Vous avez vu la tombe ?

— Certes ! Elle me l'a montrée.

— Quel nom a-t-elle dit ?

— Hawtorn, il n'y avait pas encore d'inscription dessus.

— Autrement dit, elle vous a montré n'importe quelle tombe récente, et vous a donné un faux nom ?

— Je le crains, en effet.

— Et puis ?

— Nous nous sommes couchés. Je dois dire que je n'étais pas fâché d'être enfin seul au salon. J'ai dormi sur le canapé, et au milieu de la nuit, la chose s'est produite.

Pauvre Spencer Hautesforme ! Cette nuit-là, il a vu arriver un fantôme dans un rayon de lune, il s'est redressé pour crier, mais le fantôme l'a assommé sans attendre, à l'aide d'un marteau. Du moins, c'est l'arme qu'il a cru apercevoir, dressée dans le rayon de lune. Ensuite il s'est évanoui sagement, et quelques temps plus tard, en titubant, il a constaté le départ de son invitée, ainsi que la disparition des vêtements, du contenu de son portefeuille, et d'une cassette sur son bureau contenant environ cinq cents livres ainsi que les bijoux de valeur ayant appartenu à sa défunte épouse.

Il signe sa déposition, après l'avoir relue courageusement car il a terriblement mal à la tête, et demande à l'employé :

— Alors, qu'en pensez-vous ?

— J'ai bien peur que vous n'ayez eu affaire au « Vampire des cimetières », monsieur Hautesforme...

— Au « Vampire des cimetières » ?...

— On l'appelle comme ça chez nous. Depuis trois mois, elle en a tué deux comme vous. Mais personne ne l'avait vue en chair et en os jusqu'à présent. Ses deux dernières victimes avaient dû la rencontrer comme vous au cimetière. D'après les témoignages, ils s'y étaient rendus dans l'après-midi et en étaient revenus avec une vieille dame.

On les a trouvés morts le lendemain, le crâne défoncé. Comme vous, ils avaient dû lui offrir l'hospitalité !

— Et vous ne l'avez pas arrêtée ?

— Arrêter qui, monsieur ? Une vieille dame inconnue, plus ou moins bien décrite par les voisins des victimes, venue on ne sait d'où, repartie on ne sait où ? Quant à surveiller tous les cimetières de Londres, et arrêter toutes les vieilles dames entre soixante et quatre-vingts ans !...

Spencer Hautesforme comprend. Et il va se coucher, après avoir fermé soigneusement toutes les portes de sa maison, car on ne sait jamais. Il suffirait que la cruelle vieille femme se soit aperçue qu'il n'était pas mort et revienne la nuit pour l'écrabouiller à coups de marteau !

Il a donc été victime de celle qu'on appelle le « Vampire des cimetières ». Selon les témoignages, deux messieurs seuls ont été assassinés après avoir rencontré une vieille dame. Il aurait dû être le troisième, si le pompon de son bonnet de nuit n'avait amorti le choc.

Le vieux gentleman revient de l'hôpital, où l'on a constaté un traumatisme crânien, une énorme bosse et quelques vertiges. Il a eu de la chance, sans aucun doute, car les deux précédentes victimes ont succombé à leurs fractures du crâne. Mais il n'est pas revenu de ses émotions, il en est malade, il ne dort plus la nuit. Pour la première fois de son existence de veuf, il refuse même de retourner au cimetière. Dieu sait qu'il en a vu, dans sa vie de militaire au service de Sa Majesté britannique ! Mais le souvenir de cette vieille femme lui donne encore le frisson : un serpent ! ni plus ni moins, dont on ne se méfie pas, que l'on accueille chez soi, et qui attend la nuit pour mordre.

Une semaine environ après son aventure, Spencer Hautesforme est convoqué à la police pour une confrontation. Une vieille dame vient d'être arrêtée, qui tentait d'escroquer les gens à la sortie d'une église.

Frémissant d'excitation, il attend dans le bureau d'un commissaire qu'on veuille bien lui montrer la dame. Hélas, ce n'est pas la sienne. Elle n'a rien d'un monstre en jupons, et ne demande pas toutes les trente secondes : « Vous n'avez pas remarqué... »

Spencer Hautesforme est dans le couloir du commissariat, il remet son chapeau et ses gants, s'apprête à sortir lorsqu'il bondit soudain, en entendant :

— Vous n'avez pas remarqué comme la police arrive toujours à temps ?

Où ? Qu'est-ce ? Qu'a-t-il entendu ? A qui est cette voix ? Il se retourne, pour apercevoir une dame, de dos, serrant la main d'un policier souriant.

— Merci de m'avoir comprise, inspecteur ! Cet homme est un voleur mais je ne pouvais pas savoir, bien entendu ! Une pauvre veuve comme moi qui n'a que ses bijoux pour toute fortune...

Spencer Hautesforme manque de s'étrangler d'émotion. Car, non seulement il a reconnu la voix, celle de l'horrible femme qui a voulu le massacrer, mais qui plus est il a une hallucination !

Cette femme qu'il ne voit que de dos pour l'instant, c'est la sienne ! Elle porte la robe mauve, le chapeau et la veste de mouton que cette pauvre Helga mettait chaque dimanche ! Le sang de Spencer Hautesforme ne fait qu'un tour ! Oubliant sa légendaire dignité, il bondit littéralement sur le dos de l'apparition en hurlant :

— C'est elle ! C'est elle !... Elle a volé les affaires de ma femme !

Il s'ensuit une bagarre compliquée, où les parapluies s'entremêlent et où les chapeaux volent bas, car la femme se défend avec une violence insoupçonnable à son âge.

Le policier tente de séparer les combattants, y parvient avec difficulté ; sans l'aide de deux gardiens, il aurait d'ailleurs perdu la partie. Tout ce monde essoufflé et décoiffé, se retrouve enfin bouclé dans le bureau de l'inspecteur pour une explication qui s'avère difficile.

— C'est elle, elle qui a voulu m'assassiner !

— C'est lui qui m'a agressée, c'est un fou !

— Vous ne m'avez pas tapé dessus avec un marteau, peut-être ?

— Vous n'avez pas remarqué comme les gens racontent n'importe quoi ?

Le policier intervient en hurlant : « Du calme ! Ou je boucle tout le monde !« . Dans le silence obtenu, il fait le point :

— Madame a été amenée ici en même temps qu'un recéleur, elle prétend ignorer qu'il s'agissait d'un recéleur, et dit qu'elle se trouvait dans sa boutique pour mettre en gage des bijoux de famille. Jusqu'à plus ample informé, nous n'avons rien contre elle... Alors, que lui reprochez-vous ?

Spencer Hautesforme en bafouille d'émotion :

— C'est à moi tout ça ! A moi, enfin à ma pauvre femme ! Le chapeau, la robe, la veste... tout ce qu'elle porte !

— Et les bijoux, monsieur Hautesforme ?

— A moi aussi ! Cette broche, et ce collier de perles, et la montre en or ! C'est elle qui a voulu m'assassiner !

La vieille dame hausse les épaules et regarde le policier droit dans les yeux :

— Ne l'écoutez pas, c'est un malade ! Heureusement que je m'en suis aperçue ! Je l'ai rencontré l'autre jour au cimetière, et il m'a proposé de venir prendre le thé chez lui. J'ai eu le tort d'accepter, mais j'étais dans l'ennui, et il m'a offert... je n'ose pas le dire, inspecteur...

L'inspecteur écarquille les yeux, et son regard stupéfait va de l'un à l'autre des plaignants. A gauche, un vieux gentleman, à droite, une vieille lady. La vieille lady minaude un peu :

— Vous n'avez pas remarqué comme les hommes sont pleins de vices, inspecteur ? Il m'a proposé de passer la nuit chez lui. J'ai dû accepter car il était tard, mais j'étais sur mes gardes, vous pensez. Il m'a fait des cadeaux, il prétendait que toutes ces choses qui avaient appartenu à sa femme ne lui servaient plus à rien. J'ai eu confiance un moment, et puis dans la nuit ! Oh !...

— Mais elle est folle ! Complètement folle ! Vous ne voyez pas qu'elle vous raconte des mensonges ! Et ma bosse, hein ? Qui est-ce qui m'a tapé dessus ?

— Eh bien ! justement, inspecteur, j'en arrive là puisqu'il en parle, j'ai été obligée de me défendre contre les entreprises de ce vieux dégoûtant ! Vous n'avez pas remarqué que plus ils sont vieux, plus ils sont dégoûtants ?

Spencer manque de s'étrangler d'indignation ! Le traiter de vieux dégoûtant, lui ? Alors qu'il a rougi lorsque cette vieille voleuse s'est déshabillée chez lui sans même prendre de précaution ? La vieille voleuse repart à l'attaque :

— Je porte plainte contre lui ! Pour atteinte aux bonnes mœurs !

— Oh ! Ça, c'est le comble ! Elle en a tué deux avant moi ! Vous n'avez qu'à vérifier ! Deux ! J'ai eu de la chance, moi, mais ça ne se passera pas comme ça ! J'ai fait une déposition la semaine dernière, demandez au commissaire, je peux prouver que tout ceci est à moi !

L'inspecteur, un peu débordé, tape sur la table :

— On se tait maintenant ! Et on ne bouge plus !

Il appelle un gardien et lui intime l'ordre de monter la garde dans son bureau, le temps pour lui d'aller vérifier le dossier de Spencer Hautesforme chez le commissaire.

Que se passa-t-il ? Comment la vieille dame réussit-elle à convaincre le gardien qu'il lui fallait absolument se rendre aux toilettes ?

Quoi qu'il en soit, elle réussit à filer (à l'anglaise), abandonnant son sac dans les toilettes, ainsi qu'une robe mauve, une veste en mouton, un chapeau à voilette, et des chaussures à hauts talons...

Interrogé, le planton de garde à l'entrée du commissariat, dit n'avoir vu passer à ce moment-là qu'un vieil homme en costume élimé, et sans parapluie, qui lui a dit en le saluant :

— Vous n'avez pas remarqué comme il pleut toujours quand on a oublié son parapluie ?

Elle avait un déguisement d'homme dans son sac, ainsi qu'en témoigna la cravate, qu'elle n'avait pas eu le temps de mettre. Et le gardien censé faire le guet devant les toilettes pour dames du commissariat ne l'a pas vue ressortir. Donc, elle était passée par le vasistas dans les toilettes pour hommes, et en était sortie tranquillement, sans parapluie.

Lorsqu'on sait que le vasistas mesure à peine cinquante centimètres sur soixante et qu'il est situé à deux mètres du sol, lorsqu'on multiplie cette difficulté par l'âge apparent de la vieille dame, on ne comprend plus. Au fond, était-ce une femme ?

Spencer Hautesforme est formel :

— Je l'ai vue en combinaison, moi !

La vieille dame indigne n'a jamais été arrêtée, jamais ! On suppose qu'il s'agissait bien du « Vampire des cimetières ». Mais on suppose aussi que, vu son âge en février 1965, les pauvres vieux messieurs qui hantent les cimetières actuellement n'ont plus rien à craindre, et que le dossier peut être refermé sur ce mystère.

Vous n'avez pas remarqué comme c'est agaçant, les mystères de ce genre ?

# LA MAUVAISE CONDUITE DE MARILYN

Une grande allée bordée de pins immenses, une pelouse soigneusement entretenue, avec çà et là quelques massifs de roses blanches et jaunes. Un bâtiment style victorien et même, au loin, un étang bordé de saules pleureurs d'un vert tendre.

La voiture roule doucement dans l'allée de pins, en faisant crisser légèrement le gravier blanc.

Sur les marches d'un escalier monumental, une infirmière attend, tout sourire, à côté d'un homme en costume clair. Derrière eux, de chaque côté d'une double porte vitrée, deux hommes en pantalon et veste blanche, aux regards impassibles et aux épaules larges.

Ce domaine, c'est la maison de repos du Dr Honey. C'est lui, l'homme en costume clair. L'infirmière est là pour rassurer l'arrivant d'un sourire professionnel, et les deux colosses à l'arrière pour le maîtriser si nécessaire, car il arrive qu'un malade refuse au dernier moment de se laisser enfermer dans ce paradis calme pour névrosés de luxe.

La voiture s'arrête en douceur devant l'escalier et le chauffeur bondit pour ouvrir la porte arrière. Un homme en descend, grand, la cinquantaine aux cheveux gris et l'air sévère. Il porte de larges lunettes noires qui dissimulent son regard. Il tend la main avec autorité vers l'intérieur de la limousine et une autre petite main, fine et blanche, vient s'y poser comme un oiseau.

Du haut des marches, le Dr Honey sourit et lance :

— Bienvenu monsieur Clift ! Est-ce que le voyage s'est bien passé ?

M. Clift fait un signe de tête, marmonne un acquiescement et tire à lui la petite main. La jeune femme qui apparaît ressemble à une enfant. Petite, les traits fins, jolie d'une joliesse un peu maladive. Le corps est menu, elle est vêtue d'une robe blanche un peu vaste qui la fait paraître encore plus minuscule.

L'infirmière s'avance pour l'encadrer, ainsi que le Dr Honey, tandis qu'elle monte sans résistance les marches de la clinique. Le docteur lui prend l'épaule.

— Alors, mon petit ? Vous êtes Marilyn, c'est ça ?... Vous devez être un peu fatiguée, Mme Barnes va s'occuper de vous.

Marilyn ne répond pas et ne regarde personne. Elle ne semble pas concernée par la situation et se laisse entraîner par Mme Barnes au long d'un couloir blanc, dallé de marbre noir.

Le Dr Honey, psychiatre australien, a vu grand et beau pour son établissement de soins. Il reçoit les alcooliques les plus huppés de la côte de Sydney, les drogués les plus protégés et les malades mentaux les plus riches. Cure de désintoxication, cure de sommeil, le docteur Honey remet les gens à neuf pour peu qu'ils puissent payer. Et l'industriel Somerset Clift peut payer pour sa fille Marilyn. Plus exactement, sa belle-fille.

En Australie, on est demeuré très conventionnel, un vieux fond anglais... Et il n'est pas admissible qu'une jeune fille de la bonne société traîne dans les bars, qu'on la ramène ivre à la maison et qu'on découvre dans son sac une espèce de sale drogue sous forme de cigarettes.

— N'ayez aucune inquiétude, monsieur Clift. Elle est jeune, nous la sortirons de là en quelques mois. J'ai reçu le rapport de votre médecin personnel, il est plus pessimiste que je ne le suis.

— Elle a tenté de se jeter par la fenêtre hier matin, il faut que vous le sachiez. Si la femme de chambre n'avait pas été là, elle se tuait.

— Ça ne se reproduira pas ici, je vous l'assure. Elle va dormir pendant deux semaines, ensuite nous attaquerons le problème de base.

M. Somerset Clift prend congé, après avoir signé un chèque dans le bureau du Dr Honey, puis demande :

— Vous me promettez que tout ce qu'elle pourra faire ou dire ne sortira pas d'ici ?

— C'est évident, monsieur Clift.

— Pour vous oui, mais le personnel ?

— Monsieur Clift, mon personnel est formé à ce genre de situation, j'en réponds comme de moi-même.

Tandis que M. Clift remonte dans sa belle voiture noire et que le chauffeur ferme doucement la portière, il jette un œil aux fenêtres de la façade. Des barreaux blancs les protègent.

Et c'est derrière l'une de ces fenêtres aux barreaux blancs que Marilyn est internée à dix-huit ans, pour mauvaise conduite.

Mme Barnes est une infirmière remarquable, qui exerce depuis près de vingt ans. Elle a croisé tant de malheurs et tant de faiblesses au cours de sa carrière que les malades sont devenus pour elle des machines détraquées, qu'elle est simplement chargée d'entretenir au fur et à mesure que la cure se déroule. Ni trop de dureté, ni trop d'affection, c'est la règle. Une douce fermeté que les malades ne peuvent pas entamer, pour leur bien, comme pour celui de Mme Barnes. Marilyn n'est qu'une patiente de plus.

— Allons, mon petit, du nerf, il faut vous lever ce matin.

Marilyn ne répond pas. Depuis plus d'un mois qu'elle est en cure, c'est le mutisme total. Les séances de psychothérapie du Dr Honey n'y ont rien changé. C'est comme si elle avait les lèvres soudées définitivement. Pas le moindre mot, ni oui, ni merci, ni plainte, ni non, ni protestation.

Mme Barnes est malgré tout impressionnée, même si elle ne le montre pas. Une jeune fille autistique, c'est un cas difficile. Elle a reçu pour consigne de ne pas la forcer et de lui parler comme si de rien n'était. Marilyn n'est pas muette de naissance. D'après son beau-père, elle a toujours été une enfant renfermée et peu bavarde, mais n'avait jamais fait ce genre de crise. Or depuis son réveil, après une douzaine de jours de sommeil quasi permanent, la jeune fille n'a pas prononcé une syllabe. Pas même un cri. Elle vit dans un état de prostration effrayant, se nourrit à peine et dormirait vingt-quatre heures sur vingt-quatre si on la laissait faire.

— Allez debout, Marilyn ! Nous allons prendre une douche et ensuite nous irons chez le Dr Honey. C'est l'heure de votre séance. Vous n'avez pas fini votre petit déjeuner ? Je vais vous gronder...

Aucune réaction sur le visage de la jeune fille. Elle se laisse guider sous la douche, s'habille des vêtements qu'on lui tend et Mme Barnes doit la prendre fermement par la taille pour sortir de la chambre. Marilyn ne résiste jamais, mais si on ne la menait pas comme un bébé, elle resterait sur place.

« Si seulement elle pouvait pleurer, se dit Mme Barnes... j'ai l'impression que si elle pleurait, quelque chose se débloquerait. »

Une heure plus tard, toujours silencieuse, Marilyn sort de sa séance de psychothérapie et le Dr Honey se gratte le crâne avec ennui. A quoi bon vouloir soigner quelqu'un en le faisant parler alors qu'il ne peut plus parler justement ? Et il se souvient de la recommandation de l'industriel, le beau-père de Marilyn :

— Quoi qu'elle dise ou qu'elle fasse, promettez-moi que cela ne sortira pas d'ici...

Il peut être tranquille, le beau-père. Cela dit, le cas de Marilyn est curieux. Electro-encéphalogramme normal, cure de désintoxication alcoolique en bonne voie, à dix-huit ans, c'est encore facile, côté drogue, il ne semble pas que la jeune fille ait eu le temps d'acquérir une dépendance... Alors ? d'où vient cette dépression grave ? Le rapport du médecin traitant indique seulement comme raison la mort de sa mère.

« Depuis l'accident survenu à Mme Clift, il y a deux ans, Marilyn n'aurait cessé de faire des bêtises. Alcool, drogue et tentative de suicide. » D'accord... mais le mutisme ? Avant d'entrer ici, elle parlait, du moins son entourage l'affirme. Et il est impossible que le traitement ait provoqué cette réaction. Donc la jeune fille a « décidé » de se taire. Il ne s'agit pas d'un symptôme, mais d'une décision raisonnée de sa part et qui demande une force de caractère peu commune. Reste à savoir pourquoi.

Le Dr Honey confie ses réflexions à Mme Barnes :

— A mon avis, elle ne tiendra pas très longtemps, mais je n'aime pas ça. Cette comédie est quand même maladive. Prenez un tour de garde la nuit, il est possible qu'elle parle toute seule quand elle se croit à l'abri. Si j'ai raison, si elle n'est pas devenue muette, mais si elle a décidé de l'être, il faut qu'elle parle. Personne ne tiendrait, c'est inhumain.

Ce soir-là donc, Mme Barnes téléphone chez elle pour prévenir son mari et ses deux filles qu'elle ne rentrera pas. Et c'est en raccrochant qu'elle pense tout à coup que Marilyn a l'âge de sa fille cadette. Celle qui vient justement de dire : « Alors, maman, tu dors chez les dingues ? »

Dormir, il n'en est pas question. M^me^ Barnes occupera la chambre voisine de celle de Marilyn, officiellement chargée de surveiller la malade qui l'occupe. En réalité, elle devra veiller derrière la porte et intervenir immédiatement si Marilyn parle toute seule. Le Dr Honey a dit :

— La surprendre devrait suffire à faire cesser le jeu qu'elle joue. En s'apercevant qu'on ne peut plus la croire, elle changera de tactique et peu importe laquelle, je m'en charge, pourvu qu'elle parle. Mais tant qu'elle nous croit dupes et que nous avons toutes les raisons de l'être, on ne peut rien pour elle.

M^me^ Barnes distribue elle-même les tranquillisants qui font partie du traitement de Marilyn, la regarde les avaler, puis disparaît en disant « bonsoir », comme d'habitude, et « à demain », comme d'habitude.

Cela fait, elle va s'étendre avec un livre dans la chambre voisine, vide de malade, et se prépare à passer une nuit stupide. Car elle ne croit guère à la théorie du Dr Honey. Et c'est vers neuf heures du soir, alors qu'elle s'acharne à ne pas céder à l'envie de dormir, qu'elle entend soudain la preuve qu'il avait raison. Et quelle preuve !

C'est comme un bruissement, tout d'abord, et M^me^ Barnes pense qu'il s'agit sans doute d'un robinet d'eau. La jeune fille a dû avoir soif. Puis le bruissement s'arrête et l'oreille collée à la porte, elle entend nettement :

— Je vomirai toutes leurs sales drogues, chaque fois que je pourrai.

L'infirmière sursaute d'émotion. C'est la première fois qu'elle entend la voix de Marilyn et c'est comme si la jeune fille ressuscitait des morts. Ensuite, mentalement, M^me^ Barnes calcule : il y a une heure qu'elle a pris ses cachets, c'est ridicule de se faire vomir, elle en a assimilé les trois quarts ! Après ce réflexe professionnel, l'infirmière hésite. Doit-elle ouvrir la porte, entrer et dire : « Je vous ai entendue ! » ou bien doit-elle attendre que la jeune fille parle à nouveau ? Il vaut mieux attendre. D'ailleurs elle n'attend pas longtemps.

— Quand je parle j'ai peur de m'entendre moi-même. Je suis peut-être en train de devenir vraiment folle. Est-ce que les fous oublient qui ils sont et ce qu'ils ont fait avant ? Je devrais essayer de...

Mme Barnes n'a pas attendu la fin de la phrase cette fois. Elle a bondi dans le couloir et, d'un tour de clé vigoureux, a fait voler la porte de la chambre de Marilyn qui pousse un léger cri de surprise et reste la bouche ouverte.

— Je peux vous aider, mon petit, si vous voulez, j'ai une grande habitude des fous ! A propos, nos saletés de drogues font de l'effet en vingt minutes, inutile de vous obliger à vomir, vous vous détraquez l'estomac pour rien...

Comme Marilyn ne répond pas et qu'elle est devenue très pâle, l'infirmière s'en veut d'avoir utilisé ce ton ironique d'institutrice qui prend une élève en flagrant délit de mensonge. Elle se radoucit devant le petit visage triste, aux yeux bleus cernés de noir.

— Je vais vous expliquer. Le Dr Honey sait que vous n'êtes pas devenue subitement muette, il voulait vous le prouver pour que vous vous décidiez à participer au traitement, vous comprenez ? C'est pour votre bien, ne le prenez pas mal, mais j'étais chargée de vous surveiller. Vous êtes une enfant... on ne trompe pas un médecin comme lui si facilement.

Intérieurement Mme Barnes se dit : « Moi, tu m'as trompée, gamine... » et tout haut, elle ne sait pas pourquoi, elle ajoute :

— Vous savez, j'ai une fille de votre âge.

— Qu'est-ce que vous voulez que ça me fasse !

La réplique est partie sur un ton las et Marilyn se frotte le front de ses deux mains. Puis regarde le plafond, les meubles et enfin l'infirmière :

— Alors ? Qu'est-ce que je peux faire maintenant, hein ? On m'empêche de boire, de fumer, de me suicider et maintenant on m'empêche de me taire ? Bref, on ne veut pas que j'oublie ?

— Oublier quoi, Marilyn ?

— Moi. Ce que je suis, ce que j'ai fait.

— Des bêtises, c'est tout ce que vous avez fait... la mort de votre mère...

— De quoi parlez-vous ? Qu'est-ce que vous dites à propos de ma mère ?

— Je disais simplement que sa mort vous a choquée et que vous oublierez un jour.

— Vous plaisantez ?

— Pourquoi plaisanter sur un sujet pareil…

— Je l'ai tuée !

— Quoi ?

— Je l'ai tuée ! Ma mère, je l'ai tuée, IL ne vous l'a pas dit ?

— Marilyn voyons, ne vous énervez pas, il faut vous recoucher maintenant, je vais rester avec vous, jusqu'à ce que…

— Evidemment il ne l'a pas dit ! Je suis bête ! Même à un médecin, il ne l'a pas dit… Alors qu'est-ce qu'il a raconté pour m'enfermer ici ?

— Voyons, Marilyn, vous n'allez pas accuser votre père…

— Je suis malade, c'est vrai, malade d'angoisse et de dégoût de moi-même, j'ai voulu mourir, il n'a pas voulu. J'ai voulu me dénoncer, il n'a pas voulu. Mais qu'est-ce qu'il veut ? Que je crève ici à petit feu ? Qu'on m'oublie ? Il m'à condamnée à trouver mon châtiment moi-même ? Dites, madame, qu'est-ce que… qu'est-ce que vous feriez à ma place ? Et votre fille, si elle vous avait tuée comme j'ai tué ma mère, qu'est-ce qu'elle ferait ?

M^me^ Barnes, horrifiée par les propos de Marilyn, reprend le dessus brutalement :

— Taisez-vous ! Ce n'est pas l'heure de raconter des idioties. Si vous croyez m'impressionner avec vos histoires, c'est raté. J'en ai entendu d'autres. Allez, au lit ! Et je vous préviens, si vous ne vous calmez pas, c'est la piqûre.

— Oh ! je m'en fous de votre piqûre. Je veux bien faire toutes les crises de nerfs que vous voulez, pourvu que vous m'en fassiez douze des piqûres…

— Pour quelqu'un qui ne parlait pas, vous parlez beaucoup d'un seul coup…

— Ecoutez-moi, madame, je vous en supplie. C'est la première fois que j'ai besoin d'en parler. C'est vrai ce que je vous dis, je l'ai tuée. C'était il y a deux ans, sur le bateau. Je l'ai vue avec un invité, un sale type qui s'appelait Rudy, elle trompait mon beau-père, comme elle avait trompé mon père toute sa vie. Vous savez, quand je suis née, eh bien, elle n'a jamais su qui était mon vrai père. Elle en a choisi un, ils se sont mariés, mais toutes ses amies faisaient des paris sur la ressemblance. C'était ça ma mère, vous voyez ? Une garce, alors je l'ai tuée. C'était pour lui, pour mon beau-père, pour mon père, le vrai et le faux, c'était pour qu'elle arrête de tromper tout le monde. Il faisait du brouillard un peu, je l'ai poussée du canot à moteur, elle est tombée et je suis partie, je l'ai laissée dans l'eau en pleine mer, en train de crier. Quand je l'ai dit à mon beau-père, c'était une heure plus tard. Elle avait disparu, elle nageait mal. On ne l'a pas retrouvée. Alors, vous savez ce qu'il a fait ? Il m'a enfermée dans ma cabine. Il m'a interdit de parler de ça à qui que ce soit, il a inventé toute une histoire, il a appelé du secours et j'ai dû jouer la comédie pendant des jours et des semaines. « Je t'interdis d'en parler ! Aller en prison ne servirait à rien ! Ta vie serait foutue et ma réputation aussi ! C'est un accident ! Un accident », voilà ce qu'il me répétait. Alors, j'ai fait n'importe quoi, parce que l'envie de parler me brûlait et en même temps j'avais peur d'aller en prison. J'ai commencé par avaler des somnifères, mon beau-père m'en procurait, il croyait que ça me calmerait. Puis le médecin est venu, il a parlé de dépression et m'a bourrée de médicaments. J'ai découvert l'alcool et le reste, je m'étourdissais, je me suis cognée la tête contre les murs, j'ai bu jusqu'à être ivre morte, j'ai avalé un tube de saleté, j'ai voulu sauter par la fenêtre, mais il était toujours là, toujours... Il me faisait surveiller. Il m'avait prévenue : « Si tu dis quoi que ce soit, je te ferai interner, je dirai que l'accident de ta mère t'a rendu folle. » Et puis, il m'a emmenée ici, parce qu'il avait peur. Parce que depuis deux ans, je deviens vraiment folle. Je l'ai écouté, j'avais peur de lui, peur de lui faire du mal en parlant.

« Maintenant je n'en peux plus. Je suis sûre que le docteur ne me croira pas. Ou qu'il fera semblant de ne pas me croire. Et je deviendrai folle ici, petit à petit. Qu'est-ce qu'il faut faire, madame ? Dites-moi, je vous en prie, qu'est-ce qu'il faut faire ? Vous avez une fille, hein ? Vous me l'avez dit ! Faites comme si c'était elle... Dites-moi, si je vais me dénoncer à la police, est-ce que je pourrai oublier ? Si je vais en prison, est-ce que je n'y penserai plus ? J'ai si peur d'aller en prison.

M^me^ Barnes, éberluée et retournée par cette longue tirade, ne sait trop quoi dire.

— Pourquoi avez-vous peur de la prison ? C'est un peu comme ici, il y a des barreaux...

— On ne me donnera pas de calmant là-bas, je serai seule, lucide...

— Si vous êtes malade on vous soignera !

— Et vous croyez que je suis malade ?

— Bien sûr.

— Alors je dois y aller ?

— Je ne sais pas, Marilyn. J'ignore si tout cela est vrai, si vous ne vous racontez pas des histoires...

— Des histoires ?

— Peut-être, rien ne prouve que vous avez tué votre mère, elle est peut-être tombée et vous n'avez pas eu le courage ou le réflexe de l'aider, alors vous vous croyez coupable...

— Non ! Oh non ! je l'ai poussée ! Ça, personne ne le sait mieux que moi. Laissez-moi partir d'ici ! J'irai à la police, j'ai le droit de le faire !

— Mais je ne peux pas ! Vous êtes une malade, il faut d'abord en parler au docteur !

— Et il ne voudra pas, hein ? C'est ça ? Il préviendra mon beau-père, ils décideront que je débloque et je ne sortirai jamais, jamais ! Laissez-moi partir...

— Non ! Il n'en est pas question !

Marilyn avance sur l'infirmière, les mains tendues, suppliante, et Mme Barnes recule, elle cherche des yeux la sonnette qui préviendra l'infirmier de garde, Marilyn s'accroche à elle, les deux femmes trébuchent. Que se passe-t-il ? Il se passe que Marilyn a agrippé le vase de fleurs qui ornait la table de sa chambre et l'a brisé sur la tête de Mme Barnes, de toutes ses forces. Puis elle s'est enfuie comme une souris, enveloppée dans la blouse de l'infirmière, elle a filé sous le nez de l'infirmier de garde, trop occupé à réchauffer du café. Et c'est dans un commissariat que son beau-père l'a retrouvée à l'aube, après une équipée dans la nuit, du stop et une confession au premier policier venu.

Marilyn était mineure et malade. Il y eut donc une enquête au cours de laquelle le témoignage de Mme Barnes, l'infirmière, fut entendu, mais la presse ne put se faire l'écho des débats qui se déroulèrent à huis clos et aucune condamnation ne fut prononcée.

Marilyn fut simplement confiée à un centre spécialisé pour adolescents en difficulté. Comprenne qui pourra.

Ainsi que le déclarait Mme Barnes à une revue australienne en 1977 :

— Cette enfant était sincère, elle m'a touchée, criminelle ou non, et je crois que son principal problème était de ne pas être aimée.

Comme tout le monde.

# LES YEUX DE LA VOYANTE

Au bar d'un drugstore, Claire Levillain repose sa tasse de thé et s'écarte un peu pour laisser de la place au jeune homme qui depuis quelques instants l'examinait sans dire un mot. C'est un grand blond vêtu de façon stricte : pantalon gris, blazer bleu marine et cravate club.

— Excusez-moi si je prends la liberté de vous adresser la parole, dit-il, mais mon français hésitant me donne des complexes et je me sens un peu perdu dans cette ville.

Claire, comme toutes les très jolies filles, est habituée à ce genre d'entrée en matière. Celle-ci n'est pas plus originale qu'une autre, mais le garçon est vraiment sympathique. Et puis Claire est encore mal remise de sa récente rupture avec un jeune homme qu'elle croyait aimer et traîne un cafard tenace.

— Vous ne parlez pas si mal.

— Vous trouvez ? Je m'appelle Harry Storm, je viens de New York en mission commerciale, c'est la première fois que je mets les pieds à Montréal. En sortant d'ici, je dois essayer de trouver l'hôtel *Queen Elisabeth.* Vous savez où c'est ?

Bien sûr Claire Levillain sait où est l'hôtel en question. De sorte qu'ils se retrouvent tous deux, le soir même, au restaurant du *Queen Elisabeth* et terminent gentiment la soirée au cinéma. Cela se passe au mois d'août 1975 et la nuit est tiède lorsque le jeune homme raccompagne Claire jusqu'à la porte de son immeuble.

— Est-ce que vous accepteriez de passer le week-end avec moi ?

— Le week-end ? C'est beaucoup ! Le samedi, si vous voulez. A condition que je sois rentrée pour huit heures

— D'accord.

— Et où comptez-vous m'emmener ?

— J'ai des cousins qui possèdent une maison dans les Laurentides, il paraît que c'est très joli. Ils seront absents le week-end, nous pourrions faire une promenade là-bas.

Claire Levillain hésite, mais le garçon a été si correct et tellement gentil qu'elle n'a aucune raison de refuser.

Ils se revoient le lendemain et le surlendemain. La jeune fille, très imaginative, commence à se sentir amoureuse : Harry est beau. Il semble avoir une excellente situation. Il met une telle tendresse dans son regard lorsqu'il lui parle qu'elle se voit déjà la bague au doigt.

La voiture qu'Harry a louée est une des dernières Ford décapotables. Claire Levillain, cheveux au vent, rit comme une petite fille et d'heure en heure la banale rencontre prend le tour idyllique qu'elle avait souhaité.

— Mon Dieu, comme j'aimerais habiter ici !

Harry lance à la jeune fille un regard appuyé en freinant devant le vaste chalet de ses cousins. Claire se sent fondre lorsqu'ils grimpent les quelques marches qui mènent à la terrasse. La journée ne se terminera pas sans une déclaration d'amour. C'est vrai qu'un couple pourrait bien vivre ici.

Dès qu'ils se retrouvent dans la cuisine, Harry sort une bouteille de whisky du panier à provisions qu'il apporte. Il emplit deux verres à ras bord :

— Mon Dieu, c'est pour moi, cela ? Mais je vais être ivre !

— Lorsqu'on entre pour la première fois dans une maison qui fait penser au bonheur, il faut vider un verre plein, c'est une vieille coutume à laquelle je crois.

Claire n'ose pas refuser : ne vient-il pas une fois de plus de parler de bonheur ?

Dix minutes plus tard, elle sent que sa tête tourne et éclate bêtement de rire :

— Je crois que je suis ivre, Harry, c'est affreux !

Harry sourit et remplit à nouveau son verre.

— C'est le grand air, dit-il, buvez cela et vous verrez que tout ira bien.

— Pouah ! s'exclame la pauvre Claire en vidant à nouveau son verre. Ça brûle horriblement, mais je commence à aimer...

Après le troisième verre, Harry attire brutalement la jeune fille contre lui et l'embrasse. Claire se laisse faire. Bien qu'elle n'ait pas totalement perdu conscience, elle se trouve dans un état proche du coma. Lorsqu'il abuse d'elle, la jeune fille ne se rend même pas compte de ce qui se passe.

Elle met à peu près trois heures pour récupérer. Le soleil inonde la cuisine et lui fait cligner les yeux. Elle essaie de se redresser et laisse retomber sa tête sur le carrelage couleur sang-de-bœuf. Car elle est allongée sur le carrelage et son crâne est terriblement douloureux. Il lui faut un certain temps avant de réaliser qu'elle est à moitié nue, jupe retroussée et corsage défait.

Harry assis sur un tabouret, à quelques pas, la contemple froidement, d'un air dégoûté.

— Tu devrais te rincer le visage. Les filles qui bavent, je ne trouve pas ça très excitant...

Retenant ses larmes, Claire parvient à se lever et, s'appuyant à la table de la cuisine, se traîne jusqu'à l'évier. La honte qu'elle ressent lui fait baisser la tête. Une nausée épouvantable lui donne l'impression que tout autour d'elle, les murs, le sol, bouge dans tous les sens. A croire qu'elle va mourir.

— Lave-toi, je t'ai dit, ajoute Harry dans un clignement d'œil... Après cela on fera ce qu'il faut pour te remettre en forme.

C'est seulement à cet instant que la jeune fille comprend qu'il l'a enivrée et qu'elle s'est laissée faire comme une idiote. Dans sa mémoire, des gestes flous et désordonnés font surface : elle ne s'est pas seulement laissée faire, elle l'a aidé. Un violent hoquet l'oblige à se cramponner à l'évier.

— Pourquoi avez-vous fait ça ? Pourquoi ? C'est ignoble !

— Ignoble ? Qu'est-ce qui est ignoble ?

Harry qui s'est levé brusquement, bondit vers elle et la tient devant l'évier en la secouant par les cheveux. Il hurle dans la cuisine :

— Qui est ignoble ? Les filles comme toi qui font les saintes nitouches et qui n'ont qu'une idée : exciter les hommes ?

Prise de tremblements, les lèvres de Claire s'ouvrent comme si elle suffoquait. Elle prend une profonde aspiration et pousse un cri.

— Tu peux crier tant que tu voudras, personne ne peut t'entendre. Tu as vu où habitent les voisins ? Ils sont à des kilomètres.

Après s'être rincé le visage, Claire se retourne et aperçoit son reflet dans le carrelage sang-de-bœuf qui recouvre aussi les murs de la cuisine : sa jupe et son corsage sont déchirés, elle a les cheveux en désordre :

— Laissez-moi partir. Je ne dirai rien, je vous le jure... Laissez-moi partir, je vous en supplie...

Aussitôt elle comprend son erreur, Harry sourit satisfait : la voir supplier et pleurer ne fait qu'exciter son besoin de la torturer. Les vêtements stricts et conventionnels — le pantalon gris, le blazer bleu marine, la cravate club — cachent un dangereux sadique. Terrorisée, elle prend un peigne dans son sac sur la table de la cuisine. Un pressentiment lui dit que son meilleur moyen de défense est de feindre l'indifférence.

Effectivement, après l'avoir insultée, il finit par aller s'asseoir à nouveau tout en débitant un tas d'obscénités.

Continuant à mettre de l'ordre dans sa tenue, Claire ne réagit pas. Elle attend qu'il se fatigue. Au premier moment d'inattention, elle se précipitera hors de la cuisine pour essayer de fuir.

Mais le temps passe, interminable. Las de débiter des obscénités, dans un silence d'angoisse et de haine, Harry se verse, verre après verre, de grandes rasades de whisky.

Tout à coup, il plante un gros cigare entre ses lèvres et comme son briquet ne marche pas, il se lève pour aller chercher des allumettes dans le buffet. Le moment est venu... Prenant le risque de passer à quelques centimètres de lui, Claire s'élance vers le hall.

Hélas, malgré l'incroyable quantité d'alcool qu'il a ingurgitée, Harry a encore des réactions rapides et précises. Il rattrape la jeune fille sur la terrasse, la tire à l'intérieur et la jette sur le canapé.

— Tu sais ce qu'on fait aux filles comme toi, ma belle ?

Et il tourne autour d'elle, lui jetant des regards chargés de haine.

— Eh bien, je vais te dire ce qu'on leur fait ! On les défigure ! On les marque ! On découpe toutes ces jolies choses en lanières. Tu ne le savais pas, ma jolie ?

Il plonge la main dans sa poche pour en sortir un couteau dont il fait jaillir la lame d'un claquement sec. Le beau garçon est devenu hideux, son visage est déformé par les tics. Cet accès de hargne meurtrière n'est pas accidentel, le couteau prouve la préméditation, il est fou, c'est évident.

— Allons, ne bouge pas, ma belle...

Et il s'approche, le couteau à la main.

Comme Claire se lève d'un bond, il la frappe au vol. La lame, sans pénétrer profondément, effleure la poitrine. Comme dans un cauchemar, Claire fuit les coups sans trop croire qu'elle parviendra à lui échapper longtemps. A plusieurs reprises la lame parvient à la toucher. Couverte de sang, les vêtements en lambeaux, elle lutte par réflexe, convaincue qu'il finira par la tuer.

Un oiseau ouvre ses ailes de bronze sur la bibliothèque. Il ornait jadis l'énorme bouchon de radiateur d'une de ces voitures qu'on ne trouve plus que dans les musées : une Chenard et Walker. Il y a toute une collection de ces bouchons de radiateur sur la bibliothèque. Celui-là est le plus gros et certainement le plus lourd. Claire ne se souviendra jamais comment elle a réussi à s'en emparer.

Lorsque le bouchon de bronze frappe Harry sur le crâne et que celui-ci s'écroule à ses pieds, elle ne comprend pas immédiatement qu'elle l'a tué.

Hébétée, Claire va passer des heures à contempler son cadavre. Ce n'est que lorsque la nuit commence à tomber qu'elle se lève et va se laver pour essayer de retrouver une apparence à peu près normale. En réalité, si l'apparence est normale, dès cet instant sa conduite ne l'est plus.

Sans doute est-ce la culpabilité jointe à la frayeur qui l'empêche tout bonnement d'aller prévenir la police.

Elle se souvient qu'elle a laissé son imperméable dans la voiture. Elle parviendra ainsi à dissimuler ses blessures et l'état de ses vêtements.

Sachant conduire, elle se rend avec la Ford jusqu'à l'entrée de Montréal où elle l'abandonne pour faire le reste du chemin à pied.

Il est dix heures et demie du soir lorsqu'elle s'enferme dans sa chambre. Ses parents dorment et personne ne l'a surprise en route. Il y a de fortes chances pour que la police ne puisse jamais établir un lien entre elle et le sadique qu'elle a été obligée de tuer.

Un mois plus tard, donc en septembre 1975, Claire Levillain tombe sur un article publié dans la page des faits divers du journal *La Presse* de Montréal. Dans cet article, il est dit qu'une certaine Linda Storm, voyante de son métier, déclare qu'elle parviendra grâce à ses facultés extra-lucides à découvrir l'assassin de son frère Harry, mystérieusement assassiné dans leur villa des Laurentides.

Claire découpe l'article, le plie en quatre et le range soigneusement dans son sac.

Toute la journée, elle songe à la déclaration de la voyante. Le soir, seule dans sa chambre, elle déplie les morceaux de journal et relit avec terreur ce qui y est écrit.

C'est absurde, elle n'a jamais cru à ces histoires de voyantes. Cette femme ne peut donc rien contre elle et pourtant elle a peur... affreusement peur...

Malgré l'absurdité de son attitude, Claire se sent épiée, surveillée. Lorsqu'elle s'endort ce soir-là, après avoir lu la déclaration de la voyante, la lampe de la table de nuit brille encore : elle n'a pas osé éteindre la lumière !

En quelques jours son obsession va prendre des proportions effarantes. Elle achète une quantité d'ouvrages relatifs aux sciences occultes et dévore tous les magazines où il est question de facultés supra-normales ou simplement insolites. Le nom de Linda Storm va hanter toutes les secondes de son existence... Elle va maigrir de plusieurs kilos.

Quotidiennement, elle épluche dans la presse les rubriques consacrées aux crimes et aux affaires policières qui vont lui devenir familières. Elle sait que viendra le moment où l'on reparlera de l'assassinat de Harry Storm.

Fin septembre 1975, Claire tombe effectivement sur un encadré : « Linda Storm, la célèbre voyante, a décidé de se rendre dans la maison de Laurentides où son frère a été sauvagement assassiné. Elle affirme que se trouver sur les lieux du crime lui permettra de faire le portrait robot de l'assassin. »

Le lendemain, aux informations télévisées, un médecin new-yorkais explique gravement que le pouvoir des médiums est dû à certaines particularités de leur système nerveux. Les grands extra-lucides, d'après lui, ont notamment une sensibilité accrue du nerf optique. Lorsque l'acuité du nerf optique baisse, il est fréquent, explique-t-il, que les dons de double vue viennent à disparaître.

De pareilles théories sont aussi stupides que fantaisistes et Claire Levillain devrait en rire.

Il faut croire qu'ayant tué un homme — bien qu'en état de légitime défense — son geste constamment présent à ses yeux diminue son sens critique. L'obsession ne lui permet plus de réfléchir. Poursuivie par l'horreur d'images sanglantes, elle perd progressivement la raison, faisant de moins en moins la différence entre la réalité et ses fantasmes.

Quelques jours plus tard, Linda Storm arrive à Montréal et se produit à la télévision annonçant son intention de donner une conférence de presse. Au cours de cette réunion, la voyante compte faire, dit-elle, une très importante révélation.

Claire appelle aussitôt la télévision au téléphone :

— Ici S.R.C., j'écoute.

— Où réside Linda Storm pendant son séjour à Montréal ? demande-t-elle.

— Qui êtes-vous ?

— Claire Levillain.

— Ne quittez pas...

La standardiste la promène de bureau en bureau jusqu'à ce qu'elle tombe enfin sur un journaliste :

— Où elle habite à Montréal ? J'en sais rien, moi ! Peut-être tout simplement dans sa villa des Laurentides.

— Bien... merci, monsieur...

Le jour même, après avoir emprunté la petite voiture de son père, Claire part en direction des Laurentides. Une heure plus tard, elle s'arrête devant la jolie barrière de bois qui entoure la maison où elle a tué Harry Storm. Il fait déjà nuit noire, mais la lumière est allumée dans la cuisine. De temps en temps une ombre se profile devant la fenêtre.

Serrant le manche du tournevis dont elle s'est munie, Claire marche directement vers la maison, escalade les trois marches de la terrasse et tourne la poignée de la porte d'entrée qui ne s'ouvre pas. Linda Storm a pris la précaution de donner un tour de clé.

Claire frappe à la porte. Après une attente de quelques secondes, une voix de femme un peu rauque lui demande :

— Qui est là ?

— Je suis Claire Levillain, une amie de votre frère.

Pas un instant la voyante n'a imaginé que son frère ait pu être assassiné par cette jolie et frêle jeune fille qu'elle voit à travers le carreau. Elle ouvre.

— Je ne vous laisserai pas me faire du mal, lui déclare Claire en entrant brusquement.

— Du mal ? Quel mal ?

— Votre frère était un malade.

Outrageusement fardée, les mains chargées de bagues de toutes les couleurs, la voyante extra-lucide est une caricature des femmes de sa profession. Elle a dépassé la soixantaine et ouvre de grands yeux étonnés.

— Vous devez vous trompez de maison, mon petit.

Elle bégaye et recule jusqu'à la cuisine devant Claire qui vient de sortir son tournevis.

— Non, je ne me trompe pas, c'est ici que votre frère a essayé de me tuer après m'avoir violée.

— Mais ! crie Linda Storm, qu'est-ce que vous faites avec ça ?

Et elle porte ses mains vers son visage afin d'éviter la pointe du tournevis.

— Attention à mes yeux ! Attention à mes yeux !

La vieille femme se retrouve maintenant plaquée contre le mur.

— Vos yeux ne verront plus jamais rien, hurle la jeune fille en frappant à tour de bras. Vous ne me dénoncerez pas, je ne vous laisserai pas faire !

L'homme qui a carrelé la cuisine de cette villa des Laurentides ne se sera jamais douté qu'il y coulerait tant de sang humain. Linda Storm gît les bras en croix. En lui crevant les yeux, Claire vient d'atteindre le cerveau. La voyante est morte !

On ne constate le crime que le lendemain. Cette fois, pour résoudre l'énigme, la deuxième en deux mois dans la même villa, la police canadienne déploie une activité fébrile. Elle pense bien entendu qu'un détraqué aurait pu concevoir le meurtre après l'apparition de Linda Storm à la télévision. C'est ainsi qu'elle relève à tout hasard les noms des personnes ayant appelé la télévision au téléphone. Dans la liste figure celui de Claire Levillain. Les empreintes relevées sur le tournevis sont comparées avec celles de la jeune fille. Elles sont identiques. De plus, le père de Claire reconnaît l'outil.

Arrêtée, Claire confesse alors son histoire. Sans doute n'aurait-elle pas été jugée, mais probablement internée dans un hôpital psychiatrique, si elle ne s'était suicidée dans sa cellule après avoir hurlé des nuits entières :

— Elle est là, je vois ses yeux qui me regardent... faites-la sortir, je vous en supplie... ses yeux me rendent folle !

# DEUX GRANDS OISEAUX DANS UNE CAGE DORÉE

Il était une fois deux grands oiseaux vivant dans une cage dorée, l'un à Stuttgart, l'autre à Cannes. L'un s'appelle Ingrid et l'autre Lise. Ingrid, qui vit à Cannes, est une jeune Allemande de vingt-cinq ans, solide, bien faite, avec des yeux bleus perçants, des cheveux blonds coupés court au-dessus d'un visage éternellement bronzé par le soleil des plages, des sports d'hiver et des courts de tennis. Ce soir-là, vers neuf heures, à la recherche d'un numéro de téléphone, elle fouille dans le petit secrétaire qui se trouve dans sa chambre.

Ce numéro de téléphone qu'elle ne va pas trouver est la cause d'un drame extraordinaire. Elle cherche en effet le numéro de téléphone du bar voisin de l'usine de Stuttgart dont son mari, le Dr Schwartz, est l'un des dirigeants. Ce mari dont elle est séparée depuis une année, doit y être en ce moment. Il a coutume d'y boire un whisky en sortant de son bureau, avec le directeur technique, l'ingénieur Helman. Mais où a-t-elle inscrit ce fichu numéro ?

Dans sa chambre luxueuse de style rétro, au milieu d'une collection de vases de Lalique, « l'oiseau Ingrid » s'agite. Où la femme de ménage a-t-elle rangé son répertoire téléphonique ? Elle allume un ravissant lampadaire dont les ampoules sont logées dans des abat-jour en forme de fleurs du plus bel effet. Malheureusement, il n'en tombe qu'une lueur approximative. Tout d'ailleurs, chez cette ravissante femme, est approximatif.

Le petit secrétaire ne contient qu'un fouillis de factures dont elle ne sait jamais si elles ont été payées ou pas, de recettes de cuisine infaisables, d'agendas et de répertoires des années 1969, 70, 71, 72 en lézard, en crocodile, avec ou sans stylomine en or. Elle y a noté d'une immense écriture quelques rendez-vous et au hasard, sur n'importe quelle page, quelques numéros de téléphone irrécupérables, puisque les carnets restent dans le tiroir et qu'elle oublie de les consulter.

Bien entendu, c'est la faute de la femme de ménage si Ingrid ne retrouve jamais ce qu'elle cherche.

Par contre, en pratiquant ce genre d'exploration, il lui arrive de faire des découvertes : « Qu'est-ce que c'est que ça ? » Il s'agit d'un numéro de téléphone noté sans aucune autre explication en travers d'une page de l'agenda de 1970... Le souvenir lui en revient brusquement : c'est son mari qui lui a donné ce numéro... Il s'agit du téléphone privé de l'ingénieur Helman. Or, l'ingénieur Helman est marié. Peut-être que sa femme aurait le numéro de téléphone du fameux bar près de l'usine ?

L'oiseau Ingrid attire à lui le téléphone, s'asseoit sur le bord du lit et compose le numéro. Quelques secondes encore et le drame va se nouer.

A mille kilomètres de là, en effet, le téléphone sonne dans la villa de l'autre grand oiseau : Lise. Il y a bien un poste téléphonique dans le living-room, mais les plombs du living ont sauté et Lise ne sait pas les réparer. Lise, qui regardait donc la télévision dans le noir et dans un déshabillé rose, se lève pour gagner la chambre où se trouve l'autre téléphone...

Lise est une femme brune de trente-quatre ans au visage large et sensible. Elle fait de la reliure et de la tapisserie. L'ennui, c'est qu'elle relie n'importe quoi, y compris des livres que son mari l'ingénieur Helman n'a jamais lu et ne lira jamais. Et l'ingénieur Helman préfèrerait que les tapisseries qui trônent dans les pièces de réception soient modestement exposées dans l'office ou dans les waters. D'une façon générale, l'ingénieur Helman souhaiterait plutôt qu'elle fît quelques efforts pour rester jolie, car elle l'a été... Elle pourrait l'être encore si elle faisait preuve d'un peu de continuité dans l'effort, ce qui n'est pas le cas : elle a commencé dix régimes amaigrissants, entrepris dix fois de faire de la gymnastique, mais la graisse a tendance à élargir son visage, à alourdir son corps déjà robuste.

Dans la chambre tapissée de rose, l'oiseau Lise cherche le téléphone de ses yeux noirs et tristes. Ce fichu téléphone qu'on trouve quelquefois sur la table de nuit de droite, quelquefois sur la table de nuit de gauche. Elle s'affole un peu, cette pauvre Lise : la persistance de cette sonnerie à neuf heures du soir l'inquiète. Sous l'effet d'une décharge d'adrénaline, une boule lui monte dans la gorge et ses mains tremblent.

— Allô ?

— Allô ! Vous êtes madame Helman ? demande la voix bien timbrée de l'oiseau Ingrid.

— Oui..., répond de sa voix timide l'oiseau Lise.

— Je suis madame Schwartz... J'ai souvent entendu parler de vous par mon mari et si je me permets de vous appeler à cette heure-ci, c'est pour vous demander un petit renseignement assez urgent.

— Mais certainement, madame... si je puis vous aider...

— Voilà. Votre mari et le mien, en sortant de leur bureau vont souvent boire un verre dans un petit bar qui est à côté de l'usine. Vous connaissez cet endroit ?

— Non. Je n'y suis jamais allée... Enfin, je suis déjà passée devant mais je ne suis jamais entrée...

— Est-ce que, par hasard, chère madame, vous auriez son numéro de téléphone ?

— C'est bien possible. Je vais regarder dans le répertoire de mon mari... Ne quittez pas.

L'oiseau Lise pose le combiné sur le lit et s'en va chercher à tâtons dans le living-room le répertoire téléphonique.

Après un long silence au bout de la ligne, Ingrid entend la voix timide de Lise :

— Je suis désolée, madame, je ne trouve pas le répertoire de mon mari...

— Ah... c'est ennuyeux... Je crois qu'il faut que je vous explique. Vous le savez peut-être, mon mari et moi nous vivons séparés depuis un an. Je sais qu'il doit partir en Californie pour quinze jours et, de là, il doit aller au Japon. J'aurais voulu le joindre avant son départ car nous avons certains détails à régler.

Ces détails concernent exclusivement la pension. Bien que séparé, l'oiseau Ingrid n'aime pas savoir son mari si loin. Elle se sentirait rassurée si, avant son départ, le Dr Schwartz lui faisait un virement à Cannes sur son compte en banque.

— Je comprends... Je comprends... murmure l'oiseau Lise. Je vais chercher dans l'annuaire.

Qui n'a jamais vu Lise chercher dans l'annuaire n'a rien vu. De toute façon, elle ne se souvient pas du nom de la rue où se trouve le bar et elle ne se souvient pas du nom du bar. Et puis cet annuaire est trop vieux. Ils ont bien reçu l'annuaire de l'année, mais elle n'arrive pas à mettre la main dessus. Dieu sait où son mari à pu le mettre ! A moins que ce soit la femme de ménage...

— Ah ! les femmes de ménage... murmurent les deux oiseaux accablés.

— Et puis quelle manie de passer une heure dans ce bar tous les soirs !

— Et tout ça pour parler travail ! Pour parler de cette maudite usine !

— C'est pourquoi nous nous sommes séparés, explique Mme Schwartz. C'était l'usine ou moi.

Ingrid, jeune, jolie a osé. Lise s'est résignée. Il faut dire qu'Ingrid n'était mariée que depuis trois ans, mais Lise depuis onze ans.

— Au fait, peut-être avez-vous le numéro de téléphone de Mme Schmidt ?

A Stuttgart, l'oiseau Lise se tait quelques instants.

A Cannes, l'oiseau Ingrid insiste :

— Vous avez entendu parler de Mme Schmidt ?

Oui, évidemment, Lise a entendu parler de Mme Schmidt. Car c'est une femme très active, une collaboratrice précieuse du Dr Schwartz et de l'ingénieur Helman.

— Un peu trop précieuse... précise Ingrid. Elle a couru après tous les hommes de l'usine. Vous l'avez déjà vue ?

— Quelquefois.

— Il faut reconnaître qu'elle n'est pas mal, ajoute Ingrid, un peu vulgaire mais pas mal. Et je pense que si mon mari est rentré parfois si tard, c'est qu'il a dû avoir quelques conférences tardives avec cette Mme Schmidt !

— Vous croyez ? demande Lise.

— Sûrement, affirme Ingrid.

Alors Lise, qui ne veut pas avoir l'air d'une imbécile, ajoute :

— Je pense qu'elle a dû faire aussi des avances à mon mari.

Silence à Cannes... comme si Ingrid était étonnée.

— Vous ne croyez pas ? murmure Lise.

— Mais... si, bien sûr...

Lise qui sent que l'étonnement d'Ingrid est plein de signification, devient insistante :

— Lorsque vous viviez ici avec votre mari, vous avez bien dû en entendre parler ?

— Oui... mais... ce n'était rien que des commérages..., explique Ingrid avec embarras.

Lise a compris. Elle a déjà ressenti certaines appréhensions. Quelquefois la voiture de son mari sentait le parfum. Un jour, elle a trouvé un clip d'oreille sur la banquette arrière. Brusquement, un voile se déchire. Elle a toujours mené la politique de l'autruche et ce soir, subitement, ça ne lui paraît plus possible.

— Vous pouvez parler... Il y a longtemps que je sais que M^me^ Schmidt est la maîtresse de mon mari. Mais je n'ai pas de preuve pour agir. Vous me rendriez service si vous pouviez me les fournir.

C'est fait ! Crac ! Les vannes sont ouvertes. L'oiseau Ingrid raconte tout ce qu'il sait : chaque fois que l'ingénieur Helman part en voyage d'affaires, comme par hasard, cette M^me^ Schmidt tombe malade et ne vient pas à l'usine. Tout le monde pense qu'il l'emmène avec lui. On dit qu'il ne peut plus se passer d'elle. D'ailleurs, on les a rencontrés ensemble un peu partout. Et cela fait au moins deux années que dure l'histoire. M^me^ Schwartz conclut :

— Remarquez, tout cela ce ne sont que des on-dit et si je vous les rapporte c'est parce que, un jour ou l'autre, vous l'auriez su de toute façon.

Après trois quarts d'heure de cette « amicale » conversation, les deux oiseaux ont raccroché, l'une à Cannes, l'autre à Stuttgart.

A Cannes, Ingrid qui se sent tout à la fois gênée et soulagée se jette sur son secrétaire, décidée à retrouver coûte que coûte le numéro de téléphone du fameux bar... Mais, au fait, il est maintenant dix heures du soir. Son mari n'y est sans doute plus ! Ingrid craint qu'il ne repasse pas par l'usine demain matin.

A Stuttgart, le pauvre oiseau Lise, abasourdi, désespéré, vexé de son propre aveuglement qui confine à la bêtise, s'est jeté sur une bouteille de cognac. Puis elle attend son mari dans le living-room obscur. Sur les murs s'agitent les lueurs et les ombres que projette l'écran de télévision. La musique d'un film à suspense couvre le petit tintement du goulot de la bouteille de cognac contre le verre que Lise remplit et vide régulièrement, mécaniquement.

Comme son mari tarde à rentrer, la douleur la suffoque presque. Au quatrième verre, elle ne sait plus très bien ce qu'elle fait. Dans un placard à linge de la chambre tapissée de rose, entre deux piles de draps, son mari cache un revolver. Un énorme pétoire à barillet, un terrifiant tromblon qui doit dater de la guerre de 14-18. Lise n'y connaît rien, mais elle voit bien qu'il y a quelque chose dans les trous du barillet, des balles sans doute. Et puis elle voit un petit levier. A tout hasard, elle le tourne... Elle vient de dégager le cran de sûreté.

Comme l'attente est intolérable, elle se lève subitement pour appeler l'oiseau Ingrid qui lui a laissé son numéro à Cannes.

Ingrid qui s'apprêtait à se coucher, décroche et, reconnaissant la voix de Lise, s'allonge sur le lit, prévoyant la reprise d'une longue et passionnante conversation.

— J'ai réfléchi, explique Lise. Je vais mettre mon mari à la porte ! Pour me donner du courage, je viens de boire une demi-bouteille de cognac. Je ne bois jamais, mais cette fois, j'ai senti que j'en avais besoin. S'il le faut, pour l'obliger à partir, je vais le menacer avec un pistolet...

L'alcool délie la langue de la pauvre femme et la conversation va durer plus d'une heure. Il n'y est bien entendu question que de leurs maris réciproques : le Dr Schwartz et surtout l'ingénieur Helman, sans oublier, bien entendu, Mme Schmidt, contre laquelle Lise n'en finit pas d'exprimer une haine qui frise l'homicide. Elle n'a jamais vu Mme Schmidt, mais elle imagine cette créature sans entrailles, cet être inhumain qui parvient tout à la fois à diriger une usine et à dévorer ses employés.

Vers minuit, la conversation tourne en rond. L'oiseau Ingrid commence à battre des paupières dans sa cage dorée de Cannes, au milieu des vases de Lalique. Elle conseille à l'oiseau Lise de ne plus boire et d'aller se coucher. Puis, profitant d'une pause, met brusquement fin à la communication.

Ce n'est qu'au moment où elle va éteindre qu'Ingrid réalise la gravité de la situation : cette femme ivre, folle de jalousie qui, à mille kilomètres de là, dans une villa des environs de Stuttgart, attend son mari un pistolet sur les genoux !

Alors elle rappelle Lise à Stuttgart. Mais, soit que celle-ci ait laissé le téléphone décroché, soit qu'elle ait appelé un autre numéro : la ligne est occupée.

Ingrid attend quelques minutes et compose à nouveau le numéro. Toujours la sonnerie « occupée ».

Encore quelques minutes... Ingrid fait une nouvelle tentative. Cette fois, l'appareil est raccroché et sonne normalement. A la deuxième sonnerie, on décroche.

— Allô, j'écoute... dit une voix de femme.

— C'est vous, Lise ? demande Ingrid.

Mais en même temps qu'elle pose la question, elle devine qu'elle a dû se tromper de numéro.

— Non, je ne suis pas Lise... explique la voix de femme calme, un peu grave.

— Excusez-moi. J'ai dû me tromper de numéro... Mais est-ce que par hasard vous ne connaîtriez pas M^me^ Lise Helman ?

Après avoir obtenu quelques précisions, la femme inconnue parvient à situer cette Lise Helman qui habite dans une rue voisine et qu'elle connaît en effet vaguement.

— Je suis très inquiète à son sujet, explique Ingrid. Je... Enfin, elle vient d'apprendre que son mari la trompe. Remarquez, ce ne sont peut-être que des ragots, mais elle m'a paru folle de jalousie. Elle vient de boire une demi-bouteille de cognac. Elle l'attend avec un pistolet. Puisque vous la connaissez, vous pourriez peut-être intervenir, à moins que vous ne préfériez prévenir la police...

— C'est bon... dit après un moment d'hésitation la voix calme et grave au bout du fil. J'y vais.

Et sans discours superflu, elle raccroche.

Il s'agit d'une femme de quarante ans, mère de deux enfants, médecin ophtalmologiste. Ce n'est pas du tout un oiseau. On dirait plutôt un dromadaire : tout en haut d'un long cou, elle scrute le monde d'un œil calme et attentif, bien que légèrement dédaigneux.

Elle passe en tendant l'oreille devant la chambre de sa fille et de son fils qui dorment à poings fermés, empoigne dans son bureau une trousse dans laquelle elle sait trouver les calmants qui peuvent être nécessaires, traverse le salon, décroche dans le hall un imperméable et enfile des bottines car il tombe une pluie légère.

Dans la rue, tout en nouant un foulard autour de sa tête, elle marche à grands pas vers la maison de Lise Helman. Elle ne sait pas trop ce qu'elle va dire, mais elle est médecin et cette démarche ne l'impressionne pas outre mesure...

Voilà la maison : basse, blanche, entourée d'une pelouse sans clôture.

Pourvu qu'il ne s'agisse pas d'une blague, tout de même. Elle aurait dû demander son nom à la femme qui lui a téléphoné.

Tandis qu'elle suit le trottoir et s'approche de la maison blanche, elle entend qu'une voiture s'est engagée dans la rue. Elle se retourne. C'est une Ford Taunus blanche, comme celle de l'ingénieur Helman.

Parvenue à sa hauteur, la voiture ralentit pour s'arrêter devant la maison blanche. C'est sûrement lui...

La femme fait encore quelques pas et se penche vers la portière. L'ingénieur Helman — un bel homme de quarante ans, aux cheveux gris et qui fume un cigare — baisse sa vitre.

— Bonjour, monsieur l'ingénieur...

— Bonsoir, madame.

— Je voudrais vous dire quelques mots...

L'ingénieur Helman sort, contourne sa voiture, tout de même un peu inquiet devant cette femme presque inconnue qui veut lui parler dans la rue, à une heure aussi tardive...

— C'est au sujet de votre femme.

Mais elle n'en dit pas plus, car tous deux se retournent... Au-dessus du perron de la maison blanche, une ampoule s'est allumée. La porte s'est ouverte. Lise apparaît brusquement, à quelques mètres à peine, tenant un énorme pistolet à la main... Et le premier coup part aussitôt.

La femme, la bouche encore entrouverte, les yeux agrandis par la surprise et par l'effroi, est rejetée en arrière par l'impact de l'énorme projectile. le dos appuyé contre la voiture, elle glisse et tombe sur les genoux... Du sang gicle sur son imperméable.

C'est alors que retentit le deuxième coup. Et c'est presque immédiatement la même scène. L'ingénieur, médusé, est plaqué contre la voiture. Il essaie de se retourner comme s'il voulait fuir... Ses doigts s'accrochent à la gouttière du toit, mais ses bras se détendent et il tombe sur le sol.

A son procès, l'oiseau Lise, tour à tour digne ou sanglotant à chaudes larmes, pathétique ou pleurnicharde, expliquera l'inexplicable. Elle n'avait jamais vu M^me^ Schmidt. Elle a cru que c'était elle.

Elle ne savait plus ce qu'elle faisait. Elle n'a pas réfléchi. Elle a tiré par deux fois et c'est une malchance extraordinaire si les deux balles ont fait mouche, car elle n'avait jamais tenu un revolver de sa vie... mais elle n'était qu'à quelques mètres des deux cibles.

Et M$^{me}$ Schmidt ? Voici l'essentiel de sa déclaration :

— Oui, j'étais la maîtresse de l'ingénieur Helman. Mais celui-ci n'avait plus de relations intimes avec l'accusée. Et s'il l'aimait, c'était platoniquement. En ce qui me concerne, je crois qu'il m'a vraiment aimée, mais je lui avais dit : « Ne te mets pas en tête de divorcer car je ne t'épouserai pas. »

Pour mieux défendre Lise qui se taisait obstinément, son avocat a fait rechercher partout la mystérieuse femme qui, cette nuit-là, fut la cause véritable du drame. La justice ayant accédé à sa demande, il a fallu trois mois d'enquête minutieuse de la police française avant de découvrir enfin Ingrid. L'oiseau Ingrid...

L'avocat de la partie civile ne l'a pas ménagée. Désignant les deux femmes d'un même geste, il s'est écrié :

— Et dire que tout ce drame est né du pépiement désordonné de ces deux grands oiseaux oisifs, enfermés dans une cage dorée... incapables même de trouver un numéro de téléphone !

# L'ENLÈVEMENT DU SIÈCLE

Fin septembre 1953, un homme et une femme attendent devant l'immeuble sévère de l'école catholique Notre-Dame de Sion située en plein centre de Kansas City dans le Missouri ; une institution réservée aux enfants des classes sociales les plus élevées. C'est alors qu'apparaît une somptueuse Cadillac noire d'où descend Bobby Greenlease, six ans, accompagné de sa rigide gouvernante qui le conduit à l'entrée de l'école.

Ce qui frappe le plus chez ce garçonnet très blond, yeux bleus et visage rose, c'est le contraste entre sa tenue et sa physionomie : il porte, outre un petit manteau rouge et des pantalons orange décorés de zébrures vert pâle, une de ces petites casquettes surmontées d'une hélice minuscule, dont les enfants des années cinquante raffolent. Pourtant, en dépit de cette excentricité vestimentaire, Bobby affiche un petit visage grave, presque inquiet.

Un homme et une femme observent intensément le garçonnet. Lorsque Bobby a disparu dans le hall de l'école, l'homme dit :

— Tu l'as bien repéré, Momma ? Tu le reconnaîtras, Momma ?

La dénommée Momma répond :

— Ne t'inquiète pas, Carl, tout ira bien.

« Momma », brune et grassouillette, n'a pas été gâtée par la nature. L'implantation de ses cheveux à hauteur du front est très inégale et donne l'impression d'un début de calvitie. L'absence de sourcils a été compensée par deux arcs tracés au crayon noir ; malgré cela, son regard sans beauté reste masculin. Les lèvres, au-dessus d'une amorce de double menton, apparaissent minuscules et serrées et le nez carrément en trompette n'arrange rien. Avec sa quarantaine durement accusée, elle est veuve d'un voleur de banques, abattu en 1935 au cours d'une tentative d'évasion alors qu'elle venait de fêter sa vingt-cinquième année.

L'homme, c'est Carl, grand, yeux bleus, visage de boxeur, cheveux noirs rejetés en arrière, embonpoint naissant, toujours vêtu à la diable, pantalons et veston frippés, chemise « sport » sans cravate. Il a connu une jeunesse plus aisée.

En 1946, son père, avocat de Kansas City, lui a légué 250 000 dollars que Carl a dilapidés en quelques mois, grâce à son penchant pour la drogue, l'alcool et les femmes de petite vertu.

Lorsqu'il s'est retrouvé sans un sou, il a fait la cour à Momma qui avait quelques économies et, pour améliorer l'ordinaire, il a voulu cambrioler une bijouterie. Ayant échoué lamentablement, il fut condamné à cinq ans de prison et libéré au bout de quinze mois pour bonne conduite. Alors, il a repris la vie commune avec Momma, mais plutôt que de chercher du travail, il achève la mise au point d'un plan soigneusement mûri en prison qui doit lui permettre de réaliser ses rêves essentiels. Car tout le monde a le droit de rêver, même Carl. C'est ainsi qu'il voudrait se faire bâtir, sur une falaise quelque part en Californie, une maison dominant l'océan et acheter un immense lit circulaire avec des draps de soie verts. Il n'entre peut-être pas dans son projet de partager cette maison, et surtout les draps de soie verts, avec la dénommée Momma, mais elle doit avoir elle-même ses propres rêves et ses projets personnels.

Bref, ce « sympathique » tandem a décidé de se procurer d'un seul coup un million de dollars en enlevant un enfant d'une des riches familles de Kansas City. Ce qui nous amène au quatrième personnage de l'histoire : le père du petit Bobby Greenlease. Carl a choisi le petit Bobby parce que son père est très riche, évidemment, il est même très très riche. Il fut un pionnier, l'un des premiers hommes à croire, avant la Première Guerre mondiale, à l'avenir de l'automobile. Il a vendu des voitures comme des petits pains et crée un immense réseau de ventes.

La deuxième raison, c'est que Robert Greenlease a soixante et onze ans et qu'il a épousé une femme qui en a trente de moins que lui ; certains vieillards se dessèchent avec l'âge, ce n'est pas le cas pour

Robert Greenlease qui n'ayant eu tardivement que ce fils, Bobby, ne vit pratiquement que pour lui.

Le cinquième personnage est un trait de génie de Carl. Celui-ci a en effet expliqué à Momma :

— J'ai envisagé toutes les éventualités, y compris la pire, c'est-à-dire notre capture. Je t'assure d'une part que nous ne risquons pas grand-chose, d'autre part qu'ils ne retrouveront jamais l'argent de la rançon si nous sommes pris. Nous ferons peut-être un peu de prison, mais après, nous serons très riches car les policiers poursuivront un faux coupable et ils ne le retrouveront jamais.

Ce faux coupable inventé par Carl est à la fois un mythe et un être en chair et en os. C'est en cela que l'idée est vraiment géniale. Il s'agit d'un gibier de prison, Thomas John Marsh, dont les polices de plusieurs Etats possèdent le signalement et la photo. Il est d'autant plus facile à identifier qu'il a cédé à un usage immodéré de l'art du tatouage. Il porte une tête de mort, avec tibias entrecroisés, sur sa poitrine, un serpent sur son ventre et son avant-bras gauche est décoré d'un cœur cernant l'inscription suivante : « Thomas Marsh, en souvenir de sa sœur ». Pour couronner le tout, il a jadis subi l'amputation de l'index de la main gauche. Il ne passe donc vraiment pas inaperçu.

Momma et Carl reçoivent à plusieurs reprises le dénommé Marsh de telle façon que le voisinage ait amplement le temps de le connaître, et puis, un soir que Marsh est complètement ivre, Carl part avec lui et revient seul deux heures plus tard.

Jamais personne ne reverra le dénommé Marsh, qu'il a tué et dont il s'est débarrassé du corps. Car voici le plan : c'est Momma qui ira chercher le petit Bobby à l'école Notre-Dame de Sion, mais si l'affaire tourne mal ou si elle est interrogée par la police, Momma devra dire qu'elle a enlevé l'enfant à la demande de Marsh. Elle devra dire que celui-ci l'a payée pour le faire. Que Marsh lui a affirmé qu'il était le premier mari de M^me^ Greenlease, que Bobby est son fils et que, depuis son divorce, on ne veut plus le laisser s'en approcher, qu'il est malheureux et ne souhaite que passer un après-midi avec lui. Momma devra dire qu'elle l'a cru et qu'en apprenant le kidnapping par les journaux, ne sachant plus quoi faire... elle a appelé Carl. Carl, affolé à son tour, lui a conseillé de se taire. Puis, il a cherché Marsh sans succès. Même si la police arrive à déterminer qu'ils ont négocié la rançon, ils ne risquent que quelques années de prison pour extorsion de fonds, quelques mois peut-être. Même si la police a des soupçons, elle ne pourra jamais rien prouver. En demeurant introuvable, Marsh authentifiera leurs déclarations.

Cependant, ce plan génial suppose une atroce nécessité, celle de supprimer l'enfant.

Le 26 septembre, Carl revient à la maison, une bâtisse de bois lugubre et isolée, avec un sac de chaux vive qu'il entrepose dans la cave. Puis il prend une pelle et se met à creuser dans le jardin. Cette fois, Momma lui demande ce qu'il fait :

— C'est là, dit Carl en s'épongeant le front, que nous mettrons Bobby après l'avoir enlevé. Nous recouvrirons le cadavre avec de la chaux vive, remettrons la terre en place et planterons des fleurs.

Momma étouffe un petit cri :

— Oh ! non... non, Carl, pas ça.

— Il le faut. Il a six ans ce gosse et si nous le relâchons, il pourra nous décrire à la police. De toute façon, si nous sommes pris, et cela n'arrivera qu'après avoir reçu la rançon que nous aurons cachée, nous dirons que c'est Marsh qui a tout fait. La preuve : c'est qu'il se sera enfuit.

— Et c'est pour quand ? demande Momma.

— C'est pour demain. Et tu verras que tout va se passer comme je l'ai décidé.

Donc, le 27 septembre 1953, devant l'école Notre-Dame de Sion, Momma descend d'une grosse voiture, que Carl a volée pour la circonstance dans un Etat voisin, et déclare à l'entrée :

— Ma sœur, je viens chercher le petit Bobby Greenlease. Je suis sa tante. Sa mère vient d'avoir une grave attaque cardiaque et elle le réclame.

— Tu verras, avait dit Carl à Momma, ce sont les trucs les plus simples qui réussissent le mieux. La supérieure ne songera même pas à téléphoner chez les Greenlease pour vérifier. Dans ces cas-là, on n'ose pas insulter des proches parents en prenant des précautions.

La supérieure de l'école fixe intensément Momma qui s'est efforcée d'être très convaincante, puis elle répond :

— Mon Dieu ! J'espère que cela ne sera pas grave. Je vais faire chercher le petit Bob immédiatement.

Momma remercie. Elle n'a commis qu'une seule erreur : elle a dit « Ma sœur » au lieu de « Ma mère ». Mais, dans un moment aussi dramatique, l'erreur est pardonnable.

La supérieure montre une porte de chêne, impeccablement cirée, ornée de gonds de fer forgé :

— C'est la chapelle, je me permets de vous suggérer d'y entrer et de prier pour cette pauvre M^me^ Greenlease.

Momma acquiesce pieusement tandis que la supérieure décroche un téléphone intérieur et demande qu'on lui conduise Bobby.

Momma ressort de la chapelle lorsqu'un professeur amène Bobby, très intrigué.

— Cette dame va te reconduire chez toi, elle t'expliquera, dit la supérieure.

Au moment de monter dans la voiture, le petit Bobby se fige. Momma hésite à le pousser en voyant la supérieure qui observe la scène :

— Est-ce que je pourrais avoir une glace à la framboise avant de rentrer à la maison ? demande Bobby.

— Mais bien sûr, s'empresse de répondre Momma, monte à présent. Nous nous arrêterons dès que nous verrons un marchand de glaces.

La portière claque et la voiture démarre.

C'est en remarquant que la plaque minéralogique ne porte pas un numéro du Missouri que la supérieure a, pour la première fois, un doute angoissant. Elle décroche le téléphone, compose le numéro des Greenlease et c'est M^me^ Greenlease elle-même qui répond : il y a quelques instants d'affreux quiproquo et, brusquement, M^me^ Greenlease réalise que l'événement qu'elle a toujours redouté vient de se produire : on a enlevé Bobby.

Elle raccroche et, tremblante, au seuil de l'évanouissement, elle appelle son mari, Robert Greenlease, à son somptueux bureau de la chaîne de magasins d'automobiles :

— Ne bouge pas, répond celui-ci, et surtout n'en parle à personne. N'appelle pas la police, ils tueraient Bobby. J'arrive immédiatement.

Mais lorsque le milliardaire arrive à proximité de sa grande maison toute blanche, cernée d'une vaste pelouse bien entretenue, un attroupement s'est déjà formé sur le trottoir : croyant bien faire, la supérieure vient d'alerter le bureau de police le plus proche. Un reporter qui venait d'y entrer, avertit déjà la station de radio locale et, à présent, tout Kansas City est au courant.

Robert Greenlease se précipite vers les curieux :

— Je vous en prie. Je vous en prie ! Allez-vous-en ! Si les ravisseurs veulent prendre contact avec moi, vous risquez de les inquiéter. Par pitié, comprenez-moi !

Lentement, les badauds s'éloignent, mais les reporters insistent :

— Dites bien dans vos journaux que je paierai à cette femme la somme qu'elle me demandera, mais que je la supplie de ne pas faire de mal à mon petit Bobby. Dites aussi que je refuserai le concours de la police. Tout ce que je veux, c'est retrouver Bobby sain et sauf !

Greenlease s'engouffre alors dans sa maison et appelle un médecin qui va faire conduire sa femme à l'hôpital. Une terrible attente commence.

Comme le chef de la police de Kansas City a rappelé toutes les voitures radio patrouillant aux alentours et diffusé l'ordre suivant : « Ne gênez en aucune manière le retour éventuel du petit Bobby... », la grosse limousine noire dans laquelle Bobby a été enlevé roule sans problème depuis une heure. Enfin Carl l'engage tranquillement dans un chemin de traverse et s'arrête dans un endroit désert.

Bobby panique, se débat, essaie d'échapper à Momma. Carl coupe le contact, descend de la voiture, sort un revolver de la poche de son veston, vérifie qu'il n'y a personne dans les environs, ouvre la portière arrière et tire, froidement, trois coups de feu sur l'enfant.

Mais tout l'Etat du Missouri est en effervescence, car si le chef de la police de Kansas City a donné sa parole de ne pas intervenir, il n'a pas le pouvoir de demander la même chose aux autres policiers de l'Etat ; des barrages sont donc établis un peu partout et il devient impossible de sortir du Missouri sans contrôle policier.

Les chauffeurs de taxi et les conducteurs de poids lourds s'organisent pour exercer une surveillance permanente dans les villes et sur toutes les routes. Chacun sait qu'il faut trouver à tout prix une grosse limousine noire, probablement conduite par une femme dont la supérieure de l'école Notre-Dame de Sion a donné une description précise. Et chacun fait une prière pour que le petit Bobby, six ans, se trouve encore dans le véhicule.

Trois jours d'angoisse vont passer, puis au matin du quatrième jour, les Greenlease reçoivent une première lettre de demande de rançon, suivie de quinze autres, toutes postées à des endroits différents. Elles demandent des sommes variées et ne sont que l'ignoble initiative de personnes qui tentent de soutirer de l'argent au malheureux Robert Greenlease.

On commence à se demander si, parmi ces lettres, ne s'est pas glissée la véritable demande de rançon, lorsque celle-ci parvient finalement : elle contient un écusson arraché au veston de Bobby. Montant de la rançon demandée : l'équivalent d'un million de dollars d'aujourd'hui, soit cinq millions de nouveaux francs. La lettre, qui précise que la somme doit être en coupures de dix et vingt dollars, dont les numéros ne doivent pas se suivre, est gauchement tracée avec des majuscules. On dirait la rédaction d'un enfant, mais les experts établissent que c'est un travail d'homme, ce qui confirme les premiers soupçons des policiers selon lesquels la femme qui a enlevé Bobby n'a pas pu monter seule cet enlèvement.

La lettre précise qu'un appel téléphonique sera effectué dans la matinée du lendemain : il a lieu en effet d'une cabine téléphonique où les policiers arrivent trop tard. C'est une voix d'homme manifestement déguisée :

— Lorsque l'argent sera prêt, dit-il, placez dans le *Kansas City Star* une petite annonce précisant que W.W. est prêt à rencontrer A. A. à Newport.

Le lendemain l'annonce paraît et un nouveau coup de téléphone est donné. Cette fois encore les policiers arrivent trop tard à la cabine :

— Placez l'argent dans un sac, a eu le temps de dire le correspondant, et déposez-le après-demain, dix-huit heures, à côté du collecteur d'égouts situé sur la droite de la route allant à Kansas City. Un petit drapeau vert flottera à côté, à ras de terre, pour vous permettre de mieux l'identifier. Une seule personne devra faire ce dépôt ; elle ne devra pas être suivie. Ne tentez rien, sinon Bobby mourra.

C'était la même voix, déguisée, monocorde, presque indifférente.

Les ordres sont exécutés à la lettre et l'on peut penser que tout s'est déroulé comme l'affreux tandem l'avait prévu.

Après le dépôt de la rançon, une nouvelle période d'attente s'instaure jusqu'au lendemain. Nouveau coup de téléphone :

— Vous recevrez dans la matinée de demain un télégramme qui vous indiquera où se trouve Bobby.

Hélas, il n'y a aucun message, ni d'ailleurs les jours suivants. Carl et Momma doivent croire que leur plan a parfaitement réussi.

Alors que l'affaire Greenlease est au point mort, le F.B.I. est entré discrètement en action.

Trois hommes sont placés sous la direction de John F. Dotter. Un géant d'aspect tranquille, au regard gris, aux cheveux blonds rejetés en arrière qui a, un mois auparavant, abattu seul deux pilleurs de banques. Les trois hommes viennent d'examiner les environs du collecteur d'égouts sans trouver de traces valables.

Mais John Dotter dispose tout de même d'un élément qui n'est pas négligeable, cela grâce à une erreur des ravisseurs, qu'il eût été stupide de ne pas exploiter : en maintenant leur suspense, ils ont donné aux banques le temps de travailler à relever les numéros des billets, tâche d'autant plus laborieuse que comme l'avait demandé le correspondant anonyme, les numéros ne devaient pas se suivre. Si les ravisseurs avaient exigé la rançon plus rapidement, une telle opération eût été impossible.

Mais le plan de Carl est si bien conçu que même s'il est retrouvé en possession de ces billets, il pourra prétendre avoir extorqué cet argent à Robert Greenlease sans avoir participé au rapt — celui-ci étant l'œuvre de Thomas Marsh qui sera introuvable. Il ne risquera alors que quelques années de prison. Carl ignore heureusement la psychologie des criminels de son type : l'argent les rend fous, le désir de l'argent comme la possession de l'argent. Le désir de l'argent leur fait perdre tout sens moral, les amène à prendre des risques insensés et à concevoir des plans diaboliques. Mais la possession de l'argent est tout aussi dramatique car elle leur fait perdre tout esprit de logique et de prudence. Carl n'échappe pas à la règle.

Quelques jours après le rapt, deux policiers de Saint Louis, autre ville du Missouri, font une ronde et remarquent dans un bar un homme complètement ivre qui distribue des billets de banque. Comme il porte un complet plutôt élimé, cela sent la fortune soudaine ; ils préviennent le chef de police de Saint Louis qui le fait surveiller discrètement.

Quelques heures plus tard, l'ivrogne en question « soulève » une blonde prostituée et l'emmène à son hôtel.

Lorsqu'elle celle-ci en ressort, elle tombe entre les bras de la police qui l'interroge. Elle déclare que, pour la payer, l'homme a pris l'argent dans une valise pleine de billets.

Cette fois les policiers n'hésitent pas, ils arrêtent l'ivrogne : il s'appelle Carl Austin Hall et demeure à Kansas City.

Il cuve une cuite monstre de sorte qu'il est incapable de fournir la moindre explication concernant le revolver que l'on trouve dans sa chambre et dont le barillet contient trois douilles vides. De même qu'il ne peut expliquer la présence de 250 000 dollars en petites coupures entassées dans une valise et dont les numéros correspondent à ceux de la rançon de Bobby Greenlease.

Conduit à Kansas City devant John Dotter, il se présente en partie dégrisé, mais il est trop tard : il est obligé d'avouer que l'argent provient de la rançon.

Evidemment, il s'accroche à la fiction géniale qu'il avait imaginée : il a demandé la rançon mais ce n'est pas lui qui a enlevé le petit Bobby. D'ailleurs il donne le nom de Momma qui de son côté, va s'en tenir solidement à la version prévue : c'est Thomas Marsh qui lui avait demandé d'emprunter l'enfant et elle le lui a confié pour un après-midi seulement. Mais Thomas n'a pas ramené Bobby et c'est alors seulement que Carl a eu l'idée de profiter de la situation en demandant une rançon aux Greenlease. C'est ignoble, mais comme on ne retrouvera jamais Thomas Marsh, cela ne vaut que quelques années de prison.

Tant et si bien que Carl et Momma se montrent très calmes dans leur cellule.

Seulement, il y a le revolver que l'on a retrouvé sur cet ivrogne de Carl. John Dotter, après les avoir laissé « mariner » pendant quelques jours, leur assène le coup fatal :

— Nous avons effectué, dit-il, un examen minutieux de la voiture de Momma dont la description correspond à celle utilisée pour l'enlèvement. Nous avons découvert un détail qui, apparemment, vous a échappé, Carl : vous avez tiré des coups de feu dans cette voiture, car une balle a traversé le tapis. Elle est restée fichée dans le plancher métallique. Comme c'est un tapis brosse, cette perforation était pratiquement invisible. Nous avons comparé cette balle avec d'autres, tirées par nos soins avec votre revolver. Elle provient bien de votre arme. Nous avons également relevé dans cette voiture des traces de sang qu'on avait pourtant lavées et elles correspondent au groupe sanguin du petit.

Enfin, le superintendant place sous le nez de Carl, devenu soudainement très pâle, un portemine passablement abîmé :

— Il appartient à Bobby et nous l'avons retrouvé sur une route peu fréquentée, à douze miles de la frontière du Missouri. Les traces de pneus relevées correspondent à celles de votre voiture. Avouez, Carl, c'est vous qui avez tué le gosse ?

Cette fois Carl s'effondre et signe sa confession, impliquant Momma, lorsque coup sur coup :

... un agent fédéral entre dans le bureau pour annoncer qu'il vient de retrouver le magasin où Carl a acheté de la chaux vive pour la répandre sur le cadavre du petit Bobby avant de l'enterrer,

... et un autre agent vient annoncer qu'on vient de retrouver le cadavre de Bobby dans le jardin de Momma... Carl n'a même pas pris la précaution d'y reconstituer le massif de fleurs.

Personne ne se préoccupera donc jamais de Thomas Marsh dont l'assassinat restera inutile. L'idée géniale n'aura servi à rien et Carl Austin Hall et Bonnie Brown, dite Momma, seront exécutés dans la chambre à gaz de la prison d'Etat à Jefferson City, le 17 décembre 1953. Ce à quoi ils ne s'attendaient pas assez.

# MEURTRE A JÉRUSALEM

12 septembre 1956 : une journée calme au monastère de Ratisbonne situé au cœur de la nouvelle Jérusalem, échue en partage, à l'époque, à l'Etat d'Israël. Les bâtiments et l'immense cour du monastère sont coupés de l'agitation du monde extérieur par un grand mur de pierre.

Dans un petit pavillon près de l'entrée, un vieux portier se tient en permanence sous une véranda, prêt à recevoir les visiteurs. Ce soir-là, la quiétude du monastère est cependant troublée par une violente explosion. De la fumée s'élève de la petite maison du gardien. Les religieux en émoi et les passants se précipitent pour trouver le corps de ce dernier étendu sous sa véranda.

L'ambulance est appelée, mais on ne peut que constater le décès du vieillard, et la police entre en scène.

En 1956, Jérusalem est paisible et un policier y ressemble à n'importe quel autre policier de n'importe quel pays du monde. Celui qui mène cette enquête, le commissaire Shiloni, est de taille moyenne, quarante ans, maigre, calme, pensif avec des lunettes, des cheveux châtains frisés et une belle voix grave. Il est vêtu d'un costume d'étoffe très légère et de couleur indéfinissable, tirant sur le gris.

Le gardien du monastère étant mort, le commissaire Shiloni demande à ce qu'on laisse le corps sur place, quelques instants, pour effectuer des constats. Dès qu'il monte sur la véranda, le policier s'aperçoit que la table en bois où se tenait généralement le malheureux concierge est trouée à l'un de ses angles. Tout autour du trou, le bois est calciné, il n'y a donc pas de doute : c'est là que s'est produite l'explosion.

Sur le corps du vieillard gisant à terre, une chaise a été renversée. A en juger par la position du cadavre, le malheureux devait être assis devant la table.

Au premier regard, le policier remarque des blessures sanglantes, mais il est évident que la victime devait se trouver à proximité immédiate de l'explosion puisque les blessures sont toutes situées sur le haut du corps. D'autre part, l'homme a été atteint de face et son visage est couvert de suie.

Tandis que l'on effectue les photographies d'usage, le commissaire fait appeler un expert armurier. Quelques instants plus tard l'armurier découvre, parmi les débris qui jonchent la véranda, plusieurs fragments de grenade à main de l'armée israélienne. Cette grenade est, de toute évidence, l'arme du meurtre.

Pendant que l'armurier poursuit l'examen des lieux, le commissaire Shiloni tente d'obtenir des renseignements sur la victime auprès des religieux et de quelques personnes du voisinage, car sa femme est partie en voyage ; quant à leurs trois enfants ils sont majeurs et vivent chacun de leur côté.

Ce qui frappe tout de suite le commissaire, c'est l'étonnement, l'ahurissement même, de toutes les personnes qu'il interroge. Aucune, même en cherchant très loin dans sa mémoire, ne peut découvrir le moindre indice qui permette d'envisager un acte de malveillance. Cet homme menait apparemment une vie très calme ; il avait peu de besoins, quelques amis et pas d'ennemis. Au surplus, à cette époque les attentats politiques sont inconnus. Qui aurait pu lancer une grenade à main sur cet inoffensif portier ? C'est absurde. Comme est absurde l'idée que cet homme paisible, apparemment sans problème et chrétien convaincu, se soit suicidé. « D'accord, d'accord, répond à chaque fois le commissaire... Mais pourtant il est mort. »

Le commissaire Shiloni fait partie des policiers qui ruminent, des policiers qui continuent à penser à leurs affaires quand ils rentrent chez eux, quand ils dînent et quand ils se couchent. Au milieu de la nuit, il se réveille : « Et si c'était un accident ? »

Le lendemain, en effet, tout le monde le lui confirme : « Oui, oui, c'est bien possible, ce brave homme s'intéressait beaucoup à la mécanique. » « Oui, oui, c'est ça, c'est sûrement ça, il aimait démonter tout ce qui lui tombait sous la main. »

Alors il expose sa thèse au médecin légiste en déambulant dans la cour du monastère sous un soleil biblique :

— Le malheureux a dû trouver la grenade et la faire exploser en essayant de la démonter.

Le médecin légiste bien qu'il n'ait pas grand-chose à objecter et que l'hypothèse cadre avec tous les éléments de l'enquête, ne se montre pas très satisfait.

— Vous n'avez pas l'air convaincu ? dit le commissaire.

— Non, je ne sais pas pourquoi.

Puis quelques instants plus tard :

— Si, dit brusquement le médecin légiste, je sais pourquoi, si l'on imagine que la grenade a explosé pendant que l'homme la manipulait, ses mains ou du moins quelques doigts auraient dû être déchiquetés... Or, vous avez vu, ses mains sont intactes.

Bientôt, c'est à l'armurier d'intervenir : il a retrouvé le levier de la grenade, mais à sa grande surprise, il est tordu et abîmé.

— Et alors ?

— Alors ce n'est pas normal. Dans ce genre d'accident, on retrouve toujours le levier intact.

— Qu'est-ce que vous en concluez ? demande le commissaire.

— J'en conclus qu'il a été détérioré parce que quelque chose l'a empêché de se libérer. Quelque chose l'a obligé à rester près du culot de la grenade.

Un autre point préoccupe d'ailleurs l'armurier : depuis huit heures du matin il recherche, à l'aide d'un aimant très fort, la goupille de sûreté de la grenade et il ne parvient pas à mettre la main dessus. Cela aussi est anormal ; démontée ou non, la goupille de sécurité aurait dû se trouver à proximité.

Enfin le commissaire ne peut pas ignorer qu'il y a quatorze mois, un soir, à cent mètres à peine du monastère, une autre grenade à main a explosé. Trois passants ont été sérieusement blessés et malgré des recherches très poussées, on n'a découvert ni le mobile, ni le coupable et l'énigme est restée entière. Deux explosions accidentelles de grenades dans le même secteur peuvent difficilement passer pour une coïncidence.

L'après-midi, en examinant minutieusement les lieux, les policiers découvrent sur les murs de la véranda et sur la table une importante quantité d'une substance qui colle aux doigts. Il ne faut pas plus d'une heure au laboratoire pour découvrir qu'il s'agit de pâte de bonbons.

C'est alors qu'un homme aux cheveux blancs appuie son vélo contre le mur du monastère, sonne à la porte et, au religieux qui lui ouvre, demande à voir le commissaire Shiloni.

C'est un plombier. Il a soixante ans et demeure dans une rue voisine. Ami du malheureux portier, il bavardait tranquillement avec lui sous la véranda une heure avant l'explosion.

— Est-ce qu'il bricolait une grenade ? demande le commissaire.

— Non.

— Est-ce qu'il vous a dit en avoir trouvé une ?

— Non... Mais pendant que nous bavardions, un coursier est arrivé à bicyclette, apportant une boîte en carton attachée avec une ficelle. Une petite enveloppe y était épinglée et mon ami a dit : « Comme c'est gentil ! La famille S. m'envoie un cadeau. »

— Et puis ?

— Ben... et puis il a posé le paquet sur la table, sans le déficeler.

Le brave plombier est alors conduit à la police où sont conservés quelques-uns des débris trouvés sur la véranda, notamment quelques fragments de carton ainsi que le bristol de la famille S. écrit à la main et à demi calciné. Le commissaire lui montre les morceaux de la boîte en carton. C'est celle d'une crème à raser très connue, mais comme il y a peu de chance qu'on ait offert à cet homme une boîte complète de tubes à raser, il pense qu'elle aurait peut-être servi à contenir les bonbons.

En effet, le témoin reconnaît la boîte à sa couleur et à la forme de l'étiquette, ou du moins ce qu'il en reste.

— Est-ce que votre ami a été étonné de voir la carte de la famille S. ?

— Non, non, pas du tout.

— Ce nom lui était donc familier...

Le commissaire saute dans sa voiture et va voir la famille S. Il s'agit de paisibles fonctionnaires et le policier imagine mal que ce vieillard austère, cette femme douce et craintive aient participé de près ou de loin au crime.

Effectivement, le couple déclare avoir très bien connu le malheureux concierge, mais ils ne lui ont envoyé ni paquet de bonbons ni aucun autre colis. D'ailleurs lorsque le commissaire leur montre la carte de visite, ils ne reconnaissent pas l'écriture.

— Est-ce que la victime, selon vous, connaissait une autre famille S. ?

— Non, pas à ma connaissance.

Le commissaire Shiloni fait établir une liste des familles portant le même nom : il y en a près de soixante à Jérusalem. Elles sont toutes interrogées dans les quarante-huit heures, mais aucune ne reconnaît ni le paquet ni l'écriture ; toutes ignorent l'existence de la victime.

Le commissaire fait alors rechercher l'homme qui a livré le paquet. Des bonbons dans une boîte de crème à raser vide : on a dû les acheter dans une épicerie.

En commençant dans le voisinage immédiat du monastère, on inspecte une vingtaine d'épiceries et l'on interroge plusieurs garçons de courses. Quatre jours après l'explosion, le commissaire est appelé d'urgence car les enquêteurs ont découvert une épicerie où des bonbons ont été achetés le jour du meurtre et le commis du magasin se souvient, paraît-il, d'avoir remis un paquet au concierge du monastère.

Dans cette petite épicerie de Jérusalem, le commissaire Shiloni se trouve face à face avec un petit épicier vêtu d'une petite blouse grise et qui se tient tout droit et tremblant derrière un petit comptoir.

Oui, le commerçant se souvient, en effet, que le matin de l'explosion, un jeune couple d'environ vingt à vingt-cinq ans est venu lui acheter quatre sacs de bonbons enveloppés dans de la cellophane. Il s'en souvient parce que la jeune fille lui a demandé une boîte en carton vide. Il lui a donné la boîte dans laquelle avaient été livrés les bonbons. Mais elle ne l'a pas voulue. Alors il lui a donné une boîte de crème à raser. Il se souvient aussi lui avoir affirmé que l'odeur de la crème à raser n'abîmerait pas les bonbons, puisqu'ils étaient enveloppés dans de la cellophane.

— Pourquoi a-t-elle refusé la boîte de bonbons ?

— Parce qu'elle la trouvait trop petite.

— Les bonbons ne tenaient pas dedans ?

— Si, aussi j'ai pensé qu'elle voulait ajouter quelque chose dans la boîte.

La jeune fille avait ensuite demandé si quelqu'un pouvait livrer le paquet. Comme le garçon de courses était occupé, le couple avait quitté le magasin. Mais une heure plus tard, la jeune fille était revenue, toute seule, en insistant pour qu'on livre le paquet car elle n'avait pas trouvé de commissionnaire. L'épicier ayant finalement accepté, la jeune fille lui remit la boîte attachée avec une ficelle à laquelle était jointe une petite enveloppe portant l'adresse du destinataire : le gardien du monastère de Ratisbonne.

La jeune fille était partie après avoir remercié le commerçant. Il devait être environ midi et le colis fut livré quelques heures plus tard.

L'épicier se confond en excuses, mais il ne peut donner qu'un signalement très vague de la jeune fille et de son compagnon. Il n'est d'ailleurs pas sûr de pouvoir les reconnaître. La seule chose dont il se souvienne est que le garçon était très grand.

Ce qui frappe la commissaire Shiloni est le fait que l'instigatrice de l'affaire semble être une jeune fille. Or non seulement on ne voit pas quelle raison pourrait avoir conduit une jeune fille au meurtre de ce vieil homme, mais surtout comment une jeune fille pourrait avoir eu l'idée d'utiliser pour ce meurtre une grenade, arme réellement peu féminine ?

Comme les recherches concernant les familles S. se poursuivent toujours sans résultat, le commissaire cherche à obtenir d'autres détails sur la vie privée du portier et sur sa famille car il est évident que le meurtrier, s'il y en a un, devait connaître les habitudes et les relations du malheureux gardien — sinon pourquoi aurait-il choisi d'envoyer le colis de bonbons au nom de la famille S. ?

Hélas, la femme et le fils aîné de la victime étant absents, rien ne vient éclaircir le mystère. Personne n'imagine le début d'une raison, personne ne trouve le prétexte, même absurde, qui puisse justifier un tel crime. De sorte que, pour tout le monde, il devient de plus en plus évident que le gardien s'est tué lui-même en bricolant une grenade et que l'affaire des bonbons n'est qu'une coïncidence qui sera tôt ou tard éclaircie.

Pourtant, toujours hanté par l'idée qu'une grenade à main n'est vraiment pas l'arme que devrait choisir une jeune fille, le commissaire lui-même recommence à douter.

Une semaine s'écoule pendant laquelle le policier hésite néanmoins à classer le dossier dans les accidents. Il a raison, car au huitième jour tout change : un moine du monastère de Ratisbonne qui a demandé à être reçu lui remet une lettre destinée au fils du portier et adressée à son père. C'est un mot très court, dactylographié et anonyme : « Tu es responsable de la mort de ton père. » L'enveloppe porte le cachet de la poste d'Haïfa.

La grenade à main n'est pas une arme très féminine, mais la lettre anonyme l'est en général ; tous les policiers le savent. Ces quelques mots très courts permettent au commissaire de voir l'affaire sous un éclairage nouveau : qui dit lettre anonyme dit obsession, jalousie, rancœur, vengeance.

Les recherches se portent donc sur le fils aîné de la victime. Certes il est toujours en voyage, mais le chef de la police n'a pas de mal à découvrir qu'il avait eu quelques années plus tôt des relations avec une jeune fille, relations qui s'étaient interrompues sans que l'on sache pourquoi deux ans plus tard. Et l'année précédente, ayant épousé une autre femme, le jeune homme était parti vivre chez ses beaux-parents. Le commissaire va visiter les parents de la première jeune fille, Denise, mais n'obtient aucun renseignement et ne découvre rien de suspect à leur domicile. Ils peuvent simplement préciser que Denise travaille à Haïfa et vient les voir presque chaque semaine, mais ils ne savent pas si elle se trouvait à Jérusalem le jour de l'explosion.

Quelques heures plus tard, le commissaire Shiloni, accompagné d'un expert en machines à écrire, entre dans les locaux de la police d'Haïfa où il a convoqué Denise.

La jeune fille que le commissaire fait asseoir dans un fauteuil est petite, frêle, avec des cheveux châtain et des yeux verts. Il la trouve calme et, quoique merveilleusement bien faite, minuscule dans l'immense fauteuil. On dirait une poupée, et il est vraiment impossible d'imaginer qu'un être aussi fragile ait eu l'idée de se servir d'une grenade à main.

— Etiez-vous à Jérusalem le 12 septembre, mademoiselle ?

— Oui.

— Vous savez qu'un attentat a eu lieu ce jour-là contre le gardien du monastère de Ratisbonne ?

— Oui.

— Vous le connaissiez ?

— Oui, mais je ne l'ai pas revu depuis deux ans.

— Vous êtes arrivée et repartie quand ?

— Je suis arrivée la veille et repartie le jour de l'attentat vers midi.

— Est-ce que vous avez acheté des bonbons ?

La jeune fille le regarde de ses grands yeux verts étonnés.

— Des bonbons ? J'essaie de me souvenir. Non... d'ailleurs je ne mange jamais de bonbons.

— Qu'avez-vous fait le matin de l'attentat ?

— J'ai passé la matinée avec un ami ; un jeune homme de Tel Aviv.

La jeune Denise répond sans hésiter et paraît très sûre d'elle. Un policier qui vient de perquisitionner dans sa chambre avertit le commissaire par téléphone qu'il n'y a rien trouvé de suspect.

Par contre, l'expert en machines à écrire appelle le commissaire par la porte entrebâillée et murmure :

— J'ai trouvé la machine à écrire sur laquelle la lettre anonyme a été tapée.

— C'est sa machine ?

— Non, c'est celle d'une collègue de la société où elle travaille.

Le commissaire se retourne vers la jeune fille. Il hésite quelques instants en la voyant si frêle et si innocente. Il dit :

— Mademoiselle, je suis obligé de vous emmener à Jérusalem car je vous soupçonne d'avoir pris part à l'attentat du 12 septembre.

Dans la voiture, la jeune Denise fait pitié. De grosses larmes coulent de ses yeux verts d'enfant abandonnée et le commissaire Shiloni éprouve le besoin de la rassurer.

— Mademoiselle, je cherche un vrai coupable et si vous n'êtes pour rien dans cette affaire, je ferai tout ce qui est en mon pouvoir pour le démontrer.

La jeune fille le regarde avec des yeux immenses, éperdus de reconnaissance :

— Merci. Vous savez bien que je serais incapable de faire une chose pareille.

Sur le chemin de Jérusalem, le commissaire s'arrête à Tel Aviv pour interroger le jeune homme avec qui Denise aurait passé la matinée du 12.

Celui-ci reconnaît être resté quelques heures avec elle ce matin-là, mais il ne sait rien des bonbons. Par contre, il reconnaît avoir eu en sa possession une grenade à main, non chargée, souvenir de son service militaire.

Le commissaire, après avoir beaucoup hésité, renonce à l'emmener à Jérusalem car l'épicier lui a dit que le compagnon de Denise était grand et celui-ci est tout petit.

Ce n'est que le lendemain matin, à son bureau, que le commissaire reprend l'interrogatoire de la jeune fille qui maintient fermement ses déclarations.

Ensemble, ils examinent les lettres et les photographies qu'il a saisies chez ses parents à Jérusalem :

— Qui est-ce ?

— Ça ? C'est le frère d'une de mes amies.

— Quelles relations avez-vous eues avec lui ?

— Je crois qu'il m'aimait bien... Moi aussi... mais c'est tout... D'ailleurs il s'est marié l'année dernière.

— Et celui-là ?

— Celui-là, ça a été plus sérieux... Mais il a dû partir faire son service militaire.

Que d'amoureux dans la vie de cette petite poupée frêle ! Elle ne fait aucune difficulté pour donner les renseignements, pour faire les commentaires que le commissaire lui demande à propos de chaque lettre et de chaque photographie. Pourtant, devant l'une d'elles, pendant un bref instant, Denise semble hésitante ou simplement embarrassée. Il s'agit d'un portrait montrant un homme de vingt-cinq ans environ, beau garçon, brun et très grand, la photo porte une dédicace : « Tendresses ».

La jeune fille se reprend :

— Il s'agit d'un garçon, d'un journaliste que je connais depuis longtemps, il est amoureux de moi. C'est tout.

Néanmoins le commissaire pense qu'une vérification est nécessaire. Il fait donc rechercher le journaliste et, lorsqu'il est retrouvé, abandonne Denise pour aller l'interroger.

La déclaration de ce journaliste inconnu va faire faire un grand pas à l'enquête. Il a rencontré Denise, qu'il connaît bien, le matin de l'attentat. Elle lui a demandé de l'accompagner dans une épicerie où elle a acheté des bonbons. Peu après, alors qu'ils étaient dans sa chambre à elle, en l'absence de ses parents, elle a mis quelque chose dans la boîte, mais il n'y a prêté aucune attention. Puis elle est sortie en disant qu'elle allait expédier le carton.

Dans la même matinée, un expert établit que l'écriture de la carte jointe à la boîte de bonbons, est identique à celle de la jeune fille.

Lorsqu'il retrouve Denise, toujours minuscule dans son fauteuil, et lui fait part de ces deux révélations, le commissaire Shiloni s'attend à ce qu'elle lui fournisse une explication. Comme il le dira lui-même : « J'espérais un miracle... Mais non, ce fut l'horrible et déconcertante vérité, débitée fraîchement, d'une voix monocorde et cette fois sans une larme. »

Depuis son abandon, Denise projetait de se venger de son ex-amant. Mais il y a un an, quand il avait quitté le pays avant qu'elle ait pu mettre son projet à exécution, elle avait décidé de tuer le père du jeune homme, le malheureux gardien du monastère de Ratisbonne. Avec l'aide du journaliste, son amoureux, elle avait préparé une petite boîte en bois et placé dedans une grenade à main, dont elle avait retiré la goupille de sécurité, de sorte que le levier n'était maintenu que par la simple pression du couvercle, lui-même retenu par une ficelle : « Tant qu'on n'en défaisait pas la ficelle — explique-t-elle posément au commissaire — rien ne devait se produire, mais dès qu'on enlevait la ficelle, le levier se soulevait et le détonateur se trouvait libéré. » C'est cette petite boîte en bois qu'elle avait cachée entre les paquets de bonbons.

Comment a-t-elle obtenu cette grenade ? Par un autre amoureux, un soldat qui, paraît-il, n'était pas au courant du meurtre. Ce soldat est interrogé le jour même et il avoue qu'il aimait la jeune fille, que c'est sur sa demande qu'il a volé la grenade, ignorant qu'elle voulait tuer le gardien du monastère de Ratisbonne.

Quand le commissaire lui demande, un peu par hasard et contre toute attente, si c'est la seule grenade qu'il ait fournie à la jeune fille, il hésite quelques instants et avoue qu'il lui en avait déjà apportée une autre.

Cela se passait il y a quatorze mois, elle lui avait demandé une grenade et il lui en avait apportée une. Il connaissait l'histoire de son premier amour. Un soir qu'ils se promenaient ensemble aux alentours du monastère, et qu'elle avait la grenade sur elle, elle s'était soudain écriée : « Le voilà ! Lance la grenade ! » Elle la lui avait mise dans la main, il l'avait lancée et ils s'étaient enfuis tous les deux. Il avait appris plus tard que trois personnes avaient été blessées, mais que l'amant infidèle n'était pas du nombre.

Ainsi donc, la minuscule jeune fille aux yeux verts, la poupée fragile était un petit monstre. Courtisée, comptant de nombreux amants, elle ne pardonnait pas à ceux qui la négligeaient ou l'abandonnaient. Une petite guerrière de la passion jalouse.

# MELODY, ENFANT DU SIÈCLE
# I

La portière de la belle voiture américaine s'ouvre silencieusement dans la nuit noire de Miami, en Floride. Une ombre se glisse à l'intérieur, et deux petites mains se mettent à fouiller le coffre à gants, à tâtons. Un petit nez renifle avec précaution l'odeur des sièges de cuir. Toujours prudemment, la lueur d'un briquet éclaire le tableau de bord, et un joli doigt à l'ongle peint de rouge vif appuie sur le bouton de remise à zéro du compteur auxiliaire. Encore une petite exploration sous les sièges, et l'ombre se faufile hors de la voiture. La portière se referme doucement avec un léger bruit mat dans le silence du garage.

— Margareth ?

L'ombre s'immobilise. La voix masculine vient du jardin, elle est encore lointaine.

— Margareth ? Où es-tu ?

L'ombre disparaît derrière la voiture, mais la voix s'est rapprochée.

— Margareth ! Tu es là ?

La porte du garage s'ouvre et une main déclenche l'interrupteur électrique. Le silence est aussi évident que la lumière, il n'y a personne dans le garage, à première vue.

L'homme hésite un instant, perplexe. Il est grand, solide, et porte la cinquantaine avec beaucoup d'allure. Roy Sylvester Tabay, chirurgien esthétique, dirige une clinique dans les environs de Miami. Son visage ne doit rien à sa spécialité, mais il pourrait lui servir de réclame. Front haut, nez droit, pommettes bien placées, menton volontaire et bouche bien dessinée, quand il parle de beauté à ses clientes, il sait de quoi il parle. Il tourne le dos au garage un instant pour crier vers le jardin :

— Margareth, tu m'entends ? Je pars !

Derrière lui, dans le garage, la silhouette se déplace en pleine lumière et sur la pointe des pieds, vers une pile de cartons et d'accessoires divers. Deux secondes en pleine lumière, c'est tout. Le temps de laisser voir un curieux petit visage de chat aux yeux bleus étirés vers les tempes.

Margareth Tabay a déjà disparu derrière la pile de cartons, et il était temps car son mari pénètre à nouveau dans le garage, en maugréant :

— Oh ! et puis après tout, zut... si elle a envie de jouer à cache-cache, pas moi !

Le moteur ronronne, la voiture sort du garage, Roy Sylvester Tabay redescend pour fermer les portes, et crie encore une fois :

— Margareth, arrête ce petit jeu, je m'en vais !

Mais comme il n'obtient toujours pas de réponse, il démarre avec un peu d'agacement et franchit le portail de sa luxueuse villa.

Margareth écoute le bruit du moteur décroître et sort enfin dans le jardin, rassurée. C'est là qu'une petite voix la fait sursauter nerveusement.

— Pourquoi est-ce que tu n'as pas répondu à papa ?

Margareth dévisage sa fille méchamment :

— De quoi je me mêle ? Et qu'est-ce que tu fais là, d'abord ?

— Je fais comme toi, je joue à cache-cache !

— Je ne joue pas à cache-cache, qu'est-ce que tu racontes ?

— C'est papa qui l'a dit, il a même dit qu'il n'avait pas envie de jouer, lui, je suis sûre qu'il était fâché !

— Melody, va immédiatement te coucher, tu n'as pas à traîner dans le jardin à cette heure-ci !

L'enfant qui jusque-là ne regardait pas sa mère en face, l'affronte tout à coup brièvement :

— Toi non plus !

— Melody !

La petite fille a déjà repris une allure dégagée et quitte l'immense fauteuil de toile où elle disparaissait à moitié.

Brune comme sa mère, yeux de chat comme sa mère, petite et mince comme elle, Melody semble le portrait miniature de Margareth. Elle a treize ans, presque quatorze, et déjà on devine chez elle tout le charme dont elle sera capable, plus tard.

Sa mère la rappelle à l'ordre :

— Melody ! Je t'interdis de me parler sur ce ton ! Va te coucher !

Mais l'enfant s'enfuit en riant et crie :

— Ça t'ennuierait que je fasse un plongeon dans la piscine avant ?

Et sans attendre la réponse, elle disparaît dans l'eau après un plongeon impeccable, ressort et crie à sa mère :

— Tu devrais en faire autant ! Ça te changerait les idées !

Vingt et une heures, le 4 mars 1962. Les grands hôtels de Miami regorgent de lumière. Devant l'un d'eux se gare la voiture du Dr Roy Sylvester Tabay. Il en descend et pénètre dans le hall. Margareth, sa femme, qui le guettait depuis un quart d'heure, lui barre brusquement le chemin.

— Où vas-tu ?

Surpris, Roy ne prête pas suffisamment attention à la voix mauvaise de son épouse.

— Eh bien ! qu'est-ce qui te prends ? Tu m'espionnes maintenant ?

— Oh ! je n'ai pas besoin de t'espionner, c'est la troisième fois que tu viens dans cet hôtel en une semaine !

— Margareth, voyons ! Parle moins fort, tout le monde t'entend ! Qu'est-ce qu'il y a ? Qu'est-ce que tu t'imagines ?

— Ah ! ne me prends pas pour une idiote ! Tu as une maîtresse ici, je le sais !

— Je t'en prie, Margareth !

Fermement le Dr Tabay empoigne le bras de sa femme et l'entraîne vers la sortie.

Le portier goguenard les écoute se disputer à mi-voix.

— Tu deviens folle ?

— Non, lucide ! Cette fois j'ai compris !

— Mais compris quoi ? Il n'y a rien à comprendre, voyons !

— Roy, c'est fini, tu m'entends ! Cette fois je divorce ! J'en ai assez !

— Mais moi aussi, j'en ai assez ! Si tu crois que je suis dupe de ton petit jeu ! Tu cherches à me faire porter la responsabilité d'un divorce, voilà la vérité ! Et tu cherches des maîtresses là où il n'y en a pas ! Je parie qu'il y a un sale flic privé qui me suit en permanence ! Eh bien, il a dû te dire ce que tu voulais savoir ?

— Je n'ai pas eu besoin de ça pour comprendre. Je peux faire le travail moi-même, figure-toi !

— Alors c'est toi qui trafiques mon compteur ? Pour savoir si je vais ailleurs qu'à la clinique ? C'est toi qui téléphones à ma secrétaire pour savoir si je suis là, si on peut me parler et qui raccroches au dernier moment ?

— C'est moi en effet !

— Et comme tu n'as rien trouvé, tu viens m'espionner jusqu'ici ?

— Une femme a le droit de savoir !

— Ecoute, Margareth, je n'ai pas l'intention de te dire pourquoi je suis ici, cela fait partie de mon métier et du secret professionnel ! Alors tu vas rentrer à la maison t'occuper de ta fille et me ficher la paix !

La gifle est partie avant qu'il ne l'ait devinée. Margareth a frappé comme un chat, vite et a replié ses griffes aussitôt. Elle court à sa voiture et démarre comme une folle, laissant son mari furieux et vexé sous le regard en coin du portier de l'hôtel.

Elle a eu ce qu'elle voulait, un scandale en public. Depuis un an, plusieurs témoins pourront l'affirmer, Margareth et Roy Tabay ont eu plusieurs scènes de ce genre. Pour certains témoins la jalousie de Margareth est injustifiée, pour d'autres elle l'est, sans autre preuve qu'une conviction personnelle. Il est d'ailleurs vrai que ce soir du 4 mars 1962, Roy n'allait pas retrouver une maîtresse, mais une cliente. Une cliente acharnée de soixante-dix ans, milliardaire et qui le supplie depuis une semaine de lui rendre sa beauté perdue. Hélas, elle a déjà subi trois liftings et le Dr Tabay s'apprêtait une fois de plus à lui dire non. Un non assorti de ménagements car la richissime vieille dame menaçait de lui faire perdre sa clientèle.

Mais réflexion faite, il n'ira pas palabrer avec ce monceau de rides qui l'a convoqué pour la troisième fois ! Il a besoin de prendre l'air. Roy Sylvester regagne sa voiture et démarre lui aussi, une ou deux minutes après sa femme et dans la même direction. Le portier le confirmera. Il est vingt et une heure quinze.

Cette décision, si c'en est une, a malheureusement le désavantage de le priver d'un alibi précieux entre neuf heures et quart et minuit. Or, il en aura besoin.

***

Le visage de Margareth Tabay fait une grimace horrible au policier penché sur elle. Elle était jolie, elle ne l'est plus. Elle était vivante, elle est morte. Ses yeux de chat d'un bleu insolite sont à demi fermés. La chambre est dans un désordre curieux, tiroirs renversés, table bousculée, comme si une lutte avait eu lieu. Dans un coin de la pièce, Melody, treize ans, la fille de Margareth, attend. C'est elle qui a d'abord appelé le médecin, lequel médecin a appelé la police car il s'agit d'un meurtre. Il l'explique au policier :

— Vous voyez cette marque sur le bras ? C'est la trace d'un garrot, on lui a fait une piqûre. Mais avant cela, on l'a assommée, il y a ici sur le crâne une bosse et la peau est tuméfiée. A mon avis elle est morte depuis une heure à peine, c'est-à-dire aux environs de minuit. Je ne peux pas vous dire pour l'instant si elle est morte rapidement, il faudra analyser le produit injecté pour le savoir, mais à mon avis, d'après l'aspect du visage, cela a duré...

— Un poison ?

— Je ne pense pas, plutôt un tranquillisant à forte dose... Je n'ai pas retrouvé la seringue, ni le produit.

Tandis que le policier téléphone à la brigade criminelle pour demander de l'aide, le médecin s'approche de la petite fille, toujours immobile dans un coin.

— Tu ne devrais pas rester là, mon petit...

Melody plante son regard bleu, le même que sa mère, dans le regard du médecin. Sa voix est dure, ferme, étrangement adulte :

— Et où voulez-vous que j'aille ? J'attends mon père.

— Eh bien, attends-le dans une autre pièce, la police va faire son travail maintenant, il ne faut pas la gêner.

— Pourquoi dites-vous que ma mère a été tuée ?

— Parce que c'est la vérité, mon petit.

— Alors quelqu'un est venu ici pour tuer ma mère et je ne l'ai pas entendu ?

— Tu dormais, tu me l'as dit toi-même. Elle a pu ouvrir à quelqu'un sans méfiance, ou alors ce quelqu'un avait une clé.

— Si vous pensez à mon père, dites-le tout de suite !

— Ecoute, Melody, tout ça n'est pas de ton âge et il ne faut pas rester là. Si tu as peur, va dormir avec la gouvernante, on est allé la réveiller, elle s'occupera de toi.

— Je n'ai pas peur et je veux rester là.

— Ce n'est pas la place d'une enfant ! Allez, viens avec moi, tu es trop nerveuse, je vais te faire avaler quelque chose...

— Sûrement pas ! Gardez vos sales drogues !

Le policier intervient à son tour.

— Excusez-moi, docteur, mais il vaut mieux qu'elle attende l'arrivée de l'inspecteur, il aura des questions à lui poser. Viens avec moi, petite, nous allons attendre au salon, c'est mieux comme ça.

L'enfant se laisse mener par le policier et demeure silencieuse en attendant l'arrivée de l'inspecteur. Il est une heure vingt du matin lorsque l'équipe de l'identification entame enfin son minutieux travail de recherche des indices. L'inspecteur, un homme d'une cinquantaine d'années, s'asseoit près de Melody.

— Alors, petite fille ? Raconte-moi, c'est toi qui a trouvé ta maman ?

— Oui, monsieur.

— Tu ne dormais pas ?

— Si... Mais je me suis réveillée, ça m'arrive souvent la nuit. Je suis allée à la cuisine pour boire un verre de lait, et en passant j'ai vu de la lumière dans la chambre de ma mère.

— Qu'est-ce que tu as vu en entrant ?

— J'ai vu qu'elle était morte.

La rapidité et la dureté de sa réponse surprennent le policier qui demande :

— Tu l'as vu tout de suite ? Tu n'as pas eu peur ?

— Si, j'ai eu peur, enfin, ça m'a fait un choc, si vous préférez. Alors j'ai appelé le médecin de maman.

— Quel âge as-tu mon petit ?

— Treize ans, presque quatorze...

Le policier regarde cette enfant-femme avec un peu de surprise. Elle parle comme une adulte, se tient comme une adulte et n'a pas versé une seule larme depuis qu'elle a découvert le corps de sa mère. Mauvais ça... pense-t-il. Cette gosse est un genre de monstre pour son âge, ou alors elle détestait sa mère... Et il pose la question à haute voix :

— Tu aimais bien ta maman ?

L'enfant lève sur lui un regard surpris et un peu dédaigneux :

— Evidemment.

— Sais-tu où est ton père en ce moment ?

— Non.

— Est-ce qu'ils se sont disputés ? Je veux dire, tes parents ?

— Non.

— Ta mère est restée à la maison ce soir ?

— Non, elle est sortie et elle est rentrée. Je ne sais pas où elle est allée.

— Et ton père, à quelle heure est-il parti ?

— Avant elle, juste après le dîner.

— Et il n'a pas dit où il allait ?

— Si, il allait voir une cliente, la vieille Torjman, elle voulait encore se faire tirer la peau et papa ne voulait pas. Il a raison, elle a l'air d'une momie.

— Et ta mère est partie immédiatement après ?

— Dès qu'il a eu le dos tourné. Elle était jalouse.

— De la vieille dont tu parles ?

— Sûrement pas, jalouse, c'est tout. Elle arrêtait pas de surveiller papa, pour voir s'il avait une maîtresse.

Le policier hésite un peu, mais après tout, cette enfant n'est plus une enfant, elle le prouve, alors il se lance :

— Est-ce que ton père avait une maîtresse ?

— Je n'en sais rien, monsieur, ça le regarde de toute façon.

— Il a l'habitude de rentrer tard ?

— Pas spécialement. Mais s'il a été voir la vieille, c'est pas étonnant qu'il soit pas encore là. Elle a des parts dans la clinique de papa, vous savez ? Et chaque fois qu'elle s'est fait opérer, il a été obligé de faire tout ce qu'elle voulait. Elle ne voulait pas qu'on sache, c'est le genre de femmes qui veut avoir l'air jeune, vous comprenez ? Une fois il l'a même opérée en pleine nuit, pour que le personnel ne le raconte pas partout... Elle est ridicule, mais papa a besoin de son fric, c'est embêtant. N'empêche qu'il ne pouvait plus l'opérer, il avait peur qu'elle y passe cette fois, et en plus, il ne peut plus tirer la peau, elle en a plus !

— C'est ton papa qui t'a raconté tout ça ?

— Oui, on discute souvent ensemble...

— Et vous parlez de ta mère ?

— Ça nous arrive, quand papa a des problèmes avec elle.

— Quel genre de problèmes ?

— Vous lui demanderez... Moi, je n'aime pas parler de ça avec des étrangers.

— De ça, quoi ?

— Des problèmes de maman.

— Elle avait un problème ce soir, tu crois ?

— Sûrement, sinon elle serait pas morte... Mais il faut en parler à mon père, pas à moi.

Et Melody se renferme. Elle a clos la conversation d'elle-même.

Quelques minutes passent, l'inspecteur discute avec les hommes chargés de relever les indices. Ils ont fouillé une grande partie de la maison sans découvrir le produit ni la seringue qui a tué. Soudain, un bruit de voiture les immobilise, tandis que Melody annonce d'une voix à peine altérée par l'inquiétude :

— C'est papa qui rentre ! Ça va lui faire un choc...

Le choc est immédiat, en effet. En apprenant la mort de sa femme, Roy Tabay devient pâle. Mais le policier ne lui laisse guère le temps de se remettre.

— Où étiez-vous entre vingt et une heures et minuit ?

Roy raconte sa visite à l'hôtel et sa discussion avec sa femme.

— Vous êtes allé voir cette dame, votre cliente ?

— Non, j'étais fatigué et énervé, je suis allé prendre un verre et réfléchir.

— Où ça ?

— Dans un bar sur le bord de mer.

— Vous y êtes resté longtemps ?

— Un quart d'heure environ, après je suis allé me promener sur la plage.

— Tout seul ?

— Oui, tout seul.

— Quelle drôle d'idée...

— J'avais besoin de réfléchir sérieusement. Margareth me persécutait, elle voulait le divorce à mes torts, c'est évident... De plus, le divorce était une complication pour moi, la clinique ne m'appartient pas, voyez-vous, c'est ma femme qui en est le principal actionnaire...

Le policier enregistre cette déclaration d'un drôle d'air.

— Docteur Tabay, je pense que vous vous rendez compte de la

situation ? Votre femme a été tuée vers minuit, à l'aide d'une surdose de barbituriques... A cette heure-là, vous dites que vous vous promeniez tout seul sur la plage... et je note que vous aviez un grave différend avec votre femme, ce qui pourrait constituer un mobile...

— Vous êtes en train de dire que j'ai tué Margareth ?

— Non... Je dis que vous auriez pu le faire. Que vous en avez eu le temps et les moyens. Vous êtes chirurgien, vous savez faire une piqûre... Vous êtes le mari et elle vous menace de divorcer, en vous accusant d'avoir une maîtresse... En admettant que votre femme divorce à son avantage, vous n'avez plus de clinique, c'est ça ?

— Inspecteur, ma femme était devenue bizarre... c'est vrai. Mais je n'ai pas de maîtresse, c'est elle qui s'était mis ça dans la tête ! Elle m'espionnait sans arrêt depuis un mois, c'était devenu une idée fixe...

— Vous avez une idée sur ce qui a pu se passer ici ?

— Comment voulez-vous que j'en ai une ? Si ça se trouve, elle s'est elle-même administré une piqûre... elle sait parfaitement les faire, et elle a très bien pu voler le produit à la clinique...

— Un suicide alors ? C'est votre idée ?

— Elle était suffisamment déprimée et nerveuse pour le tenter.

— Et la seringue, docteur ? Et le produit ? On les aurait retrouvés ! Et pourquoi ce désordre dans la chambre, comme s'il y avait eu bagarre ?

— Je ne sais pas, une mise en scène peut-être... pour accuser quelqu'un.

— Bien compliqué, votre théorie... et impossible malheureusement. Voyez-vous, elle n'aurait pas eu la force de faire disparaître la seringue et le produit, le médecin légiste confirme qu'elle est morte assez rapidement, en une ou deux minutes peut-être et que, immédiatement après l'injection, elle s'est évanouie... Alors ?

Alors, puisque le mari n'a pas d'alibi et puisqu'il a un mobile, il est le premier suspect, pour ne pas dire le coupable idéal.

Roy Sylvester Tabay est emmené par les policiers pour un interrogatoire officiel. Il a le droit d'appeler son avocat, le droit d'embrasser sa fille Melody et de lui dire en partant :

— Melody, mon petit bout de femme, tu vas être courageuse ? C'est une drôle d'histoire qui nous arrive là... J'ai bien peur que ta mère ait fait des bêtises.

— Ne t'en fais pas, papa, ça ira, je vais rester ici avec la gouvernante, tu reviendras bientôt... Je sais bien, moi, que tu n'as rien fait. Et je suis sûre que personne n'a tué ma mère... Je viendrai te voir... On en discutera tous les deux.

Le père et la fille s'embrassent tendrement. Il est clair que ces deux-là s'entendent bien. Clair aussi que la mère faisait bande à part dans le foyer, ou qu'ils l'en avaient isolée tous les deux, sur le plan affectif. Mais Margareth n'a pas pu se suicider et faire toute cette mise en scène. Donc, s'il n'y a pas d'autre suspect... Roy Sylvester Tabay a tué sa femme.

# MELODY, ENFANT DU SIÈCLE
# II

La liberté provisoire lui a été refusée. Son avocat, l'un des meilleurs de Floride, ne lui cache pas que la situation est grave.

— Vous ne pouvez pas vous défendre sans alibi ! Cette histoire de promenade sur la plage est stupide ! Dites la vérité... Plaidons coupable !

— Mais je ne suis pas coupable et je me suis réellement promené sur la plage... Margareth s'est suicidée, j'en suis sûr, pour me faire condamner. J'ignore si elle a réellement voulu mourir. Je pense plutôt qu'elle a voulu simuler une tentative d'assassinat de ma part. Faire croire que je voulais la tuer... c'est ça... c'est sûrement ça ! Mais elle ignorait probablement le dosage du produit. C'est un anesthésiant dont je me sers pour les grosses opérations, les greffes par exemple.

— Donc, vous reconnaissez que le produit peut venir de chez vous ?

— Tout à fait, comme d'une autre clinique, ou d'un hôpital quelconque ! Elle l'aura volé un jour en venant me voir à la clinique. C'est facile, l'armoire est dans l'infirmerie, près de mon bureau, et c'est moi qui ai la clé.

— Vous seul ?

— Non, l'anesthésiste également. Mais Margareth connaissait tout dans la clinique, il lui aura été facile de subtiliser un flacon, sous mon nez, si ça se trouve. Personne ne se méfiait d'elle !

— Alors, mon cher Tabay, je crains que nous ne puissions rien faire, la seule solution est de déterminer avec le maximum de précision l'heure de l'injection et de trouver un témoin pour confirmer votre alibi à cette heure-là. Dites-moi l'endroit exact, je vais envoyer une équipe de fouineurs sur place... Quelqu'un vous a peut-être vu après tout...

— Mais vous n'y croyez pas, hein ?

— Sincèrement non, Tabay. Même si vous dites la vérité.

L'instruction de l'affaire Margareth Tabay passionne la presse locale en raison de la personnalité de l'inculpé.

Beau et riche, exerçant le métier fascinant, pour les dames, de chirurgien de l'esthétique, Roy est présenté sous une couleur inquiétante. On oublie qu'il opère aussi de grands brûlés, qu'il redonne des visages aux monstres résultant des accidents de la route, on oublie tout cela pour faire de lui une espèce de sorcier au bistouri magique qui a édifié sa fortune à coups de liftings et de poitrines synthétiques !

Le témoignage devant le juge instructeur de la vieille actionnaire de la clinique, M$^{me}$ Torjman, soixante-dix ans, a été particulièrement écrasant :

— Il devait venir me voir pour discuter des affaires de la clinique et il ne s'est même pas excusé, alors que c'est lui qui avait demandé cette entrevue, je l'ai attendu plus d'une heure !

— Donc vous affirmez que l'inculpé ment et que sa visite était un prétexte ?

— C'est cela !

— Mais il est venu vous voir à deux reprises dans les jours précédents, toujours le soir après le dîner, et toujours à votre hôtel... sur votre demande, affirme-t-il.

— Ridicule, c'est lui, soi-disant, qui n'avait pas le temps de me rencontrer ailleurs et autrement pour parler affaires !

C'est la parole du témoin contre celle de l'inculpé. Et le ministère public a tendance à préférer celle du témoin. Tendance aussi à penser que ces rendez-vous n'étaient qu'un alibi pour s'échapper et retrouver ensuite une autre femme !

Mais l'enquête piétine à ce sujet et rien ne permet d'affirmer l'existence d'une maîtresse, si bien cachée et discrète qu'elle puisse être...

Les autres témoins confirment les scènes en public qui furent nombreuses et notamment la dernière. Le personnel de la clinique confirme que le produit utilisé a bien disparu du meuble qui le contenait avec d'autres. Roy étant le seul à en posséder la clé avec l'anesthésiste, et ce dernier étant insoupçonnable... le point est très rapidement fait.

Le procès du chirurgien a donc lieu, un an et demi après la mort de sa femme Margareth, en décembre 1963 et la presse s'accorde à penser qu'il est coupable.

L'assassinat du président Kennedy et la panique qui en a résulté ont fait passer l'affaire Margareth Tabay au second plan. D'autant plus que les audiences se succèdent, cinq en tout, sans amener d'éléments nouveaux.

Dans un coin de la salle, accompagnée de sa gouvernante, Melody, qui a près de quinze ans maintenant, a assisté à tous les débats.

A la première audience, le jury a pu constater comme la police, son étonnante facilité d'élocution et sa maîtrise parfaite. Nullement impressionnée par l'appareil judiciaire, qui trouble pourtant bien des adultes, Melody a déclaré de sa voix ferme, un peu sèche :

— J'ai découvert que maman était morte et j'ai appelé notre médecin habituel, ensuite c'est lui qui a jugé bon de prévenir la police, Moi, je savais que c'était une erreur, personne n'a pu tuer ma mère. Elle est rentrée vers neuf heures et demie et est allée se coucher. Moi, je lisais dans mon lit, la gouvernante était chez elle, dans le pavillon du jardin et papa était sorti pour aller voir la vieille Torjman, je le savais. Personne n'a pu entrer, je l'aurais entendu.

— Mais vous dormiez, mon enfant ? Votre père... ou quelqu'un d'autre a pu pénétrer dans la maison sans que vous l'entendiez ?

— Impossible. Quand papa rentre, je l'entends toujours. J'aurais donc entendu n'importe qui d'autre. Ma mère s'est suicidée, j'en suis certaine, et mon père est innocent, j'en suis certaine !

— Pourquoi en êtes-vous si certaine ? A l'époque vous n'étiez qu'une enfant, vous ne saviez pas tout des problèmes de vos parents !

— Ne dites pas cela, s'il vous plaît. J'étais parfaitement au courant. J'ai surpris ma mère en train d'espionner mon père des dizaines de fois. Lui-même ne s'en apercevait pas toujours, mais moi, si. Ma mère devenait folle, un jour elle m'a dit : « Je te déteste ! Tu ressembles à ton père, un jour je me vengerai de vous ! ».

— Elle détestait aussi votre père ?

— Je pense que oui.

— Pourquoi, selon vous ?

Melody tourne vers son père un regard bleu pensif... Elle passe la main dans ses cheveux noirs et semble hésiter.

— Papa vous le dirait mieux que moi...

— J'aimerais votre avis cependant... A titre d'information pour les jurés, bien entendu, car je leur rappelle que le témoin est mineur !

Le témoin mineur quitte les yeux de son père qu'elle avait accrochés avec intensité... et répond en se tournant vers les jurés :

— Ma mère était très belle, elle le savait, mais ça ne l'empêchait pas d'être jalouse des autres femmes, de celles que mon père opérait. Souvent elle lui a demandé s'il ne voulait pas changer son visage à elle aussi... Elle disait qu'elle ne pouvait plus se regarder dans la glace, qu'elle voulait être quelqu'un d'autre... Mon père riait au début et il ne voulait pas, bien sûr, mais je crois qu'il ne s'est pas rendu compte que ma mère devenait folle, petit à petit. Un jour nous en avons parlé ensemble lui et moi, et il avait décidé de convaincre ma mère de rencontrer un spécialiste, un psychiatre. Mais elle n'a pas voulu. Je crois qu'elle s'est suicidée pour ça, parce qu'elle était folle, qu'elle détestait mon père, et moi aussi.

— Comment pouvez-vous dire que votre mère vous détestait ?

— Parce qu'elle me l'a dit elle-même et que je lui ressemblais trop, elle ne pouvait pas supporter ça !

Bien sûr, si les circonstances de la mort de Margareth n'étaient pas si bizarres... le témoignage de sa fille irait en faveur du suicide, mais voilà... l'arme du crime, la seringue est restée introuvable ainsi que le flacon du produit. De plus, le médecin de famille tempère largement les déclarations de l'enfant.

— Il ne faut pas confondre impression et réalité. Les rapports de M^me^ Tabay avec sa fille n'étaient peut-être pas simples, ils relèvent peut-être en effet de la psychanalyse, mais je peux affirmer que ma cliente n'était pas folle, ni plus névrosée que n'importe qui. Je l'ai soignée pour des insomnies, certes, mais qui n'en a pas de nos jours ? Elle ne semblait pas très heureuse en ménage, certes, mais elle avait peut-être des raisons que sa fille ignore. Une mère ne dit pas tout à son enfant dans ces cas-là.

— J'entends bien, docteur. Alors, à votre avis, le suicide est hors de question ?

— Il me semble. En dehors de toute considération des faits matériels, je ne crois pas que M$^{me}$ Tabay ait voulu se suicider.

A l'issue des cinq audiences, Roy Sylvester Tabay est donc condamné à la prison à vie. Il échappe à la peine capitale par deux voix, des jurés apparemment gênés par l'absence de pièces à conviction et de preuves matérielles solides.

Du fond de la salle où elle se tient, Melody regarde partir son père, les larmes aux yeux, mais droite et silencieuse. Elle repousse violemment les photographes à la sortie du tribunal et disparaît avec sa gouvernante tandis que l'avocat déclare :

— Nous faisons appel bien entendu, mon client est innocent.

Melody a été confiée à son grand-père maternel, un original, collectionneur et rentier qui ne s'inquiète guère de sa petite-fille. Il n'ose même pas lui interdire d'aller rendre visite à son père en prison depuis qu'elle lui a répondu sèchement, de « s'occuper de ses fesses ».

Outré, le vieil homme a déclaré au conseil de tutelle :

— Ma petite-fille est le portrait de sa mère, têtue et mal élevée, mais elle est trop intelligente pour moi, je suggère de la mettre en pension jusqu'à la fin de ses études.

Melody est donc enfermée dans une institution de luxe, ce qui ne l'empêche pas d'avoir des contacts réguliers avec son père durant plusieurs mois. Le procès vient en appel deux ans plus tard, mais cette fois Melody ne s'est pas manifestée, elle n'a pas rendu visite à son père depuis 1965... et c'est l'avocat qui se rend auprès d'elle, car elle n'a pas répondu à la convocation. Le conseil de tutelle a simplement signifié au tribunal que, sauf exigence particulière, l'adolescente serait tenue en dehors de ce nouveau procès.

Dans l'institution où Melody termine ses études secondaires, la directrice accueille l'avocat avec réticence :

— La famille ne désire pas que Melody soit troublée dans ses études...

— On m'a autorisé à la voir, madame, j'ai ici une lettre de son grand-père, qui le précise.

Dans le parloir sévère, l'avocat regarde s'avancer la jeune fille. Visage fermé, dur, elle a vieilli, comme parfois vieillissent les enfants qui ont vécu un drame. A-t-elle dix-sept ans ou cent ans.

— Bonjour, c'est mon père qui vous envoie ?

— Oui, Melody, c'est ton père. Il est malheureux de ne plus te voir, il a peur que toi aussi tu le croies coupable.

— Il sait bien que non.

— Pourquoi ne viens-tu plus lui rendre visite ? On t'en empêche ?

— Si c'était le cas, je viendrais quand même.

— Alors pourquoi ?

— Je ne peux servir à rien. Et puis ces visites me rendent malade, je ne supporte plus de voir mon père enfermé, de lui parler derrière une vitre, dans un téléphone... devant les gardiens. Ce que j'ai à lui dire ne regarde personne.

— Quoi ? Qu'as-tu à lui dire ?

— Que je l'aime, qu'il est mon père, qu'il me manque, et puis... et puis des choses qui ne regardent que lui et moi.

— Tu ne veux pas me les confier ?

— Sûrement pas !

Melody a repris le ton sec de son enfance, ce ton catégorique qui impressionna tant les policiers. Mais l'avocat est venu avec une idée derrière la tête. Une idée qui le tracasse et dont il n'a parlé à personne, pas même à son client.

— Melody... Si je te disais que je me doute de quelque chose...

— De quoi ? Qu'est-ce que vous racontez ?

— Si je te disais que je sais qui a tué ta mère, par exemple...

La jeune fille a un mouvement de recul... comme si un serpent la frappait en plein visage, elle serre les poings, semble vouloir courir et s'échapper... puis finalement s'immobilise et d'une voix rauque demande :

— Mon père a deviné ?

— Non, Melody. Je ne crois pas.

— Alors vous ne savez rien ! Lui seul pouvait deviner...

— Oh ! non... Moi aussi, parce que c'est mon métier, vois-tu, de deviner les choses et de me passionner pour les êtres que je défends. Moi, j'arrive à les comprendre et à les connaître mieux que les juges, bien mieux... c'est en parlant de toi, avec ton père, que j'ai appris à te connaître... et que j'ai deviné...

— Vous lui avez dit ! Vous êtes un salaud !... un salaud !

— Je ne lui ai rien dit du tout, mais vois-tu, je crois qu'il y a songé plusieurs fois. Et je crois qu'il s'est tu, de peur d'avoir raison et de gâcher ta vie...

— C'était pas la peine, elle est gâchée, ma vie...

— Alors fais quelque chose pour lui, pour ton père... Toi, tu t'en sortiras, je m'en chargerai s'il le faut...

— Que voulez-vous que je fasse ? Il est trop tard pour lui, pour moi, pour nous deux... C'est foutu, il ne m'aimera plus, je ne serai plus sa fille...

— Et tu préfères qu'il reste en prison ? Qu'il ne sache rien ? Ou qu'il continue à se taire ?...

— Comme ça au moins, on s'aime encore.

— Alors écoute, Melody... c'est exactement ce qu'aurait fait ta mère en pareil cas. Elle aussi elle aurait préféré que ton père reste en prison. Car elle aussi elle ne pensait qu'à elle, qu'à son divorce, son argent, et sa folie égoïste...

— Non ! Ce n'est pas vrai, je ne lui ressemble pas !

— Alors parle ! Si tu aimes ton père, parle ! Si tu es quelqu'un d'autre qu'une poupée égoïste, qu'une sale gamine têtue et mauvaise, parle ! Sors d'ici, viens avec moi voir le juge ! Conduis-toi enfin comme une adulte, tu n'as plus treize ans !

Les yeux bleus de Melody ont brillé sauvagement, comme ceux d'un chat en colère... puis elle a crié :

— D'accord !

Devant le juge, Melody a fait froidement cette déclaration :

— J'ai tué ma mère. J'aimais mon père et elle nous gênait. C'est moi qui ai volé le flacon et la seringue à la clinique, c'est moi qui l'ai assommée dans son lit, avec ma raquette de tennis. C'est moi qui lui ai fait la piqûre, j'ai tout mis dans la seringue pour être sûre, je savais que c'était mortel et j'avais déjà vu une opération où l'on n'en mettait que quelques gouttes avec un autre produit. J'ai caché la seringue dans le jardin et le flacon aussi. Plus tard, je les ai déterrés et j'ai jeté le tout dans une poubelle, mais je n'ai pas retrouvé l'aiguille, elle est sûrement restée dans la terre, vous pouvez chercher si vous voulez... J'avais tout fait pour que l'on croit à un assassin inconnu et j'avais caché la seringue et le flacon exprès pour ça... Ensuite j'ai eu peur quand le médecin est arrivé et qu'il a dit que personne n'avait pu entrer sans la clé, j'ai bien vu qu'il pensait à mon père, alors j'ai essayé de faire croire au suicide, mais ça n'a pas marché non plus. J'étais jeune, je n'avais pas pensé à tout... Après il était trop tard et j'avais honte de tout dire à mon père.

Le procès de Melody Tabay eut lieu à huis clos, à la demande de sa famille et de son père.

On retrouva la petite aiguille enfouie dans la terre, le long du mur du jardin, là où elle l'avait dit.

Il n'y avait aucun doute, une petite femme de treize ans avait tué sa mère, par amour pour son père. Et le père s'était laissé accuser, par amour pour sa fille. Mais quel amour mortel que cet amour-là...

# LA BONNE ET LONGUE VIE DE MRS WINTER

Le 1er mai 1947, une limousine freine silencieusement devant le portail d'une propriété, près de Boston. Le chauffeur ôte sa casquette, ouvre la portière et s'incline :

— Nous sommes arrivés, Madame.

A l'intérieur de la limousine, une voix furieuse lui répond :

— Eh bien, sonnez, Walter ! Que diable, je ne vais tout de même pas faire le reste du chemin à pied à mon âge ! Allez, Walter... allez !

Le chauffeur fait la grimace, mais obéit. Le portail s'ouvre alors et un gardien palabre avec lui quelques secondes. De la limousine, la voix furieuse les interpelle :

— Alors ! Vous allez me laisser moisir ici longtemps ?

Le chauffeur s'empresse de revenir, sa casquette toujours sous le bras et la bouche pincée.

— Que Madame m'excuse, mais le gardien n'autorise pas les voitures à pénétrer dans l'allée. Mais il n'y a que quelques pas à faire, Madame !

— Oui, on dit ça ! Et il y a un gardien qui fait la loi ici ? Qu'est-ce que c'est, une prison ? Vous êtes sûr que c'est ici ?

— Je ne peux pas m'être trompé, Madame. Il est inscrit sur le portail : « Maison de repos des Rossignols. »

— Maison de repos ! Comme si j'étais malade ! Un asile vous voulez dire, Walter ! Vous verrez quand vous serez vieux ! vous verrez si vos enfants ne se débarrassent pas de vous au premier prétexte.

— Je n'ai pas d'enfant, Madame !

Walter fait encore la grimace. Il y a plus de trente ans qu'il est chauffeur au service de la famille Winter et cette vieille folle ignore encore qu'il n'a pas d'enfant. Vivement qu'elle se décide à entrer là-dedans et qu'il ne l'entende plus. Walter approuve tout à fait la décision de ses maîtres, June et Harold Winter, de placer là leur mère et belle-mère. A soixante-dix-neuf ans, elle empoisonne l'existence de tout le monde, et ne fait que des bêtises. S'il le pouvait, Walter la planterait là devant la grille avec ses malles et la laisserait se débrouiller toute seule. Au lieu de cela, il s'incline à nouveau avec prévenance :

— Si Madame veut s'appuyer sur mon bras, je vais la conduire à la réception et je me chargerai des bagages ensuite...

En grommelant, la vieille dame refuse le secours du chauffeur et descend de voiture avec une souplesse étonnante.

C'est une petite femme au visage dur sous les multiples rides qui la font ressembler à une pomme fripée. La peau est sèche, le regard sec, les lèvres minces et sèches. Un mètre soixante environ, à peine courbée par l'âge, elle porte une robe mauve, ajustée à la taille, comme une jeune fille, et un chapeau violet. Sa canne lui sert plutôt à faire des moulinets et à donner des ordres. C'est ainsi qu'elle va se planter devant le gardien de la maison de repos des Rossignols, la canne pointée en avant, vers la poitrine de l'homme :

— Alors, mon brave ? C'est vous qui gardez cette prison ? Je ne vous fais pas mes compliments ! Qu'est-ce que vous attendez pour aider Walter ?

L'autre est si estomaqué qu'il obéit sans protester et aide le chauffeur à transporter une luxueuse malle de cuir. Tandis que la vieille dame avance d'un pas décidé vers la réception, les deux hommes parlent à voix basse.

— Et... c'est une maison de retraite ici, pas un palace... Qu'est-ce qu'elle se croit, ta maîtresse ?

— Elle est furieuse d'être ici. Ce sont mes patrons qui l'ont décidé, et un conseil de tutelle.

— Un conseil de tutelle ? Qu'est-ce qu'elle a fait ?

— D'après le médecin, elle n'a plus toute sa tête. Elle a failli tuer son arrière-petit-fils il y a un mois.

— Comment ça ?

— Elle lui a fait un sandwich avec de la poudre dedans. Elle croyait que c'était un médicament pour lui, des vitamines, en fait c'était de la poudre à nettoyer les cuivres et il a failli mourir. Elle a plus sa tête, quoi ! Et puis ils en ont marre à la maison, tout le monde en a marre d'elle. Seulement elle est riche, c'est elle qui a tout le fric, tu comprends, alors ils la mettent à l'abri ici. Parce que si on la mettait dans une maison de fous, elle ferait un scandale. Elle l'a dit.

— Je vois pas le problème ! Si elle est folle cette vieille, faut l'enfermer, c'est tout !

— Oh, c'est pas si simple ! Y a une armée d'avocats derrière elle, des requins, et elle a dit carrément que si on l'enfermait, elle ferait un procès pour internement arbitraire. En somme elle les accuserait de la faire passer pour folle pour lui piquer l'héritage, tu comprends ?

— C'est bien compliqué, ton histoire. Elle est folle, oui ou non ?

— Ça dépend des moments. Moi, j'en sais rien, elle me fait peur. Elle passe son temps à aller à la messe et au cimetière, elle s'occupe que des morts, des trucs à vous flanquer le frisson.

La conversation des deux hommes est brutalement interrompue par l'irascible douairière :

— Alors, Walter ! Vous traînez ? Inquiétez-vous de remplir les formalités, s'il vous plaît et qu'on me montre mes appartements, j'ai besoin de repos ! Dépêchez-vous, voyons !

C'est ainsi que Mrs Winter fait son entrée dans une maison de repos pour personnes âgées, jusqu'ici bien calme. Et c'est ici, au milieu des arbres et des fleurs, dans le confort réservé aux vieillards riches que la vieille dame va faire étalage de son talent.

Mrs Lynn Winter a toisé la secrétaire, toisé les infirmières, toisé le directeur et réclamé immédiatement le médecin de l'établissement.

— Qu'on le fasse venir dans mes appartements !

Une fois dans « ses appartements », Mrs Lynn Winter a piqué une véritable colère. Ses yeux perçants et bleus sont devenus tout à coup violets, étrangement beaux, dans ce visage ravagé par les années.

— Qu'est-ce que c'est que ça ? La chambre des domestiques ?

C'est pourtant la sienne, semblable à celle des autres pensionnaires, tout à fait confortable, avec salle de bains, petite cuisine, poste de radio et ravissants rideaux à fleurs.

Sur ces entrefaites, le médecin se présente à la porte de la chambre. Il est jeune, le visage ouvert et sympathique, la voix calme et réconfortante :

— Eh bien, madame Winter, on me dit que vous arrivez et que vous êtes fatiguée ? Voyons cela...

— Je ne suis pas fatiguée, absolument pas ! Je vous ai fait venir pour que vous constatiez immédiatement que je n'ai rien à faire ici, et que je peux parfaitement rentrer chez moi. D'ailleurs j'ai des obligations, je dois me rendre sur la tombe de mon époux, c'est l'anniversaire de sa mort dans deux jours et je ne peux absolument pas laisser passer cette date !

« Allons bon..., se dit le médecin. En voilà une qu'il va falloir calmer d'office. »

— Puis-je vous examiner, Mrs Winter ?

— Je ne suis absolument pas malade ! Vous pouvez très bien constater *de visu.*

— Je n'en doute pas, mais c'est la règle ici. Je dois vous connaître le mieux possible.

— C'est ça ! Pour me faire passer de vie à trépas, le mieux possible !

Le médecin préfère ruser.

— Vous paraissez en excellente forme, chère madame, mais si vous souhaitez que j'établisse un certificat, permettez-moi de vous examiner.

Il parle, il parle, il a l'habitude des vieillards et de leurs problèmes. De plus, le dossier médical de sa nouvelle pensionnaire lui a été transmis, dans lequel il a pu lire que la vieille dame était sujette à des excès nerveux, nécessitant de lui faire absorber des calmants afin d'éviter tout risque d'accident cardiaque. Le dossier précisait malheureusement que la « patiente, si l'on peut dire, refusait presque toujours d'avaler la pilule, et qu'en cas d'ennuis, l'hypocrisie était nécessaire ».

Somme toute, Mrs Lynn Winter est un peu folle, mais personne n'ose le dire, même pas le médecin de famille.

Et finalement, comme tous les fous, il va falloir ruser pour lui faire absorber le médicament. C'est nécessaire, car la vieille dame s'agite, donne des ordres à son chauffeur, le priant de revenir la chercher le lendemain.

— Je passerai la nuit ici, Walter ! L'hôtel est minable mais j'en ai vu d'autres. Trouvez-vous de quoi dormir et soyez là demain à six heures ! Nous repartirons pour Boston. Je passerai au cimetière, nous irons voir le pasteur et nous rentrerons à la villa. Ce petit voyage aura été amusant, ma foi ! J'aimerais voir la tête de ma fille et de mon gendre ! Ils se croient tranquilles...

Elle n'arrête plus ! Une véritable fontaine verbale. De toute évidence Mrs Winter n'a pas admis qu'elle devait vivre ici dorénavant et il ne servirait à rien de le lui faire entendre.

Alors le médecin va chercher ce qu'il faut — un petit calmant — et avec des ruses de Sioux, sous le prétexte de l'inviter à boire quelque chose de réconfortant, il compte trente gouttes incolores dans le verre de limonade, puis trinque avec elle.

Un peu plus tard, lorsque la vieille dame repose enfin dans sa chambre, lucide, mais calme, le médecin a un entretien avec le directeur de la maison de repos.

— Je ne comprends pas pourquoi vous l'avez acceptée comme pensionnaire. Cette femme est caractériellement insupportable, c'est certain ; mais de deux choses l'une, ou elle a besoin d'un psychiatre et d'une maison spécialisée, ou bien elle peut vivre chez elle ! Je ne la connais pas suffisamment pour faire un diagnostic, mais une chose est sûre, elle va nous poser des problèmes s'il faut la garder ici de force. Nous ne sommes pas un asile...

— La famille a payé très cher, énormément... Elle a même pris des actions de la société, à condition que la grand-mère ne bouge plus d'ici. Il va falloir nous accommoder de ces problèmes.

Ni le directeur, ni le médecin de la maison de repos des Rossignols ne peuvent imaginer de quelle manière lesdits problèmes vont être résolus. Personne ne le peut, d'ailleurs. Comment imaginer qu'une vieille femme de soixante-dix-neuf ans, millionnaire en dollars, issue de la bonne société de Boston, déclare tout de go à six heures du matin le lendemain de son arrivée :

— Vous m'empêchez de partir ? Parfait ! Je suis prisonnière ici ? Parfait ! Alors amenez-moi les « flics », j'ai une demi-douzaine de crimes à avouer ! Et encore, j'oublie le dernier !

Le jeune médecin qui tentait de barrer la route à Mrs Winter a un sourire conciliant :

— Allons, allons. Ne dites pas des choses pareilles, voyons !

— Jeune homme, je ne suis pas gâteuse, si c'est ce que vous voulez dire. Et je sais parfaitement pourquoi je suis ici. Ma fille et mon gendre ont peur du scandale et savez-vous pourquoi ? Parce que j'ai voulu empoisonner mon arrière-petit-fils. Chacun a fait semblant de croire à une méprise, on s'est précipité sur l'occasion pour répandre le bruit que je n'avais plus tout à fait ma tête, mais c'est faux. Je savais parfaitement ce que je faisais. Le gamin a fait la grimace, mais je l'ai obligé à avaler le tout ! Seulement j'ai raté mon coup, il y avait trop de monde autour de lui et ces damnés médecins l'ont fait vomir tout de suite !

— Madame Winter... je vous en prie !

— Ah ! ne jouez pas les bons médecins qui prennent les gens pour des fous, hein ? Je ne suis pas folle, vous le savez fort bien, je suis méchante et j'aime la mort, c'est autre chose. Passez-moi le téléphone !

— Pour quoi faire ?

— Je vais appeler la police moi-même !

— Ils ne vous croiront pas !

— Oh, que si, mon petit ! Oh, que si ! il y a trente ans que je m'exerce et il y a des morts dans notre caveau de famille qui parleront pour moi, si on ne veut pas m'écouter. Passez-moi ce téléphone !

— Pourquoi avouer maintenant ? Si personne ne vous a soupçonnée, c'est qu'il n'y avait pas de quoi. On ne tue pas comme cela, sans que personne ne s'en aperçoive !

— Pauvre naïf que vous êtes ! Ecoutez-moi bien, je vais vous expliquer comment j'ai fait. D'abord — dans l'ordre — mon père, Jackson Clark. Il est décédé de mort subite, alors que j'étais seule à le soigner. Ensuite, mon beau-père, Alphaeus, et ma belle-mère, Louisa Winter, c'était en 1908. Ils sont morts tous les deux à quelques jours d'intervalle, dans des circonstances bizarres, mais personne n'a fait le rapprochement. Ensuite, je me suis occupée de ma sœur Lorena, elle avait... cinquante-trois ans ! C'était donc... en 21, c'est ça 1921... Et puis j'ai attendu un peu, avant de faire disparaître mon frère Clinton, c'était en 1941, le 8 octobre, une crise cardiaque soi-disant. Et pour finir, l'année suivante, mon mari, ce cher Edouard. Ils sont tous dans le caveau familial. Sauf le petit dernier, ce diable de Roy. Il n'a que trois ans et j'ai raté mon coup. Voilà !

Le médecin est toujours persuadé d'avoir affaire à une folle et il cherche le mobile de ces aveux.

— Madame Winter. Il est inutile de vous accuser de six crimes pour éviter de rester ici. Si vous le désirez, je puis très bien m'entretenir avec votre famille et arranger cela. Soyez raisonnable, une attitude comme la vôtre ne peut qu'apporter des ennuis à tout le monde, y compris à vous ! Et si vous alliez en prison ? Si la police vous croyait ? Le temps de rétablir la vérité et vous passeriez quelques mois dans une cellule sans confort. Vous ne préférez pas rester ici quelques jours et me laisser régler le problème ?

— Vous n'êtes qu'un idiot ! Maintenant ça suffit, passez-moi le téléphone, je vais appeler la police et mes avocats. Ou plutôt non, mes avocats d'abord.

Sidéré, le médecin regarde la vieille dame fouiller dans son carnet, chausser ses lunettes pour consulter un numéro et le composer d'un air décidé. Il suit la conversation avec stupeur.

— Stenson ? C'est moi. Ecoutez-moi, mon vieux, et faites ce que je vais vous dire : premièrement, vous allez venir ici, dans cette fichue pension de vieux et vous apporterez avec vous le mémoire que j'ai déposé dans votre coffre. Ensuite, prévenez le coroner, dites-lui que j'ai l'intention de lui parler des six personnes de ma famille dont j'ai provoqué la mort. Surtout n'alertez pas ma fille et mon gendre, je vous l'interdis. Non, Stenson ! Je vous paye pour faire ce que j'ai besoin que vous fassiez, ne m'obligez pas à parler de nos petites histoires, vous me comprenez ? Je me fiche éperdument que vous aimiez les petites filles de quinze ans, mais pas le coroner. Alors fichez-moi la paix avec ces histoires de conseil de tutelle. Vous savez aussi bien que moi que je ne suis pas folle. Maintenant, dépêchez-vous, il y a deux heures de route, je veux que vous soyez là à midi, avec le coroner ! C'est tout, Stenson. Et pas un mot à vos collègues, ni à la famille, ou je me fâche !

Mrs Winter raccroche. Ses yeux sont violets, mais ses mains ne tremblent pas.

— Voilà. Au fond, ça m'amuse. Vous savez, il devient difficile d'empoisonner les gens de nos jours. Du temps de mon père, on trouvait de l'arsenic chez les marchands ambulants. A présent, c'est toute une histoire. Surtout depuis la guerre et je n'ai plus de provisions. C'est pour ça que mon arrière-petit-fils m'a échappé. Sinon, il aurait fait comme les autres. Oh ! docteur, ne faites pas cette tête-là, vous avez peur de regarder les choses en face ? Ça vous étonne, une femme comme moi ? Rassurez-vous, dans quelque temps, je nierai peut-être, ce serait amusant au fond. Ce qui m'agace, voyez-vous, c'est ma fille et son mari stupide. Ils feraient n'importe quoi pour éviter le scandale, ce sont des snobs ! Ils ont oublié d'où vient leur fortune. Vous savez ce que faisait mon père ? Du trafic avec les Indiens, c'est comme ça qu'il a montré sa première affaire. Ce n'était qu'un petit truand au fond. Quand je me suis mariée, il exploitait deux mines de cuivre, une d'or, et possédait tout un quartier de Boston. J'ignore combien d'Indiens et d'associés il avait ruiné ou volé pour cela, c'était un malin. Mais il est mort... J'aime la mort des autres, et voyez-vous, jeune homme, vous avez de la chance... J'aurais très bien pu m'installer ici et m'occuper un peu de vos pensionnaires, mais je suis vieille à présent, et les moyens me manquent. Ah ! à propos, il faudra que je songe à faire venir mon « rocking-chair », d'après ce que vous dites, les prisons ne sont pas confortables.

Ainsi fut fait. Le « rocking-chair » lui fut accordé en prison. Mrs Winter était pourtant l'une des plus grandes criminelles de son temps.

Sur trois corps exhumés, la preuve fut faite d'empoisonnement par l'arsenic. Les autres morts étaient trop anciennes, mais les circonstances bizarres de chaque décès ne laissaient guère de doute.

C'est alors que Mrs Winter, tout en se balançant dans son « rocking-chair », se mit à nier l'évidence !

— J'aime ma famille, tout le monde peut le dire et je n'avais aucune raison de les tuer, aucune. D'ailleurs je fleuris leurs tombes à chaque anniversaire, je suis pieuse et je ne comprends rien à cette histoire d'arsenic. Mon petit-fils ? Mais c'est un accident, je me suis trompée de flacon, je n'y vois plus très clair...

Mais ses yeux étaient violets et les premiers témoins de ses aveux ne pouvaient oublier l'explication qu'elle avait donnée de cette série de meurtres : « J'aime la mort des autres, elle me fascine. »

Mrs Lynn Winter fut condamnée à la prison à vie à quatre-vingt-deux ans, ce qui la fit sourire au nez des jurés :

— A vie, dites-vous ? C'est donc qu'il m'en reste !

Il lui en restait suffisamment, en effet, pour sa balancer onze années durant sur son « rocking-chair », dans la prison des femmes de Boston.

# LE MATCH DE LA DOCTORESSE

Tout commence le 21 novembre 1933 lorsqu'un entrepreneur est mandé au domicile d'une doctoresse très connue à Chicago : miss Alice Winkoop, soixante-deux ans.

A l'arrivée du croque-mort, la doctoresse lui déclare tout de go que sa belle-fille Rheta, âgée seulement de vingt-trois ans, est décédée quelques heures plus tôt. Il s'agit donc de la mettre en bière. L'homme suit la respectable doctoresse jusqu'à une salle de chirurgie. Là, sur la table d'opération, il voit le corps de la malheureuse jeune femme couchée sur le ventre. Il soulève la lourde couverture qui a été jetée sur elle et apparaît un cadavre, à demi nu...

C'est alors qu'il recule horrifié : la morte porte à la nuque une plaie ronde et sanguinolente... A quelques centimètres de la tête est posé un revolver enveloppé de gaze.

Le croque-mort proteste :

— Mais cette femme a été tuée ! Elle a été assassinée ! Avez-vous prévenu la police ?

La doctoresse impassible fait signe que non, mais laisse l'homme affolé bondir au téléphone et mettre le commissariat voisin au courant.

Chicago en 1933, ce n'est pas seulement les gangsters et la prohibition, c'est aussi l'Amérique vertueuse, laborieuse, pieuse et un tantinet orgueilleuse dont la maison de la doctoresse Alice Winkoop est le pur symbole.

Dans cette haute maison de seize pièces, au rez-de-chaussée de laquelle a été commis le meurtre, il n'y a en dehors de la victime que quatre personnes, quatre témoins, tous honorables, tous insoupçonnables. D'abord la doctoresse Alice Winkoop, chef de la famille depuis la mort de son mari qui était également médecin. Une femme irréprochable à tous points de vue, excellente mère qui a su élever parfaitement, et toute seule, ses trois enfants. C'est un gynécologue et un pédiatre de grande réputation, s'occupant activement de questions sociales, féministe militante, membre de plusieurs clubs politiques.

Ensuite sa fille Catherine, elle aussi doctoresse.

Son fils Walker, important homme d'affaires.

Enfin, une gouvernante de soixante ans, miss Hennessey, à leur service depuis des années.

L'autre fils, Earle Winkoop, vingt-sept ans, le mari de la victime, est en voyage à plusieurs centaines de kilomètres de Chicago.

Les détectives — les capitaines Thomas Duffy et John Stegg — ne peuvent donc compter que sur ces quatre personnes pour élucider l'assassinat de la jeune Rheta.

C'est la doctoresse Alice Winkoop qui passe la première sur la sellette. Voici que commence en effet la première manche du match opposant la petite Alice aux deux redoutables capitaines Stegg et Duffy, les deux meilleurs détectives de Chicago.

Dans le salon confortable où les tapis s'ajoutent aux moquettes, et où le canapé anglais flanqué de fauteuils fait face à la cheminée modern style, les deux enquêteurs demandent à la doctoresse d'expliquer son attitude étrange à l'arrivée du croque-mort :

— Hier après-midi, explique la doctoresse avec émotion, j'avais été faire quelques courses en ville. Au retour, dans le courant de la soirée, j'ai été assez étonnée de l'absence de Rheta, surtout au moment de me mettre à table avec la gouvernante, car ma belle-fille n'était jamais en retard pour les repas. Nous avons mangé et parlé de chose et d'autres avec la gouvernante. Comme elle était légèrement souffrante, je suis allée ensuite dans mon cabinet lui chercher un médicament. C'est alors que j'ai découvert le corps de ma belle-fille. Il pouvait être huit heures du soir...

— Mais enfin... Vous ne vous êtes pas aperçue que Rheta avait été assassinée ?

— Si... Mais la porte de mon bureau était ouverte. Six billets d'un dollar qui se trouvaient sur ma table de travail avaient disparu... Instinctivement, j'ai été voir si mon revolver calibre 32 était à sa place... non... disparu aussi. J'ai pensé à un crime de rôdeur, ou alors qu'un toxicomane avait été surpris par ma bru au moment où il tentait de dérober de la drogue dans mon armoire à pharmacie. Cette idée m'est tout de suite venue à l'esprit parce que, durant ces six derniers mois, des cambrioleurs se sont introduits chez moi par deux fois pour voler de la morphine.

— Dans ces conditions, pourquoi n'avez-vous pas prévenu tout de suite la police ?

La petite doctoresse réplique suavement :

— Je voulais éviter une fâcheuse publicité autour de notre nom...

Le capitaine Duffy la regarde droit dans les yeux. John Stegg, au contraire, la surveille par en dessous. Le premier l'interroge en marchant de long en large, le second prend des notes, immobile dans un fauteuil.

Lorsque survient le médecin légiste, la doctoresse l'aide avec un sang-froid tout professionnel. Mais de retour au salon, c'est avec une certaine candeur qu'elle s'efforce de fournir aux détectives les indications qui peuvent leur être utiles.

— Rheta était restée une enfant, explique-t-elle. Elle était mariée depuis quatre ans avec Earle, mon plus jeune fils. Tous deux s'adoraient. Jamais un mot, jamais une dispute. Il l'avait connue en 1928, au cours d'un bal de société, le coup de foudre réciproque.

La brave doctoresse, calme, apparemment spontanée, n'a aucune idée de ce que peut être un policier, ni aucune idée des méthodes de la police. Tandis qu'elle parle, le capitaine John Stegg quitte son fauteuil pour aller dans le cabinet de consultation donner par téléphone un ordre à la piétaille des enquêteurs qui ont été mis sur l'affaire.

— Je veux tout savoir sur le mari de la victime, grogne la capitaine. Ce qu'il est, qui il fréquente, s'il trompe sa femme, etc.

Lorsqu'il retourne dans le salon, le capitaine Duffy et la doctoresse continuent de converser avec une charmante franchise.

— Est-ce que votre belle-fille était assurée sur la vie ? demande Duffy à la doctoresse.

— Non, répond le témoin. Je suis certaine qu'elle n'était pas assurée. A plusieurs reprises, elle avait voulu contracter une police. Mais à cause de sa mauvaise santé, ses démarches n'avaient pas abouti.

A nouveau, le capitaine John Stegg quitte son fauteuil pour aller dans le cabinet de consultation téléphoner à ses limiers une nouvelle consigne :

— Je veux savoir si la victime était assurée sur la vie, combien et au bénéfice de qui. Voici le nom des compagnies que vous devez contacter en premier lieu...

... Et le capitaine énumère les noms des courtiers d'assurances et des compagnies qu'il a relevés dans le répertoire téléphonique de la doctoresse.

Cela fait, il retourne s'asseoir dans le salon où la doctoresse continue de répondre à toutes les questions que le capitaine Duffy lui pose.

— Avez-vous prévenu votre fils de la mort de sa femme ?

— Non... je ne pouvais le joindre que ce soir...

— Quand avez-vous eu des nouvelles pour la dernière fois ?

— Ce matin, il m'a envoyé un télégramme.

— Je peux le voir ?

— Mais bien sûr... Si je l'ai encore.

Tandis que la doctoresse se rend dans son cabinet, le capitaine Duffy demande au capitaine John Stegg :

— Qu'en penses-tu ?

— Je pense qu'elle ment.

— Moi aussi.

— Je crois que le coupable fait partie de la maison, ajoute pensivement John Stegg.

Lorsque la doctoresse revient, elle tend le télégramme à John Stegg. En voici le texte :

*Chère maman stop — suis arrivé à Peoria stop — serai demain à Kansas City stop — hôtel Lincoln Kansas City stop — téléphone 88732 66 91 stop — serai de retour le 27 novembre stop — t'embrasse stop — signé Earle.*

Après avoir lu le télégramme, John Stegg, l'air étonné, le passe à Duffy.

— C'est à vous qu'est adressé le télégramme, docteur... Pas à votre belle-fille... Comment se fait-il ?

— Mon fils a gardé l'habitude de m'écrire à moi. Sans doute parce que je suis le chef de famille. M'écrire à moi, c'est écrire à tous.

Tandis que le capitaine Duffy, tout sourire, continue d'interroger la doctoresse, John Stegg, le télégramme à la main, retourne encore une fois dans le cabinet de consultation et se met en demeure d'appeler l'hôtel Lincoln à Kansas City.

Il a très rapidement le mari de la victime au téléphone, qui paraît cependant très étonné d'être appelé au milieu de la nuit.

Lorsque le capitaine lui apprend la terrible nouvelle, le jeune homme reste quelques instants silencieux. Puis, les questions, les sanglots et les cris d'indignation vont se bousculer.

— Assassinée... mais par qui ? Comment ? Pourquoi ? C'est horrible ! Pauvre Rheta, ce n'est pas possible ! Vous êtes sûr que c'est elle ? Excusez-moi, ce que je dis est idiot. Est-ce qu'elle a souffert ? Le salaud ! Vous n'avez aucune idée de qui ça peut être ? Ah, mon Dieu, mon Dieu ! Il faut absolument trouver le coupable ! Je voudrais le tuer de mes propres mains !

Le capitaine laisse passer ce flot d'une légitime douleur, tout à fait conventionnelle dans ses épanchements, et demande :

— En fin de matinée... Vous avez adressé à votre mère un télégramme ?

— Oui.

— Pour lui donner votre adresse et votre téléphone à Kansas City ?

— Oui.

— Pourquoi n'avez-vous pas attendu d'être arrivé à l'hôtel Lincoln pour l'appeler au téléphone ?

— Au cas où elle aurait voulu me faire parvenir un message.

— Vous attendiez un message urgent ?

— Non, mais on ne sait jamais, la preuve...

Et comme le jeune homme recommence à gémir, le capitaine prend congé et raccroche.

Lorsqu'il entre une fois de plus dans le salon de la doctoresse, le feu s'éteint dans la cheminée, il est deux heures du matin.

Le visage de la vieille petite femme accuse la fatigue... Il faut la laisser se reposer. Après tout, elle n'est qu'un témoin.

Dans la rue, avant de monter en voiture, les deux policiers échangent quelques mots :

— Le télégramme du fils pourrait bien être un alibi, dit John Stegg, il ne s'explique pas autrement.

— Oui... Mais si Rheta a été tuée par son mari, sa belle-mère le sait. Ou du moins elle s'en doute. A mon avis, elle sait quelque chose et couvre son fils.

— A moins qu'elle ne l'ait tuée elle-même, dit Stegg. Seule ou avec lui.

— Dans ce cas, quel mobile pourrait l'avoir poussée... Qu'est-ce qui peut conduire au crime une femme pareille ?

Si les nuits de Chicago, en 1933, sont encore chaudes, les matins sont paisibles et blêmes. Les gangsters ne se lèvent pas tôt et par voie de conséquence les policiers non plus. Sauf les capitaines Duffy et Stegg qui, après avoir entendu les premiers rapports au siège de la police et lancé un mandat d'amener contre le mari de la victime, se présentent, à dix heures, à la porte de la doctoresse.

Lorsqu'ils se trouvent devant elle, leur attitude est fort différente. C'est que, des premiers renseignements recueillis, il ressort que la doctoresse a menti gravement.

C'est donc avec une certaine dureté que Duffy la « cueille à froid » dès qu'elle surgit en blouse blanche sur le seuil de la salle où attendent déjà plusieurs patients.

— Vous nous avez affirmé hier, déclare brutalement Duffy, qu'aucun nuage n'avait jamais assombri l'union de votre fils Earle et de votre belle-fille Rheta. Or, les premiers témoignages établissent que c'est faux...

« D'après les camarades de travail de votre fils, d'après les parents de votre belle-fille, il ressort que votre fils s'est vite lassé de sa femme. Elle était, nous a-t-on dit, artiste jusqu'au bout des ongles, violoniste et virtuose, passionnée de musique, mais fine, délicate et de santé fragile, hantée par l'idée de mourir poitrinaire. Bref, une responsabilité, une charge, une contrainte, une déception... trop lourdes pour votre fils, apparemment resté un enfant gâté.

« Il ne l'aimait plus depuis longtemps, nous a-t-on affirmé. Il cherchait sans arrêt des satisfactions extra-conjugales et l'on ne compte plus ses aventures féminines... Ne le niez pas, madame ! insiste John Stegg. Dix témoins l'ont déclaré. Et puisque ces gens-là le savent, vous ne pouvez pas l'ignorer. Pourquoi nous avez-vous menti ?

— Je n'ai pas menti. C'est moi qui ai dit la vérité. Demandez à la gouvernante, à ma fille, à mon fils aîné. Je ne comprends pas pourquoi vous suspecteriez l'avis d'une mère qui vit avec ses enfants pour ajouter foi aux racontars d'une belle-famille jalouse que la douleur égare, et aux gaudrioles des camarades de mon fils. Comme tous les jeunes hommes, mon fils croit sans doute indispensable de faire état de soi-disant bonnes fortunes pour convaincre son entourage de sa virilité.

Là-dessus, la doctoresse, qui s'est enfin départie de son calme, leur tourne le dos.

— Maintenant, dit-elle, les sornettes étant épuisées, du moins je l'espère, laissez-moi m'occuper de mes malades.

Mais les détectives ne la laissent pas se dérober. Le capitaine Duffy la retient par le bras :

— Vous nous avez affirmé, hier, que votre belle-fille n'était pas assurée sur la vie. Or, c'est faux. Il y a cinq semaines, une police de mille dollars a été contractée sur sa tête, prévoyant une double indemnité en cas d'accident mortel. Les bénéficiaires sont vous et votre fils... Ce n'est pas tout. Une seconde assurance, de cinquante mille dollars celle-là, a été signée quelques jours plus tard, à votre bénéfice, madame, à votre seul bénéfice ! Et nous savons que vous avez déjà versé la première prime ! Comment expliquez-vous ce mensonge ?

La doctoresse a écouté le détective sans grande émotion, ses lunettes sur le front. Et c'est avec le même naturel, dont elle ne se départit jamais qu'elle répond :

— C'est vrai, je vous ai dissimulé la vérité. Mais cette histoire d'assurances ne recouvre pas une affaire d'argent... Et mon silence n'est dû qu'à une préoccupation morale tout à fait personnelle... D'ailleurs, je ne savais pas que vous attachiez tant d'importance à ce détail !

Ce « détail »... ou bien cette femme est inconsciente, ou bien elle a un culot monstrueux, et peut-être bien les deux, pensent les détectives.

— Maintenant que vous connaissez l'importance de ce détail, chère madame, pouvons-nous connaître à notre tour la nature de cette préoccupation morale qui vous est personnelle ?

— Mais bien sûr, Rheta était obsédée par l'idée d'être gravement malade et condamnée à plus ou moins brève échéance. L'ayant examinée maintes fois, j'avais conclu que, quoique fragile, elle était en bonne santé. Mes conclusions ne lui suffisaient pas, hélas ! Elle croyait que je dissimulais la vérité pour la rassurer. Afin de dissiper ses pensées morbides et pour lui prouver qu'elle avait tort, j'ai eu l'idée de lui faire subir les différents examens qu'exigent les compagnies d'assurances lorsqu'elles assurent une personne sur la vie. Les compagnies d'assurances la reconnaissant en bonne santé, ses inquiétudes devaient fatalement disparaître. Et finalement, ça ne coûtait que deux polices d'assurances ! Or vous savez, messieurs que c'est important le moral, qu'il a une énorme influence sur le physique ?

Cette fois, les terribles détectives échangent un regard d'impuissance. C'est que l'argument est logique. La méthode de l'assurance pour convaincre un malade n'est pas nouvelle et la doctoresse retrouve d'un seul coup son auréole de mère de famille avisée et d'honnête médecin.

C'est la fin de la première manche — à l'avantage de la doctoresse — et il ne reste plus aux policiers qu'à s'en retourner.

C'est alors que la doctoresse commet une faute, peut-être grisée par ce succès passager. Comme l'un des détectives murmure, presque pour lui-même en se retournant :

— Vous auriez mieux fait de dire la vérité tout de suite !

La doctoresse ajoute aussitôt :

— Mais enfin, messieurs, ces formalités, purement psychologiques, étant rattachées à un traitement médical, elles étaient couvertes par le secret professionnel.

C'en est trop et les deux détectives échangent un nouveau regard. Qui veut trop prouver, ne prouve rien. S'il est, peut-être, juridiquement acceptable, l'argument s'avère trop subtil, filandreux, voire spécieux. On n'exprime pas un pareil argument lorsqu'on est de bonne foi et les deux détectives en s'éloignant sont décidés à revenir disputer une seconde manche dans le match qui les oppose à cette étrange femme.

Pour cela ils ont une arme de poids : l'interrogatoire continu, celui qui dure des heures et des heures : la doctoresse dans un bureau et son fils dans un autre. La méthode est certainement discutable, elle sera d'ailleurs discutée.

C'est le fils, un beau blond snob et borné, qui fait les frais des premiers engagements. Comme il ne peut prouver qu'il n'était pas à Chicago au moment du meurtre, les policiers prétendent qu'il pouvait fort bien avoir accompli le trajet Peoria-Chicago, commis le crime et effectué Chicago-Kansas City dans la journée suivante. C'est faux mais ça le désarçonne.

Et puis les policiers lui demandent pourquoi, si son union était heureuse, il écrivait à sa mère et pas à sa femme.

Enfin, contredit par vingt témoignages, il admet :

— C'est vrai, Rheta et moi c'était fini depuis longtemps. Il y a déjà trois ans que nous n'étions plus mari et femme que de nom. Elle était toujours malade et intellectuellement nous n'avions aucune affinité. Mais je ne sais rien au sujet du meurtre.

Les policiers se regardent... Cette fois la preuve est faite que la doctoresse ment.

Le capitaine Stegg demande au jeune homme :

— Soupçonnez-vous quelqu'un d'avoir tué votre femme ?

Comme c'est la dixième fois qu'on lui pose la question, le fils répond en hurlant :

— Non ! Non ! Je ne soupçonne personne !

— Vous mentez ! crie à son tour le policier... Votre mère le sait et vous aussi !

Le fils de la doctoresse, petit à petit, perd pied. Ses réactions deviennent désordonnées, il est blême et sa voix s'assourdit. En larmes, il déclare enfin :

— Ma mère en voulait à Rheta de notre union malheureuse, c'est vrai. Toutes les mères sont comme ça. Bien sûr vous pensez que c'est un motif, mais non ! C'est impossible ! Maman ne peut pas avoir fait une chose pareille !

— Si ce n'est pas votre mère, c'est vous ! Si ce n'est pas vous, c'est votre mère ! C'est elle ou vous ? Parlez ! Mais parlez donc !

— Alors si c'est elle ou moi, j'avoue tout. Oui, c'est moi qui ai tué ma femme !

Quelques instants plus tard, les policiers emmènent le jeune homme avec une confession signée par laquelle il avoue son crime et les raisons de ce crime. Mais ils savent que ses aveux sont imaginaires. Ils ont en effet vérifié qu'il était bien à Peoria au moment du meurtre.

L'aube point déjà lorsque la mère et le fils sont mis en présence.

En dépit d'une nuit sans sommeil, les yeux rouges et le teint blafard, la mère tient toujours tête aux policiers. Elle abaisse ses lunettes d'acier pour lire la confession de son fils. Puis hausse les épaules et lui demande :

— Pourquoi as-tu écris ça ? Pourquoi ?

— Mais, maman, si ce n'est pas moi, c'est toi. Alors si c'est toi, dis-le, dis-le toi-même, cela vaudra mieux pour nous tous.

La doctoresse sourit, hoche la tête, prend son fils dans ses bras, l'étreint, l'embrasse comme un petit enfant.

— Allons, allons, calme-toi...

Il est six heures du matin et rien décidément ne peut vaincre cette femme. Les policiers s'apprêtent à demander une pause, lorsqu'elle leur envoie brusquement l'estocade finale :

— Fermez la porte ! Je vais vous dire ce qui s'est passé.

Et la vieille doctoresse, avec un accent d'une franchise absolue, leur raconte :

— Rheta, avant de sortir en ville, s'était rendue à l'infirmerie pour se peser. Elle s'est mise à se plaindre d'une douleur au côté. Elle s'est déshabillée pour que je l'examine. Je l'ai massée un bon moment. Mais elle souffrait toujours. Pour apaiser ce mal, je lui ai administré, en désespoir de cause, une solution de chloroforme. J'ai continué de la frictionner pendant encore un quart d'heure environ. C'est alors que je me suis aperçu qu'elle avait perdu connaissance. J'ai essayé de la ranimer, en vain. Elle avait rendu le dernier soupir. J'étais effondrée. En l'espace d'une seconde, j'ai vu toute ma carrière médicale ruinée et cela à cause d'une stupide erreur de dose, d'un accident d'anesthésie.

Les enquêteurs se regardent consternés. Une telle version ne les satisfait guère. Un accident ? Donc un simple homicide par imprudence ? Excluant la moindre préméditation et par conséquent n'entraînant qu'une peine légère ?

— Perdant mon sang-froid, continue la doctoresse, j'ai eu l'idée complètement stupide de faire croire à un meurtre. Voilà, c'est tout.

Et c'est la fin de la seconde manche, avec encore, avantage à la doctoresse.

Il est probable que l'affaire en serait restée là et qu'on n'aurait jamais disputé la « belle » si la vieille femme, sitôt rentrée chez elle, n'avait pas répudié ses aveux.

— J'ai imaginé cette histoire pour mettre fin à un interrogatoire inhumain, dit-elle, mais ça ne correspond à rien. Jamais au cours de ma carrière je n'ai procédé toute seule à une anesthésie. La vérité c'est qu'il s'agit d'un meurtre dont j'ignore le coupable et le mobile.

La « belle » a donc eu lieu à Chicago le 17 janvier 1934, au cours d'un procès qui passionna l'Amérique.

Pour l'accusation, la doctoresse a tué sa belle-fille afin de toucher le montant des primes d'assurances, car elle était dans une situation financière désastreuse.

Mais dans la salle d'audience, dans la rue, dans le pays entier, beaucoup la croient innocente.

La défense démontre que la doctoresse n'était pas dans une situation financière tellement dramatique : à défaut de liquide, elle disposait de biens immobiliers appréciables et il lui restait beaucoup d'honoraires arriérés à toucher.

Quant à ses aveux, ils lui ont été arrachés par les méthodes brutales de la police.

Alors, est-ce un accident ? Un voleur surpris ? Un suicide ? Car Rheta avait affirmé son intention de se suicider. Mais on ne se suicide pas avec un revolver enveloppé de gaze en se tirant une balle dans la nuque.

Alors, avait-elle demandé à quelqu'un de la supprimer ? Le fils avait-il payé un tueur à gages ?

La défense s'étonne de l'absence de ce fils qui, le plus touché par le drame, n'a pas été cité et ne paraît pas dans la salle.

Finalement, il ne faut que quelques minutes de délibération pour que les jurés reviennent avec un verdict de culpabilité et condamnent la doctoresse Alice Winkoop à vingt-cinq ans de prison.

Elle a perdu la belle.

Elle passera en fait treize ans et neuf mois en détention dans une prison de femmes et sera libérée en décembre 1947, à l'âge de soixante-dix-sept ans, sa bonne conduite lui ayant valu des remises de peine successives. Elle se retirera alors chez sa fille Catherine et son fils Walker, qui lui ont régulièrement rendu visite au pénitencier.

Durant tout ce temps, elle ne cesse de clamer son innocence et de demander la révision de son procès.

Sitôt libérée, elle se soumettra volontairement à la fameuse machine à détecter le mensonge et, en octobre 1948, le praticien chargé de diriger l'épreuve affirmera :

— Cette femme n'a pas commis le crime qu'on lui a imputé et elle a toujours ignoré l'identité de son auteur.

Elle est morte le 4 juillet 1955, dans un hospice de Chicago, mais jamais son fils Earle n'était revenu la voir et personne ne sait même ce qu'il est devenu...

# TABLE DES MATIÈRES

*Aubin Imprimeur*
LIGUGÉ, POITIERS

Reproduit et achevé d'imprimer en janvier 2005
N° d'édition 05057 / N° d'impression L 67929
Dépôt légal, février 2005
Imprimé en France

ISBN 2-73821-998-5